의사라는
세계

인터뷰어 지승호가 만난
13명의 의학 전문가들

신영철
김현아
김용정
김결희
김창기
박현아
송태호
최영주
이상훈
명승권
강동우
김선웅
조동찬

의사라는
세계

지승호 지음

휴먼큐브

이런 의사 선생님들을 만나 감사하고 행복했습니다.

2주 전 안과 검진을 받았습니다. 원래 당뇨가 있어서 그 무섭다는 당뇨 합병증이 있나 진작에 검사를 받았어야 하는데, 차일피일 미루다가 어렵사리 결심을(?) 하고 가게 된 것입니다. 다들 아시다시피 당뇨는 합병증이 무섭습니다. 심한 경우 족부 괴사로 발을 자르기도 하고, 황반변성이 생기면 실명하기도 한다지요. 황반변성은 3대 실명 원인 중 하나라고 합니다.

그런데 검사 결과 아직 당뇨 합병증은 오지 않았지만, 망막에 열공(裂孔)이 생겼답니다. 이 열공이 더 커지면 실명하게 될 수도 있고요. 그래서 큰 병원에 가서 구멍을 메우는 수술을 해야 하는 상황입니다.

김안과병원 녹내장 센터에 계신 최영주 선생님이 인터뷰(8장)에서 조기 검진의 중요성을 강조하면서 "안과에 1년에 한 번씩만 갔어도 괜찮았을 환자를 보면 너무 안타깝다"라는 심정을 토로하셨습니다. 그 덕에 저도 자각 증상이 없어 차일피일 미루던 검사를 받았지요. 어쩌면 실명할 수도 있었는데, 다행히 늦지 않게 발견하고 치료를 할 수 있게 되었습니다. 이 인터뷰 작업을 하면서 얻게 된 것이 많지만, 가장 큰 선물을 받은 셈이 아닌가 싶습니다.

이 책에 실린 내용은 115만 명의 구독자를 가진 유튜브 〈의학채널 비온뒤〉에 연재되었던 인터뷰들입니다. 〈의학채널 비온뒤〉는 국내 최초의 의학 전문 기자인 홍혜걸 박사가 분야별 최고의 의사들과 함께 "의학이 즐겁다"를 모토로 2012년 시작한 의학 전문 유튜브 채널입니다. 세계 최초의 24시간 라이브 의학 방송 송출을 목표로 삼고 있지요. 매월 상당한 적자에도 불구하고 "국민들의 평균수명을 끌어올린 사람으로 기억되겠다"는 사명감 하나로 10년째 채널을 운영하는 홍혜걸 박사의 뚝심에 "올바른 건강 정보를 알리고 싶다"라며 바쁜 시간 쪼개어 방송에 참여해주신 많은 의사 선생님들의 마음을 더해 만들어온 채널입니다. 세계 어느 의학 사이트보다 풍성한 의학 정보를 얻을 수 있습니다. 아직 공익적 마인드가 있는 의사 선생님들이 많기에 가능한 모델이었으리라 생각합니다.

어느 날 홍혜걸 박사님이 "의사분들 중에서 흥미로운 분들이 많은데, 그분들을 인터뷰해서 〈의학채널 비온뒤〉에 연재할 생각이 없냐?"라고 물으셨습니다. 마침 제가 당뇨, 고혈압, 고지혈증 등을 진단받으며 건강에 관심이 많던 차에 그런 제안을 받아 감사한 마음으로 수락했습니다.

처음에는 의사라는 세계, 의학이라는 분야에 대해서 새롭게 공부하게 됐다는 정도의 기쁨이었습니다만, 인터뷰를 진행할수록 '세상에 이런 의사분들이 있구나' 하는 감동으로 다가왔습니다. 그래서 '다음번에 인터뷰할 의사 선생님은 어떤 분일까?' 하는 궁금증이 일고, 인터뷰 시간이 기다려지기까지 했습니다. 연재 당시에 가장 많이 달린 댓글도 '우리나라에도 이런 의사 선생님이 있군요. 이분께 진료받고 싶습니다'라는 내용이었습니다. 그런데 계속 인터뷰하다 보니 그런 의사 선생님들이 많더군요. 독자분들께서도 이 책을 읽으면 그렇게 느끼시리라 믿습니다.

이 책에서 인터뷰한 분들을 간략하게 소개하자면 다음과 같습니다. "코로나는 언젠가 끝납니다. 언젠가는 올 그날을 대비하는 시간을 가져야 합니다"라고 코로나 시기의 국민 정신 건강을 염려해주신 **신영철 선생님**. 30년간 의사로 살면서 준비 없이 맞이하는 죽음이 얼마나 큰 비극을 초래하는지 지켜보고 『죽음을 배우는 시간』을 집필하신 **김현아 선생님**. 한국 의학계가 준 상처를 속으로 삼키고, 어렵사리 이룬 컬럼비아대학교의 교수직을 내려놓고 마지막 봉사를 위해 한국으로 돌아오신 척추측만증의 세계적인 권위자 **김용정 선생님**. 성형외과 의사로 미용 성형보다는 재건 성형을 하면서 '국경없는의사회' 활동가로 아이티, 나이지리아, 가자 지구를 다녀온 너무나도 유니크했던 **김결희 선생님**. 그룹 '동물원'으로 우리에게 알려져 낮에는 정신 건강을 돌보는 의사로, 밤에는 노래하는 가수로 냉철함과 애틋함을 오가는 **김창기 선생님**. "건강에는 왕도가 없다. 매일 건강 행동을 적금처럼 쌓아나가야 한다"라는 말씀을 늘 해주시는 건강 전도사 **박현아 선생님**. 글과 방송을 통해 올바른 의학 상식을 알리고자 노력하고 계신 '정직한 동네 의사' **송태호 선생님**. "1년에 한 번만 안과 검진을 해도 피할 수 있는 병이 너무 악화되어서 오는 안타까운 환자가 많다"고 역설하셔서 필자에게 큰 도움을 주셨고, 방송인보다 더 조리 있게 말씀을 잘하시던 **최영주 선생님**. 짐짓 차가운 듯 무심해 보이지만 따뜻하고 유머러스한, 우리들의 코, 목, 귀 선생님, **이상훈 선생님**. 비타민과 건강기능식품과 전쟁을 벌이시는 메타분석, 근거 중심 진료의 신봉자 **명승권 선생님**. 성의학 연구의 메카인 킨제이 연구소와 보스턴대학교 성의학 연구소 등에서 선진 성의학을 배우고 한국에서 20년 가까이 성기능 장애 환자와 부부 갈등을 겪는 환자를 진료해오고 계신 **강동우 선생님**. 생업을 포기하고 10여 년간 한국 성형외과 유령 수술 공장의 문제를 고발하고 있는 닥터벤데타 **김선웅 선생님**(어떤 독자분은 살면서 이렇게 무서운 글을 읽은 적이 없다고 하셨습니다. 그만큼 엽기적인 상황이라고 할까요?). 잠의 중요성을 말씀해주셨고, 수많은 특종 기사의 주인공이면서도 겸손하고 고뇌하는 햄릿 같았던 SBS 의학 전문 기자 **조동찬 선생님**. 이 열세 분을 인터뷰하는 내내 많이 감동했고, 이런 의사 선생님들이 있어서 다행이라는 생각이 들었습니다.

셰이머스 오마호니는 『병든 의료』라는 책에서 "우리는 건강을 당연하게 생각하는 경향이 있지만, 사실 이런 건강 수준은 대부분의 인류 역사에서 경험하지 못한 사치이다"라고 말하면서도 "치료받아야 할 것은 환자가 아니라 현대 의료 자체다"라고 토로합니다. "우리는 치료하고 때로는 과잉 치료하지만, 치유하지는 않는다"라는 것이죠. 인터뷰해주신 선생님들도 비슷한 고민을 하고 계셨습니다.

의사와 환자는 적이 아닙니다. 같이 건강해지기 위한 동반자입니다. 의사는 신도 아니고, 노예도 아닙니다. 환자의 건강을 위해서 조언해주는 코치이지요. 코치의 조언이 아무리 훌륭하더라도 환자가 건강해지기 위해 노력하지 않는다면 아무런 소용이 없으니 함께 노력해야 한다는 것이 이 책에 나오는 선생님들의 공통된 목소리입니다.

신문에도 의학면이 있고 TV 등에서도 건강과 의학 정보가 넘쳐나지만, 너무 전문적이어서 일반인들에게 와닿지 않거나 '무슨 병에는 뭐가 좋다'는 식의 약품, 식품 광고인 경우가 많습니다. 정작 우리에게 필요한 정보는 없지요. 의사들이 어떤 생각을 하고 있는지, 병을 치료하는 것이 아닌 치유하기 위해서는 어떻게 해야 하는지, 병을 예방하기 위해

병원을 어떻게 활용해야 하는지에 대해서 듣기는 어려웠습니다.

몸에 대해 아는 것이 인문학이고, 삶과 죽음에 대해서 성찰하는 것이 철학이겠죠. 인간의 몸과 삶과 죽음에 대해서 천착하는 의사 선생님들로부터 좋은 이야기를 많이 들었습니다. 부디 독자분들께도 잘 전달되기를 간절하게 바랍니다.

기꺼이 인터뷰해주시고, 책에 게재하는 것을 허락해주신 신영철, 김현아, 김용정, 김결희, 김창기, 박현아, 송태호, 최영주, 이상훈, 명승권, 강동우, 김선웅, 조동찬 선생님께 특별한 감사의 말씀을 드립니다.

그리고 좋은 인터뷰를 제안해주시고, 훌륭한 의사 선생님을 소개해주신 홍혜걸 박사님, 의사 선생님들 섭외를 도와주시고 유튜브 영상 촬영을 해주신 〈의학채널 비온뒤〉의 김싱아 PD님, 인터넷에서 편히 읽을 수 있게 편집해주신 최초희 PD님, 이 인터뷰가 단행본으로 묶일 수 있도록 해주신 휴먼큐브 황상욱 대표님, 방대한 내용을 꼼꼼히 편집해주신 박성미 편집자님에게도 특별한 감사의 말씀을 드리고 싶습니다.

이 책이 국민과 의사들 사이에 자리한 불신의 벽을 허무는 데 조그마한 도움이나마 되었으면 하는 바람입니다. 부디 독자분들께서는 흥미롭게 읽어주시고, 저처럼 건강상에 큰 도움이 있으셨으면 좋겠습니다.

2022년 여름의 끝자락
지승호 올림

목차

1.

우리 긴 인생의
힘든 순간을
잘 보내는 방법

신영철

강북삼성병원 정신건강의학과 임상 교수,
강북삼성병원 기업정신연구소 고문

신영철 교수는 경북대학 의대를 졸업한 뒤 고려대학에서 의학 박사 학위를 받았고, 미네소타대학에서 연구 조교수로 중독 문제를 연구했다. 한국으로 돌아온 후 아케이드 게임인 '바다 이야기' 열풍으로 중독 전문가로서 호출되어 방송과 강연에서 많은 활동을 펼쳤다. 10여 년간 도박에 관해 진료하고 연구한 결과를 담은 『어쩌다 도박』을 제자들과 함께 펴내기도 했고, 지친 현대인을 위한 정신과 의사의 조언을 담은 『신영철 박사의 그냥 살자』도 지었다.

강북삼성병원 정신건강의학과 임상교수로 근무하며, 강북삼성병원 기업정신건강연구소 초대 소장을 역임하고 현재 고문으로 있는 신영철 교수에게 힘든 시간을 건강하게 보내는 방법, 기업정신건강연구소가 하는 일, 그리고 리더가 갖춰야 할 덕목 등에 대해 들어보았다.

: 임세원 교수 사고 이후의 시간

지승호 오늘이 고故 임세원 교수님 2주기인데요, 마음이 좀 어떠신가요?
(이하 지)

신영철 정말 2년이 지났습니다. 세월이 그렇게 빨리 흘러가네요. 2년 전
(이하 신) 12월 31일의 새벽을 저는 아직 잊지 않았습니다.

지 그날 점심 식사를 같이 하셨다면서요.

신 그날 우리 선생님들과 임교수와 함께 점심 식사를 했죠. 임교수
가 '소장님, 내년에는 일이 너무 많습니다. 큰일 났습니다' 그러
더라고요. 그 말은 '소장님, 걱정하지 마십시오. 제가 내년에 다
하겠습니다' 그 뜻입니다.(웃음) 연구소가 성장해서 할 일이 많아
지는 그런 해였습니다. 그리고 나서 저녁에 사고가 났죠. 그 사고
이후 6개월 정도의 기억이 제 머리에서 사라졌습니다. 어떻게 지
냈는지 잘 모르겠어요. 많이 힘들었지만, 시간이 흐르면서 그 일
조차 내 긴 인생의 작은 부분으로, 한 부분으로 수용하고 받아들
이기로 했습니다. 때로는 슬프고 아프고 힘들지만, 그럼에도 불
구하고 내가 또 일어서서 해야 할 역할이 있고 일이 있습니다. 미
안한 기억도 있고 아픈 기억도 있지만, 가능하면 그와 함께했던
좋은 기억을 떠올리려고 노력합니다. 내가 그로 인해서 행복했듯
그도 나로 인해서, 우리로 인해서 행복했을 것이라고 스스로 위
로하면서 지내고 있습니다.

지 그분에 대해서 기억에 남는 것은 어떤 게 있는지요?

신 많죠. 12년 정도를 저와 함께 병원에서 지냈고, 한 6년 동안 같이
연구소를 했습니다. 처음 연구소를 만들기 시작할 때 저와 함께

나와서 부소장으로서, 사실 저희 연구소의 기틀을 다 만든 사람이에요. 늘 불만이 많았지만 진짜 불만은 아니었고, 정말 그 일을 좋아했어요. 연구소에 나온다고 돈을 더 주는 것도 아니고, 보상이 있는 것도 아니었어요. 쉽게 말해 투잡을 뛴 셈이었는데, 그럼에도 정말로 자기가 좋아하는 일, 정말로 자기가 해야 할 일이라고 생각하고 열정을 다했죠. 사람들이 많이 놀랐습니다. 저를 마치 아버지처럼 대하고, 사람들도 우리가 꼭 아버지와 아들 관계 같다고 했는데, 사실은 저하고 10년밖에 차이가 안 났어요. 그런데도 늘 저를 앞세웠죠. 그렇게 일을 하면서도 자신이 앞에 나서는 것을 본 적이 없습니다. 일에 대한 열정만큼은 누구도 따라갈 수 없을 정도였고요. 저와 가장 많은 시간을 함께한 정신과 의사인데, 놀랍게도 함께 찍은 사진이 한 장도 없습니다.

지 일상이었으니까요.

신 생각해보면 남자 둘이 앉아서 사진 찍을 일이 뭐가 있겠어요? 그런데 이후로는 제자들이나 아는 사람들을 만나면 사진을 찍자고 해요. 그 전에는 사진 찍는 것을 좋아하지 않았는데, 그 일 이후로는 뭔가 기록을 남기면 좋겠다고 생각했습니다.

：조현병에 대한 오해와 편견이 늘지 않기를 바라

지 같은 과인 선생님께도 닥칠 수 있는 일이라 트라우마가 된 부분은 없으신가요?

신 저는 다행스럽게 그렇지는 않았던 것 같습니다. 그 일이 있고 난

후에 변화도 있었고요. 조금 더 안전한 환경을 만들었습니다. 환자들도 보호를 받아야 하니까요. 그가 떠나고 유족들이 받은 보상금을 많이 기부하면서 한 이야기가 있습니다. 환자에 대한 오해와 편견이 오히려 이번 기회를 통해서 줄어들고, 환자들이 빠른 시간 내에 치료를 받을 수 있는 그런 환경을 조성했으면 좋겠다고요. 물론 의료진도 안전한 환경에서 진료할 수 있기를 바라셨죠. 참 성숙한 분들이구나, 그런 생각을 했어요. 그 후로 많은 변화가 왔지만, 우리가 어떤 예방을 한다고 하더라도 모든 사고를 막을 수는 없습니다. 그것은 우리 치료자들이 감당해야 할 일정 부분의 사명이기도 하고, 그런 것 같습니다.

지 말씀하셨듯이 모든 사고를 막을 수는 없겠지만, 바뀐 대책에는 어떤 것들이 있나요?

신 많이 변화했죠. 비상 상황에 대비해 안전 요원을 배치한다든가, 비상 탈출구를 마련한다든가 그런 것들은 이미 다 완료가 되었고요. 그보다 더 중요한 것이 있는데, 이번 사건으로 인해 우리 환자들에 대한 오해와 편견이 더 커지면 안 되니까, 유족들과 병원과 우리 학회 차원에서 정신 질환에 대한 오해와 편견을 줄이기 위한 노력을 하고 있습니다. 그리고 YTN에서는 임세원 교수 추모 콘서트를 열어주셨어요. 함께 슬퍼하고 힘들어하는 시간이기도 했지만, 또 한편으로는 그런 시간을 통해서 그와 함께했던 좋은 시간을 떠올리는 위로의 시간이 되기도 했습니다.

지 그런 사건이 한번 일어나면, 말씀하신 것처럼 환자들에 대한 편견이 가중되기도 하죠. 이를테면 방화하고 다섯 명을 살해한 안인득 사건도 있었고요. 그러면 조현병 환자 관리를 철저히 해야 하는 것 아니냐며 사회 분위기나 여론이 몰려가는 부분도 있습니다.

신 아, 물론 병에 대한 이해가 낮은 분들은 그런 이야기를 할 수 있습니다. 그런데 그게 아니라는 사실을 이 일에 종사하는 많은 분들이 사회에 알릴 수 있도록 해야죠. 정신 질환자의 범죄율이 높은가 하면, 그렇지는 않습니다. 가끔 사회적인 이슈가 되는 이유는 예측성이 떨어지기 때문입니다. 상식적으로 생각할 수 없는 그런 사건들인 거죠. 일반적인 범죄는 보통 사람들이 훨씬 더 많이 저질러요. 정신 질환을 앓고 있다고 해서 사건을 많이 일으키는 것은 결코 아니라는 인식이 선행되어야 합니다. 그분들은 병을 앓고 있는 사람이지, 나쁜 사람들이 아닙니다. 치료 대상인 사람과 그렇지 않은 사람을 명확하게 구별해야 할 것 같습니다. 병이 있는 분들은 우리 사회가 도와주고 돌봐야 할 대상이니까요. 진짜 범죄자들과 정신 질환이 있는 분을 명확하게 구별해나갔으면 합니다.

: 일상을 유지하려는 노력이 필요

지 팬데믹과 관련한 질문을 굉장히 많이 받으실 텐데요, 코로나 블루로 인한 환자가 많아졌나요?

신 뭐, 비슷합니다. 기본적인 베이스라인의 불안과 우울이 높아지니까 원래 불안, 우울을 앓고 있던 분들이 더 악화가 되는 경우가 있죠. 오랫동안 병원에 다니지 않다가 그런 이유로 재발해서 오시는 분들이 상대적으로 늘어난 것 같습니다. 코로나 블루라고 이야기하는데, 블루를 넘어서서 사실 코로나 블랙이죠.(웃음) 제 환자 가운데 자영업 하시는 분에게 '힘드시죠?' 하니까 '코로나 블루가 아니고, 코로나 블랙입니다'라고 하시더라고요. 이게 앞이 보이지 않잖아요. 예측성이 떨어지면 불안은 올라갑니다. 내가 지금 어디에 있는지 앞으로 어떤 일이 벌어질지 예측이 가능할 때는 그걸 우리가 통제할 수 있으니 불안이 줄게 마련이에요. 이 상황은 우리의 노력으로 통제할 수 있는 부분이 아니고, 그렇다 보니 예측이 안 되고, 당연히 불안은 높아질 수밖에 없죠. 그런데 이 상황이 지속되면 일상이 무너져버리잖아요. 평소에 우리가 전혀 생각하지 않았던 작은 일상들이 지금 보니까 너무나 소중했다는 것을 깨닫게 되었죠. 그런 일상이 무너지는 것이 우리 몸과 마음에는 엄청난 스트레스로 작용하게 돼요. 이게 오래가면 우울해지기도 하고, 또 요즘 코로나 레드라고 해서 작은 자극에도 분노가 치밀고 감정이 폭발하는 것을 볼 수 있습니다. 바꿔 말하면 내 몸과 마음이 편치 않다는 거예요. 평소 비교적 편안하고 안정되어 있을 때는 넘어갈 수 있는 일인데, 자꾸 긴장되고 짜증 나고 우울해요. 그러니 건드리면 그냥 폭발하는 거죠. 만사는 나 자신에게 달려 있는데, 코로나 블루 상황에서 내가 할 수 있는 일이 별로 없으니까 당연히 짜증, 불안, 분노가 커질 수밖에 없는 상황인 것 같습니다.

지   그런 환자들에게 어떤 처방을 해주시나요?

신   처방이 없어요. 방법이 없는걸요.(웃음) 그러나 그럼에도 불구하고 가장 중요한 것은 일상을 유지하는 것입니다. 우리 인간의 몸과 마음은 늘 일정한 상태에 있으려는 습성을 가지고 있습니다.

그걸 항상성, 호메오스타시스라고 이야기합니다. 이 항상성을 깨는 모든 자극을 우리는 스트레스라고 하죠. 코로나 블루가 우리 삶 자체를 변화시켰으니까 우리 일상의 엄청난 변화라고 할 수 있습니다. 강력한 스트레스죠. 이때 가장 중요한 것이 쉽게 말하면 먹고, 자고, 움직이고, 바로 이겁니다. 일상이 무너지게 되면 몸도 지치고 마음도 지치게 되죠. 이런 시기일수록 가능하면 낮에는 움직여야 합니다. 마스크 끼고 산책한다고 병에 걸리지는 않거든요. 사람이 많은 곳에 갈 수는 없지만, 늘 하던 산책을 할 수 있으면 하고, 햇빛을 좀 많이 보고, 수면 리듬이 깨지지 않도록 조심하고, 식사를 규칙적으로 하고, 그다음에 중요한 것은 포기하는 것입니다. 포기하라고 하면 안 좋게만 생각하는데 그 뜻이 아니고, 수동적으로만 있지 말고 수용하라는 뜻입니다. 지금 우리가 해야 할 일은 내가 할 수 있는 일과 할 수 없는 일을 구별하고, 내가 할 수 있는 일과 하지 말아야 할 일을 구별하는 것입니다. 그리고 내가 할 수 있는 일에 해야 할 일의 초점을 맞추는 것입니다. 그건 현실을 수용한다는 말이죠. 수용한다는 것은 마음의 유연성이 있다는 것입니다. 마음의 유연성이 있는 사람은 변화된 환경에 빨리 적응하죠. 정신적으로는 건강한 사람이라 할 수 있어요. 그래서 지금 코로나 시대에는 우리가 괜히 헛된 희망을 품지 말고, 고민해야 할 것, 할 수 있는 일에 초점을 맞추자는 겁니다. 예를 들면 코로나가 우리 삶에 부정적으로 작용하고 있지만, 긍정적인 면이 아예 없지는 않습니다. 작지만 우리에게 소중한 선물도 줬죠. 뭘까요?

: 팬데믹 상황이 우리에게 미친 긍정적 측면

지　잘 모르겠는데요.(웃음)

신　시간이라는 선물을 줬습니다. 그동안 우리가 시간이 없어서 못한다, 바빠서 못 한다고 했던 수많은 것들이 있죠. 이번 기회에 시간 여유가 있는 분들은 '내가 그동안 하고 싶었는데 시간 때문에 못 한 게 뭐가 있을까'를 한번 찾아서 해보면 어떨까요? 저는 작년에 코로나가 오자마자 '이게 조금 시간이 걸리겠구나'라는 생각을 했습니다. 강연, 사회 활동이 많이 줄어들었으니까 시간이 남았죠. 그래서 책을 쓰기 시작했습니다. 원래 제가 도박 중독 전문가여서 그 주제로 책을 쓰고 싶었는데, 시간이 없다는 핑계로 10년 동안 미뤄놓았던 책을 드디어 썼습니다. 제자들과 더불어 쓴 『어쩌다 도박』이라는 책인데요, 그것도 귀한 선물이었습니다. 요즘은 마음만 먹으면 인터넷에 들어가서 공부할 수 있고, 좋은 걸 볼 수 있는 통로가 너무 많죠. 그런 여유도 가져보고요. 지금 내가 어떻게 행동하느냐에 따라서 아마 1년 뒤에, 2년 뒤에 우리 삶은 엄청난 변화가 있을 겁니다. 할 수 있으면 공부도 해보고, 여유도 가져보고, 뭐든지 하십시오. 이런 면에서 코로나가 결코 우리에게 부정적인 것만은 아니리라는 생각을 해봅니다.

: 짧은 고난 뒤 긴 인생을 보기를

지　예측 가능성이 낮아지면 더 불안하다고 하셨는데요, 청년 실업 등도 다 연결이 되는 것 같습니다.

신 코로나 시대에 누가 가장 힘든가, 하고 물으면 답은 좀 애매합니다만, 사실 연세 드신 분들이 힘들어하는 경우가 많습니다.

지 그렇죠.

신 왜냐하면 젊은 친구들은 눈을 뜨면 나가기도 하고, 직장이 있기도 하고, 다른 자극을 많이 받으니까 일시적으로 탈출할 수 있죠. 그런데 연세 드신 분들은 갈 곳이 없어졌어요. 제 환자분들 중에도 노인정 못 가시죠, 노래 교실 못 가시죠, 수영장도 못 가세요. 평소에 본인들을 지켜주는 무기들이 한꺼번에 사라진 데다, 걱정이 많으니까 외출도 못 하죠. 집에 있는 시간이 많아진 거예요. 가족과 오랜 시간 같이 지내니까 오히려 갈등도 많아졌습니다. 뉴스에서는 안 좋은 소리만 나오고요. 끊임없이 부정적인 생각에 빠질 가능성이 높습니다. 시간이 많아지면 생각이 많아지죠. 좋은 생각이 많아질 것 같나요? 안 좋은 생각이 많아질 것 같나요?(웃음)

지 걱정이 많아지겠죠.

신 일반적으로 좋지 않은 생각들이 많이 납니다. 그러다 보니까 연세 드신 분들이 상당히 취약합니다. 물론 젊은 분들은 그런 부분은 좀 낫지만, 미래에 대한 불안이 확실히 커지죠. 가장들도 마찬가지잖아요. 내가 우리 집의 기둥이야, 이런 과도한 책임감을 느끼고 있거든요. 내가 무너지면 우리 가족이 다 무너진다고 믿게 되죠. 직장에 문제가 생기거나 사업이 안 되거나 그러면 나 혼자만의 문제가 아니라 가족 전체의 문제라고 생각하기 때문에 엄청난 부담감을 가지게 됩니다. 책임감은 대단히 훌륭한 덕목이지만, 이 책임감이 지나치면 문제가 생기는 거죠. 그런 30~40대의 가장들도 스트레스를 많이 받아요. 청년들도 지금 당장 힘든 것은 참을 수 있습니다. 하지만 내가 사회에 들어갈 수 있는 문이 없어진다든가 올라갈 수 있는 사다리가 없어진다든가, 이건 인생이 걸린 문제니까요. 당연히 스트레스로 작용할 수밖에 없죠. 그래서 아예 포기해버리는 청년들도 많이 만났는데, 제가 조언해드릴 말씀은 사실 없어요. 내가 노력해서 바뀔 수 있는 부분이 있고, 환경이 바뀌어야 하는 부분이 있는데, 지금은 환경이 바뀌어야 하는 부분이 더 크죠. 그래서 그럴 때는 이렇게 이야기해줍니다. 부정적인 것도 있지만, 희망적인 것도 있다. 언젠가는 끝납니다. 지금 같은 자리에서 출발했지만, 끝났을 때의 위치는 상당히 다를 것이다, 그래서 인생이 길다고 가르칩니다. 긴 인생에서 보자면 지금 우리가 겪고 있는 좌절, 스트레스는 짧은 부분일 뿐입니다. 여기에 압도되어서 드러누워 버리면 포기하는 거거든요. 그렇게 되면 1년 뒤에 2년 뒤에 코로나 상황이 끝난다고 하더라도 달라질 것이 없습니다. 우리는 그날을 지금 대비해야 해요. 우리가 겪는 이 스트레스가 우리의 긴 삶의 작은 부분일 것이다, 그렇게 생각하는 쪽이 더 현명한 자세인 것 같습니다. 코로나가 없을 때는 우리가 안 힘들었나요? 힘들었어요.(웃음) 코로나가 없을 때도 우리 젊은 친구들은 직장에 들어가기 힘들고, 스트레스도 많이 받았어요. 마찬가지예요. 모두가 코로나 탓이라고 생각하고, 이것만 없으면 우리 인생이 달라질 것이다, 그렇게 믿는다면 이게 종식되더라도 달라질 것이 없습니다. 원래 우리는 힘들었어요. 100% 이 탓이 아닙니다. 그 힘든 시기에도 우리는 스스로의 긴 장래를 생각하면서 준비해나갔잖아요. 그런 마음가짐이 필요할 것 같습니다.

: 스트레스를 해소할 길 없는 아이들

지　나이 드신 분들 말씀을 하셨잖아요. 기저질환도 있고 하면 코로나에 대해 가장 취약한 계층일 수밖에 없고, 움직임도 힘드시니까요. 그런데 또 한편 우려가 되는 부분은 아이들 역시 사상 초유의 사태를 겪고 있지 않습니까? 방치된 상태에서. 뉴스를 보면 어른들은 술도 마시고 하는 것 같거든요. 그런데 아이들은 아무 데도 못 가고 마음껏 못 노는 이런 상황에서 받는 스트레스가 장기적으로 볼 때 우려스럽지 않을까요? 어떤 형태로 나타날지 하는 것이요.

신　저도 고민인데요. 이런 시간이 길어진다면 아무래도 우리 긴 삶에도 영향을 미칠 것 같습니다. 특히 아이들의 경우는 스트레스를 해소할 길이 많지 않죠. 그래서 코로나 시대 이후에 게임하는 시간이 많이 늘었다는 보고가 있습니다. 할 수 있는 것이 없잖아요. 게임 세계에 이입해서 대리 만족을 하는 친구들이 많다고 해요. 물론 성인도 마찬가지입니다. 그러다 보니 도박에까지 빠지는 경우도 많이 보게 되는데, 다른 대안이 별로 없는 것이 현실인 것 같습니다. 방법이 별로 없어요. 아이들은 그 환경 내에서 자기들이 뭔가를 찾아서 하는 것은 힘드니까, 나이에 따라서 다르겠지만 어린아이들은 부모님들이 함께 시간을 보내주는 것이 대단히 중요할 것 같아요. 어쩔 수 없이 학교를 못 가게 되고, 친구를 못 만나게 되고, 몸을 쓰는 운동 같은 것을 못 하게 되고, 또 대학 신입생들은 꿈꿔왔던 대학 시절의 낭만 같은 것도 없어졌죠. 그런데 방법이 없잖아요. 대신 우리가 과거에는 시간이 없다는 핑계로 가족들과 대화를 많이 못 하거나 가족들과 보내는 시간이 없었잖아요. 그걸 좀 늘리는 것 외에는 별 뾰족한 수가 없네요. 문제는 같이 있는 시간이 길어지면 관계가 좋아지느냐, 그 반대인 경우가 문제예요.(웃음) 시간이 많아서 부모님과 많이 지내고, 가족 간에 대화도 많이 하고 같이 식사도 자주 하면 그게 긍정적으로 작용하는 경우가 참 많습니다. 그러나 일부 사람들에게는 부정적으로 작용할 수 있습니다. 관계가 밀접해지면 관여를 많이 하게 되는데, 이게 문제인 거예요. 보호하는 것과 간섭하는 것을 구별하라고 제가 부모님들께 가르칩니다. 아이들을 보호하는 것이 좋은가요? 당연히 좋은 거죠. 아이들은 보호해야 됩니다. 그런데 문제는 많은 부모들이 보호한다고 생각하면서 간섭한다는 겁니다. 과잉 간섭이 아이들에게는 좋지 않거든요. 과거에는 떨어져 있으니까 잘 몰랐다가 매일매일 집에서 눈에 보이니까 이것저것 지적하기 시작하고, 간섭하기 시작하는 거죠. 간섭한다는 것은 해결해준다는 뜻입니다. 문제가 생겼을 때 계속 간섭하면 그 해결책도 부모가 제시하게 되는 거거든요. 그러면 아이는 자발성이 떨어지게 됩니다. 문제가 생길 때마다 부모한테 의존할 수밖에 없잖아요. 그렇게 되니까 당장 그 사건은 잘 해결되지만, 앞으로 나아가질 못하는 겁니다. 꼭 필요한 부분에서 보호하는 것은 중요하지만, 지나치게 하나하나 간섭하는 것은 부모님들이 피했으면 좋겠어요. 대화라는 것은 아이들을 변화시키기 위한 목적으로 하는 것이 아닙니다. 자꾸 그런 목적을 가지고 대화를 시도하니까 간섭하게 되는 거죠. 그보다는 아이들이 힘들다는 사실을 인식하고, 그 가운데에서 아이들이 원하는 것이 있지 않겠습니까. 말을 할 수도 있고요. 그런 이야기를 같이 나누어야겠죠. 부모의 역할이라는 것은 이 아이를 변화시켜서 훌륭한 사람으로 만드는 것이 아닙니다. 부모의 역할은 100을 가지고 태어난 아이가 100을 발휘하도록 해주는 것입니다. 우리는 100이라는 능력을 가지고 있는데, 200을 만들어주려고 하거든요. 그러니까 그 아이들이 스트레스를 받아서 50밖에 발휘를 못 하는 겁니다. 없는 것을 만들어주는 게 부모의 역할은 아닌 것 같습니다. 가진 것을 자연스럽게 발휘할 수 있도록 해주는 거죠. 특히 요즘처럼 스트레스가 많은 시기에는 아이들도 힘들 거라는 사실을 우리가 인정해야 합니다. 그 가운데 이 아이의 성향에 맞게끔, 어떤 아이들은 조용하게 혼자 지내는 것을 잘하는 친구들도 있고, 활동적인 친구들도 있잖아요. 활발한 아이들은 집에서라도 뭔가 몸을 쓸 수 있는 공간을 마련해준다든가, 그런 것도 한 방법인 것 같습니다.

: 아이들의 게임 중독을 막기 위한 방법

지　아이들이 아무래도 게임에 중독될 가능성이 높지 않습니까? 어른들이 바쁘다 보니까 방치될 수밖에 없고, 그러면 이 아이들이 컸을 때 다른 중독으로 연결될 가능성도 있지 않나요? 중독의 작동 원리가 비슷하다고 하셨는데요.

신　요즘 제일 핵심적인 것이 게임이죠. 게임을 예로 들어봅시다. 아이들은 왜 그렇게 게임에 빠져들까요?

지　다른 재미가 없으니까요.

신 첫째는 재미가 있어서죠. 재미가 있어서 빠진다, 당연한 거죠. 그런데 문제는 다른 재미가 적다는 겁니다. 게임하는 자체가 잘못된 것이 아닙니다. 게임 안 하는 애들이 요즘 어디 있습니까? 그것을 막을 수는 없잖아요. 문제의 핵심은 게임을 많이 하는 것이 아니라, 게임을 하지 않으면 뭘 하느냐예요. 비록 게임을 많이 하더라도 다른 재미를 많이 아는 친구들은 언젠가는 빠져나올 수도 있고, 일상에 지장이 없어요. 어떤 어머니가 그런 이야기를 하시더라고요. '우리 아이는 하루 종일 게임만 해요. 그런데 다른 문제는 하나도 없어요'라고요. 그건 부모가 잘 모르는 겁니다. 학교가 재미있고, 친구가 재미있고, 집이 재미있는데, 누가 24시간 게임만 하겠어요? 그런 아이는 없습니다. 바꿔 말하면 다른 시간이 재미가 없다는 뜻입니다. 중독이라는 것은 빙산의 윗부분이에요. 그 아랫부분에 더 큰 무엇이 있다는 뜻입니다. 이 속에 들어가 보면 불안하고, 우울하고, 친구 관계가 어렵고, 여러 가지 정서 면에서, 학업 면에서 적응하는 데 어려움이 있다는 말이거든요. 이것을 무시하고 자꾸 중독 문제만 이야기를 하면 해결책이 없는 경우가 참 많습니다. 물론 타고나기를 중독 성향이 높은 친구들도 있습니다. 예를 들면 ADHD가 있다든가, 다른 이유로 중독 성향을 가진 친구들이 있죠. 물론 평가가 필요합니다만, 대부분의 아이들은 게임에 좀 빠져도 다시 현실로 돌아오거든요. 현실에 돌아왔을 때 재미가 없거나 적응 능력이 떨어진다면 돌아오는 자체가 의미가 없죠. 그렇게 되면 게임 세상에 빠져 있을 수밖에 없습니다. 그러니까 중요한 것은 부모들이 게임하는 시간에만 관심을 가지지 말고, 하루에 다섯 시간 게임을 하면, 나머지 열아홉 시간이 남잖아요. 그 시간에 좀 관심을 가졌으면 좋겠다, 초점을 좀 바꿔보는 훈련을 부모들이 했으면 좋겠다는 생각을 해봅니다.

: 중독을 치료하기 어려운 이유

지   도박 중독 환자들을 10여 년간 많이 보셨을 텐데요, 500억을 잃은 사람도 있다고 하셨잖아요. 흔히 하는 말로 손을 자르면 발로 도박을 한다는 이야기도 있고요. 연예인들도 그 좋은 커리어를 도박에 빠져서 날려버리는 경우를 많이 보게 되고, 앞날이 창창한 사람들이 도박 때문에 모든 것을 버리고 폐인처럼 되기도 합니다. 도박에 그렇게까지 중독되는 이유는 뭔가요?

신   도박뿐만 아니라 모든 중독이 마찬가지인데요, 중독은 치료가 힘들다는 이야기를 하죠. 어느 정도는 사실입니다. 중독 문제 치료가 어려운 가장 큰 이유는 뭘까요? 간단합니다. 내가 중독자라는 사실을 시인하기가 어렵기 때문입니다. 내가 중독자임을 인정하는 것이 너무나 어렵습니다. 이유는 첫째로 내가 좋아하는 일을 멈출 수밖에 없고, 둘째 중독에서 빠져나왔을 때 문제가 생깁니다. 예를 들어 내가 도박 중독자예요. 10억을 잃었어요. 도박을 끊고 현실로 돌아오면 어떻게 되나요? 해결할 길이 없잖아요. 특히 오랫동안 도박에 빠졌던 분들은 나왔을 때 해결책이 없습니다. 이미 사회적인 단절이 일어났고, 직업에 문제가 생겼고, 가정적으로 문제가 생겼고, 빚도 생겼죠. 도박에 빠져 있는 동안은 그걸 다 잊을 수가 있습니다. 그러나 세상으로 나오는 순간 이것이 엄청난 현실적인 스트레스로 다가옵니다. 인정하기가 어렵죠. 나는 마음만 먹으면 끊을 수 있다고 믿게 됩니다. 그러니까 현실로 돌아오는 데 대한 두려움, 자신이 조절할 수 있다는 착각, 이런 것이 있으니까 치료적인 접근이 참 어렵습니다. 결국은 바닥을 쳐야 치료가 된다고 이야기해요. 내가 정말 막다른 골목에 몰려서 어쩔 수 없을 때 '내가 도박 중독자다' '알코올의존증이다' 시인을 하게 되죠. 물론 시인한다 해도 치료 자체도 쉽지 않습니다. 왜냐하면 중독 치료는 치료라고 하지 않고, 치유 또는 회복이라고 하는데, 이게 평생의 과정이거든요.

지 평생 담배를 참는 것과 비슷하군요.

신 그러다 보니까 오랜 시간이 걸리고, 치료를 지속하기가 참 쉽지 않습니다. 그럼에도 불구하고 그 두려움에서 벗어나 새로운 출발을 해야 하거든요. 그래서 자조 모임들이 우리나라에 많이 있습니다. 알코올 중독자는 AA라는 자조 모임, 도박 중독자는 GA라는 자조 모임이 있는데요. 그런 모임을 통해서 도박 없이도, 술 없이도 행복하게 살아가는 그런 연습을 해나가는 과정을 거치게 됩니다. 이건 평생의 과제라고 생각하시면 될 것 같고요. 중독 문제에 관해 저는 이렇게 이야기해요. 불행해서 중독에 빠지고, 중독에 빠져서 또 불행해진다. 이것이 중독 문제의 핵심이라고 생각합니다. 도박 중독은 돈의 문제처럼 느껴지지. 돈을 따기 위해서 도박을 하는 거라고 생각하는데, 전혀 그렇지 않습니다. 우리가 얼핏 생각할 때 돈 때문에 도박을 한다, 그러면 요즘 경제가 어려우니까 도박이 많이 늘어났겠죠. 많은 분들이 왜 다시 도박을 했느냐고 물어보면 본전 생각이 나서, 빚이 있어서 돈을 따려 했다고 말씀하시는데, 전혀 사실이 아닙니다. 중독이라는 것은 뇌에 즉각적인 보상이 주어지는 겁니다. 지금 술을 마시는데 1주일 뒤에 취한다. 마실 건가요? 안 마십니다.

지   계획성이 있는 분들은 그렇게 하지 않을까요? (웃음)

신   지금 마시면 지금 기분이 좋아져야죠. 지금 마시는데 1주일 뒤에 취한다면 누가 마시겠습니까? 알코올의존증이 1/10로 줄어들 겁니다. 도박도 마찬가지입니다. 지금 경마장 가서 베팅을 하면 말들이 1등, 2등, 3등 들어오잖아요. 그런데 이 말들이 경마장 밖으로 나가서 한 달 뒤에 들어온다, 그러면 누가 베팅을 하겠어요? 돈을 따기 위해서는 베팅을 해야 하는데, 어차피 한 달 뒤에 들어오나 두 달 뒤에 들어오나 결과는 같잖아요. 그런데도 안 한 단 말이에요. 무슨 뜻인가 하면 중독은 뇌에 즉각적인 보상이 일어날 때 생긴다는 겁니다. 문제는 우리 일상에서는 그렇게 도파민이 팍팍 올라갈 정도로 뇌에 즉각적인 보상을 주는 것이 없죠. 그러니까 회복이 어려운 거예요. 그럼에도 불구하고 작은 일상의 행복들, 도박이나 술, 이런 것 때문에 놓쳤던 작은 일상의 행복을 회복하는 과정, 그게 중독의 치료라고 보시면 되겠습니다.

: 중독자는 치료가 필요한 사람들

지   GA 1계명은 '나는 도박 앞에 무력했음을 인정합니다'라면서요. AA 1계명은 '나는 알코올 앞에 무력했음을 인정합니다'고요. 치료의 시작은 그 사실을 인식시켜주는 것이 되겠네요.

신   지금은 제가 중독계를 떠난 지 오래됐습니다. 대개 알코올 중독자, 도박 중독자들이 병원에 오기 싫어하고 치료를 힘들어하는 이유는 자기가 비난을 받을 수밖에 없기 때문입니다. 알코올 중독자, 도박 중독자 하면 무슨 생각이 드시나요? 나쁜 놈, 성격 파탄자, 의지가 박약한 사람이라고 생각하잖아요.

지 피해야 되는 사람이라고 생각하죠.

신 아니에요. 병원을 찾고 우리가 도와줘야 할 피해자죠. 나쁜 놈이 왜 치료를 받고, 왜 끊기 위해 모임을 나가나요? 나쁜 짓을 하면 되는데. 그분들은 피해자입니다. 도움이 필요한 사람입니다. 원래 좋은 사람입니다. 그렇지 않으면 치료받을 필요가 없죠. 제가 부인들한테 가끔 물어봤어요. '이 사람 뭐가 좋아요? 나 같으면 안 살겠다'라고 하면 막 웃어요. '아휴, 그것만 빼면 좋은 사람이에요'라고 해요. 그러니까 희망이 있다는 겁니다. 원래 좋은 사람이에요. 그 부분만 빼면 좋은 사람인 거죠. 그러니까 우리가 희망을 가지고 치료적인 접근을 하는 겁니다. 우리 사회나 치료자나 가족들이 이 사람을 나쁜 사람으로 인식하기 시작하면 희망이 없다는 뜻이에요. 아, 그래, 내가 원래 좋은 사람이었구나, 이제 내가 도박이나 술로 잃어버렸던 과거의 본성을 회복해나가는 과정을 밟아야겠구나, 이것이 동기 부여를 하는 과정이죠. 가장 어렵기도 하고, 가장 오랜 시간이 걸리기도 하고, 고통스러운 과정이기도 합니다.

: 성공에 품격이 동반되는 사회

지 소치 올림픽 피겨스케이팅 중계를 비교한 것이 인상적이었는데요. 우리는 금메달을 따네 마네, 점수가 감점이 되네 마네, 이런 이야기를 주로 했죠. 그동안 우리는 이겨야 한다는 강박관념이 있는 사회였잖아요. 그런데 다른 나라 사람들은 즐긴다는 거예요. '나비 한 마리를 본 것 같습니다. 천사인가요? 김연아의 연기를 볼 수 있어서 너무 행복합니다' 하고요. 우리처럼 그런 식으로 사안을 바라다보면, 이기면 좋지만 반대로 지면 상처받을 것이고, 이기려고 계속 노력한다는 것도 피곤한 일이지 않습니까? 우리가 생각을 바꾸려면 어떤 것들을 해야 하나요?

신 그걸 바꿔야 하나요? 왜 바꿔야 되죠? 우리는 금메달을 따야 하는데요. 얼마나 중요한 건가요?(웃음) 제가 말씀드린 것은 품격입니다, 품격. 제가 리더십 강사는 아니지만, 리더들을 상대로 강좌를 많이 합니다. '행복한 리더를 위한 정신과 의사의 조언' 이런 강의인데, 핵심은 간단합니다. 우리는 성공했어요. 대한민국은 누가 뭐라 해도 성공한 나라입니다. 우리 개인도 마찬가지입니다. 우리 삶을 한번 생각해보십시오. 대한민국은 50년 전에 비해서 GNP가 100배 성장했답니다. 우리가 지금 힘들다고 말을 하지만, 과거와 비교하면 상상할 수 없을 정도의 삶을 살고 있는 겁니다. 사실 여러 가지 측면에서 우리는 성공한 사회고, 개인도 마찬가지인 거죠. 그런데 거기에 과연 품격이 동반되어 있는가 하는 것은 한번 생각해볼 문제입니다. '돌격 앞으로!' 하는 것은 잘해요. 우리는 목숨을 걸고 달려왔잖아요. 그래서 성과를 내왔습니다. 그런데 가끔 보면 그 성과에만 집착하다 보니 우리가 놓친 부분이 있지 않겠는가, 하는 생각도 해봐야 합니다. 그래서 저는 '과학자의 이성과 시인의 감성이 조화를 이루어야 한다'는 말을 합니다. 우리가 금메달을 따는 것도 중요합니다. 공부도 가능하면 1등을 해야죠. 승진도 빨리 하면 좋고요. 성과 자체를 추구하는 것을 나쁘게 보지는 않아요. 그러나 거기에만 매몰되다 보면 '돌격 앞으로!'만 할 줄 알지, '아프냐? 나도 아프다'라고 하는 가슴을 함께 가지지 못합니다. 냉철한 이성과 따뜻한 가슴이 동시에 조화를 이루어야 하는데, 그동안 우리는 너무 한쪽으로만 몰려서 성공 지향적인, 성취 지향적인 삶을 살아온 후유증이 있는 듯합니다. 성공은 대단히 중요한 것입니다. 돈도 벌고, 성과도 내십시오. 그러나 그와 함께 이제는 우리가 조금 다른 측면, 상대도 이해하고 배려하고 공감하는 능력을 같이 키워야 그 성공에 품격을 더하게 될 것이다, 이런 말씀을 드리는 것입니다.

지 일종의 성취 중독이라고 볼 수도 있을까요?

신 말씀드렸듯이 성취 자체는 결코 나쁘지 않습니다. 우리 사회가 이만큼 살게 된 것도 '돌격 앞으로!' 정신 덕분인걸요. 그러나 이제는 어느 정도 성취를 하게 되면 외적인 성장만으로 자신을 평가할 수가 없습니다. 외적인 요인만 가지고 평가하다 보면 끝없이 불만입니다. 아무리 내가 많은 것을 가졌고 아무리 높은 자리에 올라가도, 나보다 더 많은 것을 가졌고 더 높은 자리에 있는 사람과 비교하여 열등감을 가질 수밖에 없습니다. 그것도 중요합니다. 하지만 품격을 갖추기 위해서는 조금 더 넓은 시야가 필요할 것 같다는 생각입니다. 제가 리더들에게 그런 말을 하죠. 명함을 던지고 이야기해보시라고요, 진료를 하다 보면 가끔 얼굴만 봐도 알 만한 사람을 만나게 돼요. 제가 모 그룹 사장이었어요, 누구 오른팔이었어요, 그런 분들이 어느 날 우울증으로, 화병으로 저를 찾아옵니다. 어느 날 일어나 보니까 명함이 사라졌어요, 어느 날 일어나 보니까 그 자리가 없어졌어요, 라고 하면서요. 인생이 사라져버린 거죠. 목숨을 걸고 모든 것을 희생하며 '돌격 앞으로!' 해서 그 자리를 지켰는데, 어느 날 갑자기 그 자리가 없어진다고 생각해보세요. 인생이 끝나는 느낌이겠죠. 제가 그분들에게 묻습니다. 당신이 가지고 있는 자리, 명함, 타이틀을 빼고 이야기를 해보라, 그래도 당신은 귀하고 소중하고 가치 있고 자랑스러운 사람인가. 이것을 지금부터 만들지 않으면 10년 뒤에, 20년 뒤에 우리는 무기가 완전히 사라질지도 모릅니다. 가끔 회사원들을 보면요, 회사에 충성을 많이 한 사람일수록 퇴직한 다음에 분노가 커집니다. 대충대충 일했던 친구들은 '그러려니' 하고 나옵니다. 그런데 내가 목숨을 걸고 회사를 위해서 희생했다고 믿는 사람들, 좋게 말하면 회사에 열정을 바친 사람들이죠. 그런 사람일수록 그 보상이 끝나는 순간 온갖 화병에 걸려버리는 겁니다. 열심히 일하고 회사에 충성하는 것은 좋은 거죠. 그러나 그것만 가지고 자기 삶을 평가할 수는 없거든요. 자체로 중요하지만, 그것 빼고도 내 무기가 있어야 합니다. 지금 우리가 워라밸 이야기를 하잖아요. 바로 그런 부분들입니다. 회사가 중요하지 않다는 것이 아닙니다. 외적인 성취도 중요하지만, 그것과 함께 다른 무기도 많이 있어야 한다는 것이죠. 명함 빼고도 내가 소중한 사람인지, 명함 빼고도 내 후배들이 나를 존경하고 따를지, 내가 좋은 아내고, 좋은 남편인지, 좋은 부모인지, 좋은 이웃인지, 한번쯤 돌아볼 필요가 있지 않겠는가, 하는 생각을 합니다.

: 리더십을 가지려면 본인의 마음 훈련부터

지 리더십 강좌에서 '이런 강좌를 들어봐야 소용없다. 마음이 편해야 된다, 자기 마음을 다스리는 훈련부터 해야 된다'고 말씀하신다면서요. 그것과 같은 맥락인 듯하네요.

신 비슷합니다.

지 집에서도 내가 자식들에게, 가족들에게 할 만큼 했다고 생각하는 사람들이 그만큼의 존경심 같은 것이 돌아오지 않으면 분노가 더 커지는 것과 같아 보입니다.

신 자녀들에게 모든 것을 쏟아붓는 엄마들이 있죠. 제가 농담으로 그런 이야기를 해요. 스케이트를 타면 다 김연아 선수가 되나요? 공을 차면 다 손흥민이 되나요? 아니잖아요. 그러면 나머지 친구들은 다 불행해야 하나요? 그렇지 않아요. 그 과정을 다 즐기고, 결과적으로 훌륭한 선수가 되면 좋지만 되지 못하더라도 실패한 인생은 아니거든요. 부모들 가운데 가끔 그런 경우가 있습니다. 내가 애한테 다 쏟아부었는데 보상이 없다고요. 여기서 보상은 자식이 성공하는 건데, 그게 안 되면 좌절하게 되죠. 그러면 그 분노가 누구한테 갈까요? 아이한테 돌리게 되는 거예요. '내가 너를 어떻게 키웠는데' 이런 식으로 접근하게 되니까 그 기대에 부응하지 못한 아이들은 그 자체로 스트레스이고, 그것 때문에 관계에 갈등이 생기니까 문을 닫아버리죠. 오히려 더 악화되는 경우를 볼 수 있습니다. 제가 리더들에게 '리더십 교육은 소용없습니다'라고 하면 막 웃어요. 제가 '회사 생활하면서 상사 중에 진상들 좀 만났죠?' 하면 만났다고 해요. 그러면 전 이렇게 말합니다. '그 진상들이 예전에 리더십 교육을 무지하게 받은 사람들이에요'라고요.(웃음) 어떤 유형의 리더가 있고, 어떤 리더십이 중요하다, 이런 교육은 인생에 별로 도움이 되지 않습니다. 물론 그걸 아는 것은 중요하지만, 그걸 내 것으로 만들어서 실천을 할 수 있어야 되잖아요. 그러려면 일단 내가 편안해야 합니다. 내가 힘든데, 어떻게 누군가를 존중하고 배려하고 관계를 맺을 수 있습니까? 리더라는 것은 결국 사람을 대하는 사람들이거든요. 교육 몇 번 받는다고 되는 것이 아닙니다. 축구공과 개를 차는 것은 다른 것이다, 제가 그런 비유를 하는데, 이게 가족 치료에 나오는 이야기입니다. 축구공은 차면 예측이 가능하잖아요. 잘 맞았구나, 빗맞았구나. 혹시 개를 차보셨어요?(웃음)

지 하하.

신 큰일 납니다. 절대 안 됩니다.(웃음) 이 녀석이 덤빌지 도망갈지, 좌로 튈지 우로 튈지 아무도 모르죠. 예측이 안 된다는 뜻입니다. 우리가 책 좀 읽었다고, 강의 한번 들었다고 사람을 그렇게 대하면 상대는 그렇게 반응하지 않습니다. 그만큼 관계라는 것이 어렵다는 뜻입니다. 그렇다면 리더의 첫 번째 덕목은 내가 편안한 사람이 되어야 한다는 거죠. 내가 좀 안정되고 편안할 때 이걸 바탕으로 누군가를 존중하고 배려하고 관계를 맺는 것입니다. 그래서 그 사람들을 움직여서 성과를 내는 것이 리더들입니다. 많은 것을 가졌다고, 높은 자리에 올라갔다고 자존감이 높아지는 것이 아닙니다. 저는 이름만 들으면 알 만한 대한민국의 리더들을 많이 만나요. 표정이 고약한 사람들이 많습니다.(웃음) 그 가운데는 참 따뜻하고 유머러스하고 여유로운 분들도 있지만, 안타깝게도 여유가 없는 사람들도 있습니다. 저 자리까지 올라갔는데 어떻게 저렇게 표정이 고약하지, 싶은 분들도 만납니다. 결국 자신의 삶에 대한 자신감이거든요. 우리 삶을 한번 돌아보십시오. 우리가 엄청난 것을 이루지는 못했지만, 엄청난 것을 가지고 있지는 못하지만, 열심히 살아서 여기까지 왔잖아요. 그런 자신의 삶에 대한 자신감, 이것이 있을 때 비로소 여유가 생깁니다. 이런 여유를 바탕으로 누군가와 관계를 맺는 것이 첫째 덕목이기 때문에, 리더들은 자신의 마음에 대해 훈련하는 연습이 필요합니다. 제가 사장님들 만나면 물어봐요. 당신 회사에 변호사가 있느냐 하고요. 고문 변호사는 다 있죠. 그러면 '고문 정신과 의사가 있느냐, 고문 심리 상담사가 있느냐'고 물으면 없대요. 고문 변호사가 있듯이 고문 심리 상담사와 고문 정신과 의사가 필요한 시기입니다. 그만큼 중요하다는 뜻이지요.

: AI 시대에도 인간의 역할은 필요할 것

지   AI 언급을 자주 하시면서 AI 시대가 와도 정신과 의사는 살아남을 거라고 하셨는데요, 지금 의료 환경과도 관련이 있을 것 같거든요. 어쩔 수 없이 3분, 5분 진료하는 환경에서는 AI가 더 나을 수도 있지 않을까 하는 생각이 들 때도 있는데요.

신   물론 의료도 많이 변화할 겁니다. 많은 부분이 인공지능으로 대체되겠지요. 그러나 우리 사업도 마찬가지잖아요. 많은 부분을 인공지능이 대체하게 되겠지만, 저는 크게 걱정하지 않습니다. 대체할 수 있는 부분은 그렇게 되겠죠. 그게 더 실용적이니까요.

그럼에도 불구하고 우리 인간의 역할은 있을 것이라는 생각을 합니다. 제가 '정신과 의사도 사라질 것이다. 10년 내로 환자가 걸어 들어오면 눈빛, 표정, 목소리, 걸음걸이만 보고 우울증을 진단하는 시대가 올 것이다'라고 했습니다. 인공지능이 지껄입니다. '아이고, 우울증입니다. 힘드셨죠?' 하고요. 하지만 기계가 절대로 못하는 것이 있죠. '아프냐? 나도 아프다' 이 이야기는 할 수 있지만, 아직은 실제 자신이 아프면서 그 소리를 하지는 못합니다. 그러면 진짜 완벽한 인간이죠. 그 시대는 쉽게 오지 않을 거예요. 그게 인간이 가진 위대한 능력, 진정성이거든요. 나도 그것을 같이 느끼고 이해하면서 상대에게 말할 수 있는 능력은 인간이 가진 최고의 무기이기 때문에 이건 결코 기계가 흉내 낼 수 없을 것입니다. 그저께 상담을 하는데, 아주 재미있었어요. 연세가 많으신 분이었습니다. 어느 병원에 다녀오셔서 크게 화를 내시더라고요. 신장이 좀 안 좋아서 내과 선생님을 만났는데, 오래 다녔대요. 이번에 가서 검사해보니까 신장이 확 나빠졌다는 겁니다. 그러니까 그 의사 선생님이 짜증을 부리고 화를 내면서 막 뭐라고 하시더래요. '뭘 했기에 이렇게 나빠졌느냐'고 해서 자기가 눈물이 나더라는 겁니다. 본인보다 20년이나 젊은 의사가, 본인 입장에서는 새파랗게 젊은 사람이 화를 내고 뭐라고 해서 너무 마음이 아프고 힘들었다는 거예요. 그래서 선생님 바꾸고 싶다고 해서 엄청 웃었어요.(웃음) 마구 혼내면 좋아하는 환자분들도 있거든요.

지 걱정해주는 거니까요.

신 그게 관계입니다. 평소에 나와 관계가 좋고, 애정이 있고, 나를 많이 이해하고 관리해주는 분이 내가 갑자기 나빠졌을 때 마구 뭐라고 해요. 그러면 '우리 선생님이 걱정해서 그러시는구나, 나를 위해주는구나' 이렇게 이해를 하죠. 그러면 좀 혼이 나도 결코 싫은 것은 아니에요. 평소에는 관심도 없고, 애정도 없고, 1분만 진료 보면서 약만 주던 사람이 나빠졌다고 뭐라고 하니까 엄청나게 기분이 나쁜 거예요. 그런 겁니다. 평소 관계의 문제죠. 지금 의료 시스템은 물론 짧은 시간에 많은 환자를 볼 수밖에 없는 구조입니다. 그럼에도 불구하고 오랜 선생님과 깊이 있는 관계를 맺게 되면, 그건 기계가 흉내 낼 수 없는 거예요. 정신과 의사는 조금 더 나은 것 같기는 해요. 짧은 시간을 보는 것은 마찬가지지만, 그래도 이 환자분에 대해서 이해하려고 많이 노력하죠. 기본적으로 어디 사는 분인지 가족은 어떤지, 뭐가 문제인지 이런 사실을 충분히 알고 있으면 말하기가 편해요. 짧은 시간이라 해도 마음에 있는 핵심적인 이야기는 할 수 있으니까요. 다소 긍정적인 부분이 있죠. 이건 제가 생각해도 기계가 흉내 낼 수 있는 부분은 아닌 것 같다, 그런 이야기입니다.

지 우리는 알파고와 이세돌 기사의 대결을 가까이서 봤는데요, 얼마 전까지만 해도 바둑 같은 창의적인 게임에서 기계가 사람을 따라잡기는 어려울 것이라 여기다가 큰 충격을 받았습니다. AI 시대를 맞이하면서 사람들의 마음가짐도 달라져야 될 것 같아요. 인간이란 무엇인가, 하는 생각도 해야 할 것 같고요. 그런 준비는 어떻게 할까요?

신 너무 깊이 있는 철학적인 이야기는 저도 잘 모르겠습니다.(웃음) 현실적으로 생각하면 알파고 정도는 아무것도 아닌 충격이 앞으로 다가오겠죠. 엄청난 변화가 일어날 테니까요. 변화를 두려워해서는 안 될 것 같습니다. 변화하는 것은 전부 스트레스라고 했죠. 문제는 나이가 들수록 변화에 대한 적응력이 떨어집니다. 그러다 보니까 변화를 두려워하게 되죠. 변화를 줄이려는 시도를 하게 됩니다. 자기도 모르게요. 나이 많은 어르신들한테 아파트에서 사시라고 하면 안 오잖아요. 시골에 땔감 때는 곳에서 아직도 살고 계십니다. '아니, 아파트가 얼마나 좋은데, 틀기만 하면 따뜻한 물 나오고'라고 아무리 설명해도 소용이 없습니다. 왜? 늘 하던 일을 하고, 늘 있던 환경에 있어야 스트레스가 적다는 것을 스스로 아는 것이죠. 변화를 줄이려는 노력을 스스로 하게 됩니다. 일반적으로 나이가 들면 본의 아니게 보수적으로 바뀌게 되어 있습니다. 그게 변화를 줄이겠다는 노력입니다. 세상이 너무 빨리 변해버리니까 적응할 능력이 떨어지게 되죠. 그러나 결코 두려워할 이유가 없습니다. 인간은 변화하는 환경에 적응할 수 있는 능력을 가지고 있습니다. 처음에는 힘들지만, 익숙해지면 불안이 줄어듭니다. 우리 인간의 뇌라는 것은 똑같은 자극을 계속 받으면 반응을 줄이게 되어 있죠. 내성이 생기는 겁니다. 문제는 세상이 너무 빨리 바뀌니까 스트레스이기는 하지만, 결국은 그 길로 갈 수밖에 없다는 것을 인정하고 수용하고 거기에 적응하려는 노력을 해야 합니다. 그게 마음의 유연성이죠. 나이가 들었다고 해서 결코 포기하지 말고, 변화에 적응하려는 노력을 해야 됩니다. 저도 예순 살이 넘었고, 얼리어답터는 아니지만 페이스북, 블로그, 인스타그램 다 합니다. 열심히는 못 하지만, 또 새로운 뭔가가 나오면 인터넷을 통해서 많은 정보를 얻기 위해서 노력을 하고요. 또 방송도 하지 않습니까? 처음에는 어색하고 굉장히 힘이 듭니다. 그러나 오랫동안 해서 익숙해지면 편안해지거든요. 두려워하지 말고 출발해야 한다고 생각합니다. 어차피 세상은 그리로 갈 수밖에 없는데, 그렇다고 해서 내가 가지고 있는 원래의 모습을 포기할 수는 없죠. 기본은 그대로 가지고 가되 바뀐 세상에 빨리 적응하려는 노력은 해보는 것, 그것이 건강한 사람의 태도입니다. 세상이 어찌 바뀌어도 결국 인간은 무너지지 않을 것 같아요. 그 세상을 만드는 사람이, 조절하는 사람이 우리 인간이기 때문에 인공지능이 나온다고 해서 너무 두려워할 것은 없겠습니다.

: 조직 내에 필요한 마음 건강 컨설팅

지 기업정신건강연구소에 계시죠? 좀 생소한데, 어떤 것을 연구하시나요?

신 기업정신건강연구소는 직장인들의 마음 건강을 평가하고 분석하고 힐링하고, 이런 것들을 하는 연구 과정입니다. 그 유명한 맥킨지라든가, 보스턴컨설팅 같은 곳에서 기업들에게 조직 컨설팅을 해주는데, 왜 마음 컨설팅은 안 하지, 하는 생각을 하게 되었습니다. 조직원의 마음을 다스려줘야 성과에도 득이 되거든요. 직장인들은 가족보다 더 많은 시간을 동료들과 상호작용을 하면서 보내죠. 집보다 더 많은 시간을 회사에서 보냅니다. 그런데 회사에서 마음 건강, 심리적인 갈등을 왜 안 다뤄줄까, 이런 생각을 했어요. 그래서 연구소를 병원에서 만들게 되었고요. 단순히 마음 건강만 이야기하는 건 아니에요. 마음 건강에 대해서 공부를 하다 보니 '아, 이건 기업의 문화구나' 하고 느끼는 부분이 있고, 문화를 이야기하다 보면 또 조직이 연관되고, 조직은 리더십과

연관이 되어 있고요. 전체적으로 조직 컨설팅과 마음 컨설팅을 같이 해야 제대로 된 평가를 할 수 있겠구나, 그런 생각으로 요즘은 마음 건강과 조직의 문화를 함께 평가하고, 분석하고, 다루고 대안을 마련하는 그런 작업을 하고 있습니다. 그러니까 신나는 일터를 만들자, 기왕 일할 바에야 신나게 일하자, 행복한 가정을 꾸리자는 거죠. 우리는 일터와 가정이 구별될 수가 없습니다. 상호작용을 하고 있으니까요. 행복한 나, 일터가 자리를 잘 잡아야 행복한 가정이 될 수 있죠. 이 세 가지 캐치프레이즈를 내걸고 직장인들의 마음 건강을 위해서 노력하고 있습니다. 10년 가까이 되어가지만 아직은 초보인데, 그럼에도 불구하고 많은 성과도 있고, '아, 이게 꼭 필요한 부분이구나' 하는 것도 깨닫고 있습니다.

지 어떤 성과들이 있었나요?

신 예전에는 기업체 자체도 그렇고, 특히 CEO들이 그랬죠. 마음 건강이라고 하면, 마음만 굳게 먹으면 되는데 맷집이 약해서, 이런 식으로 생각했습니다. 우울증이라고 하면 '힘내라'라고 하고, 불안증이면 '불안해하지 마라' 그러고요. 불면증이면 뭐라고 합니까? '푹 자라'고 하죠. 이게 말이 됩니까? 그것을 단순히 마음이 약하다는 의지의 문제로 이해했죠. 그게 아니라는 것을 리더들이 이해해야 합니다. 단순히 우울, 불안만의 문제도 아니고, 이런 마음 건강의 문제가 개인은 물론 조직 건강에도 영향을 미치고, 결국 우리 사회에도 영향을 미칩니다. 투자가 득이라는 것을 알아야 합니다. 1970년대 존슨앤드존슨이라는 회사에서 배달 나가는 트럭 기사들이 자꾸 사고를 내는 바람에 비용이 많이 나가는 거예요. 그래서 왜 그러나 하고 봤더니, 이분들이 장거리 운전을 하면서 잠도 잘 못 자고, 수면 리듬이 깨지고, 술도 마시고, 여러 가지 이유가 있었습니다. 그래서 불러 모아 마음 건강에 대한 교육을 하고 치료를 했습니다. 그리고 나니까 사고율이 40%로 떨어졌습니다. 계산해보니 이런 교육을 하고 치료를 하니까 도움이 되더라, 오히려 회사에 득이더라, 이런 사실을 알게 된 것입니다. 회사는 자선사업을 하는 곳이 아니잖아요. 돈을 들인다는 말은 기대한다는 뜻이고요. 투자가 득이라는 것을 인식해야 합니다. 첫째로 직원들의 마음 건강에 투자하는 일이 결코 손해가 아닙니다. 둘째는 이것을 뭔가 감시하고 관리하고 감독하는 차원으로 접근하면 안 됩니다. '야, 이상한 사람 누구야? 찾아내' 하는 식으로 접근하게 되면 끝장이에요. 복지 차원에서 접근해야 합니다. 내가 스트레스를 받아서 힘들 때 도움을 조금만 받아도 능률이 올라가잖아요. 저희 연구소에서 열 군데 심리 전문가들을 파견해놓았거든요. 또 일부 회사들은 정신건강의학과 전문의들을 파견해놓았습니다. 거기서 진료도 보고, 상담도 하고, 힐링해주는 이런 작업을 하고 있습니다. 다행히 최근에는 많이 분위기가 바뀌어서 '이게 회사로 봐서도 이득이구나, 직원들의 마음 건강을 다스려주는 것이 복지 차원에서 필요하구나' 하는 인식이 많이 커졌죠. 요즘은 관공서에서도 연락이 오고 있습니다. 그런 것은 큰 성과라고 볼 수 있습니다.

: 수직적인 기업 문화는 바뀔 필요 있어

지　기업 문화에 대해서도 말씀하셨는데요, 우리나라 기업들은 목표가 똑같이 '세계 제일'을 추구하는데, 이를테면 구글이나 페이스북은 캐치프레이즈가 다르다고 지적하셨죠.

신 우리도 이제 그럴 때가 됐죠. 1등 하자, 중요해요. 1등을 해야죠. 그러나 왜 1등을 해야 되는지, 1등을 해서 뭘 할 건지, 그런 이야기를 할 수 있어야 품격을 더할 수 있다, 이런 이야기를 제가 주로 합니다. 회사의 문화를 평가하고, 마음 건강을 평가하고, 리더십을 평가하다 보면 우리 기업들의 좋은 점도 참 많이 발견하게 됩니다. 대개 조직적이고, 체계적이고, 일사불란하고 다 좋은데, 지나칠 정도로 수직적인 문화가 아직도 남아 있어요. 그러다 보니까 이게 장점이 되기도 하지만, 앞으로는 단점으로 작용할 수도 있겠다는 생각을 또 하게 됩니다. 리더들이 어떤 결정을 하느냐에 따라 이 회사의 운명이 달라집니다. 보통의 문화라는 것은 보텀업bottom-up입니다. 밑에서 일어나서 위로 올라가야 되는데, 그게 쉽지가 않습니다. 우리의 문화는 톱다운top-down이에요. 리더가 어떤 마음을 가지고 있느냐에 따라서 조직의 문화가 달라집니다. '1등 하자! 돌격 앞으로!' 물론 중요합니다. 그런데 그걸 위해서 때려요. 때리면 성적이 오를까요?

지 단기적으로는 오를 수도 있겠죠.

신 때려도 성적이 안 올라야 되는데, 안타깝게도 때리면 성적이 오릅니다. 100등 하는 녀석을 때리면 10등 하게 할 수 있습니다. 문제는 10등을 때린다고 1등을 하게 할 수는 없다는 거예요. 100등에서 10등이 된 그 친구의 성적을 유지하려면 계속 때려야 합니다. 어제보다 더 때려야 합니다. 이게 문제가 되는 겁니다. 단기적으로 보면 밑에 있는 친구를 때려서 올릴 수는 있지만, 그다음에 끌어올리는 것은 자발성이거든요. 우리 문화는 너무 압박을 주는 문화예요. 봐라, 되잖아, 이렇게 됩니다. 이 문화가 팽배해 있어요. 그러면 직원들의 자발성이 떨어집니다. 수동적이게 되어 있습니다. 모든 사안을 컨트롤하고 지시를 주고 하면 이 직원들이 모든 것을 위에 묻게 되어 있거든요. 아주 작은 결정도 하지 않아요. 책임지기 싫으니까요. 정말 벽지 색깔 하나 고르는 데도 사장에게 물어보죠. 이런 일이 실제로 벌어집니다. 단기적으로 보면 그게 좋아요. 빨리빨리 결정할 수 있고, 누구 하나 책임을 안 져도 되니까요. 그러나 장기적으로 보면 아랫사람은 시키는 일만 하게 되죠. 그게 우리 회사 전체의 문화인 경우가 참 많습니다. 그래서 그동안은 빠른 시간 내에 많은 것을 이루었지만, 이제는 직원들이 자발성을 가지고 일을 해야 하는 세상이 되었습니다. 그동안 물건을 만들 때는 열심히만 일하면 됐지만, 이제는 열심히 일만 한다고 되는 것이 아니거든요. 그런 기업이 아니에요. 창의적이어야 하는데, 그건 위에서 끌고 간다고 되는 것은 아니라고 생각합니다. 이제는 많은 리더들이, 제가 늘 말씀드리지만, 내가 항상 옳다는 망상에서 벗어났으면 좋겠어요. 많은 잘난 사람들, 윗사람들, 부모의 문제가 뭔가요? 내가 옳다는 거예요. 내가 옳으면 누가 틀린 거예요? 얘가 틀렸잖아. 누가 바뀌어야 해요? 얘가 바뀌어야 한다고 믿는 거예요. 상대를 바꾸기 위해서 대화를 시도하는 겁니다. 이러니까 상대방은 문을 닫아버리는 거죠. 들어보면 틀린 말은 아니에요. 구구절절 옳은 말입니다. 왜냐하면 나는 이미 그 길을 가봤으니까. 한 가지만 기억하면 됩니다. 우리는 누군가를 변화시킬 능력이 없습니다. 그런데 자꾸 어떤 대화를 통해서 이것을 바꿀 수 있다고 믿는 거예요. 내가 변화해야 되겠구나 하는 동기는 제공할 수 있습니다. 그러나 변화할 수 있느냐 마느냐는 이 사람의 능력입니다. 리더, 부모, 잘난 사람들의 역할은 상대를 바꾸는 것이 아니라, '내가 변화해야겠구나' 하는 동기를 제공하는 것입니다. 그런데 많은 윗사람이 오해를 하죠. 내가 이렇게 살아서 여기까지 왔잖아, 성공했잖아, 너도 그래야 해, 하고 믿는 겁니다. 그렇게 못 하는 친구들을 보면 '문제가 있다'라고 파악해버리는 겁니다. 이런 경우들을 너무 많이 보죠. 윗사람들은 조금 여유를 가지고, 긴 안목에서 이 사람이 가진 능력을 발휘할 수 있도록 도와주는 조력자의 역할을 해야 한다, 그렇게 믿는 것이 맞을 것 같습니다. 제가 가끔 주례를 설 때가 있는데, 그때 이런 이야기를 합니다. 가정은 베이스캠프가 되어야 한다고요. 직장도 마찬가지예요. 우리 가정이라는 곳은 지치고 힘들고 좌절할 때 와서 힘을 얻고 가는 곳이에요. 인생은 산을 오르는 거예요. 그런데 그냥 산을 오르는 것이 아니라 에베레스트를 오르는 험한 과정이에요. 동네 뒷산을 오르는 게 아닙니다. 가다 보면 얼마나 많은 일이 벌어지는데요. 그 에베레스트 정상을 정복하기 위해 가장 중요한 것이 베이스캠프입니다. 정말 지치고 힘들 때 와서 기운을 차리고, 보충하고, 위로받고, 준비해서 나가는 곳이거든요. 그런데 우리는 어떤가요? 집에 들어와서 더 지쳐서 나갑니다. 스트레스를 받아서 나가요.(웃음) 조직도 마찬가지입니다. 조직은 내가 보호받을 수 있어야 하는 곳이잖아요. 여기와서 더 지쳐서 가면 곤란하죠. 결국은 우리 직원들, 우리 아이들다 마찬가지입니다. 동기가 생기고, 위로받을 때 내 능력을 더 발휘할 수 있다, 그런 의미에서는 가정에서의 마음 건강과 직장에서의 마음 건강이 동일하게 중요하다고 볼 수 있는데, 이제는 우리가 그런 부분을 돌아볼 수 있는 여유가 좀 생겼습니다. 그런 시기가 온 것 같다는 생각이 듭니다.

: 스트레스의 대부분은 인간관계에서 비롯하는 것

지 관계를 많이 강조하셨는데요. 직장에서 대부분의 시간을 보내기 때문에 가장 큰 스트레스 중 하나가 직장 동료나 상사와의 불화일 테죠. 기업 문화 자체가 어떻게 보면 피해를 호소하는 사람을 누름으로써 문제를 해결하는 것이 아니라 문제를 증폭시켜온 경향이 있습니다.

신 그게 꼭 기업의 문제만은 아닙니다. 좀 어렵습니다. 인간이 받는 스트레스의 90%는 사실은 인간에게 받는 스트레스입니다. 제가 유튜브 채널에서 오랫동안 실시간 상담도 하는데, 대부분 남편과의 갈등, 아이들과의 문제, 직장에서 상사와 동료와의 문제입니다. 우리가 일이 힘들다고 말하지만, 결국은 그 속을 자세하게 들여다보면 일 자체보다는 관계에서 오는 스트레스가 90%입니다. 세상에는 얼마나 다양한 인간들이 있습니까? 우리는 그 인간들과 관계를 맺어야 합니다. 이게 얼마나 큰 에너지가 드는 일인지 모릅니다. 특히 우리나라처럼 인간관계가 복잡한 나라가 없어요. 서구는 우리하고 다른 측면이 있죠. 선이 명확합니다. 내 일, 네 일이 명확하고, 관계를 맺는다고 하더라도 경계가 분명하고요. 우리는 그렇지 않잖아요. 대단히 복잡한 인간관계를 가지고 있어요. 그러다 보니까 오히려 상처도 더 많이 받게 되죠. 갈등도 많아지고요. 직장에서의 인간관계는요, 물론 환경이 바뀌고 문화가 바뀌면 참 좋겠지만 시간이 오래 걸리고 쉽지 않은 일이에요.

무엇보다 내 노력만으로 되는 일이 아니잖아요. 문제는 내가 직장에서 상사와 관계가 어렵다, 그런 경우 제가 조언을 하죠. 일단 평가부터 해야 합니다. 이게 과연 상사의 문제인가, 나의 문제인가, 아니면 관계의 문제인가, 이걸 명확하게 알아야 됩니다. 상사가 문제다, 내가 아무리 고민해도 방법이 없잖아요. 그 인간이 바뀌기 전에는요. 자신을 자꾸 구박하고 욕하고 한대요. 그러면 그 인간이 당신에게만 그러나요? 하고 물어봐요. 생각해보니까 다른 사람에게도 다 욕을 하네요? 그러면 내 문제가 아니잖아요. 다른 사람에게는 다 잘하는데 나한테만 욕을 하고 구박을 한다면 이건 다른 문제가 있는 거지만, 시도 때도 없이 누구를 만나도 저렇게 행동하네, 그러면 내가 고민할 이유가 없는 거죠. 어떻게 하면 적당한 거리를 두고, 그럭저럭 지낼지 연구를 해야 합니다. 내 문제가 아니니까. 그런데 다른 사람과는 잘 지내는데 나한테만 그런다면 이건 내 문제가 아닌지를 봐야 합니다. 그 인간을 피해서 다른 곳에 갔는데, 똑같은 일이 벌어져요. 다른 곳으로 옮겨도 계속적으로 반복된다면 '내 행동에 뭔가 문제가 있지 않나'를 평가해봐야 합니다. 두 사람 다 별로 문제는 없는데, 관계의 문제일 수도 있거든요. 이걸 먼저 평가를 해야 대안을 마련할 수가 있습니다. 내 문제일 때도 가끔 있어요. 그게게 제 환자분이 재미있는 이야기를 하더라고요. 사람들이 자기를 싫어한대요. 왜 싫어하느냐고 물으니까 자기가 마구 짜증을 부리고 과격하게 이야기하고 혼내고 그러니까 싫어한대요.

지　하하.

신　당연히 싫어하죠, 제가 그랬어요. 그런 사람을 좋아할 사람이 세상에 어디 있어요? 남들이 싫어하도록 행동해놓고, 남들이 싫어한다고 하소연하는 거예요. 물론 그 사람이 그런 행동을 하게 된 또 다른 이유들이 있긴 한데요. 그래서 일단 관계의 문제일 때는 평가의 문제가 중요하고, 그다음 그 평가 속에서 내가 어떻게 할지, 이건 환경이 바뀌어야 되는 문제인지, 내가 좀 적응을 잘해야 될지 평가를 해야 됩니다. 한 가지 중요한 것이 있어요. 관계에 투자하라고 이야기한다고 해서 관계에 너무 투자를 하면 안 됩니다. 이건 무슨 말이냐 하면, 역설적인데요, 우리 부서에 열 명이 있어요. 열 명하고 다 잘 지내나요? 안 그래요. 그런 사람이 어디 있어요? 열 명이 있으면 다섯 명하고는 아주 잘 지내고, 세 명하고는 그럭저럭 지내고, 두 명하고는 별로예요. 이게 보통 사람입니다. 그렇게 살아가는 거예요. 그런데 문제는 섬세하고 예민하고 착한 분들은 그 두 명 때문에 잠을 못 자는 겁니다. '그 언니가 왜 그렇게 이야기를 했을까? 걔는 나를 왜 싫어할까?' 예를 들어 유튜브 방송을 하면, 백 명이 '좋아요'를 눌렀고 두 명이 '싫어요'를 눌렀어요. 그러면 '백 명이 내 방송을 좋아해주는구나, 고맙다'라고 생각하면 되잖아요. '두 명이 왜 싫어요를 눌렀을까?' 집에 가서 고민하기 시작하면 인생이 서글퍼지는 거예요. 관계를 좋게 하라는 것은 모든 사람과 두루두루 잘 지내라는 뜻이 아닙니다. 자기 스타일대로 지내면 됩니다. 열 명이 있으면 나하고 친한 사람, 잘 맞는 사람, 이 사람들과 잘 지내면 되는 겁니다. 다른 사람과는 싸우라는 뜻이냐, 그건 아니에요. 그분들과는 적당한 거리를 두고 적당하게 지내는 법을 배우는 것, 이게 사회 기술 훈련입니다. 몇 명과 두루두루 잘 지내는가, 숫자에 집착하지 마십시오. 자기 스타일대로 사시면 됩니다. 대신에 거기에는 진정성은 들어 있으면 좋겠다는 생각은 하게 되죠. 살다 보면 사람 때문에 상처도 많이 받고, 스트레스도 받습니다. 정신과 의사인 저도 그렇습니다. 어떻게 해결하느냐, 정답이 없습니다. 내가 바뀌는 것이 우선입니다. 내가 지나치게 섬세하게 반응해서 그런 경우가 있거든요. 해석을 잘해야죠. 긍정적으로 있는 그대로 해석하는 훈련이 필요합니다. 부장님이 자꾸 자기를 싫어한대요. 자기를 볼 때 표정이 안 좋답니다. 아니에요. 그 사람이 나를 볼 때 표정이 안 좋은 것은 내가 싫어서가 아닐 수 있잖아요. 원래 표정이 그렇거나, 지쳤거나, 딴생각을 하거나. 그런데 착한 친구들은 나를 보고 인상 쓰는 것을 보니 나를 안 좋아하는구나 하고 부정적으로 해석합니다. 그러면 부정적인 생각이 들게 되죠. 있는 그대로만 해석하면 됩니다. 관계에 있어서는 지나치게 예민하고 섬세하게 반응할 필요가 없어요. 갈등이 생겼을 때는 이게 묻어둬도 되는 일인지, 해결을 해야 하는 일인지 생각해보셔야 됩니다. 저는 정신과 의사니까 관계에 갈등이 생기면 얼마나 잘 해결할까 싶으시죠? 안 그래요.(웃음) 저도 갈등이 싫어요. 밑에서 갈등이 있을 때 제가 관여해서 해결하면 좋은데, 그 상황이 제가 불편한 거예요. 제가 묻어버리는 거예요. 나중에 더 큰 문제가 생길 때도 있습니다. 가능하면 내가 할 수 있는 범위 내에서 갈등 자체를 두려워하지 말고 그것을 어떻게 해결하느냐 하는 문제기 때문에, 내가 할 수 있는 노력을 다해보십시오. 그런데도 상대가 변화가 없다, 그러면 그것은 내 잘못이 아닙니다. 누가 그런 질문을 하셨는데요, 친구와 둘이 만나서 이야기를 하다 보면 다른 사람 험담을 할 때가 있어요. 동료 험담을 했는데, 그 동료가 들었어요. 그것 때문에 멀어졌다는 겁니다. '어떻게 할까요?' 묻는데,

어떻게 하기는요. 진짜로 미안한 게 느껴져요? 동료를 험담할 수도 있죠. 우리가 살다 보면 뒷담화도 하잖아요. 그런데 그 친구가 들었으니까 마음이 상했을 거잖아요. 정말로 이 친구에게 미안하다는 마음이 들면 가서 사과를 하면 됩니다. 미안한 마음이 안 들면 굳이 사과할 이유가 없죠. 내가 정말로 그 친구에게 미안하고, 잘못된 행동이었다는 생각이 들면 그 미안한 마음을 있는 그대로 진솔하게 전달하십시오. 그런데 만약 그 친구가 안 받아들인다면 그건 어쩔 수 없어요. 내 능력 밖이잖아요. 내가 할 수 있는 도리를 다했으면 거기까지입니다. 그 친구의 반응까지 내가 고민할 필요는 없거든요. 그런 것이 인간관계의 작은 기술인데, 한번 적용해보시면 좋을 듯합니다.

: 있는 그대로 사실만을 두고 판단하기

지   제가 부정적인 생각을 많이 하는 편인데요, 책에 그런 예를 드셨잖아요. 그게 심해지면 환승역에서 사람들이 내리는 것조차 '다 나를 싫어해서 내리는 것 같다'라고 생각한다고요. 옆에서 보면 웃긴 이야기지만, 정작 본인은 굉장히 힘들거든요.

신   그건 과한 예긴 하죠. 망상 수준까지 가는 건데요. 실제로 그런 경우가 참 많습니다. 특히 정서적으로 여리거나 착한 사람일수록 부정적으로 해석합니다. 그게 나쁜 것은 아닙니다. 걱정이 많고, 부정적인 생각이 많고, 그런 게 마냥 나쁘지는 않습니다. 왜냐하면 자기를 보호하는 큰 수단이 될 때도 있거든요. 두려움, 공포, 불안이라는 것은 우리를 지키는 힘이기도 합니다. 코로나가 무서워서 안 나가면 걸릴 확률이 줄죠. 겁이 없어 막 다니면 걸릴 확률이 높아지죠. 생각하기에 따라 달라요. 이게 정상적인 불안이면 되는데, 도가 지나친 경우가 있어요. 부정적인 해석도 마찬가지입니다. 부정적으로 해석하면 그걸 막기 위해서 노력하잖아요. 남들이 나를 싫어해, 그러면 좋게 만들기 위해서 노력할 거잖아요. 여기까지는 괜찮아요. 그런데 어느 정도를 넘어버리면 문제가 생기는 겁니다. 그 부정적인 해석 때문에 집에 가서 잠도 못 자고 불안하고, 다음 날 나갈 힘이 없죠. 여기까지 연결되면 안 되는 겁니다. 어떤 사물을 바라볼 때 무조건 긍정적으로 해석하라는 뜻이 아닙니다. '무조건 괜찮다'고 우기자는 뜻이 아닙니다. 있는 그대로 보자는 거예요. 그 친구가 나를 안 좋게 바라본다면 그게 진짜인지 가짜인지 파악해야겠죠. 부장님이 나를 싫어한다고 해서 근거가 뭐냐고 물어보면, 근거는 없어요. 나를 싫어한다고 직접 말한 것은 아니지만, 그저 나를 바라보는 눈빛이 안 좋다고 해요. 그게 정말인지 아닌지는 확인을 해봐야죠. 그게 정말이라면 고치도록 노력을 해야 합니다. 이유가 있을 테니까요. 그게 사실이 아니었다면 내가 그동안 헛생각을 하고 있었던 거잖아요. 그럼 그 생각을 바꾸도록 노력을 해야죠. '부장님은 나를 좋아할 거야' 이렇게 생각하란 말이 아닙니다. 있는 그대로만 해석하고 받아들여야 현실적으로 내가 노력할 수 있는 부분에 초점을 맞출 수 있다는 뜻입니다.

지 어떤 정신과 선생님들은 인독人毒이 오른다는 표현도 쓰시던데요, 아픈 사람들을 상담하고 공감을 하시다 보면 굉장한 스트레스가 될 것 같습니다.

신 정신과는 스트레스가 많으냐는 뜻이죠?(웃음) 물론 그런 측면이 없지는 않습니다. 정말 힘든 분들을 만나 보면 소설보다 더 소설 같은, 드라마 같은 인생을 사신 분들이 있죠. 정신과 의사가 공감 능력이 좋다고 해서 경계를 무너뜨리면서 상대에게 들어가지는 않아요. 충분히 이해하고 공감할 수 있지만 그럼에도 불구하고 내가 할 수 있는 일, 없는 일을 구별해야 됩니다. 그리고 중립성을 유지하죠. 그런 훈련을 하기 때문에, 사실 힘은 많이 들지만 나 자신의 삶에까지 영향을 받지는 않습니다. 제가 진료실에 있을 때와 나왔을 때는 다른 사람이죠. 다행스럽게도 제 경우는 제가 하는 일이 좋아하는 일이고, 제가 잘하는 일입니다. 인생에서 그런 복을 받는 것이 쉽지는 않죠. 저는 진료를 보고, 연구소를 하고, 강연을 하고, 교육을 하고, 이런 일이 다행스럽게도 저에게 잘 맞는 것 같습니다. 그래서 일 자체로 큰 스트레스를 받지는 않습니다, 오히려 고맙게 생각하죠. '아, 내가 이렇게 할 수 있는 것이 참 고맙구나.' 물론 그런 일에서도 스트레스가 있긴 하지만, 다행스럽게도 저는 일 말고도 가진 무기가 많거든요. 나이도 들고, 여유가 좀 생겼으니까요. 그리고 사람들로 인해 받은 스트레스를 사람들을 통해서 또 풀어요. 제 주변에는 다행스럽게도 좋은 사람들이 많이 있어서 그들을 통해서 풀기도 해요. 스트레스를 받을 때는 받으세요. 방법이 없잖아요.(웃음) 대신에 내가 그걸 어떻게 해결해나가는가 하는 문제에 초점을 맞추는 것이 맞아 보입니다.

: '시인의 감성과 과학자의 이성'이라는 조화

지　정신과 의사가 되고 싶은 분들에게 해줄 말씀이 있으실까요?

신　정신과 의사 하지 마세요. 힘들어요.(웃음) 왜 굳이 많은 의사 중
에 정신과 의사를 하려고 하나요? 정신과 의사는 자기가 정말 좋
아하지 않으면 하기 힘든 직업이에요. 첫째는 인간에 대한 애정
과 관심이 있어야 합니다. 그런 분들이 정신과 의사가 되면 참 좋
겠는데, 그것만 가지고는 안 됩니다. 정신과 의사는 과학자예요.
제가 말씀드린 시인의 감성과 과학자의 이성이 조화를 이루는 것
이 정신과 의사의 기본인데요, 이게 100여 년 전에 네마이어라는
정신 분석가가 한 이야기입니다. 이 두 개가 조화를 이루는 것은
참 어려운 이야기지만, 그런 것을 처음부터 갖춘 사람은 없죠. 관
심이 있다면 그 분야의 공부를 해야 하는데, 제일 중요한 것은 공
부를 잘해야 됩니다. 요즘 의과대학에 들어가기가 하늘의 별 따
기입니다. 정신과 의사가 되려면 일단 열심히 공부하십시오. 둘
째는 사람에 대한 관심을 가져라, 인간에 대한 애정을 머리로만
이해하지 말고 가슴으로도 인간에 대한 애정을 가져라, 그러려면
친구들과 잘 지내고 가족과 잘 지내고 이런 훈련부터 해야 됩니
다. 그런 것을 충분히 갖춘 다음에 나머지는 수련을 받으면서 얼
마든지 배울 수 있습니다. 경험을 통해서 달라집니다. 저도 처음
에는 많이 힘들었어요. 제가 공감 능력이 없는 것이 아닌가 고민
을 했죠. 그런데 오랫동안 나와서 환자들을 보게 되니까 '오, 그
게 아니구나' 하는 것을 깨닫게 됐어요. 많은 경험이 쌓이고, 여
유가 생기고, 훈련을 하면 좋은 정신과 의사가 될 수 있습니다.

지 의사로서 목표가 있으시다면요.

신 없습니다. 저는 의사가 되고, 강북삼성병원이라는 곳에서 전문의가 되고 할 때 두 가지 목표를 세웠죠. 환자들에게는 좋은 의사가 되고 싶다, 그리고 우리 제자들, 전공의 선생님들에게는 좋은 선생님이 되고 싶다는 목표를 세웠는데요, 어느 것 하나도 제대로 한 것 같지는 않습니다. 아쉬움은 있죠. 내가 정말 좋은 임상가였는가? 나름 노력은 했지만 부족한 면이 많은데, 아직은 성장할 수 있는 기회가 있다고 생각합니다. 작은 부분이지만 저를 좋아하고 찾아와 주시고, 그걸 통해서 행복해하는 분들이 있으니까 고마운 일이고요. 제가 좋은 선생이었는지 모르겠지만, 그래도 많은 제자들이 나가서 잘 활동을 하고 있는 것을 보면 좋은 선생이었겠지, 하고 위로하며 살고 있습니다. 그 두 가지가 가장 큰 꿈이고, 다른 특별한 꿈은 가지고 있지 않습니다. 저는 타이틀에 욕심이 있는 사람도 아니고, 이제는 은퇴가 5년 정도 남았기 때문에 슬슬 저보다 더 뛰어난 후배들, 제자들, 후학들에게 연구소도 물려주려고 해요. 당장 은퇴할 것은 아니지만, 저보다 더 뛰어난 사람들에게 물려줄 생각을 하죠. 사실은 임세원 교수가 있었다면 인생이 달라졌을 거라는 생각도 듭니다. 임교수에게 물려주고 같이 하자는 이야기를 많이 했거든요. 마음이 찡하죠. 그러나 이제는 좋은 생각을 하면서 같이 있었던 행복한 시간들을 이야기하면서 지내고, 지금처럼 살아온 대로 살자는 것이 제 모토입니다.

지 독자분들에게 마지막으로 해주실 말씀이 있으신가요?

신 특별히 더 해줄 말은 없습니다. 그냥 힘들 때 힘들어합시다.(웃음) 방법이 없잖아요. 요즘 얼마나 힘들어요. 아플 때 아파하고, 슬플 때 슬퍼하십시오. 우리 인생을 한번 돌아보십시오. 특히 힘든 분들, 어릴 때 상처도 있고, 사랑도 못 받고, 돌아보면 아팠던 기억이 너무 많습니다. 누구의 삶도 마찬가지입니다. 크고 작음의 차이가 있을 뿐이지, 힘들지 않은 인생이 어디 있겠습니까? 넘어지고 좌절할 때도 있었겠죠. 그러나 늘 말씀드리지만 우리 삶의 작은 부분입니다. 그게 우리 삶을 압도하도록 내버려둬서는 안 됩니다. 그건 우리의 선택이에요. 과거를 바꿀 수는 없잖아요. 과거를 어떻게 대할지가 우리의 선택입니다. 그게 내 지금과 앞날에까지 영향을 준다면 잘못된 거죠. 극복하려고 노력하지도 마십시오. 가능한 일이 아닙니다. 그래서 저는 그것은 긴 인생의 작은 부분일 뿐이라고 늘 말씀드립니다. 그리고 자기 자신이 얼마나 귀하고 소중하고 가치 있고 자랑스러운지, 그것을 좀 이해하셨으면 좋겠습니다. 물론 부족한 부분이 참 많아요. 그럼에도 불구하고 소중한 사람입니다. 이걸 인식하게 되면 스트레스는 우리 적수가 되지 못할 거라고 생각합니다.

2.

죽음을
준비하지 않으면
더 나쁜 일들이
일어난다

김현아

한림대학교 성심병원 류머티즘내과 교수

류머티즘내과 의사인 김현아 교수를 만났다. 학력고사 전국 수석, 서울대 의대 최우등 졸업의 이력을 가진 엘리트 의사 김현아 교수는 미국 유학을 다녀온 후 '입국을 거부당할 각오로 쓴 미국, 미국인 비판' 서적인 『나는 미국이 싫다』라는 책을 냈고, 2020년에는 '병원에서 알려주지 않는 슬기롭게 죽는 법'에 대해 말하는 『죽음을 배우는 시간』이라는 책을 내기도 한 아웃사이더 기질이 있는 반전 매력의 소유자였다.

30년간 의사로 살면서 준비 없이 맞이하는 죽음이 얼마나 큰 비극을 초래하는지 수없이 지켜봤다는 김현아 교수는 "건강을 유지하고 목숨을 이어가는 것과 죽음을 배우고 준비하는 일이 좋은 삶이라는 목표를 위해 똑같이 중요하다는 이야기를 병원 안팎에서 이어나가고 싶다"라는 희망을 피력했다. 살아도 산 것이 아닌 상태로 오랜 시간을 버틸 수 있게 하는 현대 의료는 죽음에 대한 정의마저 모호하게 만들고 있다고 말하는 김현아 교수에게 그렇다면 과연 죽음을 어떻게 대해야 할 것인가, 그리고 류머티즘내과의 일과 의료 정책 등에 대해 이야기를 들어보았다.

지승호
(이하 지)
선생님이 쓰신 『죽음을 배우는 시간』을 읽어봤는데요, 예전에 내신 책도 그렇고, 뭔가 작심하고 하실 말씀이 있어서 쓰신 것 같았어요.(웃음) 책을 써야겠다고 생각한 계기가 있으신가요?

김현아
(이하 김)
평소에도 그런 생각을 많이 해왔습니다. 병원에서 너무 죽음을 안 가르치고, 병원은 무조건 사람을 살리는 곳이라는 생각이 박혀 있다 보니까요. 끝내야 하는 상황인데도 끝내지를 못하고, 너무 무의미한 일들이 벌어지는 상황이 굉장히 안타까웠어요. 개인적으로도 그런 죽음에 대한 현대 의학의 왜곡 때문에 황당한 일들을 겪은 적이 있고, 그러다 보니 그 책을 써야겠다는 생각을 했습니다. 웰다잉well-dying이라고 하죠. 그 주제의 책은 지금까지 굉장히 많이 나왔잖아요. 사전연명의료 거부라고 아무리 쓴다고 해도 병원에 가면 그렇게 할 수가 없어요. 그것은 의미가 없습니다. 병원에 가면 암 말기 이런 병이 아니면 노화로 죽어가는 이 순간을 '임종이다'라고 말을 하지는 않잖아요. 그렇게 기울어가는 중에 생기는 소소한 문제들, 이것도 다 질병이기 때문에 진단을 내리고, 진단을 내리면 치료가 있어야 하잖아요. 그러니까 끝나지를 않는 거예요. 못 먹으면 못 먹는 대로, 폐렴이 생기면 폐렴이 생긴 대로, 욕창이 생기면 생긴 대로 질병인 거예요. 사실은 그게 죽는 과정인데도요. 그래서 그런 이야기들, 병원 오지 말라는 이야기들을 저는 계속하고 싶었습니다.(웃음) 어느 순간이 되면 당신이 결정해야 한다, 누구도 결정을 대신해주지 못하고, '나는 더 이상 병원에 오지 않겠다'라고 똑 부러지게 이야기하지 않으면 웰다잉이나 연명 의료가 아무 의미가 없다는 것을 말해주고 싶었습니다.

지 연명 의료에 대한 서류를 작성해도 막상 응급실에 가게 되면 그게 소용이 없어진다는 말씀이시죠. 치료를 할 수밖에 없는 상황이 벌어진다고 하셨는데요. 우리나라 문화와 관련된 부분도 있는 것 같아요.

김 우리나라뿐만이 아니라 미국도 마찬가지예요. 병원에 가면 어디까지 하겠습니까, 하고 물어보기보다는 눈앞에서 일어나는 일만을 다루거든요. 또 점점 의료가 조각이 나면서 이 환자를 오랫동안 쭉 보던 의사들이 개입을 못 하는 일들이 많아요. 응급실은 응급실 담당 의사가 있기 때문에요. 한 번도 그 환자를 본 적 없는 사람들이 눈에 보이는 것만 보고 결정을 내리는 일들이 많거든요. 현대 의료의 맹점인데, 점점 나빠지지 좋아질 거라는 생각은 들지 않습니다. 우리나라는 문제가 가정의라든가, 지정의라는 개념이 없잖아요. 본인이 가고 싶은 병원 아무 곳이나 메뚜기처럼 가기도 하고, TV에 나오는 의사를 보러 가고 그러는데요. 실제로 나하고 가까운 곳에서 나를 오랫동안 봐온 의사가 한 사람 있다는 것이 굉장히 중요하다는 사실을 사람들이 몰라요. 그리고 병원 자체도, 개인 병원들도 그렇고 큰 병원도 마찬가지고요, 환자를 전문적으로 보는 일을 점점 더 안 하게 되죠. 의사의 개인적인 문제라고 비난할 수도 있겠지만, 제도가 문제입니다. 우리나라는 의료 전달 체계라는 것이 없기 때문에 개인 병원은 그냥 감기약 주고, 조금 시원치 않으면 그냥 큰 병원으로 가는 의견서를 주는 기관으로 판단하거든요. 개인 병원들에서 만성질환 관리를 잘해줘야 하고 시간이 투자가 되어야 하는데, 시간에 대한 보상이 안 되어 있거든요. 검사 같은 것은 후하게 해주는 편인데, 실제로 의사나 간호사들이 시간을 들여서 설명해주고, 환자를 오랫동안 보면서 대화를 하는 부분들에 대해서는 보상이 되지 않아요. 얼마 전 '돈만 안다'고 비난받았던 파업이 있었는데, 더 이상 '돈만 안다, 밥그릇' 이런 이야기는 그만했으면 좋겠어요. 우리나라 수준이 그보다는 나은 것 같아요. 그래서 정말 중요한 가치가 어디에 있는지, 그 가치를 어떻게 추구할 것인지에 대해 같이 대화를 해야 하는 단계가 된 것 같습니다. 어르신들이 자신들이 원하는 방식으로 돌아가시고 삶을 마무리하는 것조차 안 되는 문제를 정책을 떠나서는 생각할 수가 없거든요.

: 의미 없이 행해지는 심폐소생술

지   책에서 쇼피알ShowPR이라는 표현이 인상적이었는데요, 실제로 심폐소생술을 해도 살릴 수 없는 환자들에게 책임 소재 때문에, 혹은 나중에 문제가 발생할 수도 있기 때문에 안 해도 될 것을 몇 시간이나 일부러 한다는 거잖아요. 어떻게 보면 인력 낭비이거나 자원의 낭비일 수도 있을 것 같은데요.

김   우리나라 병원에서는 그게 디폴트예요. 특별히 내가 안 하겠다는 의사 표현이 되어 있지 않으면 죽은 사람에게도 하는 거죠. 일반 병동에서는 간호사가 매분 매초 올 수가 없잖아요. 그러다 보면 라운딩을 도는데, 이분이 돌아가신 거예요. 모든 활력징후가 사라졌는데도 보드를 띄워요. 가족이 오기까지 심폐소생술을 해요. 의료진도 그분이 돌아가셨다는 걸 아는데 하는 거죠. 그런 일이 굉장히 많아요.

지 소송 문제 같은 이유 때문에 할 수밖에 없다는 거잖아요. 거기 없었던 가족이 나중에 소송을 거는 경우도 있다고 하셨고요. 계속 그런 일이 발생할 수밖에 없다는 건데요.

김 피할 수는 없을 것 같아요. 대국민 메시지가 전달이 되어야 할 것 같고요. 심장이 멈추고, 물론 젊은 사람이 병도 없는 상태에서 갑자기 부정맥이나 이런 문제로 심장이 멈추는 경우와는 다르고요. 심장이 멈추는 것은 다 끝난 거거든요. 다른 기관들도 기능을 멈추고, 올 일들이 다 온 다음에 심장이 서는 건데요. 심장이 섰다고 무조건 심폐소생술을 하는 것은 시신이 훼손되는 문제가 있을 수도 있어요. 지금 병원에서 어떤 일들이 일어나는지를 사람들이 아셔야 할 것 같아요.

: 병원에 가지 않는 순간을 정해야

지 『죽음을 배우는 시간』은 병원의 죽음 비즈니스에 속지 않고, 원하는 방식으로 생을 마감하기 위한 방법을 찾기 위한 책 같습니다. 어떤 준비가 되어 있어야 하나요?

김 내가 더 이상 병원에 가지 않는 시간, 순간을 정해야 하는 거죠. 병원에 가면 피할 수가 없어요. 눈에 보이는 것은 다 치료해야 하니까요. 책에도 내용이 나와 있는데, 사람의 몸이 기우는 단계가 있어요. 바깥출입을 못 하는 단계, 그다음 침대 밖으로 못 나가는 단계가 있고, 밥을 혼자 못 먹는 세 단계를 거쳐 사망하죠.

지 그것을 현대의학 시대의 죽음의 3단계라고 하셨죠. 억지로 먹여서는 안 된다고도 하셨고요. 흡인성 폐렴 등에 걸릴 수 있기 때문에.

김 그렇죠. 내가 어느 단계에서는 더 이상 병원 치료를 안 하겠다는 것을 정해야 하거든요. 예를 들어서 바깥출입을 못 하는 단계는 사회적인 사망인데, 그렇게 되고도 부자들은 대개 바깥출입을 다 합니다. 참 야속한데 수명도 부자들이 길잖아요. 그러나 아무리 돈이 많아도 자기가 원하는 대로 사회생활을 하던 끈이 다 끊어지면 이제는 그만 놓아야겠다는 생각을 하실 수가 있겠죠. 침대 밖으로 못 나가는 단계가 되면 더 이상 연명을 하는 것은 의미가 없다고 생각하는데, 그 단계가 굉장히 오래 가시는 분들이 많아요. 침대 밖을 못 나가는 건 아주 적나라하게 말하면 누군가가 대소변을 해결해줘야 한다는 거예요. 일반 가정에서는 대부분 그 단계가 되면 요양 병원으로 모시죠. 더 이상 그것을 해줄 수 있는 사람이 없으면요. 집에 사람을 두고 해결을 하거나, 가족들이 해주는 단계는 지나갔다고 생각하거든요. 저 같으면 그렇게 되면 더 이상 살고 싶은 생각이 들지 않을 것 같아요. 그 단계가 되고도 굉장히 오래 버티시는 분들이 많죠. 강제로 급식하면서요.

지 이런 상황을 바꾸기 위해서 책을 쓰셨을 텐데, 그러기 위해서 어떤 것을 해야 한다고 생각하시나요?

김 빨리 죽고 싶은 사람은 없을 거예요. 그런데 죽음에 대한 생각 자체는 많이 바뀌어야 해요. 내가 물러나줘야 다음 세대들이 설 자리가 있는 거잖아요.(웃음) 점점 사람들이 은퇴도 안 하려고 하는데요, 그런 생각 자체를 바꾸는 것이 참 어려울 것 같아요. 아무리 나이가 많다고 해도 멀쩡하게 기능을 잘 하는 분들한테 삶을 포기하라는 말을 할 수는 없겠죠. 그러나 피할 수 없이 정말 기울어가시는 분들에게 어느 단계에서는 놓아야 한다고 말하는 것은, 왜냐하면 그런 분들 중에서도 끝까지 병원 신세를 지다가 놀아가시는 분들이 태반이거든요. 사람이 영생을 위해 냉동 인간이 되고 이런 것도 젊을 때 불치병에 걸리거나 하는 경우면 모르겠지만, 그렇게 영생을 하는 것이 행복할까, 하는 생각이 들어요. 〈그린 마일〉이라는 영화가 있잖아요. 나 혼자만 백 몇 살을 살고 자기 가족이나 친구들이 다 죽어서 '나는 언제 죽나' 이러는 내용인데, 그게 행복한 삶일까요?

지 '죽음을 준비하지 않으면 죽음보다 더 나쁜 일이 벌어진다'고 하셨는데, 어떤 일들을 말씀하시는 건가요?

김 가족이 깨지는 거죠.

지 장례식 끝나고 나면 뒤도 안 돌아보는 가족들이 있죠.

김 우리나라는 민법이 잘 발달되어 있어서 유류분이라는 게 있잖아요. 남은 재산 때문에 싸우고 소송까지 가는 경우가 많고요. 소송까지 가면 보겠어요? 안 보는 거죠. 다 깨지는 거예요.

: 죽음을 준비하는 법

지 치매에 걸리면 죽음을 준비할 것이라고 말씀하셨죠. 간병하는 가족들이 힘들어지고 하지만, 실제로 정신이 돌아오시기도 하니까 죽음까지 생각한다는 것은 가혹한 것 아닌가 하는 생각도 드는데요.

김 돌아왔다 갔다 하면서 계속 나빠지는 거거든요. 저는 돌아오는 것을 보고서 희망을 가지면 안 된다고 생각해요. 어차피 돌아가실 쯤에도 어떤 날은 정신이 반짝하다가 어떤 날은 안 좋아지고, 이렇게 왔다 갔다 하거든요. 막바지에 기운이 나는 것을 판단하기 어려울 때가 있어요. 치매는 그런 경우인데요, 어쩌다가 하루 반짝한다고 해서 희망을 가지는 건 아니라고 생각해요. 치매 문제는 굉장히 어려워요. 자기가 치매라는 것도 모르고 치매가 되는 경우도 많아서요.

지 또 위내시경이나 대장내시경 외에는 운명에 맡기겠다고도 하셨잖습니까? (웃음)

김 건강검진이 병원들 돈벌이 수단이 됐습니다. 건강한 사람이라도 검진을 100개 하면 뭐라도 나오거든요. 알 필요가 없는 검사도 있고요. 뭐가 어떤지 다시 검사를 받고, 다시 전문의를 찾고, 검사가 꼬리에 꼬리를 물어요. 건강검진에서 낭패를 본 대표적인 질환이 우리나라 갑상선암이에요.

지 그렇죠.

김 이제는 많이 아실 것 같은데도 아직도 그런 일이 있더라고요. 저와 가까운 어떤 분도 건강검진을 하면서 초음파로 갑상선을 봐주겠다고 해서 서비스로 받았는데, 이상한 것이 있어서 찌르고 암세포가 나와서 떼더라고요. 다 알 만한 분이요. 왜 이렇게 됐을까, 그런 생각이 들어요.

: 죽음 비즈니스에 현혹되지 않을 것

지 갑상선암만 하더라도 여러 가지 말들이 있더라고요. 징후가 나쁜 경우도 있기 때문에 수술이 필요할 때도 있다고 하던데요. 많은 분이 필요 없다고 여기기도 하고요.

김 확률의 문제인데요, 벼락 맞을까 봐 비 오는 날 밖에 안 나가는 그런 정도의 확률이라고 말하면 극단적인 표현일까요?(웃음) 그보다는 조금 높을까요? 병원이라는 것이 죽음 비즈니스, 공포 비즈니스기 때문이에요. 물론 1000명을 놓고 보면 그중에 한 명 정도는 안 좋아질 수가 있어요. 가능성이 없지야 않겠지만, 그 정도는 감내할 위험이라고 저는 생각해요. 그런데 현대 의학의 죽음 비즈니스는 사람들에게 그걸 감내하면 안 된다고 압박을 하죠.

지 비싼 장비를 사게 되면 과잉 진단, 진료의 문제와도 연결되는 건데요, 미국도 한국에서 배워서 갑상선암 수술을 많이 한다고 하셨잖아요.

김 우리나라가 OECD 국가 중에서 검진, 진료를 많이 보는 편이에요. 본인이 건강하다고 느끼는 사람의 비율은 반밖에 안 됩니다. 의료에 집착을 하면 웰빙에 빠지고, 검사를 하면 자꾸 뭐가 나오거든요. 피검사 같은 것을 100개쯤 하면 다음 날 없어질 것이 잡히곤 하죠.

지 그러면 건강검진에 대해서는 어떤 태도를 취해야 하나요?

김 우리나라의 경우 조기 검진이 확실히 이득이 되는 것은 대표적으로 위암하고 대장암 두 가지입니다. 조직을 뽑아서 암이다, 아니다, 똑 부러지게 답이 안 나오는 경우가 굉장히 많아요. 어렵죠.

AI가 오용이 되면 끔찍한 것이, 두고 봐도 될 만한 것을 '떼라'고 몰아갈 수가 있어요. 그 안에 돌아가는 알고리즘을 만드는 사람이 아니면 모르니까요. 그걸 만드는 사람이 자본에 복속하지 않고 잘 만들 것이냐 하면, 저는 또 그렇게 생각하지는 않거든요.

지 어떻게 보면 사람이 언제 사망할지 예측하기 어렵기 때문에 이런 일이 생기는 건데요, 임종예측기기를 개발하려고도 하셨잖아요.(웃음)

김 하하. 어떻게 보면 단순해요. 활력징후를 실시간으로 모니터링하면, 돌아가실 때는 혈압이 뚝 떨어지거든요. 활력징후 모니터링으로 고독사를 줄여보자고 한번 이야기를 했더니 그런 것은 안 팔릴 거라고 하더라고요.(웃음)

지 한국 사람들 정서상 그런 이야기는 받아들이기 힘들잖아요. '무슨 근거로 그렇게 얘기하냐? 믿을 수 없다'라고 따지는 사람들도 있을 거고요. 근거 있게 만들어도 그걸 설득하는 과정도 필요할 것 같은데요.

김 그것 말고도 다른 일이 너무 많아서요. 점점 혼자 살고, 혼자 죽기 때문에 필요할 거라고는 생각합니다.

: 삶의 질을 높여주는 류머티즘내과

지 보통 류머티즘이라는 이야기를 많이 듣긴 하지만, 어떤 병을 다루는지 일반인들은 잘 모르는 것 같은데, 류머티즘내과에서는 어떤 병들을 다루나요?

김 주로 관절염이죠. 10% 정도가 희귀 난치에 속하는 자가면역질환이라고 하는 것이에요. 관절염은 사실 환자분이 돌아가시는 경우는 별로 없어요. 물론 희귀 난치병 중에서 롤러코스터를 타는 그런 병들은 있죠. 그런 병들 때문에 환자분이 돌아가시지만, 그런 경우는 1년에 한두 건밖에 없어요. 환자의 죽음을 많이 보지 않는데, 그것이 제가 전공을 바꾼 이유이기도 해요.

지 암 분야를 전공하다가 바꾸신 이유가 환자들의 사망을 봐내기가 힘드셔서인가요? 예전부터 죽음에 대한 천착을 많이 하셨던 건지요?

김 암 환자분들은, 요즘은 양상이 많이 바뀌어서 노인 암 환자가 많잖아요. 제가 트레이닝을 받았던 1980년, 90년대 초만 해도 젊은 환자들이 많았거든요. 포기가 안 되고 하다가 정말 안 좋게 사망하는 그런 분들이 정말 많았고요. 잘못된 청사진 같은 것들 때문에 희망 고문이 많았는데, 요즘도 희망 고문은 많아요. 고가 항암제 문제도 이야기를 해야 하는 게 너무 비싸요. 실제로 환자들의 생명을 연장시키는 수준에 비해서는 너무 비싸요. 결국은 돈이 어디서 떨어지는 것이 아니고, 사회 구성원들이 만들어서 모아놓은 돈이잖아요. 이것을 여기에 써야 하는 건지, 저기에 써야 하는 건지, 토론을 한 번도 해본 적이 없거든요. 우리나라 의료를 우격다짐과 감성팔이가 지배하는 거예요. 무슨 희귀병 환자가 울고 딱한 사정을 이야기하면 갑자기 정책이 되는 거죠. 그런데 그런 정책이 한 번 만들어지면 기본이 100억 단위거든요. 그런 문제를 잘 해결해본 적이 없습니다. 기피 과 문제도 비슷해요. 정형외과가 기피 과가 되었는데, 수요와 공급을 잘 따져봐야 하거든요. 이 과가 왜 기피 과가 됐을까, 실제로 환자가 줄어서 기피 과가 된 과도 있죠. 그런데 어쨌든 목소리 큰 교수들이 나와서 '이렇게 하면 이 과가 없어진다'고 난리를 치면 돈 계산은 하나도 안 하고 그 과를 막 풀어줘요. 외국에 가보니 의료 전문 국회의원들이 있더라고요. 의료처럼 복잡한 분야는 전문 국회의원이 정치와 무관하게 들어가서 일을 하는 그런 시스템이 되어야 한다고 봐요.

: 현대 의학의 허풍에 대응하기

지 한 인터뷰에서 출연 요청을 받으시고, '병원에 사기당하지 않는 방법을 할까요?'라고 하셨는데요.

김 제가 원고를 하나 더 가지고 있거든요. 현대 의학이 여러분을 속이는 방법. 유전자 검사 이야기는 해야겠다고 생각한 것이요, 제가 유전자 검사 강의를 했었어요. 전공의들도 배워서 과신을 하는데, 걱정이 된다고요. 유전자 검사는 모조리 다 비급여거든요. 수입이 보장이 되는 데다가 실제보다 유용하다고 그렇게 알고 있어요. 이게 진짜 위험한 거더라고요. 교육을 다시 시켜야겠다는 생각을 했죠. 현대 의학이 허풍을 떠는 모습은 상상을 초월해요. 그것이 자본주의를 만났을 때 생기는 문제, 실제 가치보다 엄청나게 뻥튀기를 해서 사람들을 현혹해요. 실상 의과 대학생들도 잘 모르는데 일반인들은 그냥 무방비로 당하는 거예요. 요즘은 정보가 너무 많아서 탈인 거죠. 정보가 없어서 문제가 되는 것이 아니라요.

지 장비들이 발달했다고 해야 될까요? 에크모 같은 장비 때문에 어떤 것이 죽음인지, 삶과 죽음의 경계가 애매해진 상황이라서요. 그런 것에 대한 논의도 필요한 것 같습니다. 갑자기 쓰러진다든지 해서 의사 표현을 못 하게 되면 자기 죽음도 선택할 수 없다는 의미가 되고요. 존엄사 문제도 한국에서는 아직도 논란이 많은데, 논의가 어떻게 진행되어야 한다고 보십니까?

김 안락사 문제는 피할 수가 없다고 생각해요. 간병 살인 문제가 있 잖아요. 간병 살인의 문제가 표면에 올라오는 지경이 되면 안락 사 이야기는 안 할 수 없을 것 같아요. 요양 병원에 불나서 문제 가 되는 경우가 있잖아요. 최근에 그런 보도가 있더라고요. 요양 병원에만 가면 왜 환자들은 자고 있을까, 안정제를 써서 문제라 고 이야기를 하거든요. 저는 그런 말은 위선이라고 생각합니다. 그분들이 잠을 안 자고 돌아다닌다고 생각해보세요. 사람이 몇 명이 붙어 있어야 되겠어요? 묶어놓아서 문제라고 하는데, 묶어 놓지 않고 그냥 자유롭게 다니다가 낙상을 하면 몽땅 병원 책임 이잖아요. 안 묶어놓고 인간답게 돌아다니게 하려면 한 사람당 한 명의 간병인이 붙어 있어야 됩니다. 그 비용을 낼 수가 있느 냐, 거기에 대한 논의는 전혀 하지 않고, '왜 우리 부모님을 묶었 느냐, 왜 우리 부모님한테 약을 줬느냐?'고 하면 '당신이 집으로 데리고 가세요'라는 말을 할 수밖에 없거든요. 절대로 쉬운 문제 가 아니에요. 결국 간병인들이, 저희 병원에도 계시는데, 굉장히 혹사당하세요. 일반적으로 요양 병원에서 간병인 한 사람당 네 명에서 여섯 명까지도 케어를 한다고 해요. 감당이 안 되죠. 그나 마 대부분 중국 교포분들이시고요.

지 다들 자신의 삶도 바쁘고 힘들다 보니까 간병을 감당하기 힘들고, 가족 간에 큰 불화가 생기는 상황이 되죠. 간병인을 쓰려면 엄청난 비용이 들기 때문에 돈을 벌어야 하고, 어떻게 보면 국가나 사회가 감당할 수 있게 준비를 해야 할 것 같아요.

김 그 돈도 결국 다 국민들이 내야 하는 것이잖아요. 국가에서 돈을 무작정 찍어낼 수도 없고, 하늘에 은행이 있는 것도 아니고요. 로봇을 잘 활용하면 그 부분은 도움이 되지 않을까 싶어요. 이런 쪽은 로봇이 굉장히 유망할 것 같아요. 로봇이 나를 케어하면 좀 덜 창피하겠죠. 그러면 존엄성을 유지하기가 쉬울 것 같고요. 이미 좋은 제도들은 많이 있더라고요. 가족이 어르신을 부양하면 수당이 나와요. 마치 간병인에게 주는 것처럼요. 그런 제도가 있긴 한데, 그래도 많이 부족하겠죠.

: 간병 살인 문제에 관한 논의가 필요한 시점

지 가족도 간병을 하다 보면 화가 나고 그런 상황에 맞닥뜨리는데. 로봇이 하게 되면 감정 조절 부분에서는 편해지겠네요.

김 간병 살인 이야기도 했지만, 나쁜 사람들이 아니거든요. 줄이 끊어져버리는 비극인데요. 앞으로 계속 그런 일들이 많을 것 같다는 생각이 드니까요.

지 남편이 아내가 고통스러워하는 것을 보기 힘들다는 이유로 간병 살인이 일어났고 살인죄로 기소되는 경우도 있었잖아요. 법률문제와도 관련이 되어 있지 않습니까? 법도 손봐야 될 것 같습니다.

김 종교계는 불가 입장을 천명하시는 분들도 많아요. 사회적으로 풀어나가야 하는 문제에서 정답은 없죠. 저라고 답이 있겠습니까?(웃음) 그런데 종교계 입장도 어떻게 보면요, 지구가 많이 파괴되고 환경이 나빠지는 것에 대해서는 반응을 하면서 사람에 대해서는 말씀들을 안 하세요. 교황님이나 이런 분들이. 최근에 제가 90대인데 저렇게 90대까지 산다면 살아볼 만하겠다 싶은 분을 발견했어요. 데이비드 애튼버러라고 하는 영국 동물학자세요. 그분이 우리의 지구, 〈아워 플래닛〉이라는 넷플릭스 다큐멘터리를 찍었어요. 사라져가는 생태의 공간, 동식물들을 보여주는 작품이에요. 그분이 94세이신데, 자세도 꼿꼿하세요. 생물들이 없어진다는 이야기를 하시죠. 안타까운 것은 다 사람 때문인데 인구를 줄여야 한다는 말씀들은 왜 안 하실까요? 거기에 관해서는 모든 사람이 더 이상 말을 안 해요.

지 선진국이라고 하는 나라들이 인구가 줄거나 출산 속도가 완화되고 있기 때문 아닌가요?

김 글쎄요. 미국은 문제가 평균수명이 짧아요. 흑인들이 워낙 많이 죽기 때문에. 미국은 논외로 하고요. 어떻게 보면 웃기는 이야긴데요, 영화에서 디스토피아는 여자들이 아이를 못 낳는 사회예요. 왜 그러지? 아이를 너무 많이 낳으면 그게 현실적으로 디스토피아일 텐데요.(웃음)

지 류머티즘 질환의 경우에는 여성 환자들이 훨씬 많죠. 이유가 있나요?

김 유병률 자체가 여자들이 높고요, 호르몬 때문이라는 등 말들은 많은데, 정확히는 잘 모르죠. 여성 환자들이 훨씬 많은 것은 맞습니다.

지　아직 병의 원인이 완전히 밝혀지지 않은 거네요.

김　그렇죠. 병의 원인 자체를 모르는데 왜 여자들이 많은지를 어떻게 알겠어요?(웃음)

: 조기 치료가 중요한 류머티즘 질환

지　류머티즘 질환에 대해서, 첫 발병 후 1~2년 안에 관절 손상이 많이 진행되므로 경험 있는 류머티즘 전문의에 의한 조기 진단과 치료가 매우 중요한 만성 질환이라고 말씀하셨어요.

김　관절이 아프고, 손이 아프고, 무릎도 아프고, 온몸이 다 아픈 병이니까요.

지　정형외과로 갈 수도 있고, 다른 과로 갈 수도 있을 텐데요.

김　정형외과는 외과잖아요. 수술을 해야 하고요. 내과는 약으로 치료해야 하는데요, 류머티즘 관절염 같은 경우 대표적으로 면역 보조제를 써서 병을 좀 잡아놔야 해요.

지　약의 부작용들이 있어서요.

김　부작용이 많죠. 빨리 진단을 해서 초장에 약을 와장창 줘서 잡은 다음에 약을 계속 줄여야 해요. 줄이고 줄여서 끊을 수 있는 분들도 있지만, 못 끊는 분들도 많거든요. 그러면 이 병이 나빠지지 않게 약을 최소로 먹을 수 있는 임계점을 찾아드리는 것이 의사의 역할입니다. 굉장히 꼼꼼히 봐야 해요. 관절염은 만져봐야 하거든요. 류머티즘 관절, 다관절염, 여러 개의 관절을 만져봐야 하고요. 그래서 지금 진료 시간이 확보가 안 되는 어려운 면이 있어요. 시간을 들여야 이분한테 가장 최적의 약을 찾아줄 수 있고, 올 때마다 약을 줄여보고 줄여보고 하거든요. 그런데 지금처럼 3분 진료, 5분 진료 이런 식이면 계속 똑같은 상황이 될 수밖에 없는 거죠.

지 지금 계신 류머티즘 클리닉에서 인덱스를 근거로 하는 류머티즘 관절염 프로토콜 서비스를 제공한다는 기사를 봤어요. 그건 어떤 건가요?

김 별거 아닌데요, 진료 시간에 환자들 관절을 잘 만져보면 됩니다. 질환 활성도를 보는 인덱스가 있거든요. 그걸 하려면 관절을 최소한 28개를 만져봐야 해요. 그것을 한 후 염증 수치를 보고 인덱스를 평가하면 이 사람들의 관절 상태가 어느 정도 심할까 알 수 있어요. 혈압을 재잖아요. 혈압을 잴 때 혈압 조절이 잘되나, 안 되나를 따지잖아요. 류머티즘 관절염은 관절을 안 만져보고는 알 수가 없는데, 그걸 하지 않아도 된다는 착각들을 많이 합니다. 저는 어떻게 하냐 하면, 환자 수는 어느 정도만 확보되면 된다고 해서 열심히 하고 있죠. 병원에서는 싫어하지만요.

지 2000년 11월 '류머티즘 관절염에서 연골 세포의 괴사' 논문을 발표해서 대한의학회에서 수여하는 '분쉬 의학상'을 받으셨습니다.

김 20년도 더 된 일이네요.

: 과학에도 트렌드가 있다

지 류머티즘 관절염의 관절 연골에서 세포 괴사가 일어난다는 사실을 세계
최초로 밝혀서 미국류머티즘학회 학술지인 『관절염과 류머티즘』에 게
재되기도 하셨잖아요. 그 논문 내용은 어떤 것이었나요?

김 세포 괴사라는 현상이 당시 인기가 있었거든요. 과학이라는 게
트렌드예요. 시류가 있습니다. 요즘은 장내 세균에 관한 연구가
인기가 있고요. 제가 연구를 시작할 때 주제를 잘 잡았죠. 세포
괴사가 그때 마침 이슈가 됐었는데, 관절염 측면에서 본 것은 처
음이었어요. 그렇게 나오는 많은 논문들이 그렇듯이 돌이켜보면
'그런 뻔한 이야기를 왜 했을까' 하는 생각이 들더라고요.(웃음)

지 그리고 지금까지 100여 편의 논문을 쓰신 것으로 알고 있습니다.

김 1년에 논문을 다섯 개 정도는 항상 쓰니까요. 교수는 논문으로 말
해야 되는 거잖아요. 제 문제는 관심사가 너무 넓다는 거예요. 사
실 우리나라처럼 열악한 후발 주자 입장에서는 한 우물만 파도
못 따라가거든요. 선발 주자 학교들보다는 아무래도 연구하기가
불리하죠. 불리해서 다른 데 눈을 돌리게 되는지는 모르겠으나,
원래 사람이 산만해서 이것저것 관심이 있어요. 다양한 분야에서
연구 논문을 써서 재미는 있는데, 그 분야를 쭉 계속 파고 들어가
야 하는 측면에서는 조금 아쉽죠. 저는 고관절염 연구자인데, 관
련 논문은 1년 다섯 편 중에 한두 편 정도 쓰고 있습니다.

지 앞으로 어떤 연구 계획을 가지고 계신가요?

김 1년에 몇 편 논문을 쓰는지는 크게 중요하지 않더라고요. 정말 좋

은 논문을 써야죠. 우리나라는 아직도 개발도상국 단계인 것이, 외국에 가보면 논문 하나에 5년 이상을 쓰거든요. 그래야 좋은 논문이 나오니까요. 1년에 몇 편 쓰냐, 이런 것은 그만했으면 좋겠어요. 정말 내가 하고 싶은 말을 담아서 쓸 수 있는 논문, 그런 좋은 논문을 쓰고 싶습니다. 다음에 의료 정책에 관심이 많으니까 언제 변할지 모르겠으나 은퇴하기 전까지는 우리나라 의사들이 하루에 보는 환자가 열 명이면 좋겠는데, 그건 어려울 것 같고, 스무 명 이상 안 봐도 되는 그런 진료 환경이 되도록 여러 가지 목소리를 내보고 싶어요. 환자를 하루에 스무 명만 봐도 되면 의사 수가 많아도 상관이 없거든요. 원래 OECD 국가들의 1차 진료 시간이 평균 15분이에요. 환자 한 사람을 15분 동안 마주 본다는 것이 아니라 10분 보고, 나머지 시간에 처방하고 의무 기록 작성하고 이렇게 하는 평균이 15분이거든요. 우리나라 의사 수가 많다, 적다, 그런 건 아무 의미도 없는 말이에요. 지금처럼 3분을 보면 의사가 부족하지 않아요. 그런데 선진국 수준으로 충분히 이야기를 하고 15분 진료를 하려면 의사 수가 많이 부족한 거죠. 환자들도 진료 시간이 좀 더 길었으면 좋겠다고 하잖아요. 검사만 하고 쫓겨나는 것이 아니라요. 그래서 의료 정책을 만들 때 의사들과 정책 관계자와 환자들이 같이 모여서 필요한 것이 무엇인지를 놓고 함께 소통을 해야 하는데, 그런 것이 아쉽죠.

지 류머티즘내과를 지망하려는 사람들에게 해주실 말씀이 있으신가요?

김 환자를 많이 만져보고, 환자의 말을 잘 듣고, 그러면 다 된다고 생각해요.(웃음)

: 병원만 있고 의사는 없는 안타까운 현실

지 예전에는 의사들 문화가 권위주의적인 부분도 있고, 매를 때리기도 하던 시절이 있었지 않습니까?

김 지금도 그래요. 보세요. 병원장 중에 여자 병원장이 몇 명이나 있나요?

지 그런 면에서는 여전히 더 변해야 하는 부분이 있는 거네요.

김 아직 멀었죠. 마인드도 변해야 하고요. 저는 왜 병원들이 날이 갈수록 덩치가 커지는지 이해를 할 수가 없거든요. 농담 삼아 하는 말이 있는데요, 대형 병원 높은 탑은 환자들의 고혈이요, 번쩍이는 대리석 바닥은……(웃음) 병원이 깨끗하기만 하면 되거든요. 그런데 왜 외형 경쟁을 하고, 무슨 의미가 있다고요. 그걸 보면 성장 집착적인, 남자들의 힘겨루기 이런 의식이 연상됩니다. 여의사들이 조금 더 결정권 있는 자리에 많았으면 지금 이 모양이 됐을까 하는 생각이 들고요. 환자 유치 경쟁하는 것도 똑같잖아요. 무한 경쟁이잖아요. 누구를 위해서 그런 건가요? 뭐가 좋다고요. 결국 보면 그 안에서 의사들이 말살되는 거거든요. 왜냐하면 환자들이 병원 보고 가지, 의사 보고 가는 건 아니니까요. 내가 어느 병원에 있으면 그 자체가 나의 명함이 되고, 평가는 내가 어느 병원에 있다는 것으로 받잖아요. 그러니까 의사라는 것은 이제 없어요. 병원만 있지.

지 그동안 많은 죽음을 보셨을 텐데, 선생님께 가장 생각을 많이 하게끔 했던 죽음은 어떤 죽음인가요?

김 환자분이 이제 돌아가시게 되어서 오셨어요. 하룻밤은 넘기겠지, 생각했습니다. 굉장히 바쁜 날이었는데, 그날 밤에 환자가 돌아가셨어요. 심장이 네 번 정도 멈췄고 결국 새벽에 어떻게 해도 심장이 안 돌아와서 사망 선언이 됐는데, 그때는 굉장히 황당하더라고요. 저는 하룻밤은 넘기실 줄 알았거든요. 내일 보호자분을 만나서 '이번에 심장이 멈추면 그대로 가시는 거다'라는 말을 하려고 했는데, 그날 밤에 돌아가셨어요. 심장이 멈출 때마다 심폐소생술을 했을 거잖아요.

: 완화 의료와 임종 의료

지 좋은 죽음의 질을 가늠하는 척도가 되다시피 한 완화 의료라고 하셨습니다. 완화 의료와 임종 의료의 차이는 무엇인가요?

김 완화 의료는 임종이 아니더라도 암 환자가 진단을 받자마자 완화 의료를 하고요. 항암 요법을 통해서도 바로 완화 의료를 같이 할 수 있는 폭넓은 개념이에요.

지 완화 의료를 어떻게 활용을 해야 하나요?

김 호스피스 병원들이 있잖아요. 들어가기 굉장히 어려워요. 오랫동안 준비를 해놔야 하죠. 그런데 완화 의료는 사실 집에서도 할 수 있다고 생각하거든요. 내가 있던 방에서, 진통제 같은 것이 충분히 있다면요. 제일 좋은 방법이 곡기 끊고 죽는 거거든요. 옛날에 어르신들이 그랬잖아요. 스님들도 그러셨고요.

지 큰 고통 없이 죽는 방법이라고 말씀하셨는데, '죽음이 있기에 삶도 있는 것이고, 죽음은 삶과 결국 같은 것'이라고도 하셨습니다. 우리가 죽음을 외면하려고 하고, 생각하지 않으려고 하잖아요. 이런 표현들을 많이 쓰는데요. '영원히 살 것처럼 산다'고 하면서 죽음을 멀리하려고 하죠. 죽음에 대한 교육도 필요하다는 이야기인데, 어디서 어떻게 교육을 해야되는 걸까요? 어린아이들을 붙잡고 죽음을 교육한다는 것도 쉽지 않을 것 같고요.

김 사실 죽음을 다 알잖아요. 죽음을 가장 크게 배우게 될 때가 부모님 돌아가실 때예요. 옆에서 지켜보면서 배우거든요. 계속 생각을 해야 하는 것 같아요. 만약에 내일 내가 죽는다면 오늘 이 일을 하고 있을까, 이런 생각. 계속 생각해보고, '만약 내가 내일 죽는다면' 이 물음을 떠올려보는 것이 도움이 됩니다. 코로나 때문에 한 치 앞도 안 보이는 때에도 그런 생각을 수시로 하면 별로 무서운 것이 없어요.(웃음) 내일 죽을 수도 있는데 오늘 이런 일을 할까, 하는 생각을 하면서.

: 변하지 않는 선진국 주도 문화

지 미국 케이스웨스턴리저브대학교 생화학연구소에서 공부를 하셨잖아요. 그때 공부하시면서 가장 크게 느낀 점이 무엇이었나요? 그때만 하더라도 의료계의 수준 차이가 있었을 것 같은데요.

김 작년에 연수를 다녀왔는데 변하지 않았더라고요, 이십 몇 년 동안. 그 나라에는 여전히 죽어 마땅한 사람들이 있어요. 죽어도 아무도 신경을 안 쓰는. 제가 『나는 미국이 싫다』라는 책을 쓰게 된 계기가, 그때만 해도 미국 하면 하느님 같은 나라였거든요. 운동권 학생들이 반미 구호를 외치곤 했지만, 저희 부모님 세대만 해도 그렇지 않았잖아요. 실제로 가서 살아보니 시스템 안에 차별이 녹아 있고, 세계에서 제일 부강한 나라가 왜 이런 식의 삶을 방치하고 있을까 하는 생각도 했어요. 이번에 시카고에 있다가 왔는데, 저는 운전하는 것을 좋아하지 않아서 시카고의 지하철인 엘트레인을 타고 대학까지 가고, 대학에서 여섯 정류장인가 가는 곳에 거주를 했어요. 그런데 지하철을 타면 셋 중에 하나, 운이 나쁘면 셋을 다 만나요. 냄새, 마리화나, 그리고 미친 사람. 제가 타고 다녔던 전철이 그나마 시카고에 있는 여러 전철 중에 제일 안전하다, 타도 된다고 하는 핑크 라인이었는데도요. 이 라인이 이 정도인데 타면 안 된다는 라인은 어떨까, 하는 생각이 들더라고요. 시카고에서 공항 갈 일이 몇 번 있어서 공항까지 가는 블루 라인을 타려다 단념을 한 것이, 엘리베이터를 못 타겠는 거예요. 엘리베이터는 그냥 공중변소예요. 홈리스들이 겨울에 그 안에서 기차를 타고 왔다 갔다 하면서 하루를 보내는데 화장실이 없잖아요. 화장실이 없으니 어디서 해결을 하겠어요? 왜 미국 사람들이 부자도 아닌데 차를 몰고 다녀야만 하는지 알겠더라고요. 공공이라는 개념이 없죠. 각자 도생하는 거예요.

지 떠나실 때만 해도 의학 분야에서 미국 독주에 제동을 걸겠다고 생각하며 가셨다고 책에 나오던데요.(웃음)

김 과대망상이었죠.(웃음)

지 어쨌든 그런 큰 꿈을 가졌기 때문에 성취를 이루셨잖아요. 차이가 어느 정도 좁혀졌다고 생각하시나요?

김 그게요, 뭐가 중요하다고 하는 것도 정치예요. 그러니까 우리나라에서 재빠르게 뭘 해서 만들어도 안 사요. 사주지를 않습니다. 그리고 중요한 의제는 선진국들이 선점합니다. 우리나라는 그것을 따라가는 수준이죠. 왜냐하면 그래야 연구비가 나오니까요. 아까 장내 미생물 말씀드렸는데, 장내 미생물이 중요하다, 그러면 따라가요. 거기서 나오는 데이터들이 황당한 것들이 많은데도요. 아무리 들여다보고 있어도 저래 가지고 될 것 같지가 않은데 그럴 수밖에 없는 것이, 같은 사람이라도 어젯밤 먹은 것에 따라서 달라질 거거든요.(웃음) 중요한 것을 선진국들이 세팅해놓으면 거기서 벗어나면 좋은 논문을 못 쓰고, 논문을 써도 받아주지를 않으니까요. 그걸 러시아가 많이 당했죠. 시베리아의 괴짜 과학자가 정부가 너무 싫으니까 시베리아에서 스스로 은둔을 시작했어요. 시베리아 영구 동토를 연구했는데 혼자 1인 연구를 해서 열심히 논문을 쓰고, 동토가 기온이 올라가서 녹으면 큰일 난다는 논문을 썼죠. 당시 서방 세계에서는 그 논문을 실어주지도 않고 무시했어요. 그런데 요즘 그런 이야기가 뜨고 있잖아요. 그 사람은 이미 몇십 년 전에 그런 이야기를 했는데요.

지 앞서갔음에도 불구하고 변방이라 무시를 당했던 거네요.

김 그렇죠.

지 가장 보람 있을 때는 언제인가요?

김 하루하루가 다 보람이 있어요. 오늘도 무사히.(웃음)

: 미래에 연연하지 말고 현재를 산다면

지　이제 통증도 노환으로 인정해야 하는 것이 아닌가, 라고 말씀하셨어요. 아프면 어쨌든 통증을 완화시키거나 치료를 받길 원할 텐데요. 죽음을 어떻게 받아들여야 하나, 하는 것과 통증을 어떻게 받아들여야 하나, 하는 것이 비슷한 질문인 것 같습니다.

김　통증을 치료하는 것이 과연 바람직한가를 생각하는 것, 의외로 진통제가 별로 없어요. 통증이라는 것이 정상적인 반응일 수도 있다는 생각을 하고요. 통증이 너무 없으면 그것도 문제라는 생각을 좀 하게 됐거든요. 수술하고 나면 당연히 아프죠. 찢고 나니 당연히 아픈 건데, 아프다고 계속 누워 있으면 회복이 늦어지잖아요. 제 남편이 악명이 높은 것이 뇌 수술을 한 환자를 다음 날 앉혀요. 다음 날 회진 때 환자가 앉아 있어야 해요. 그런데 엄청나게 회복이 빨라요. 뇌를 수술하고 바로 환자에게 앉아 있으라고 하니 처음에는 과격하다고 생각했는데요, 회복도 빨리 되고 후유증도 덜 남습니다.

지　통증이 있다고 누워 있기만 하면 치료도 더딜뿐더러 통증이 잘 가라앉지도 않는다는 말씀이시네요.

김　그렇죠.

지　책에서 서울대학 병원 혈액종양내과 교수인 허대석 선생님의 말씀을 인용하셨어요. '한 인간으로서 삶을 잘 마무리하는 시간을 가지지 못하고, 생의 마지막 순간까지 연명 의료에 매달리는 한국인의 임종 문화는 변해야 한다.' 그런데 많이 바뀌었잖아요. 매장 문화에서 화장 문화로 바뀌었고, 예전에는 집에서 임종을 맞이하는 것이 보편적이었다면 지금은 병원에서 임종을 맞는 것이 보편적인 상황이 됐는데요. 지금 상황에서 임종 문화와 관련해 어떤 부분이 더 시급하게 변해야 한다고 생각하시나요?

김 지금 상황에서는 돈 문제가 더 크기 때문에 못 고칠 것 같습니다. 부자만 집에서 죽는다고 하잖아요. 병원에 가더라도 그런 경우죠. 요양 병원에 갔는데, 거기서 돌아가시는 거죠. 거기서 온갖 것을 하다가 문제가 생겨서 다시 상급 병원으로 오고, 그렇게 되는 거예요. '여기서 무슨 일이 있어도 마친다'가 아니라 열나고 폐렴 생기면 다시 상급 병원으로 보내고, 이게 셔틀버스처럼 되거든요. 그것이라도 안 하면 요양 병원에서 돌아가시는 건데요, 그러면 상급 종합병원 중환자실에서 돌아가시는 문제를 막을 수 있어요. 문제가 있어도 여기서 끝내는 거다, 이것조차도 말을 안 해서 거기에 입원해 있는 환자에게도 안 좋고요. 요양 병원 의사분들에게도 환자들 그만 보내시라고 이야기한 적도 많고, 보호자분들에게도 그렇게 이야기를 하는데, 바뀌지 않는 거죠.

지 사전연명의료의향서를 작성할 떄 기징 염두에 두어야 할 것은 무엇인가요?

김 간단히 이야기하면 설명 듣고 서명하면 되거든요. 그런데 그건 서식에 지나지 않아요. 최소한이라고 표현해야 할까요?

지 의사가 살 가능성이 10%라고 하면 가망이 없는 것이고, 희망 고문이라고 하셨죠. 책임을 덜 지기 위해서 확률이 낮은 쪽으로 이야기하는 의사분들도 있고요.

김 제가 50%라고 말하는 쪽이에요. 돌아가시게 되었으면요. 원망을 들더라도 나쁜 이야기는 저 자신도 잘 못하겠더라고요. 환자들이 사망할 때 보면 끝까지 다 해보고도 안 되면 죽는 거니까요.

지 이 글을 읽는 독자분들에게 해주실 말씀이 있으실까요?

김 글쎄요. 지금은 현재를 즐기시라는 말을 하고 싶어요. 스티브 잡스가 내일 죽을 것처럼 오늘을 살라고 했잖아요. 내가 내일 죽는다고 생각하면, 오늘 이 일을 할 것인가를 항상 생각하면, 삶이 조금 더 여유로워질 것 같습니다.

3.

측은지심,
고통을 대하는
의사의 자세

김용정

서울부민병원 척추 센터 진료원장

2020년 1월부터 부민병원 척추 센터 원장으로 진료를 시작한 김용정 박사를 만났다. 그가 컬럼비아대학이라는 아이비리그 교수 직위를 뒤로하고 한국으로 돌아온 이유부터 물었다. '인생에서 일할 수 있는 시간 중 남은 10년 정도의 시간을 보람차게 보낼 수 있는 길이 이 길인 것 같았다'는 답이 돌아왔다.

김용정 박사는 한국에서 레지던트를 네 번이나 떨어지고, 다섯 번째가 되어서야 패스했다. 이렇게 어렵게 얻은 한국에서의 의사 생활을 포기한 채 선진 의료를 공부하기 위해 41세라는 나이에 미국에서 다시 의학 공부를 하고 의사 자격증을 땄으며, 컬럼비아대 교수가 되고, 척추측만증에 관한 세계적인 권위자로 우뚝 선 입지전적인 인물이다. 하지만 그런 타이틀보다는 어려운 환자들과 함께하려는 따뜻한 마음, 새로운 것을 배우는 일에 주저하지 않는 도전 정신 같은 것에 고개를 숙이게 되는 시간이었다.

: 미국에서 한국으로 돌아온 이유

지승호
(이하 지) 민감할 수 있는 질문인데요, 미국에서 굉장한 성취를 이루셨음에도 한국에 다시 돌아오신 이유는 무엇인가요? 선생님께서는 한국이 좋은 기억만 남아 있는 곳은 아닐 것 같은데요.

김용정
(이하 김) 미국에 갔던 이유는 제가 공부도 필요했던 것 같고, 배울 것도 있었던 것 같고, 그래서 갔습니다. 가서 그런 생활을 해보고 나니까 특별하게 거기 더 이상 있을 이유가 없었던 것 같아요. 그래서 어찌 보면 마지막, 제 인생에서 일을 할 수 있는 시간으로서는 마지막 시간이 10년 정도 되는 것 같더라고요. 그것을 가치 있게, 보람 있게 보낼 수 있는 길이 다시 컴백홈 하는 것이 아니었나, 저는 그런 생각을 했습니다.

지 그러면 한국에 오실 때 어떤 목표 같은 것을 가지고 들어오셨겠네요.

김 아무래도 제가 거기서 많이 했던 것, 많이 배웠던 것이 척추 변형 부분, 척추측만증이나 후만증이나 이런 것들에 대한 경험이라고 생각하거든요. 우리나라에는 심한 환자들이 별로 없습니다. 그쪽에서 본 심한 환자들하고, 또 제가 아프리카나 동남아시아, 그다음에는 중국, 중남미, 이런 나라에 가서 수술을 했는데, 그런 심한 환자들에 대한 지식들, 경험들이 있는 사람이 하나 정도 있는 것이 우리나라에 좋지 않을까, 하는 생각을 갖게 되었어요. 그런 경우에 제가 옆에서 조언을 해줄 수 있고, 같이 컬래버레이션을 할 수 있다면 그것도 바람직하지 않을까, 그래서 좀 보람 있는 마지막 10년이 되지 않을까 생각했습니다.

: 척추측만증의 다양한 경우

지 척추측만증의 원인 규명이 제대로 안 된 것으로 알고 있는데요, 한국에서는 심한 환자가 드문 이유가 무엇일까요?

김 결국 정확한 원인은 모르지만, 유전적인 부분과 관계가 있다고는 얘기를 합니다. 그 유전이 꽃을 교배했더니 빨간색이 나오고 이런 정도의 이야기가 아니라, 우리가 잘 모르는, 그렇지만 관계가 있는 유전이라고 생각하기 때문에 그 부분을 염두에 두고 있어요. 유전적인 관계 외에도 여러 가지 이유가 있는데, 그래서 책 같은 것을 찾아보시면 측만증의 원인이 200가지가 넘을 정도로 다양한 이론이 있습니다. 그 다양한 이론이라는 말은 어찌 보면 아무도 모른다는 얘기도 될 수 있죠.(웃음) 200가지 이외의 다른 이유도 있을 수 있기 때문에 정확한 이유는 모른다고 하는 거예요. 우리나라는 굉장히 보험이 잘되어 있어요. 초기에 발견하고 치료를 하기 때문에 심한 경우까지는 가지 않는다고 보입니다. 제가 수술했던 환자 중에 가장 심한 경우가 168도였거든요. 간단하게 말하면 머리가 거꾸로 서 있는 정도라고 생각하시면 됩니다. 거의 180도 머리가 땅으로 내려가는 거니까요. 물론 위아래에 커브가 생겨서 모양은 유지되지만, 그분이 서 계신 것을 보면 몸통이 다리 길이의 반도 안 됩니다. 이렇게 심한 분들은 대개 치료를 못 받아서 그렇게 된 거예요. 우리나라 같은 경우에는 별로 그럴 일이 없죠. 그리고 어머니들이 자식에 대해서는 아마 전 세계 어느 나라 못지않게 극성으로 케어하시는 분들이기 때문에 조금이라도 이상이 있으면 빨리 병원에 오고, 또 빨리 치료를 할 수 있으니까 그렇다고 생각합니다. 확률적으로 말해보자면 우리가 측만증이라는 말을 쓰는 것이 10도 넘어서거든요. 10도가 안 되면 측만증이라는 말을 안 써요. 10도가 넘는 경우가 대개 50명 중 한 명 정도 된다고 보고요. 그다음 보조기를 차게 되는 것이 25도부터 40도까지예요. 성장기에 채우는데, 그런 확률은 500명 중 한 명 정도로 봐요. 그리고 50도가 넘어가는 경우에는 수술을 하는데, 그게 5000명 중 한 명 정도 됩니다. 50명, 500명, 5000명 중의 한 명이라고 생각하시면 되죠. 요즘 신생아들이 한 해 30만 명쯤 태어나니까 1년에 수술해야 하는 아이들이 60명 정도 된다고 보면 맞을 겁니다. 60명 중에서 50도 언저리에 있는 분들은 수술을 할 수도 있고 안 할 수도 있지만 70도, 80도 넘어가게 되면 본인이 느끼기에, 또 가족이 느끼기에도 심각하기 때문에 수술을 해요. 그런 발생 빈도라고 생각하시면 될 겁니다. 우리나라가 58년생 개띠부터 출생 인구가 100만 명이 넘었다고 하지 않습니까? 그 연배들은 1년에 200명 정도 수술을 했다고 보면 맞을 겁니다. 저희 연배도 그 정도 될 거고요. 점점 줄어들어서 요즘은 그 통계로 따지면 1년에 한 50명에서 100명 사이가 우리나라에서 수술을 받아야 될 사람들이 아닐까 싶습니다. 그렇지만 제가 이렇게 환자들을 보면 그 외에도 다른 이유에서, 예를 들면 아주 드물긴 하지만 선천적인 이유에서 측만증이 오는 아이들도 있어요. 그다음에 뇌성마비 같은 것 때문에 오는 아이들도 있어요. 근육에 이상이 생겨서 오는 아이들도 있는데, 요즘 우리나라에서는 아주 드물죠. 문제는 그런 경우를 많이 봤다면 정확한 치료가 쉽게 가능한데, 그런 경우를 많이 보지 못했다면 '이럴 때는 어떻게 하면 좋은가?'에 대한 생각에 멈칫거릴 때가 있어요. 그때 경험이 많은 사람이 있으면 좀 더 도움이 되지 않을까 싶었습니다.

: 미국과 한국 의료계의 문화 차이

지   미국에 오래 계시다가 오셨는데요, 한국에 계실 때와 다시 오셨을 때 한국의 의료계나 병원 문화가 바뀐 부분이 있나요?

김   좋게 바뀐 것도 있고 안 좋게 바뀐 것도 있다는 생각이 들어요. 좋게 바뀌었다고 생각하는 것은, 그 전에는 보험이 안 되면 수술을 못 하는 경우가 있었는데 요즘은 보험이 안 되더라도 본인 부담으로 할 수 있는 부분이 굉장히 많더라고요. 간단하게 말씀드리면, 저희가 척추 수술을 할 때 피가 많이 나지 말라고 뿌리는 약이 있는데, 우리나라에서 정확한 가격은 모르겠어요. 미국에서는 하나 뿌릴 때 몇 cc쯤 되는 그 약이 2000달러거든요. 우리나라로 치면 200만 원이죠. 그게 수술할 때 많이 쓰면 다섯 개, 열 개도 쓸 수가 있어요. 그런 비용들이 미국에서는 보험으로 다 이용할 수 있기 때문에 아무 문제가 없거든요. 우리나라에서는 측만증 수술비가 100만원~200만 원인데, 그 뿌리는 약 하나는 200만 원이 되어버리는 말도 안 되는 일이 발생하는 거죠.(웃음) 옛날에는 그 자체가 안 됐는데, 지금은 본인이 부담하면 되는 그런 것들도 있고요. 그다음에 뼈가 붙는 것이 굉장히 문제가 많이 될 수가 있는데, 단백질이 있거든요. 단백질 하나에 보통 3000달러, 좀 큰 것은 5000달러 이렇습니다. 수술을 여러 군데 할 때 큰 용량으로 네 개 정도 필요하다고 보면 그것만 해도 2만 달러거든요. 미국에서는 보험에 포함되고요. 그런데 우리나라에서는 보험에 포함이 안 되고, 그 전에는 그런 것을 꼭 써야 하는 환자들이 있어도 쓸수 없었지만, 요즘은 본인이 부담만 하면 쓸 수 있기 때문에 그런 면에서는 굉장히 좋아졌다는 생각을 합니다. 문화적으로 보면 우리가 어렸을 때, 그때는 환자에 대해서 우리 모두가 내 환자처럼, 그러니까 이 환자가 내과적인 문제가 있어서 부탁을 하면 마치 내 환자처럼 다들 봐주셨는데요, 요즘은 굉장히 썰렁합니다. 그런 것을 부탁하기가 어려워요.(웃음) 중환자이기 때문에 우리가 서로 힘을 합쳐서, 잘못되더라도 책임을 당연히 져야 한다는 생각이 있었죠. 당연히 그게 우리의 의무고 의사로서의 역할이라고 생각했는데, 근래 우리나라에서는 그 후에 의사가 구속이 된다거나 하는 일들이 일어났기 때문에 그러지 않으려는 경향이 생겼습니다. 그래서 중환자에 대해서 뭔가 좀 더 적극적으로 치료하려는 시도를 굉장히 두려워하고, 꺼려하고 참여를 안 하려는 분위기가 제게는 상당이 낯섭니다. 예전에는 어찌 보면 가난하긴 했지만, 서로 스크럼을 짜고 환자를 치료한다는 생각을 했는데요, 요즘은 조금이라도 이상하면 거기에서 벗어나고 싶어 하고, 하지 않으려는 분위기가 역력하다는 생각도 들었어요. 젊은 사람들하고 접촉을 하다 보니까 전에는 우리가 '이렇게 합시다' 하면 아무 말 없이 같이 했는데, 요즘은 그런 분위기는 아니에요.(웃음) 그건 사실 좋은 면이라는 생각은 듭니다. 옛날에는 상명하복 문화가 강했는데, 지금은 꼭 그렇지만은 않은 것 같아요. 그래서 한편으로 참 좋아 보이기도 합니다.

지 공교롭게도 2000년에 미국 가실 때 의사 파업이 있었고, 돌아오신 해에 또 의사 파업이 있었죠. 예전에는 의사들에 대한 인식이 속으로 '돈만 바라는 사람'이라고 욕은 하면서도 권위를 인정했거든요. 요즘은 의사를 만나기도 쉬워지고 이러면서 권위도 좀 없어졌고, 의사들을 불신하고 편견을 가진 시각은 아직도 존재합니다. 그게 미국과 좀 차이가 있는 것 같아요. 거긴 아무래도 의사를 존경하는 문화가 있는 것 같습니다.

김 그 점은 굉장히 안타깝게 생각해요. 미국과 우리나라가 무엇이 다를까를 생각해보면, 의료의 구조가 다르다는 것입니다. 무슨 말씀이냐 하면, 미국 같은 경우 예를 들어서 척추 환자를 보게 되면 MRI를 하거나 거기에 수반되는 검사를 하는 것이 저하고 전혀 상관이 없습니다. 제 수입으로 1센트도 오지 않거든요. 우리나라는 내가 내는 검사가 다 나와 관계가 있는, 그런 점이 구조적으로 상당히 다른 하나인 것 같고요. 그다음에 미국은 '의사는 환자 편'이라는 말을 굉장히 많이 하거든요. 의사의 말을 신뢰할 수밖에 없는 것이, 이 사람이 자신을 위해서 자신의 편을 들어준다는 인식이 미국 의료에서 환자들이 일반적으로 느끼는 것입니다. 우리나라는 반대의 오해를 많이 사죠. 물론 거기에는 오랫동안 서로 상호작용이 있었고, 그에서 얻어진 결과라고 말씀드릴 수 있지만, 그런 점에서 굉장히 다른 것이 아닌가 싶습니다. 사실 역사를 살펴보면 사람들이 19세기에 자유를 찾아서 북미 대륙으로 갔기 때문에 그때는 내가 의사를 하고 싶으면 의사 간판을 내걸고 할 수 있는 아주 미개한 나라였습니다.(웃음) 그래서 미국의사협회, AMA라는 것이 생기기 전에는 의사가 아닌 사람들이, 흔히 우리가 돌팔이라고 말하죠, 온갖 의료 행위를 했던 곳이 미국이기도 하거든요. 그런 역사를 거치면서 AMA가 생기고, 협회에서 제대로 규격화를 시켜서 지금까지 왔기 때문에, 의사들은 우리 편이고 이 사람들이 말하는 것은 따를 수 있다는 생각을 환자들이 한다는 거죠. 물론 아시는 것처럼 그 안에서도 우리나라보다 몇 배 많은 소송 같은 것들이 있기 때문에 그게 또 다른 하나의 축을 형성하지 않는가, 그런 생각은 들어요. 또한 우리 의료인들이 환자들의 아픔을 달래주지 못한 건지, 아니면 환자분들이 원하는 것을 주지 못한 건지, 그런 점에서 아직도 상당히 불신을 받는 상황에 놓여 있습니다. 제가 SNS를 보면 같은 의사인데도 의사들은 사기꾼이라고 공공연히 말하는 사람들이 상당히 많아요. 의사들 안에서도 저렇게 말을 하는데, 의사가 아닌 사람들이 보기에는 얼마나 이 집단이 못 미더울까 생각이 들기는 합니다.(웃음) 사실은 의사라는 사람들이 공공 입장에서 전문가로서 말을 한다면, 정말 100% 확실하지 않으면 말을 매우 신중하게 가려 해야 된다고 생각해요. 자기도 잘 모르는 사실을 마치 일반화된 진리인 것처럼 말해버리는 순간에, 일반인들이 보기에는 '전문가가 말하니까' 이런 식으로 받아들일 수 있으니까요. 이런 문제들 때문에 '의사들 나쁜 놈이네'가 되어버리는 게 아닌가 싶고요, 상당한 역할을 하지 않았나 생각합니다. 잘 아시는 것처럼 대부분의 의사들은 그래도 타인을 돌보는 마음이 있고, 타인의 아픔을 줄여주려는 마음 때문에 의사가 됐다고 저는 생각하거든요. 의과대학을 들어갈 때 내가 돈을 벌기 위해서 의사가 된다는 사람은 그렇게 많지 않았을 겁니다. 그래서 돌이켜보면 그런 사회적인 분위기들도 큰 역할을 하지 않았나 하는 생각이 듭니다.

：의사와 환자의 불신 해소를 위한 방법

지　그런 불신이 해소되려면 어떤 것들이 필요할까요?

김　시스템 안에서 의료 분야에서 해야 할 일들이 있을 거고요, 그다음에 교육 측면에서도 할 일이 있을 겁니다. 의사 집단들이 할 일도 각각 있겠지요. 제가 미국에 있을 때를 생각해보면 제 수입원은 딱 두 가지였거든요. 수술비, 그러니까 인건비죠. 그리고 외래에서 환자를 만난 면담료, 그것만 제 수입으로 카운트가 됩니다. 나머지는 저하고 아무 상관이 없습니다.(웃음) 제가 아무리 MRI를 많이 찍고 CT를 많이 찍어도 저한테 1센트도 안 들어옵니다. 연봉 계산을 할 때는 당신이 작년에 벌어들인 돈이 얼마니까 더 벌었으면 연봉이 올라가고 내려가고 하는 방식으로 보통 계약을 하거든요. 만약 우리나라도 미국 같은 시스템이 도입된다면 이런저런 검사를 해보자고 할 때 환자들이 색안경을 끼고 볼 일은 거의 없을 거라고 생각합니다.

그다음에 의과대학의 교육 측면인데요, 사실은 저희들이 배울 때도 의사학 과목이 있었거든요. 그런데 그 시간은 거의 듣는 둥 마는 둥 했어요. 의료의 역사를 들여다보면서 의사들이 어떤 우여곡절을 거쳐서 여기에 이르렀는지 등의 교육을 의과대학에서 좀 더 해줬으면 하는 생각입니다. 가까운 최근세사부터 시작해서 고대의 역사까지 사회적인 교육이라든가 역사적인 교육이 더 강화되면 좋겠고요. 환자 케어 외의 부분에서도 서로가 교육이 되면 아마 의료인이 되기 위한 준비를 하는 과정에서 '내가 앞으로 의료를 할 때는 어떤 식으로 해야겠다'는 것도 미리 생각할 수가 있을 것 같아요.

그다음에 제가 느끼기로는 가장 큰 것이 의료 수가 문제입니다. 간단한 수술과 복잡한 수술이 있다고 하면, 미국 같은 경우에는 인건비가 시간당으로 계산된다고 보면 맞습니다. 무슨 말이냐 하면 외래에서 환자를 보는 데 15분, 30분, 45분, 그 이상, 이렇게 나뉘져 있습니다. 그러니까 제가 굳이 다섯 명을 볼 필요가 없습니다. 15분씩 다섯 명을 보나 60분 동안 한 명을 보나 받는 돈이 비슷하다면 환자와 충분히 시간을 보낼 수 있는 거죠. 그런 것은 제가 볼 때 의료 시스템을 만드는 분들, 정부나 보건복지부나 의협이 힘을 합쳐서 바꿔야 할 것 같아요. 지금 가장 큰 불만이 그거잖아요. 안녕하세요, 왜 오셨어요, 그러십니까, 가세요, '3분 진료'라고 하는데, 그건 의사도 결코 원하지 않는 일이거든요. 미국에서는 누구 씨 안녕하세요, 아이는 잘 지내요, 이런 말까지 보통하는데요. 오래 다니다 보면 친구처럼 되어서 그다음 말도 할 수있게 되고요. 그런데 우리나라는 도저히 그걸 용납할 수 없는 상황이잖아요. 그러니까 그런 구조적인 문제를 해결해줘야 합니다. 수술을 하면, 이런 정도의 교육을 받은 전문인이 이 정도의 시간을 들였다면, 그 시간이 다섯 배가 되면 다섯 배를 더 주는 시스템처럼, 정직하게 일하는 대가를 받는 시스템이 되면 많은 문제가 해소되지 않을까 생각합니다. 각각의 부분에서, 교육 면에서, 정부의 시스템 면에서 다 함께 노력해야 아쉬움이 없지 않을까, 그런 생각이 듭니다.

: 논문을 통해 권위를 인정받다

지 학문적 권위를 인정받는 데는 논문의 피인용 지수가 중요하다고 들었습니다. 척추 변형 논문 4만 편 중 가장 많이 인용된 논문 100편이 선정되었는데, 그중에 선생님 논문이 세 편이 들어갔다면서요. 어떤 내용인가요?

김 저희가 수술을 하는 데 있어서 어떻게 수술을 하고, 어떤 방법을 쓴 것이 도움이 되더라, 이런 경험을 가지고 논문을 써왔어요. 수술할 때 가장 중요한 것 중 하나가 척추에 나사를 박는 방식인데, 신경을 다치지 않고 박는 것, 그렇게 해서 변형을 교정하는 것이 얼마나 도움이 됐느냐, 하는 내용으로 영예로운 인정을 받았습니다. 그래서 그다음 분들도 논문을 쓰면서 제 논문을 인용하신 거죠. 제가 워싱턴대학에서 일을 했을 때 여러분과 함께한 작업 덕분에 생각지도 않은 큰 영광을 얻게 되었습니다.

지 '소아정형외과 분야에서 가장 많이 인용된 100편'에도 선생님 논문 두 편이 들어갔는데요.

김 그것도 똑같습니다. 가장 많이 인용된 청소년기 논문 100편에 제 논문 두 편이 선정됐죠. 척추측만증에 대해서는 가장 인용이 많이 된 논문이라는 영광을 안게 되었습니다. 제가 일했던 워싱턴대학이나 HSS(정형외과 전문 병원)나 컬럼비아대학 같은 곳이 다 측만증이나 척추 변형에 관해 뛰어난 병원이에요. 그래서 수술을 많이 하는 선생님들이 계시는데 평생 1000케이스 정도 수술을 하신, 세계적인 권위자들이라고 할 수 있지요. 저는 그 덕분에 2000케이스 정도를 봤습니다. 그분들이 수술을 한 후 바뀐 변화를 직접 많이 볼 수 있었고요. 아까 말씀드린 대로 외국을 돌아다니면서 심각한 환자들까지 치료해봤기 때문에, 이런 경우에는 이런 방식을 취하면 된다와 같은 관련 경험이 많다는 사실에 대해서 저는 아주 다행스럽다고 생각합니다. 그래서 그전에 미국에 머무를 때는 우리나라 대학에 계신 분들이 어떤 환자가 오면 제게 연락을 주셔서 함께 이야기를 나누기도 하고, 제가 우리나라에 돌아왔을 때는 수술도 같이 하고 했던 좋은 기억이 많습니다.

: 해외 의료 봉사의 마음가짐

지 그런 부분들을 인정받으시다 보니까 미국, 독일, 프랑스, 그리스, 스페인, 영국 등에서도 강의를 많이 하셨는데요, 그 과정에서 선생님도 많이 배우셨을 것 같습니다.

김 그런 면이 많죠. 그래서 생각했던 것이, 우리가 소위 말해 아직 발전 중인 나라에 가더라도 그냥 가서 수술만 해주는 것보다는 그쪽 교수님들한테 강의를 하고, 수술을 같이 하고, 그다음에 환자도 같이 보고, 이렇게 하면서 함께 발전해나가는 모습이 제가 가장 이상적으로 생각했던 모습이에요. 그래서 외국에 가서 수술을 할 때 우리나라와 마찬가지로, 그 병원의 선생님들과 공동 수술을 해서 앞으로 이런 환자들에 대한 치료는 이런 식으로 해보는 경험을 공유하는 방식으로 생각을 많이 했습니다. 반드시 강의도 같이 하고, 환자에 대해서 토론도 같이 하고, 수술도 하고, 수술 이후의 과정까지 전체적인 과정에 함께 참여하게 했어요. 그렇게 함으로써 그분들이 저희가 없어도 혼자 하실 수 있는 그런 단계까지 나아가는 것을 저희의 목표로 삼았습니다.

지 2009년부터 아프리카, 동남아시아, 남미 등지로 의료 봉사를 가셔서 1년에 2개월 정도 체류하며 지금까지 400여 명을 치료하셨다고 들었습니다. 그게 예전에 우리가 어려웠던 시절 선진국에게 도움을 받았던 빚을 갚는 거라고 하셨는데요.

김 사실 우리나라 의료가 외국에서 들어온 분들이 시작하신 거잖아요. 제중원이라는 병원이 서울대학교는 자기들이 시작한 거라고 하고, 연세대학교는 '무슨 소리냐?'고 하면서 자기들이 시작이라고 자랑하고 싶어 하는데, 사실 외국에서 온 분들이 한 거죠. 아시다시피 이화여대도 그랬고, 이후 곳곳에 생긴 훌륭한 병원들, 전주예수병원도 그렇고, 다 외국에서 온 분들에 의해 의료를 시작할 수 있었던 거예요. 애양원이라고 여수와 순천 사이에 있는 곳인데, 1909년인가에 생겼습니다. 거기서 나환자들을 치료하는데, 해방 전에는 전부 외국인들이 원장을 지내면서 다 케어를 해주셨거든요. 우리는 해방 이후에 시작한 것이나 다름없어요. 우리가 그런 빚을 지고 있는 거죠. 서울대학교가 좋아진 이유가 미네소타 프로젝트 때문이거든요. 미네소타대학에서 서울대학교의 젊은 교수들을 데리고 가서 거기서 교육을 시켜줬고, 이분들이 돌아와서 배운 것을 한국에 바로 적용했기 때문에 우리나라 의료가 굉장히 빨리 선진 의료로 발돋움했죠. 이제는 우리가 밖으로 나가 도와주는 그런 단계까지 이르게 된 것입니다. 그래서 우리가 그런 말을 하잖아요. 너무 없어서 가난했을 때는 우리 앞만 보는 데 급급했기 때문에 남을 도와줄 생각은 못했지만, 이제는 우리나라가 10등 안에 드는 부자 나라가 됐잖아요. 우리나라 사람들만 우리가 부자라고 생각 안 하지, 온 세상 사람들은 우리나라 사람들이 부자라고 생각해요. 제가 뉴욕에서 생활해봤지만, 서울이 뉴욕보다 한 수 위라고 생각합니다. 집값은 말할 것도 없고요.(웃음) 삶을 느끼고 향유할 수 있는 것을 보면 뉴욕보다 더 나으면 나았지, 모자라지 않다고 생각하거든요. 자, 그러면 언제까지 얼마나 부자가 되어야 우리가 남에게 베풀 수 있는 거냐, 그런 생각을 해보면 이미 우리는 그런 단계에 왔고, 때문에 각자 자신이 할 수 있는 일을 해야 한다는 생각을 많이 하게 됐습니다. 우리가 당연히 해야 할 일이라고 생각했어요. 제 개인사를 이야기하자면, 저희 형님이 세 살 때 척추 결핵을 앓아서 등이 굽으셨어요. 그 당시에 저희처럼 직접 가서 치료하거나 약을 주는 사람들이 있었다면, 그렇게 평생 등이 굽지 않아도 됐을 거예요. 우리가 충분히 남을 배려하고 남한테 줄 수 있는 단계까지 왔기 때문에, 이제는 우리가 할 수 있다면 하는 게 좋지 않을까 생각하는 거죠. 아실지 모르겠는데, 중국이 아프리카 전체를 케어합니다. 2008년인가부터인데, 중국은 17개 성이 있잖아요. 한 성이 아프리카 두 나라를 책임집니다. 의료인을 이미 파견했거든요. 그래서 중국이 미국 다음 패권을 갖고 싶은데, 이 사람들은 돈만 주는 것이 아니라 사람도 케어하겠다고 해서 2008년에 아프리카에서 시작했어요. 우리도 그 목적은 아니더라도 곳곳에서 우리가 할 수 있는 일을 한다면 그게 같이 사는, 좀 더 나은 세상으로 나아갈 수 있는 길이 아닐까 하는 생각을 해봅니다. 그리고 그런 일이 아주 중요한 또 다른 이유가, 사실은 제가 다른 나라에 수술을 하러 갈 때 서울대학교나 연세대학교에 있는 젊은 교수들과 같이 갔거든요. 국내에서는 도저히 볼 수 없는 심한 환자들도 케어를 할 수 있는 것에 대해서 그 친구들도 배우는 점이 굉장히 많다는 겁니다. 한번 가게 되면 마치 마약에 빠진 것처럼 계속 가기를 원하게 되는 부분이 있거든요.(웃음) 그렇게 남을 케어하면서 얻는 경험이 굉장한 거라고, 마약보다 중독성이 더 강하지 않나 생각을 합니다. 그렇게 함께해서 다른 사람들과 교유할 수 있다는 것이 저는 매우 좋은 일이라고 봅니다. 가끔 부잣집 사람들이 차를 빠르게 몰다 사고가 나곤 하는 뉴스를 듣는데 얼마나 심심하면 그럴까, 싶어요. 그런 분들이 이런 일에 같이 참여해보면 바람직한 시너지가 나오지 않을까 합니다. 중국의 한 성이 그런 것처럼 인생이 공허해서 답답해하시는 분들이 한 나라를 케어해주고, 여유가 있으면 장비도 도와주고 이러면 더 나은 세상이 되지 않을까, 그런 즐거움을 조금이라도 느끼신다면 굉장히 좋지 않을까 싶습니다.

지 좋은 지적을 하셨는데요, 중국이 해당 사업을 하는 이유는 인도적인 차원도 있지만, 외교적인 부분을 통해서 자기 나라의 영향력을 키우고 이익을 얻고자 하는 것도 있을 텐데요. 한국은 이제 잘살게 된 나라임에도 그런 일에 인색하기도 하고요. 그런 이야기가 나오면 평소에도 자선을 안 하는 사람들이 '우리나라에도 가난한 사람이 많은데, 왜 다른 나라를 도와주나?'라며 많이들 얘기하곤 합니다. 그런 면에 대한 인식이 부족한 것 같습니다.

김 제가 중국 가서 수술을 하면서 느꼈던 것이, 중국은 어린아이 때 수술했어야 되는 분들이 수술을 못 한 나라였습니다. 제 기억이 정확하다면 아마 2000년대 초에 중국의 1인당 국민소득이 1000달러 정도였을 겁니다. 그런데 2007년 무렵 5000달러가 넘었거든요. 하나의 성이 두 개의 아프리카 나라를 케어하기 시작했을 때가 5000달러 정도의 국민소득 수준일 때였다는 말이죠. 이분들이 사실 그때는 경험이 많지 않았을 텐데도 그 일을 시작했다는 것은 물론 어찌 보면 정치적인 드라이브가 더 강했다고 생각은 됩니다. 지금에는 자신들이 세계에서 제일 경험이 많다, 이런 정도까지 와버렸거든요. 워낙 환자 수가 많으니까요.(웃음) 제가 가서 수술을 한 곳이 광저우대학인데, 어느 정도 큰 대학이냐

하면 병원이 1병원, 2병원, 이런 식으로 10병원인가가 있습니다. 1병원은 4000베드입니다. 병원 하나가 아산병원보다 더 커요. 그 큰 병원 수준이 아주 낮았거든요. 2009년, 2010년 이때 가서 봤을 때요. 그런데 지금은 자신들이 '너희가 경험하는 것 이상으로 경험한다'라고 해서 이미 그 단계까지 올라갔어요. 결국 의사, 의료라는 것은 경험이 굉장히 중요한데, 그런 면으로 따지면 중국을 능가할 나라가 없을 거라는 생각이 듭니다. 그런데 이 사람들은 그렇게까지 오르지 않았던 단계에서 시작을 했기 때문에, 그런 점에서 우리보다 늦었지만 보고 배울 점이 있는 것이 아닌가 싶어요. 또 그런 면에서는 사실 우리나라가 다른 나라와의 관계에서 굉장히 앞선 것이 많아졌습니다. 그중 하나가 의료 분야이고요. 결국은 우리가 말하는 소프트파워 중 하나가 의료가 될 수 있을 텐데요. 그런 부분이 첨가되어서 우리나라의 위상을 높이고 그다음에 우리나라 사람들에 대한 좋은 이미지를 심어주고, 그게 우리나라를 위하는 길이 아닌가 그런 생각을 많이 합니다.

: 공부를 하고 싶어 선택한 도미

지   한국에서 의사 일을 하시다가 미국으로 가야겠다는 결심을 하신 가장 큰 이유는 무엇인가요?

김   여러 가지 이유가 있을 것 같습니다. 2000년에 가서 그 사람들을 직접 눈으로 보게 된 게 가장 큰 이유가 됐죠. 제가 미국에 가기 5년 전쯤 몇 달간 유럽에서의 경험이 있었습니다.

지 인스부르크죠.

김 네, 오스트리아 인스부르크에 몇 달 머무르게 됐는데, 거기서도 상당한 충격을 받았습니다. 그 당시 오스트리아는 유럽에서 앞서 가는 나라가 아니었어요. 우리가 말하는 영세중립국이고, GNP로 따져도 그렇게 높지 않은 나라였습니다. 그런데 의료 수준은 저희가 예상했던 것보다 훨씬 높았습니다. 그래서 몹시 놀랐습니다. 거기서 했던 경험들이 첫 번째로 긍정적으로 작용을 했던 거예요. 그래서 2000년에 미국에 갈 기회가 생겼을 때 거기서 보니까 제가 배워야 할 것이 굉장히 많을 듯하다는 생각을 했습니다. 그중에 변형 부분은 우리나라에서는 제가 배울 수 있는 것이 많지 않았는데, 거기에 푹 빠지게 됐던 것이 가장 큰 이유인 것 같습니다. 그래서 그쪽 생활권에 들어가고 싶다, 그 나라에서 배우고 싶다는 생각이 강해졌죠. 그런데 문제는 그 나라에서 의사를 하려고 보니까 계산이 안 나오더라고요.(웃음) 인턴 1년, 레지던트 4년, 펠로 1년, 그것만 해도 거의 6년이라는 시간을 다시 해야 하는 거예요. 게다가 제가 요즘 친구들처럼 영어를 잘하는 사람이 아니어서요. 영어 가지고 서바이벌이 안 되는 실력이었기 때문에 굉장히 현실적으로 고민이 많이 되더라고요. 당시에 저희 아이들이 중학생, 초등학생 그랬는데, 아들들 데리고 거기서 살려면 엄청난 돈이 필요하잖아요. 그 문제도 도저히 답이 안 나오고요.(웃음) 그럼에도 불구하고 우리 삶에서 뭐가 중요하느냐가 큰 관건이었던 것 같아요. 아이들에게도 인생에서 뭐가 가장 중요한지를 보여주는 것이 좋다고 생각했고요.

: 낮에는 수술을, 밤에는 논문을

지 그래서 수술방에서 오전 일곱 시부터 오후 세 시까지 일하시고, 그 이후
에는 밤 열두 시까지 논문을 쓰는 생활을 하셨다면서요. 그렇게 한다고
된다는 보장도 없었지 않습니까?

김 그렇게 간 사람이 없기 때문에 어떻게 해야 할지를 모르겠더라
고요. 먼저 간 사람이 있으면 붙잡고 물어볼 텐데요. 처음에 젊
은 교수에게 '미국에서 교수를 하려면 어떻게 해야 되냐'고 물었
더니 논문이 60편은 되어야 하고, 그다음에 전문가 집단에서 인
정을 받아야 한다는 이야기를 하더라고요. 그런데 사실 지금이
야 영어 논문을 쓰는 것이 수월하지만 1980년대, 90년대에는 거
의 없었다고 보시면 됩니다. 우리나라를 통틀어 외국 논문을 쓴
사람이 거의 없었던 시절이거든요. 그래서 관련해 이야기를 나눠
보니까 미국에서 살려면 논문이 있어야겠다는 생각을 하게 된 거
죠. 그런데 전에는 저희 선배님들이 1년 연수를 갔다 오면 논문
하나, 아니면 두 개 해서 외국 학회에서 발표하고, 그걸로 우리나
라 학회에서 발표하고 그렇게 했는데, 대개 그분들이, 미국 선생
님이 이거 해보라고 해서 논문을 만들었던 그런 때였습니다. 제
가 간 곳은 사실 젊은 선생들이 많았어요. 젊은 분들이어서 이거
해봐라, 그런 분들이 아니었죠.(웃음) 그래서 논문 주제도 제가 생
각해 써야 하는 상황이었습니다. 논문을 만들려면 소위 말하듯
이 우리가 금광을 캐는 것처럼 환자의 자료를 전부 조사해서 데
이터베이스를 만드는 것이 첫 번째 일이거든요. 그래서 그분들
이 80년대부터 20년 동안 수술한 데이터를 제가 전부 정리했습니
다. 지금은 환자정보보호법이 강화되어서 어렵죠. 당시 미국에도

그 법이 있긴 했지만, 차트를 가져다가 보는 것에 대해 그렇게 시비를 걸지는 않았습니다. 말씀드린 것처럼 먹고살려면 생활비가 있어야 했기에 제가 했던 일이 수술방에서 신경 감시를 하는 것이었어요. 그런데 우리나라에서는 신경 감시를 거의 안 했고, 문제가 생기면 운명이라는 식이었어요. 어찌 보면 운명주의적인 사고방식이 있었죠. 그곳에서 보니까 반대로 잘 해결을 하더라고요. 그러니까 돈의 필요도 있었지만, 또 하나는 제가 돌아온다면 반드시 우리나라에 적용을 시켜야겠다는 생각을 한편 했습니다. 내가 배워오면 나중에 와서 할 수 있지 않겠느냐, 그런 생각을 한 거죠. 그 두 가지 일을 동시에 하게 되니까, 우린 보통 9 to 5라고 하는데, 수술방은 아침에 일찍 여니까 7 to 3입니다, 아침 일곱 시부터 시작해서 오후 세 시에 일이 끝나거든요. 그때부터 금광을 캐듯이 데이터 채굴을 하는 그런 작업을 했죠. 보통은 한 환자를 보면 수술 전 사진, 수술 직후에 6개월, 1년, 2년 사진, 2년 이상 5년까지, 한 환자의 사진이 굉장히 많습니다. 그 사진을 전부 데이터로 만들게 됐고, 그 데이터들이 모이니까 다른 사람이 갖지 못하는 안목을 가지게 되는 것 같더라고요. 아주 많은 새로운 사실들, 그분들도 모르는 사실들을 알게 됐어요. 그 자료가 상당히 많은 논문을 쓸 수 있는 밑거름이 됐던 것 같습니다. 첫해에는 한 편, 두 편 이러다가 1년에 10편, 20편 이렇게 나오는 상황이 됐어요. 그러다 보니까 변형 분야에 있는 분들은 학회에서 다 저를 알아보는 단계까지 이르게 된 거죠. 그렇게 그다음 앞길이 쉽게 열리게 되는 것을 경험했습니다. 그러다가 2005년에 미국정형외과학회에서 안을 내놓았습니다. 학회에서 자신들이 생각하기에 능력이 괜찮은 사람은 미국에서 수련을 안 받아도 전문직, 교수직을 할 수 있다, 이런 항목을 만든 거예요.

지 선생님을 위해서 만들어진 법이네요.(웃음)

김 그걸 만든다는 소리를 듣고, 그때 미국 의사 시험을 봤습니다. 미국 의사 시험은 보통 네 번을 보거든, 스텝1, 두 번의 스텝2, 스텝 3, 이렇게 네 번을 봤는데, 운좋게 공부를 안 하고도 통과를 했습니다. 통과되는 것을 보고 이거 하느님이 허락하는 거니까 공부를 안 해도 된 것 같다는 생각을 했었습니다.(웃음) 그래서 이듬해인 2006년에 수련을 받을 수가 있었고요. 2006년부터 수술을 하기 시작했죠.

지 말씀하신 것처럼 첫 논문이 나온 해에는 한 편이었다가 6, 13, 23, 26, 34편 이렇게 매년 기하급수적으로 늘어났는데요, 논문을 잘 쓰는 비결이 있으셨나요?

김 그 당시만 하더라도 다른 데서는 거의 모르는 분야여서 가능했던 것 같습니다. 변형 부분의 논문을 보면 2000년까지는 거의 존재하지도 않습니다. 1년에 학회에서 85편 정도 발표를 했는데, 저희 워싱턴대학교가 많이 할 때는 10편에서 20편까지 발표했으니까요. 전 세계적으로도 가히 상상할 수 없는, 그리고 여기서 데이터가 나오면 다른 곳들이 배워 가서 쓰는 상황이었기 때문에 남들보다 앞서갔죠. 어느 순간이 지나면서부터는 비슷한 수준이 됐던 것 같습니다. 2010년 이후에는 다른 곳에서도 많이 냈던 것 같고요. 그 10년이 가장 많은 시간이었어요. 그 시간에 제가 운좋게 거기에 있었고, 그래서 그 사람들과 컬래버레이션할 수 있었던 거죠. 제가 잘나거나 똑똑한 것과는 전혀 상관이 없고요. 그 시간,

그 장소에 딱 맞아떨어졌던 상황이었던 것 같습니다. 그다음에는 저희가 말했던 내용을 가지고 옆에서 파생적으로 논문이 나오게 되는 단계가 있었죠. 요즘은 그분들이 다 해체되어서 한군데서 그렇게 할 수 있는 곳이 없어졌어요. 당시에는 그분들이 세계적으로 가장 앞서나간다고 했는데, 각자 나눠지는 그런 단계로 넘어갔죠.

: 컬럼비아대학교 교수로 임용되다

지 2008년도에 컬럼비아대학교의 교수가 되셨는데요. 어떤 생각이 드셨나요? '미국에 와서 고생했는데 성공했구나' 하셨을 것 같은데요.

김 성공했다는 생각은 안 들더라고요. 사실 외투랑 마찬가지잖아요. 컬럼비아대학이니 하버드대학이니 하는 것은 자체로 그 사람이 아니기 때문에 그렇진 않았고요. 제가 하고 싶었던 일이 아까 말씀드린 대로 밖으로 나가는 것이었고 본격적으로 시작했던 게 2008년부터였거든요. 우리나라에 와서 강의하고 수술하고 이런 것도 2008년부터 본격적으로 매년 정기적으로 했어요. 외국에 나가는 일도 그랬습니다. 오히려 그게 더 저한테는 더없이 보람 있고, 행복한 일이 아니었던가 하는 생각이 들어요. 사람들이 아이비리그 교수라고 불렀을 때는 별 감흥이 오는 것 같지는 않았습니다. 물론 가문의 영광이긴 하죠.(웃음)

지 2010년도에는 '올해의 교수상'도 받으셨고, 2013년에 정교수가 되셨어요. 많은 학생들을 가르치셨을 텐데, 그 시간이 선생님께는 어떤 시간이었나요?

김　사실은 '올해의 교수상'은, 우리 레지던트 선생님들이 한 학년에 여섯 명이니까 30명쯤 받았던 것 같습니다. 크나큰 영광이라는 생각이 들더라고요. 저처럼 영어를 못하는 사람이(지금도 영어를 잘 못하거든요) 그런 상을 받게 되어서요. 열심히 하는 것이 통하지 않았나, 그런 생각이 들었습니다. 그래서 2년 후인 2010년에 조교수에서 부교수가 됐습니다.

: 미국에서 공부하려는 후배들에게

지　미국에서 공부하고 싶은 분들이 선생님을 많이 찾아가서 조언을 얻기도 하고, 도움을 받기도 했다고 들었습니다.

김　일단 젊은 교수님도 있고요, 그다음 레지던트 선생님들도 있고, 의과 대학생들도 있었어요. 1년에 많을 때는 10명까지 학생들이 왔습니다. 학생들이 미국에 와서 수련을 받으려면 미국에 대한 경험이 있어야 합니다. 그래서 저한테 오는 것이 오피셜한 경험이 될 수 있어서 그렇게 온 것이죠. 저는 그런 생각을 했거든요. 우리나라에서 자란 사람은 나중에 어디에 있더라도 우리 편이라는 생각이요. 국적을 바꿨다고 해서 그 사람이 우리 편이 아닌 것이 아니라 어떤 위치에 있어도 우리 편이기 때문에, 그런 적극적인 사고방식을 가진 사람이 많을수록 우리나라에 좋다고 생각합니다. 저처럼 나중에 다시 돌아올 수도 있을 것이고, 아니면 그 자리에서 마지막까지 있을 수도 있겠죠. 어쨌든 우리의 우군을 많이 만드는 것이 우리나라가 잘되는 일이라고 생각하기 때문에 저는 학생들에게 적극적으로 진취적으로 생각을 해라, 그래서 네가 여기서 한자리를 차지할 수 있다면 우리나라에 도움이 된다, 그게 애국을 하는 것이라고 여러 번 이야기했습니다. 돌아오는 것은 언제든지 돌아올 수 있다, 네가 거기서 배운 것, 국내에서 전혀 경험하지 못했던 것을 거기서 배워서 돌아오면 이곳에서 꽃을 피울 수 있기 때문에 얼마든지 해볼 필요가 있다는 말을 했었고요. 레지던트들이나 펠로들, 그리고 젊은 교수들도 그런 이유로 많이 옵니다. 우리나라 의료가 암울하다고 느끼거나, 다른 여러 가지 속사정을 가지고 저를 찾아오거든요. 그래서 네가 원한다면, 정말로 원한다면 해라, 내가 마흔한 살 때 미국에서 시작했는데, 나는 정말 내가 컬럼비아 교수가 그렇게 빨리 되리라고 꿈에도 생각해보지 못했다, 그런데 그게 됐지 않냐, 우리 인생은 알 수가 없는데 다만 네가 적극적으로 할 수 있다면 돌아가는 것은 언제든지 돌아갈 수 있기 때문에 그렇게 해봐라, 그래서 너의 경험이 네 개인의 경험이지만, 그 경험이 돌아오면 우리나라의 경험이 될 수 있다고 이야기를 합니다. 그래서 저처럼 미국에 가서 정형외과 교수로 일하는 사람이 네다섯 명이 있습니다. 지금 준비를 하고 있는 친구들도 있고요. 레지던트를 하고 있는 친구들은 수도 없이 많습니다. 하버드 교원으로 간 친구도 있고, 존스홉킨스에도 가고, 곳곳에 있어요. 거기서 수련을 받아보면 레지던트 중심이라는 것을 경험합니다. 레지던트 센트릭 병원이라는 말을 하는데, 모든 것을 그들이 결정합니다. 교수는 레지던트들이 원하는 것을 해주는 사람들이거든요. 그런 교육을 받아보면 우리가 얼마나 다른 교육을 받아왔는가를 깨닫게 됩니다.(웃음) 그런 교육을 겪어보고 느껴보면 '아, 이게 우리가 못 받은 것이고, 뭔가 다르다'는 것을 알게 되죠. 그런 경험을 하고, 알게 되면 그다음에는 자기가 보여줄 수 있는 사람이 되기 때문에 저는 바람직하다고 생각합니다. 결국은 다 그렇게 나아가고 있기에 같은 방식으로 세상이 변해가고 있다고 생각합니다. 그 옛날 소크라테스가 어떻고, 수사학이 어떻고, 2000년 전에도 어떻게 가르치느냐의 문제에 대해 매우 심각하게 고민해왔는데, 우리는 그런 것을 별로 배워보지 못했던 것 같습니다. 레지던트 트레이닝을 하면서도 우리처럼 선생 레벨에 있는 사람들이 어떻게 이들을 교육시키는 것이 가장 효과적이고, 이들이 잘 받아들일 것인가에 대한 고민들을 많이 하고, 그런 논문들을 서로 공유하는 경우가 많이 있어요. 같은 경험을 이곳에서 시작해 그것을 나누고, 그래서 다음 세대는 좀 더 나은 무엇을 만들어가는 역할을 해낼 수 있지 않을까 하죠. 그래서 생활을 해보는 것과 안 해보는 것은 크게 다른 것 같아요. 우리나라 교수들도 비지팅 스칼러라고 해서 미국 학교로 방문 연구를 하러 오지만, 그 안에 못 들어가거든요. 주변에서 맴돌다 돌아오는데, 그 안의 교육을 받아보면 '아, 이게 다르구나' 하는 것을 알게 돼요. 그 정도까지 겪고 돌아오면 훨씬 더 많은 일을 할 수 있지 않을까 싶은 거죠. 그런 점들이 종국에 우리가 더 미래로 향하는 길이 아니겠는가, 그런 생각이 많이 듭니다.

: 스승으로서의 역할에 대하여

지　선생님의 역할에 대해서 학생들의 미래를 만들어주는 퓨처 빌더, 굿 멘

토여야 한다고 하셨죠. 미국 교수의 좋은 평가 중 하나는 학생이 스승의 방문을 두드리고 들어가서 고민 상담을 할 수 있는 부분도 포함된다고 하셨어요. 우리는 옛날부터 스승이라는 존재는 두렵다고 생각하고, 대화를 하기 어려운 부분이 있었는데요, 대학생들을 가르치면서 선생님도 교육에 대해서 느끼신 점이 많을 것 같습니다.

김 느낀 것이 엄청나게 많죠. 이거 야단을 쳐야 하나, 말아야 하나, 혼란스러울 때가 굉장히 많았습니다.(웃음) 그런데 지내놓고 보니까 야단을 안 치는 것이 맞더라고요. 대신 학생 쪽에서 스스로 뭔가 일어나게 해주는 것이 교육이라는 생각을 했습니다. 예전에 저희들이 수련받을 때는 상소리가 일상화된 교육이었는데, 미국에서는 선생님들끼리 다투는 것도 교육에 바람직하지 않다는 말을 하더라고요.(웃음) 정 다투고 싶으면 정중하게, 조롱하지 말라는 이야기까지 해요. 그렇게 안 했다고 레지던트가 과장한테 말해서, 과장이 그런 이야기를 하더라고요. 저희는 상상도 하지 못했던 이야기잖아요. 사실 제가 미국에서 수련을 받을 때 펠로 중 한 명이 과장에게 가서 교수를 비난했습니다. 수술이 늦게 끝나서 다 같이 피곤한데, 꿰매는 일을 자신에게 시키고 수술실을 나갔다는 거예요. 우리나라는 꿰매라고 하면 '고맙습니다' 하고 꿰매는 게 문화거든요. 그 친구는 그걸 왜 나 혼자 해야 해, 밤늦게까지, 너랑 같이 꿰맸으면 두 시간 걸릴 것이 한 시간이면 되는데, 선생으로서 틀렸다는 거예요.(웃음) 저는 그런 일은 상상도 못 했거든요. 저희는 '빨리 나가주십시오. 그래야 내가 경험을 많이 해봅니다' 하는 식이었죠. 그 사람들은 정말 필요한 것을 할 때는 같이해야 한다고 생각해요. 우리나라에서는 수술을 배울 때 당기고만 있고, 눈으로만 배우고, 수술은 나중에 자기가 해보는 건데요. 그 사람들은 수술을 할 때 아예 같이하는 거예요. 오른쪽은 선생이 하고, 왼쪽은 레지던트가 하는 방식인 거죠. 모든 수술 과정을 함께하는 것이 당연한 거라고 생각하는 교육과, 우리처럼 당기기만 하고 있다가 교수가 나가면 꿰매기만 하는 것이 우리의 일이라고 생각했던 교육은 완전히 달라요. 교육을 바라보는 시각이 전혀 다르다는 것을 나중에 알게 된 것입니다.

: 의학에서 보수와 진보의 조화

지 미국에서 공부를 하시면서 '세계 최고의 뭔가를 배웠다'고 하셨고, '보수주의의 좋은 점을 보고 왔다'고 말씀하셨는데요, 의학이라는 것이 보수적인 측면이 있을 수밖에 없지요.

김 그렇죠.

지 한편으로는 새로운 것을 발견해야 하니까 진보라는 가치도 필요할 텐데 그걸 조화시키는 방법에 대해서 고민을 많이 하셨을 것 같습니다.

김 저는 수술을 하는 사람이고, 수술을 책을 보고 하는 사람에게 맡길 수는 없기 때문에 결국은 의사라는 직업이 보수적이 될 수밖에 없어요. 어찌 보면 어떤 선을 넘어서는 사람만이 할 수 있는 것까지 기다리는 것이 의사라는 직업, 특히 외과의사라는 사람들이 하는 일이거든요. 그 선을 충분히 넘을 수 있는 상황이 되어야만, 내가 너에게 칼을 허용할 수 있게 되는 것이죠. 그런 것에 대해서 생각을 많이 해봤어요. 저는 자신들이 이 세상의 주인이라는 생각을 하는 것이 보수주의자가 아닌가 싶어요. 이 세상의 주인이 나이기 때문에 이 세상에 나쁜 것이 횡행하게 돼서는 안 된다, 불법이나 탈법을 저지르는 행위를 용납할 수 없다 같은, 교육에서도 마찬가지로 충분한 경험이 들어가 있지 않으면 허용을 안 해주는 그런 것이죠. 하지만 그럼에도 불구하고 내가 있는 상태에서는 네가 모든 것을 해도 된다고 장을 만들어주는 것, 그게 가장 핵심이 아닌가 싶더라고요. 나와 수술을 할 때는, 내가 잡아줄 수 있을 때는 너는 뭐든지 할 수 있어, 이게 보수주의라는 생각을 하게 된 거죠. 네가 이 정도 공부를 했으면 해야 하는데, 이 정도 때까지는 수술을 몇 개를 해야 하고, 이런 게 아니라 나와 함께 있기 때문에 너는 이것까지 할 수 있어, 그래서 내가 너를 도와줄 수 있어, 이런 사고방식, 그게 가장 중요한 자세가 아닌가 싶습니다. 물론 아까 말씀드린 것처럼 수술 전에도 '이 환자를 어떻게 수술할래?' 같은 이야기를 나누며 우리가 여러 가지 점검도 하지만, 수술을 하면서 '어떻게 할래?' 하는 것까지 다 체크를 하고, '네가 해라' 하며 나가버리는 것이 아니라, 나는 네 앞에 있고 언제든지 너를 도울 수 있다, 네가 춤을 추는데, 뒤에서 내가 같이 춰주는 거야, 이런 식의 사고방식, 그게 교육이 아닌가 합니다. 저희가 교육을 받을 때 저희는 그냥 관찰자였죠. 즉 그저 지켜보는 사람이고, 당겨주는 사람이었지, 같이 수술을 하는 것은 상상도 할 수 없는 시절이었는데요. 미국에서 그 이야기를 하면 '그러면 일을 왜 해요? 나 같으면 못 하겠다'라고 말해요. 이런 부분들이 우리가 말하는 보수와 진보 면에서 좀 차이가 있지 않나 싶습니다.

지   예전에 서울대 학생들한테 강의를 하면서 재미있는 표현을 하셨던데요.

'세상을 살아가는 것은 악어와 수영하는 것'이라고 하셨습니다. 악어를 만지고 있는 사진을 찍으셨는데, 악어가 입을 벌리고 있는 것은 자는 것이라는 것을 알기 때문에 만질 수 있었다는 건데요. 지식이 있어야 그런 행동을 할 수 있는 거잖아요. 학자가 되면 더 공부를 해야 하는데, 한국은 학자가 되고 나서는 공부를 하지 않는 문화가 있는 것 같습니다.

김 그 점이 제가 걱정하는 것 중 하나예요. 미국 가서 환자를 직접 보고 수술을 할 수 있으려면 긴 단계를 거쳐야 합니다. 우리나라에 많은 외국인들이 들어와서 수술에 들어오고 하는데, 그런 긴 프로세스를 거치는가 하는 생각이 많이 들더라고요. 그다음 두 번째는 새로운 것이 들어온다는 건 굉장히 어려운 일입니다. 그러니까 아까도 제가 말씀드렸지만, 의료는 보수적이기 때문에 보수성을 타파할 만한 어떤 검증이 있지 않으면 하면 안 되는 것이 의료라고 생각하거든요. 우리나라는 너무 쉽게 자신의 가치가 중요하다는 사실을 잊어버리고, 새로운 것에 그 자리를 내주는 경우가 많아요. 미국이 무서운 것이 징벌적 배상이라는 것이 있거든요. 새로운 시도를 해서 문제가 생기면 몇 배의 배상을 하게 되는 겁니다. 미국에서 의료사고가 문제가 될 때 가장 크게 따지는 것이 '당신의 동료들이 하는 의료를 했느냐, 안 했느냐'이거든요. 그래서 그런 점에 대해서 생각을 매우 깊이 해야 합니다. 우리나라에는 온 세상의 치료를 누구나 다 하고 있어요. 깜짝 놀랄 일이거든요. 그리고 마치 그게 최고의 치료인 양한다는 겁니다. 물론 잘되는 경우도 있겠지만, 잘못되면 미국 같은 경우는 거기에 몇 배의 배상을 해야 하는 상황이 생기기 때문에 사실 쉽게 시도하지 못합니다. 그래서 제가 많이 하는 이야기 중 하나가, 제가 2000년에 세인트루이스 워싱턴대학에 갔을 때, 당시 워싱턴대학이 미국 의과대학 랭킹 3위였거든요. 하버드, 존스홉킨스 다음이 었어요. 교수들은 각자 방이 있고, 칸막이를 치고 비서들이 있는데, 전부 연필로 쓰고 있더라고요. 깜짝 놀랐어요. 제가 초등학교 때 샤프펜슬이 나왔고, 그 이후로 연필은 사라져버렸거든요. 그래서 곰곰이 생각을 해본 거죠. 이 사람들은 아직도 연필을 쓰는데, 우리는 왜 진작 쓰지 않게 되었을까. 지금 생각해보니까 우리는 샤프가 나오는 순간 연필의 모든 단점을 극복했다고 인정해버리고 연필을 죽여버렸던 거예요. 그런데 그곳에 갔더니 연필을 쓰고 있고, 연필을 써보니 이렇게 좋은 것을 우리가 왜 버렸을까, 하는 생각이 들더라고요. 내가 세상의 주인이라면 새로운 것이 나와도, 내가 지금까지 지니고 있는 가치 체계와 모든 것의 안정성을 따져서 이게 과연 그 전의 것을 없앨 만큼 중요한지를 묻지 않았다는 겁니다. 그런 예들이 아직도 남아 있어요. 지금 이렇게 원칙화된 의료가 있어서 '여기까지'라고 하고 있는데, 전혀 안되는 이상한 것들이 마치 되는 것처럼 우리나라에서는 횡행하고 있는 거예요. 그게 사람들로 하여금 도대체 누구 말이 맞는 거야, 하며 결국에는 문제가 되죠.(웃음) 그래서 새로운 무엇을 하려면 정말 인정받는 기관에서 허가를 받고, 그래서 그 무엇이 확대되어 새로운 것이 되면 정말 가치가 있는 것인지까지를 따지고 그다음에 다시 또 확대되어야 하는 그런 과정들이 필요합니다. 그래야 새로운 가지 않는 길을 가면서 생기는 수많은 문제점들을 미리 예방할 수 있는 게 아닌가, 그런 생각이 많이 들더라고요. 반드시 새로운 의료에 대해서는 허가를 받아야 하고, 조그만 소규모 기관에서부터 인정이 되고, 문제가 안 생기면 그다음 단계로 넘어가는 그런 식의 원칙이 좀 지켜져야 하지 않을까 싶습니다. 제가 미국에 있다가 와서 보면 '이런 치료를 하나' 하는 경우가 꽤 많습니다.(웃음) 척추 분야만 해도 그런데, 다른 분야도 분명히 있을 거거든요. 언제는 제 후배가 저를 생각해준다고 우리나라에 와서 개업을 하라는 거예요. 그러면서 PRP 주사를 놓으면 떼돈을 벌 수가 있다는 겁니다. 한 번 맞는 데 20만 원이고 하루에 몇백 명을 놓으면 떼돈을 벌 수 있는데, 뭐 하고 있냐는 거죠. 그 당시에도 PRP는 증명이 된 것이 아닙니다. 그런데 여기서는 이미 그 치료를 하고 있고, 주사기를 여러 번 써서 많은 사람들이 감염이 되고 하는 상황이 있었습니다. 그런 일들이 일어나는 것이 보수주의적인 입장에서, 우리나라를 생각한다는 입장에서는 굉장히 위험한 상황이 될 수가 있습니다. 이제 우리나라도 세계 10위 안에 들어왔고, 이미 충분히 좋은 것이 많아요. 우리의 전통도 충분히 좋고 우리가 가지고 있는 것도 충분히 좋기 때문에, 새로운 것을 들여오려면 반드시 제대로 된 단계를 거쳐야 하지 않을까, 그런 생각을 합니다.

: 정형외과를 지망하는 사람들에게

지 우리나라에서는 '무식하고 힘만 센 사람이 가는 과가 정형외과'라고 했는데, 미국에서는 상위 10%가 선택하는 과라고 하셨잖아요. 한국에서는 의사들 사이에서도 선호하는 과의 유행이 바뀌기도 하고, 인기 있는 과의 의사들이 다른 과 의사들을 무시하는 경향도 있는 것 같습니다.

김 성적으로만 따지면 우리나라 정형외과도 꽤 좋은 성적의 사람들이 가는 과 중 하나였습니다. 농담처럼 '무식하고 힘만 센'이라는 말을 했지만, 의사들 평균으로 보면 굉장히 상위 과에 속하죠. 그리고 미국에서는 가장 인기 있는 과 중 하나에 들어갑니다. 그 이유를 미국인들과 이야기를 해보면, 미국은 근본적으로 운동하는 사회입니다. 운동은 정형외과 영역에 들어가거든요. 그렇기 때문에 스포츠의학에 대한 인식이 강한데, 정형외과에서 그 치료가 가능하죠. 두 번째는 굉장히 다양한 기구를 쓴다는 거예요. 그것을 아주 재미있어하더라고요. 어린아이들이 공작 기구 만드는 것을 좋아하는 것처럼요. 정형외과에 그런 생각을 많이 접목시켜서 인기가 많은 것 같습니다. 세 번째로는 미국에서 여자 선생님들을 정형외과 의사로 만들려는 노력을 많이 합니다. 그래서 여자 레지던트가 많으면 병원에 지원을 더 많이 해주고, 그러니까 여자 선생님들도 정형외과를 선호하는 경향이 있습니다. 이제 우리나라도 여자 선생님들이 많이들 정형외과를 선택한다고 들었어요. 그런 면에서 좋아지지 않았나 하는 생각이 듭니다.

지 정형외과를 지망하려는 분들에게 해주실 말씀은 없으신가요?

김 정형외과는 굉장히 재미있는 과라고 생각합니다. 아주 다양한 의견이 존재하고, 그 속에서 자기의 치료가 남들과 달라질 수 있는 그런 과거든요. 그렇기 때문에 정형외과라는 학문을 사랑한다는 것은 정말로 행복한 일이에요. 그리고 과를 선택하고 나면 수많은 전공으로 나눠지거든요. 소아를 하는 사람, 척추를 하는 사람, 어깨를 하는 사람, 손을 하는 사람, 고관절을 하는 사람, 무릎을 하는 사람, 발목을 하는 사람, 이런 식으로 각각 나눠지기 때문에 그 안에서 통일성과 다양성이 한꺼번에 존재하는 과입니다. 수련을 하는 동안은 너무 분야가 많기 때문에 깊이 들어갈 시간이 많지 않지만, 펠로라는 시간에 깊이 들어가 보면 모든 분야에서 다양성이 있고, 남들하고 차별성이 있는 그런 과이기도 해요. 보람이 있는 과라고 저는 봅니다. 여러분들이 참여해서 세상을 이끌어나가는 이 학문을 우리나라 젊은 친구들이 많이 선택했으면 좋겠습니다.

: 바른 자세 교육과 체육 활동의 중요성

지   미국은 스포츠를 중시한다고 하셨죠. 청소년기 체육 활동의 중요성을 말씀하시면서 바른 자세 교육과 운동 역시 중요하다고 하셨고요. 그런데 지금은 체육 시간도 줄고 해서 학생들에게 척추 문제도 많이 생길 것 같습니다.

김   그게 안타깝죠. 제 이론은 아니고, 충남대 재활의학과 선생님 중에서 척추측만증에 대해서 공부를 많이 하신 분이 계십니다. 그 선생님 이론에 의하면 뼈가 자라는 것과 근육이 자라는 것이 속도가 좀 다르다고 합니다. 뼈가 먼저 자라고 근육이 거기에 적응을 해나가는 과정이 있는데, 그 과정에서 가장 중요한 것이 체육이라는 거죠. 그 과정이 일어나는 나이가 13세에서 16세 사이거든요. 남자아이들은 그보다 1, 2년 늦을 수 있고요. 그래서 이 과정을 겪을 때 스포츠를 통해서 밸런스를 맞춰줘야만 문제가 안 생긴다고 이야기를 하세요. 그런데 우리는 그 교육이 없기 때문에 골격의 성장에 따른 근육의 성장이 밸런스를 맞추지 못하고 그로 인해서 척추측만증이 심해질 수가 있다는 이론을 말씀하시는 것을 제가 들었습니다. 저는 그분 이론이 상당히 설득력이 있다고 봐요. 왜냐하면 어느 한 조사를 보면 우리나라의 척추측만증 발생 빈도가 외국의 열 배까지 높다는 논문이 있기 때문에, 그분의 해석은 그런 자료를 읽는 하나의 방법이 아니겠나 하는 생각이 들었습니다. 그래서 정말 중요한 것은, 그 나이 때 공부를 한 시간 더 하는 것보다는 기본적인 체력을 갖추는 일임을 꼭 말씀을 드리고 싶습니다. 공부는 나중에, 저는 대학 이후에 공부가 시작된다고 생각합니다만, 의과대학으로 말하자면 정형외과 공부는 의대를 졸업한 후에 본격적이 되거든요. 정말 본게임은 그때서야 시작되기 때문에, 그것을 위해 기본적인 체력, 논리, 해석 같은 능력을 기르는 것이 선행되어야 한다고 생각합니다. 한창 체력이 필요할 시기에 그걸 기르지 않는 것은 결국 국가적으로 봤을 때 크나큰 손실이 아닌가 싶습니다.

: 척추측만증을 조기에 발견하려면

지 가족 중에 척추측만증이 의심되면 가장 먼저 어떤 일을 해야 하나요?

김 보통 미국에서는 아이들 수업 시간에 이런 걸 합니다. 일어서서 앞으로 허리를 구부려보는 거예요. 등뼈가 똑같은 높이면 문제가 없는데, 한쪽이 올라가면, 대개는 오른쪽 견갑골 쪽이 올라가는데요, 그러면 척추가 휘어 있다는 뜻입니다. 그래서 몇 도가 돌아가 있는지를 재는 기계가 있습니다. 기계로 재서 7도가 넘어가면 의사들이 그때 엑스레이를 찍어보게 합니다. 그 전에는 굳이 방사선을 쬐일 필요가 없기 때문에 엑스레이까지 찍어보게는 안 하지만요. 그렇게 해서 서 있을 때 어깨의 높낮이가 다르거나, 앞으로 구부렸을 때 견갑골의 높낮이가 다르거나, 허리 부분의 높낮이가 다르면 얼마나 돌아 있는가, 각도를 재서 7도 이상이 되면 엑스레이를 찍어보는 게 좋아요. 성장이 일어나는 속도는 남자아이들은 정확하게 보기 어려운데, 여자아이들은 초경 전후에서 6개월이 가장 속도가 빠릅니다. 보통 측만증은 그때 진행됩니다. 그래서 그 시기, 초경 전후에서 6개월 동안에는 부모님들이 각별히 신경을 쓰셔야 합니다. 그때 문제가 없으면 대개 이후로도 문제가 없는데, 조금이라도 이상이 있으면 병원에서 검사를 해보는 것이 좋습니다. 초경 이후 2년 정도면 대부분 성장이 끝나요. 예를 들어서 중학교 1학년 때 초경이 시작되었다면 중3 때 성장이 끝나는 거죠. 성장이 끝난 다음에는 각도에 따라서 진행될 수가 있습니다. 각도가 50도가 넘어가게 되면 1년에 1도 정도 진행한다고 보고요. 30도가 넘지 않으면 진행이 되지 않는 거라고 알고 있습니다. 30도와 50도 사이에서는 1년에 한 번씩 엑스레이를 찍어보면 진행이 되는지 아닌지 알 수 있습니다. 그렇게 해서 전반적인 치료 방침을 정하죠.

지   많은 성취를 이루셨지만, 그래도 의사로서 목표가 있다면 어떤 건가요?

김   딱 하나예요. 환자를 만족시켜드리는 거죠. 그래서 치료를 할 수 있다면, 제가 치료에 참여해서 만족시켜드릴 수 있으면 좋을 것 같습니다. 치료가 안 되면, 그 안 되는 선에서 최선을 다해 환자에게 위로를 드리는 것이 제 마지막 바람이기도 합니다. 그리고 제가 알고 있는, 제가 가지고 있는 지식들이 후배들에게 공유되어서 제가 나중에 없더라도 저의 경험들이 치료 현장에 계속 남을 수 있었으면 합니다.

지 선생님께서 의사가 되고, 정형외과를 택한 이유가 형님 때문이시라고 들었습니다. 치료는 어떻게 되었나요?

김 형님은 안타깝게도 폐 기능이 10% 정도밖에 안 남아 있습니다. 저희가 척추측만증 같은 수술을 할 때 폐 기능이 30% 이상이면 합병증이 급격히 증가하는 것으로 되어 있고, 30%가 안 되면 수술을 꼭 해야 하느냐, 하지 말아야 하느냐의 갈림길에 서게 됩니다. 젊은 사람, 10대인데 30%라고 하면 모험이라도 시도해 볼 만하죠. 그런데 제 형님은 60대 중반이시기 때문에 10%인 지금 상황에서 시도를 한다는 것은 너무나 무모한 일이어서요. 그 대신 다른 나라의 비슷한 환자분들에 대해서 제가 할 수 있는 것을 한다면, 그것이 곧 제 형님을 돕는 일이라고 생각합니다.

지 계속 마음의 짐이 되기도 하고, 다른 사람들에게 베풀어야겠다는 동기부여가 되기도 하고 그러셨겠네요.

김 어찌 보면 세상이 공평하다는 생각이 들어요. 그런 형이 있기 때문에 제가 그런 마음이 들었던 거고, 그런 마음이 들었기 때문에 정말 저길 가야 하나 싶을 때 힘든데도 가야 한다고 생각해서 갔던 것 같아요. 그래서 갔기 때문에 얻은 지식 중 좋은 것이 있어서 나눌 수 있었고 그 때문에 감사하다는 생각이 들었습니다. 그래서 지내놓고 보니까 나의 어려운 점, 나의 어두운 점들이 결국은 나를 더 밝게 만들고 더 좋게 만들지 않았을까 싶은 거죠. 그런 과정이 제 인생을 좀 더 낫게 만들었다는 건데, 어찌 보면 내가 눈물을 흘렸던 것들이 결국은 내 기쁨이 되는 그것이 우리 삶이 아닌가 싶은 생각이 듭니다. 그 당시에는 왜 나한테만 이런 일이, 하는 생각을 많이 했거든요. 재수를 해보셨는지 모르겠지만,

레지던트를 네 번 떨어지고 나니까 (웃음) 이런저런 생각이 많이 들더라고요. 하지만 지내놓고 보니까, 그게 결국은 제가 사람이 되는 데 큰 도움이 되었죠. 제가 조금 나은 점이 있다면 그런 경험이 원동력이 되지 않았을까 싶습니다.

지   초반부에 말씀하셨던 것처럼 한국의 의료를 둘러싼 환경도 변한 것 같고, 한국 사회도 변한 것 같은데요. 다른 사람의 어려움을 돌보지 않는 사회가 되어가는 것 같기도 합니다. 이번에 파업을 하면서 의사는 의사대로 억울함을 이야기하고, 다른 국민들은 엘리트들이라고 노력한 만큼 보상받으려는 거 아니냐고 생각해서 갈등이 증폭되는 것 같습니다. 이런 상황에서 의사가 되려는 분들에게 해주고 싶으신 말씀이 있으신가요?

김   제가 생각하기에 의사는 기본적으로 남을 위해서 존재하는 사람들이거든요. 우리 사회에서 어찌 보면 가장 약자 중 하나가 아픈 사람이 아닌가 싶습니다. 가난한 사람도 있고, 아픈 사람도 있고, 가난하면서 아픈 사람도 있는데요, 아픈 사람을 치료하려는 마음은 우리가 말하는 '측은지심'에서 시작한다고 생각하거든요. 측은지심이 의사로서 기본적으로 가져야 할 마음이 아닐까 생각이 들어요. 여기 와서 제가 느끼는 것은, 아마 다른 나라에서 보기 어려운 점 중 하나인데요, 원칙 없이 지금 모든 분야에서 이런 일이 발생하는 게 아닌가 싶습니다. 하지만 그럼에도 불구하고 의사는 타인을 치료하기 위해 존재하는 직업이라고 생각합니다. 그래서 아픈 사람을 도와주는 마음이 의사의 가장 기본, 그러니까 아픈 사람에게 측은지심을 가지는 것이 의사의 기본적인 마음이 아닌가 해요. 그다음에 시스템 안에서, 아까 말씀드린 대로 고쳐야 할 제도가 있다면 서로가 합의를 해야 하지 않나 생각합니다. 정부는 정부대로 최선을 다했다고 하고, 의협은 의협대로 그렇다고 하는데, 국민들이 볼 때는 저쪽도 말이 안 되고, 이쪽도 말이 안 되는 것들이 있을 수 있거든요. 그런 식의 말이 나오기 전에, '저치와는 말이 안 돼. 그래서 말을 안 했어'라고 하기보다는 그럼에도 불구하고 이야기를 해야 하는, 서로 나눠서 하나의 길을 만들어가는 것이 해야 할 일이 아닌가 싶습니다. 학생들이 움직이는 것보다는 의사들을 대표하는 단체들이 그런 역할을 정부랑 잘 협의해서 사람들이 도움을 받는 나라가 됐으면 합니다.

지 나중에 팀을 만들어서 북한 주민들을 교육시키는 것이 꿈이라는 말씀도 하셨는데요.

김 그런 생각을 했습니다. 연변과기대 총장님을 하시다가 평양과기대 총장님을 하신 유명한 분이 계셨는데요, 나의 종교는 사랑이다, 그런 글을 쓰신 분입니다. 제가 미국에 있을 때 그분이 미국 하버드대학의 의료 분야 연구소 같은 곳에 오셨어요. 거기서 미국에 있는 한국 의사들을 불러서 의과대학을 만들려고 한다, 그런데 의과대학은 워낙 전공이 많기 때문에 굉장히 많은 도움이 필요하다고 하셨죠. 그때 제가 다른 나라는 많이 가봤는데 정말 북한은 못 갔구나, 이런 생각이 들었어요. 그래서 기회가 된다면 우리가 함께 가야 하지 않을까 싶었습니다. 그리고 이제 페이스북을 통해서 그와 관계있는 분들이 가끔 연락을 해오십니다. 김일성대학에 와서 강의해줄 수 있냐고 하시는 분들도 있어요. 미국 교포 중에서 북한에 왔다 갔다 하시는 분들도 있으니까요. 미국에는 북한에서 수술을 많이 하는 분들이 계시거든요. 우리나라

분들 중에 미국에서 활동하는 척추 전문의들의 단체인 KASS라는 협회가 있습니다. Korean American Spine Society인데, 그분들은 자주 갔었습니다. 그런데 오토 웜비어 씨 사건*때문에 미국에서 못 가게 하고 있어요. 그 전에는 매년 가서 수술을 하는 데 문제가 없었는데, 그 사건 이후로는 '북한에 가려면 유언장을 써놓고 가라' 이렇게 해서 중단이 되고, 아직까지 안 풀린 것으로 알고 있거든요. 그런 측면에서 다른 외국은 다 가는데 하물며 같은 민족끼리 치료를 못 하는 것은 좀 안타까운 일이 아닌가, 그런 것도 신경을 쓸 수 있다면 우리가 가야 될 길이 아닌가, 하는 생각을 하죠. 그러려면 지금처럼 복잡한 정치 공학이 다 해결이 되어야 하겠지만요.

지 개인적인 계획 같은 것은 없으신지요?

김 지금 계획으로는 저희 병원을, 외국에 안 나가도 될 정도로, 유수한 의료 선진국에서 찾아올 수준으로 만드는 것이 제 바람입니다.

지 독자분들에게 마지막으로 한 말씀 해주세요.

김 길게 보면 지금 부족했던 것, 지금 안타까웠던 것, 지금 서럽고 슬펐던 것이 결국은 자기를 강하게 해주고, 삶을 풍요롭게 만들어주는 것 같습니다. 그러니까 길게 보고 가는 것이 결국은 잘 사는 것이라는 말씀을 드리고 싶습니다.

---

* 미국 대학생 오토 웜비어가 2015년 북한을 방문했다 17개월 동안 억류되었던 사건. 2017년 혼수 상태로 미국으로 송환되었으나, 며칠 후 사망했다.

4.

사랑하는 것을 찾고 그 마음을 따라가라

김결희

BK성형외과 원장, 강동성심병원 임상 조교수,
국경없는의사회 활동가

강남에서 성형외과 진료를 하고, 강동성심병원 교수로 진료를 보면서 국경없는 의사회 활동가로 있는 김결희 원장을 만났다. 한국에서 두경부암 수술을 하던 중 앞으로 환자가 줄어들 수 있다는 위기감에 미국으로 건너가 의사 자격증을 다시 취득했고, 그 기술로 유방 재건술, 성형수술 등을 익혔다고 한다. LGBT 커뮤니티가 발달한 보스턴에서 성소수자들을 만나면서 성소수자 재건 수술을 접하게 됐다.

2014년 국경없는의사회 활동가가 되면서 아이티, 나이지리아, 가자 지구 세 곳의 현장에 다녀왔다. 에너지 넘치는 김결희 원장은 그동안 겪었던 여러 가지 경험들이 하나로 묶이면서 결실을 맺고 있는 과정이라고 했다. 독특해도 너무 독특한 의사 김결희의 밝은 에너지가 우리 사회를 좀 더 밝게 만들어줄 수 있겠다는 희망이 움트는 즐거운 인터뷰였다.

: 봉사 경험이 이어준 국경없는의사회

지승호
(이하 지)

국경없는의사회에 참여하게 된 계기가 있으신가요?

김결희
(이하 김)

사실 계기라면, 한국에서 의대를 졸업하고 레지던트 트레이닝도 다 하고, 성형외과 전문의 자격증도 따고, 대학 병원에서 교수로 있는데, 제가 가지고 있는 수술 기술이나 의학적 지식을 최첨단의 의료 환경에서 펼쳐보고 싶다는 생각을 했습니다. 그래서 미국 국가의사고시를 공부하고, 미국 보스턴의 하버드병원에서 진료를 하던 중이었어요. 그런데 병원이랑 콜롬비아랑 연계가 있어서 매년 교수, 레지던트들이 봉사를 가더라고요. 제가 지금은 국경없는의사회 활동가로 일하고 있지만, 사실은 의대 다닐 때나 중고등학교 때나 특별한 봉사 경험이 없었어요. 저한테는 그게 첫 봉사 경험이었죠. 최첨단의 의료 환경에서 진료를 해보고 싶다고 해서 미국에 갔는데, 미국에서 가게 된 봉사 활동을 통해서 '낙후된 지역에 오히려 나의 능력이 필요한 사람들이 많구나' 이런 것을 느꼈어요. 그래서 2014년도에 미국에 있는 국경없는의사회 사무소를 통해서 봉사자 지원을 했습니다.

: 첫 번째 미션 현장, 아이티

지

2016년 5월에 아이티로 첫 현장 방문을 하셨다고요. 현장에 바로 투입되지는 않았고, 2년 정도 시간이 걸리신 거네요.

김

국경없는의사회에는 채용 절차가 있고, 그 절차를 거치면 인력 풀이라는 것에 들어가게 됩니다. 그 이후에 자신이 스케줄이 될 때, 그리고 자신이 가지고 있는 기술이 국경없는의사회가 원하는 활동에 적합하면 그때 현장에 가게 되거든요. 저도 2014년도에 처음 인력풀에 등록이 됐지만, 미국에서도 계속 진료가 있고 다른 펠로십도 있고 해서 못 가다가 2016년에야 가게 됐습니다.

지   그때 어떤 생각이 드셨나요? 머릿속으로 생각하신 것하고 현장에서 직접 맞닥뜨렸을 때 느낌은 다른 면이 있었을 것 같은데요. '이게 뭐지?' 하는.(웃음)

김   국경없는의사회는 인력을 무조건 보내는 것이 아니에요. 브리핑이라고 해서 실제 파견 가기 전에 그 미션에 대한 많은 정보를 받습니다. 도착하면 어떤 환자들이 있고, 어떤 수술을 하게 되고, 실제 환경이 어떻고, 도와주는 사람들이 어떻고, 이런 브리핑을 받는 거죠. 그렇기 때문에 어느 정도는 준비를 할 수 있습니다. 하지만 퍼스트 미셔너, 처음 활동을 가는 사람들은 아무래도 여러 번 다녀온 사람들에 비해서 예상하지 못하는 어려운 점들을 많이 맞닥뜨리죠.

지   어떤 점들이 어려우셨나요?

김   저는 브리핑을 받았기 때문에 다른 면에서는 괜찮았어요. 다만 국경없는의사회에서 일하게 되면 먹는 것, 자는 것, 이런 환경적인 면에서 힘들 거라고 생각했는데, 실제로는 다르더라고요. 오히려 다국적 팀, 그러니까 유럽, 아시아, 북미, 남미 같은 여러 국가에서 온 다국적 배경을 가진 사람들과 의견을 맞춰가며 일하는 것 자체가 힘들더라고요. 아이티 미션 같은 경우는 총상이나 자상, 교통사고 환자분들에게 성형외과적으로 재건 수술을 해드리는데. 다른 과 선생님들하고 같이 일하는 경우가 많습니다. 한 수술장의 외과 의사는 그 수술 팀을 이끌어가는 그 배의 캡틴, 선장과 같은 역할을 하거든요. 그런데 그렇게 같이 수술을 하게 되면 그 수술장에 두 명의 선장이 생기는 거죠. 그러면 그 둘 사이의 조율이 매우 중요해집니다.

지 국경없는의사회에 성형외과 선생님은 한 분이라고 들었는데요. 재건 수술 같은 경우는 총상 등의 환자들이 많기 때문에 과부하가 걸릴 수도 있을 것 같습니다.

김 물론 지금 한국 사무소에서 일하고 있는 성형외과 의사는 저 하나지만, 전 세계적으로 보면 45,000명 정도의 활동가들이 있고 그 중에는 성형외과 의사들도 많이 있습니다. 미션을 가면 저 말고도 성형외과 의사가 있는 경우가 있고요. 그 지역의 의사, 간호사들이 많은 도움을 줍니다. 물론 아쉬운 점이죠. 성형외과는 의학 중에서도 뒤늦게 발생한 학문이거든요. 예전에 외과적 치료를 하고, 정형외과는 정형외과적으로 치료하다가 각 영역에서 치료하기 힘든 재건이 필요한 분야들이 떨어져나와서 생긴 분야가 성형외과예요. 그래서 이렇게 미션을 가는 개발도상국에서는 아직 성형외과 트레이닝이 안 된 경우가 굉장히 많습니다. 그럼에도 거기는 재건 수술이 굉장히 많이 요구되기 때문에 그 지역에 있는 외과 의사나 정형외과 의사들도 성형외과 수술을 보면서 굉장히 신기해하고 배우고 싶어 해요. 자신의 환자들을 위해서 필요한 기술들이니까요. 그래서 재미있게 같이 일했습니다.

: 두 번째 미션, 노마 프로젝트

지   그리고 같은 해 7월에 나이지리아로 가셨잖아요. 바로 가신 건가요?

김   그렇지는 않아요. 사실 나이지리아는 계획에 없었어요. 미션을 가기 전에 현장의 상황을 알려주는 브리핑의 과정이 있다고 했잖아요. 다녀오면 디브리핑의 과정이 있습니다. 그건 어떤 건가 하면 내가 활동을 갔다 왔더니 실제 거기에는 이런 것들이 필요하고 이런 것들이 개선이 되면 앞으로 그 지역 사람들에게 도움이 되겠다, 이렇게 피드백을 주는 과정입니다. 저도 아이티에서 한 달 정도 봉사를 하고 디브리핑을 하러 뉴욕 맨해튼 한가운데 있는 국경없는의사회 사무소에 갔죠. 사실 그때 더 힘들었던 것 같습니다. 왜냐하면 아무것도 없는 곳에서 한 달을 지내다가 갑자기 비행기를 타고 툭 떨어진 곳이 맨해튼인데, 환경이 다르잖아요. 모든 것이 투 머치고, 지나친 느낌, 사람도 너무 많고, 차도 너무 많고, 물건도 너무 많고, 아이티는 그에 비하면 아무것도 없는 거나 마찬가진데요. 국경없는의사회는 활동가들을 위해 건강, 보험 측면도 도움을 주지만, 정신적인 트라우마 상담도 해줘요. 그때 디브리핑을 할 때 제가 너무 기분이 이상하니까 상담하시는 분한테 '이렇게 느끼는 것이 정상인가요?' 하고 물어봤더니 활동을 처음 다녀온 퍼스트 미셔너가 아주 흔하게 겪는 현상이라고 하더라고요. 아무튼 그렇게 디브리핑을 하러 갔는데, 그 사무실에서 안면 재건을 할 수 있는 성형외과 의사가 급하게 필요한 미션이 있다고 하는 거예요. 그게 나이지리아의 노마 미션이었어요. 노마 프로젝트는 1년에 네 번, 국경없는의사회에서 수술 팀을 보내는 건데, 아마 그때 다음 달에 갈 팀에 속했던 성형외과 의사분이 집안에 무슨 일이 있어서 못 가게 됐던 것 같아요. 그런데 수술 팀은 성형외과 의사, 구강악안면외과 의사, 마취과 의사, 그렇게 의사 세 명이 한 팀으로 가게 되어 있습니다. 성형외과 의사가 못 가면 그 프로젝트는 불가능한 거니까 아주 급하게 찾는 상황이었죠. 그리고 저는 당시에 한국에 돌아갈 시간이 아직 조금 남아 있었습니다. 그래서 2주 정도 있다가 그다음 미션을 바로 갔습니다.

지   퍼스트 미셔너로 갔다가 트라우마나 생기거나 그래서 활동을 그만두시는 분들도 계신가요?

김   물론 그런 분들도 계시죠. 쉽지는 않거든요. 제가 아까 말씀드렸듯이 실제로 거기 가서 먹고 자고 그러는 게 힘들어서 그만두시는 분들은 많지 않아요. 오히려 너무 다른 진료 환경이 힘들죠. 한국과 달리 그쪽에 가면 사망 환자도 많고, 환자들의 환경도 좋지 않기 때문에 그것을 받아들이기가 좀 힘듭니다. 그런 마음적인 고통으로 인해서 첫 활동이 마지막 활동이 되는 경우가 아주 드물게 있습니다. 그런데 저는 괜찮았습니다. 그래서 바로 갈 수 있었고요.(웃음)

지   '노마병'이라는 것이 얼굴이 녹는 등 치료하기 어려운 병인데, 그쪽은 의료 환경이 좋지 않아서 고생을 많이 하셨을 것 같습니다.

김   제가 아까 말씀드렸듯이 국경없는의사회가 의사를 보낼 때는 무조건 보내는 것이 아니라 이 의사가 어떤 능력이 있는지 체크를 하고 보냅니다. 저도 그전에 국내에서 했던 수술 경험 덕분에 갈 수 있었던 거고요. 두경부종양, 그러니까 얼굴과 목에 암이 생길 수 있잖아요. 만약에 혀암이 생기면 혀를 제거해야 하는데 혀가 없으면 씹을 수 없고, 말할 수도 없고, 삼킬 수도 없으니까 다른 몸의 부위에서 조직을 가져와서 혀를 만들어 재건 수술을 합니다. 사실 노마의 재건 수술과 비슷해요. 왜냐하면 두경부암은 암을 제거하면서 결손이 생기는 거고, 노마는 염증으로 인해서 조직이 녹아내려서 결손이 있는 거거든요. 저는 두경부암 재건의 경험이 있었기 때문에 노마 프로젝트에 참여할 수 있었습니다. 실제로 노마는 예전에 중세 유럽에도 있었고, 우리나라를 비롯한 아시아권에서도 있었던 병이에요. 현재는 워낙에 의료 서비스를 잘 받을 수 있고, 또 위생이 좋아졌기 때문에 아프리카 사하라 남부 쪽에만 남은 병이거든요. 그래서 이제는 그 병을 치료하거나 관리할 수 있는 능력을 가진 의사도 그렇게 많지 않습니다. 실제로 노마 프로젝트에서 국경없는의사회가 하는 일 중 하나는 노마 병을 일으키는 균은 어떤 균인지, 어떤 항생제가 가장 효과가 있는지 수술적 치료는 어떻게 하는지 등의 연구입니다. 워낙 희귀하고, 치료를 할 수 있는 의사들도 별로 없거든요. 그리고 이렇게 노마 프로젝트에 한 번 다녀오면 노마 프로젝트 풀에 들어가게 됩니다. 경험이 있는 의사로서 다음에 다시 지원할 수 있는 거죠.

지 그런 여러 가지 병을 치료하기 위한 치료법도 찾고, 장비까지 마련해서 보내는 거네요.

김 실제로 가게 되면 제가 장비를 들고 가지는 않고요. 그래서 국경 없는의사회가 의사나 간호사, 이런 의료진 말고도 다른 인력들이 필요한 겁니다. 실제로 국경없는의사회 하면 간호사나 약사, 의사들 같은 의료진만 활동가가 될 수 있다고 생각하시는 분들이 많아요. 말씀하신 것같이 의료진이 가서 수술을 하려면 수술장도 있어야 하고, 위생 상태도 관리해야 하고, 필요한 수술 기구도 있어야 하고, 많은 스태프들이 일하기 때문에 행정가들도 필요하고요. 다른 직종에 계신 많은 분들도 국경없는의사회에서 일하고 계십니다. 그런 분들의 도움을 받아서 저희가 수술을 하고 있는 거죠.

: 세 번째 미션, 가자 지구

지   세 번째로 가신 곳이 이스라엘과 팔레스타인 분쟁 지역인 가자 지구지요? 굉장히 위험한 지역인데요. 2018년 10월이었나요?

김   맞아요. 제가 2016년도에 두 개의 미션을 마치고, 한국에 들어와서 진료를 하다가 2018년도에 가자 지구 미션을 갔습니다. 가자 지구는 세상에서 가장 큰 감옥이라고 하죠. 크기가 그렇게 크지는 않습니다. 너비가 한 6~7킬로미터, 길이가 41킬로미터 정도고, 띠 모양이라서 가자 필드라고 하는데, 이스라엘군이 담장을 쳐서 막아놓고 있어요. 사실 팔레스타인과 이스라엘을 비교하면 다윗과 골리앗이라고 얘기하거든요. 그래서 팔레스타인 사람들이 무력으로 대항할 방법은 별로 없고, 젊은 남성분들이 금요일이 되면 가자 지구에 있는 담으로 가서 시위를 합니다. 그러면 이스라엘군이 총을 쏘죠. 저도 그때 처음 알았던 것이 있어요. 시위하던 팔레스타인 청년들은 대부분 무릎 아래에 총상을 입습니다. 저격수가 치명상을 입힐 수 있는 머리나 가슴, 복부 이런 데를 맞히지 않고, 무릎 아래를 맞히는 거예요. 한 명을 사망시키는 대신 불구로 만들면 옆에서 두 사람이 부축을 해줘야 하잖아요. 하나의 총알로 더 큰 전력 손실을 일으킬 수 있기 때문에 그런 방법을 쓴다고 하더라고요. 그래서 가자 지구에 있는 한 달 동안은 정말 비슷한 수술을 계속했어요. 대부분이 무릎 아래 총상을 입은 젊은 남자 환자였습니다.

: 열린 마음과 타 문화의 존중이 필요해

지 아무래도 문화적 차이도 있을 것 같습니다. 교육을 미리 받으시겠지만, 실제 현장에서 그런 차이 때문에 소통이 잘 안 될 때 극복하기 위해서 어떤 방법을 쓰셨나요?

김 제가 국경없는의사회하고 일하는 것에 관심이 있는 분들에게 하는 채용 설명회에서 말씀드리는 것이 뭐냐 하면요, 오픈 마인드가 제일 중요하다예요. 왜냐하면 같은 언어를 쓰고, 같은 문화권에 있는 사람들 사이에서도 안 맞을 때가 있잖아요. 그런데 전혀 다른 문화권에서 모인 사람들 사이는 오죽하겠어요? 제가 가자 지구 미션에서 느낀 게 있어요. 가자 지구는 무슬림 국가니까 하루에 다섯 번 정도 기도를 합니다. 일단 새벽 다섯 시에 기도를 하는데, 그 기도 소리에 저도 덩달아 깨요. 숙소 바로 옆에 이슬람 사원이 있거든요. 문제는 어떤 상황이든 정해진 시간에 맞춰서 기도를 하는 거예요. 저희가 국경없는의사회의 병원에서 일을 하게 되면 저처럼 각국에서 파견된 의료진들도 있지만, 가자 지구 내에서 살고 있는 의사, 간호사분들과도 같이 일을 해요. 그런데 그분들은 종교가 무슬림이니까 정해진 시간에 기도를 해야 하잖아요. 우리는 수술 스케줄이 있고, 환자는 기다리고 있는데, 회복실 옆에 담요를 깔고 벽을 보면서 기도를 합니다. 기도를 하는 동안에 여자를 보면 안 되는데, 제가 여자니까 벽을 보면서 기도를 하는거예요. 제가 수술받는 사람이면 답답할 것 같아요.(웃음) 나는 수술을 받아야 하는데, 갑자기 아무도 일을 안 하고 기도를 하고 있으니까요. 그런데 그 문화는 그게 아주 당연한 거예요. 그래서 환자분들도 이해를 하더라고요. 저도 차차 이해가 되고, 한 달 동안 미션이 끝날 때쯤 되니까 이슬람 사원에서 들리는 기도 소리가 너무 듣기 좋더라고요. 마음이 평안해지는 느낌이 들어서 저도 적응이 되는 것을 느꼈습니다. 또 하나 재밌는 일화가 있어요. 노마 프로젝트를 했던 나이지리아도 무슬림이 많아요. 일부 다처제거든요. 저희가 노마 재건 수술을 할 때 어린아이들도 수술받지만, 변형을 가지고 오래 지내시다가 성인이 되어서 치료를 받는 경우도 있었어요. 어떤 남자분을 치료해드렸더니 너무 고맙다고 결혼을 하자고 하는 거예요.(웃음) 정말 고마움의 표시인 거죠. '고맙지만, 나는 한국으로 가야 되기 때문에 결혼을 못 하겠다'고 했는데, 나중에 알고 보니 제가 네 번째 와이프가 되는 거였더라고요. 그런 문화 차이도 있었죠.(웃음)

: 한 번도 안 간 사람은 있어도 한 번만 간 사람은 없다

지 '현장에 한 번도 안 간 사람은 있어도 한 번만 간 사람은 없다'고 하셨는데요, 현장에 중독되는 가장 큰 이유는 무엇인가요? 아까 드물게 한 번만 가는 사람도 있다고는 하셨지만요.(웃음)

김 그렇죠.(웃음) 아마 의사로서 느낄 수 있는 보람 때문에 그런 것 같아요. 한국에서 진료를 하다 보면 수술 결과에 만족하고 감사해하시는 분들도 있지만, 어떻게 보면 단지 우리의 일을 할 뿐인 거잖아요. 환자는 진료에 대한 비용을 내고, 저희는 거기에 맞는 의료 서비스를 제공하는 거죠. 그러다 보면 내가 한 사람의 인생에 얼마나 큰 영향을 미칠 수 있는지를 잊고 사는 경우가 있어요. 그런데 그렇게 현장에 가게 되면 의사로서 내가 가지고 있는 지식, 내가 가지고 있는 능력으로 사람들을 정말 많이 도와줄 수 있고, 그런 사람들이 고마워하는 것을 봤을 때 우리가 직업을 가짐으로써 느끼는 보람이나 즐거움을 얻을 수 있잖아요. 그래서 많은 분들이 미션을 다녀오시면 힘들고 일이 많은 걸 알면서도 또 가고 싶어 하시고 중독되시는 게 그런 이유에서 기인하지 않나 생각합니다.

지 그동안의 인터뷰에서 첫 번째 만났던 환자가 가장 기억에 남는다고 말씀하셨는데, 어떤 환자였나요?

김 아마 국경없는의사회 활동가분들은 누구나 다 첫 번째 환자는 기억할 것 같아요. 저도 2016년도에 아이티에서 만난 첫 환자를 잊을 수 없어요. 현장에 갈 땐 짐도 많이는 못 들고 가요. 아주 조그만 가방 하나만 들고 갈 수 있거든요. 한 달 살 수 있는 정도만 들고 갔죠. 숙소에 가방을 놓자마자 병원에 가야 된다고 하는 거예요. 응급 환자가 있다고. 그 환자가 어떤 환자였냐 하면 대퇴부 쪽에 총상을 입은 환자였는데요, 대퇴에 있는 큰 혈관이 총상으로 인해서 파열된 상태였어요. 그 혈관을 잇지 못하면 그 아래로 피가 안 통하기 때문에 절단을 해야 하는 그런 위급한 상황이었습니다. 저는 사실 성형외과 의사니까 사람의 목숨을 다루거나, 저의 수술 결과로 사람이 죽고, 살고, 이런 경우는 별로 없거든요. 하지만 그만큼 성형외과 영역에서 영향력 있는 것이 사지절단이 죠. 가능한 한 가장 막고 싶은 일이에요. 그분의 대퇴동맥을 미션 첫날 연결을 해드렸는데, 워낙 상처가 컸기 때문에 제 미션이 끝날 때까지 병원에 계셨어요. 매일 아침에 병원에 가서 그분 엄지 발가락을 눌러봤어요. 혈관이 잘 이어져서 피가 잘 통하면 다리 끝까지 피가 가는 것을 볼 수 있잖아요. 매일 그걸 확인하는 일로 하루를 시작했던 것이 제일 기억에 남습니다.

지   다른 기억에 남는 환자들도 있나요?

김   노마 프로젝트의 아이들이 가장 생각나죠. 워낙에 아이들이 빠르게 변해서 제가 있던 한 달 사이에도 급변했어요. 노마가 영양실조의 영향도 있고, 정신적으로도 영향을 주기 때문에, 아이들이 처음에는 너무 마르고 볼도 쏙 들어가 있고 어둡거든요. 그런데 수술을 받고, 노마 프로젝트에 포함된 정신과 전문 치료도 받으면서 아이들이 크게 변하는 모습을 보니까 정말 기뻤죠. 그 아이들이 기억에 남아요. 똑똑한 아이들은 이름도 기억을 해요. 저를 킴이라고 불렀어요.(웃음) 제 이름을 불러주고, 저도 아이 이름을 불러주고, 그런 아이들이 기억에 남습니다.

지   우리도 어려운 시절에 외국에서 봉사단이 와서 치료해주고 도와주던 때가 있었죠. 학업은 생각도 못 하다가 그렇게 도움을 받고 공부를 해서 의사가 된 사람처럼 인생이 바뀌는 경우가 있습니다. 선생님께 도움을 받은 아이들도 그 기억이 살면서 계속 생각날 텐데, 다시 볼 수 있는 확률이 매우 낮잖아요. 가자 지구에서 나오실 때도 아이들과 정이 많이 들었는데, 떠나면 다음을 기약하기가 어려운 게 무척 슬펐다고 하셨어요. 생명이 왔다 갔다 하는 현장이라 더 그러셨을 것 같습니다.

김　가자 지구는 특별하니까요. 저는 사실 아이티나 나이지리아를 떠나오면서는 별로 그런 생각이 안 들었어요. 물론 거기도 쉽게 갈 수 있는 곳은 아니지만, 내가 언제든지 마음만 먹으면 이 사람들을 다시 찾아볼 수 있을 것 같다는 생각이 들었거든요. 그런데 가자 지구는 느낌이 다르더라고요. 워낙에 이스라엘과 팔레스타인 사이의 국경이 엄중해서 국경을 넘나드는 것이 쉽지 않았습니다. 전신 수색에 가방 수색까지 철저하게 하니까 그곳을 나올 때는 이 사람들을 다시 볼 수 있을까, 이런 생각이 많이 들더라고요. 가자 지구에 있던 수술방 간호사 중 한 분이 자기 꿈이 성형외과 의사라고 했는데, 그 말이 아직 기억에 남아 있습니다. 제가 수술할 때 옆에서 열심히 도와줬거든요. 나중에 성형외과 국제 학회에서 만나자고도 했죠.

: 국경없는의사회 활동 전후의 변화

지　국경없는의사회에서 활동하시기 전과 그 이후에 스스로 가장 달라졌다고 생각되는 부분은 어떤 것이 있나요? 인생을 보는 시각도 좀 달라지셨을 것 같고, 워낙 특별한 경험이고 큰일이기 때문에 삶에 대한 가치관에서도 변화가 있었을 것 같습니다.

김　사실은 국경없는의사회와 일하면서 의사가 할 수 있는 일이 정말 적구나, 하는 것을 느꼈습니다. 왜냐하면 제가 수술하는 의사로서는 환자 한 명, 한 명만 좋아지게 할 수 있잖아요. 수술 한 번에 한 명만 나아질 수 있으니까요. 그런데 국제적인 활동을 하시는 분들이 저보다 더 대단한 게, 활동의 스케일이 다르거든요. 한 명 한 명이 아니라 더 큰 스케일로 많은 사람들의 인생을 바꿔놓는 거니까요. 더 의미가 있다는 생각이 듭니다. 그런데 제가 국경없는의사회 활동을 하면 가끔 그런 질문을 하시는 분들이 있어요. '실제로 가서 도와줘도 도와주는 것 같지 않고, 회의감만 느끼지 않냐?'라고요. 그런데 저는 제가 할 수 있는 일이 적다는 그런 회의감을 말하는 게 아니에요. 사실 미션을 마치고 돌아와서 변한 것이 있다면, 수술방에서만 환자를 돕는 것이 아니라 병원 밖에서 여러 단체를 통해 환자를 도와야 한다는 생각이 들었다는 겁니다. 제가 가슴 재건 수술을 하니까 유방암 환우 단체나 젊은 여성들의 유방암 정기검진을 독려하는 그런 단체를 통할 수 있겠죠. 아니면 제가 성소수자분들 수술을 하니까 그분들을 위한 인권 단체를 통할 수도 있고요. 저는 한 명 한 명 수술만 하지만, 그런 단체를 도움으로써 해당 환자군에게 도움을 주니 의미가 있다고 생각합니다. 그게 저를 변화시킨 것 같아요. 국경없는의사회와 일하면서 단지 수술적으로 환자를 돕는 것이 아니라 더 큰 시야로 환자분들을 보게 되었고, 환자군을 돕는 사회 활동을 더 열심히 하게 됐다는 것, 그게 변화라면 변화인 것 같습니다.

: 성형외과의 늦은 발달과 발전 가능성

지　처음에 성형외과 의사를 선택한 이유는 뭐였나요?

김　돈을 잘 벌 줄 알았어요.(웃음)

지　하하하.

김　저는 그런 이유로 성형외과를 지원했습니다. 제가 공부를 잘했거든요. 그래서 지원을 할 수 있었죠. 올해 레지던트 지원자 현황을 보니까 가장 인기가 많은 것이 재활의학과, 피부과, 성형외과더라고요. 성형외과는 아직도 인기가 많은 것 같아요. 제가 성형외과를 하면서 느낀 성형외과의 매력은 아까 말씀드렸듯이, 다른 분야에 비해서 조금 늦게 발달한 분야이기 때문에 아직도 굉장히 많이 발전하고, 계속 발전하고 변화하는 학문이라는 점입니다. 우리가 쌍꺼풀 수술을 생각해도 수술하는 방법이 정말 많잖아요. 여러 방법이 있는데, 하나의 스탠다드, 이것을 하면 모든 것이 다 좋아져, 이런 정해진 최고의 방법이 없기 때문에 여러 가지 방법이 개발되고 있는 거거든요. 성형외과는 아직도 발전하는 학문이기 때문에 창조력을 요구하고, 지속적인 자기 개발이 필요해요. 제가 가지고 있는 에너지가 그런 학문이랑 잘 맞는 것 같습니다. 그래서 좋고요. 또 하나는 성형외과는 전신을 다 수술한다는 점이죠. 인체의 어느 부분이든지, 복잡한 상처가 있으면 다 성형외과를 요구하기 때문에요. 그런 면에서 아주 좋습니다. 저는 마음에 들어요.(웃음)

지　성형 하면 미용 성형을 많이 생각하는데, 재건 쪽에 관심을 가진 이유는 앞으로의 발전 가능성을 보신 건가요?

김 성형외과는 사실 두 가지 분야로 나뉘죠. 미용 성형, 실제로 인체의 어떤 부분을 심미적으로 아름답게 만드는 거고요. 그리고 제가 국경없는의사회와 일하듯이 외상, 아니면 암, 사고 이런 것으로 인해서 인체 일부분의 기능이 상실되고 변형되었을 때 모양을 다시 만들어주고 기능을 할 수 있게 해주는 것이 재건 성형이거든요. 제가 한국에서 두경부암 재건을 했다고 했잖아요. 그걸 하려면 미세수술이라는 기술이 필요해요. 현미경을 보고 혈관을 잇는 수술을 해야 하는데, 그 혈관이 1밀리미터, 2밀리미터 정도로 아주 가늘어요. 그 혈관을 꿰매려면 혈관보다 얇은 실로 해야겠죠? 머리카락보다 더 얇은 실로 꿰매는 아주 미세한 기술이 필요합니다. 한국에서 이 수술을 하다가 이 능력으로 뭘 할 수 있을까를 생각했습니다. 두경부암은 점점 발생률이 떨어지거든요. 수술을 필요로 하시는 분들이 점점 없어지겠죠. 그래서 미세수술 기술을 필요로 하는 유방 재건 수술을 하러 미국에 간 거죠. 거기 가서 유방 재건을 하다 보니까 한국하고 미국의 유방 재건이 너무 다른 거예요. 미국 같으면 한쪽의 유방에 유방암이 생기면 제거하고, 다른 쪽에 유방암 조직이 있는지, 평생을 다른 쪽에 유방암이 생기는지 걱정하고 살기보다 차라리 양쪽을 다 절제하고, 양쪽을 다 재건해요. 우리나라분들은 아직 그렇게 큰 수술을 하는 것에 두려움이 좀 있으셔서 암이 있는 부분은 재건을 하더라도 다른 부분은 자기 가슴을 가지고 싶어 하세요. 그러면 사실 한쪽은 재건 수술을 하고, 한쪽은 미용 수술을 해야 되는 거죠. 저는 미국에서 미용 펠로를 했는데, 유방 재건을 더 잘하기 위해서는 미용 유방 수술이 필요하기 때문에 그것을 배운 거예요. 그런데 제가 있던 보스턴 같은 경우 굉장히 LGBT 커뮤니티가 커요. 그러니까 자연스럽게 성소수자 진료를 하게 됐고, 한국에 돌아와서도 성소수자 진료를 하게 된 겁니다. 이렇게 가슴 수술을 하다 보니 환자분들이 성기 재건을 원하시는 거예요. 근데 성기 재건이 미세수술을 필요로 해요. 제가 가지고 있는 기술을 필요로 하는 거죠. 아주 예전부터 심어놓았던 씨들이 자라 자기네들끼리 연결을 맺으면서 뭔가가 될 것 같지 않나요? (웃음)

: 트랜스젠더 수술에서의 협업

지 그런 것 같습니다.(웃음) 트랜스젠더 수술만 해도 한국이 기술적인 부분이 부족한 것이 아니라 문화적으로 터부시되는 부분이 있어서 잘 안 하고 있는 것으로 알고 있습니다.

김 한국 성형외과 의사들의 기술은 최고지만 문화적인 문제가 있죠. 그런데 더 중요한 사실이 있습니다. 트랜스젠더 수술이 단순하지 않고 복잡하거든요. 여러 과가 같이 일을 해야 합니다. 성형외과 의사뿐만 아니라 비뇨기과 의사, 산부인과 의사가 있어야 해요. 그 이전에 정신과 치료도 있어야 하고, 목소리 변형이 있어야 하니까 이비인후과 의사도 있어야 하고, 음성 치료자도 있어야 하죠. 팀으로 이루어져야 하는 복잡한 과정입니다. 그런데 그런 수고에 비해서 일단은 수요가 많지 않다고 생각하고, 그 정도의 자원을 투자해서 이 환자를 치료할 필요성을 못 느끼는 거죠. 쌍꺼풀이나 코 수술을 하는 것이 이윤적인 면에서 낫다고 생각하는 거예요. 요즘 저는 성소수자 진료를 하시는, LGBT에 우호적인 오픈 마인드의 의사분들을 모아서 통합적인 진료를 하고 싶은 것이 목표예요. 미국 같은 경우는 성소수자, LGBT 센터가 있어요. 그래서 지금 말씀드린 다각적인 과의 진료를 한곳에서 받을 수가 있는데요, 우리나라는 아직까지 그런 곳이 없습니다. 그래서 환자들이 호르몬 치료를 받으려고 여기 가서 '저 트랜스젠더예요' 하고, 수술을 받으려고 다시 다른 병원에 가서 또 검사를 받고 트랜스젠더인 것을 아웃팅해야 되는 일들이 발생하거든요. 그런 분들 같은 경우에는 호르몬 치료도 있고, 신체와 서류상의 성이 맞지 않기 때문에 일반적인 의료 서비스를 받는 데서도 굉장히 불편하죠. 그런데 LGBT 센터가 있으면 모든 진료를 한꺼번에 받을 수가 있겠죠. 기술적으로 한국에서 힘든 것은 아니고, 지금까지 하지 않았던 것뿐이고요. 또 다른 문제도 있습니다. 이전에는 태국을 많이 가셨는데, 코로나 때문에 그 길이 막혔잖아요. 사실은 지금 정말 선택지가 없는 상태입니다. 제가 선생님들을 모으다 보면 실제로 종교적인 신념 때문에 할 수 없다고 말씀하시는 선생님들도 계시지만, '의사는 봉사직이니 환자가 원하고 환자를 편하게 해줄 수 있다면 나의 종교나 신념과는 상관없이 그것을 하는 것이 의사가 할 일이다'라고 말씀하시는 분들도 계십니다. 하여튼 지금 쉽지는 않은 상황입니다.

지　환자가 없는 건 아무래도 한국에서 성전환 수술을 받아도 법적으로 성전환을 인정받기 힘든 이유도 있는 것 아닌가요?

김　아니에요. 요즘은 꼭 성기 전환을 안 해도 성전환이 가능한 경우가 아주 많습니다. 우리나라 법으로도 해당 성별로 자식을 생산할 수 있는 능력이 없어지면 성별을 변경할 수 있습니다. 여성 같은 경우 생물학적 여성으로 태어났을 경우 자궁 적출술이나 난소 적출술을 하시면, 남성 같은 경우는 고환 적출술을 하시면 반대 성의 성기를 재건하지 않아도 법적 호적 정정이 가능합니다. 사실 선진국에서는 그런 수술도 필요 없습니다. 자기가 자기 신체를 변화시키지 않아도 되는데요. 호적 정정을 위해서 아이러니한 상황이 되는 거죠.

지 N개의 성이라고 해서 열 명이 있으면 열 개의 성이 있다고 하니까요.

김 그렇죠.

지 꼭 성기를 가지고 구분할 수 없는 것 같습니다.

김 우리가 스펙트럼이라고 이야기를 하거든요. 이분법적으로 한쪽은 남자, 한쪽은 여자가 아니라 이쪽 끝에 아주 남성적인 남자가 있고, 이쪽 끝에 아주 여성적인 여자가 있으면 우리는 중간 어디쯤에 있다는 거죠. 저는 여성이지만 남성 쪽으로 많이 가 있는 것 같아요. 제 머리를 좀 보세요.(웃음)

: 성소수자 진료를 위한 의료 교육의 필요성

지 의사도 저런 헤어스타일이 가능하구나 하는 생각은 했습니다.(웃음) 아무래도 그런 사례들을 많이 보다 보면 '저런 삶이 있구나' 하고 생각할 수 있을 것 같습니다. 워쇼스키 감독이 형제에서 남매로 바뀌었다가 다시 자매가 됐잖아요. 유명한 사람들이 그럴 경우 일반인들이 그런 삶에 좀 더 익숙해지겠죠. 유방 재건도 배우 앤젤리나 졸리 같은 경우 양쪽을 다 제거하고, 같이 재건을 했다고 하셨잖아요. 한국은 좀 다르죠.

김   그런 노출이 필요해요. 왜냐하면 청소년 성소수자분들도 많으니까요. 청소년을 생각하면 질풍노도의 시기 그것만으로도 힘들잖아요. 성소수자들은 그것에 더해, 성정체성의 문제까지 있는 거예요. 그렇게 되면 당연히 학업에 집중하기가 힘들겠죠. 그게 이어져서 직장을 갖기 힘들어질 수도 있고, 그러면 경제적으로 어려워집니다. 또 그런 사람들을 보면서 청소년 성소수자분들이 '내 성정체성이 뭔가 뚜렷하고 이분법적인 성이 아니면 문제가 되나' 하면서 영향을 받고 악순환이 계속되는 거거든요. 일단 그런 노출이 많이 필요하고, 그다음 성정체성에 상관없이 워쇼스키 자매처럼 자기 분야에서 전문성을 가지고 성공할 수 있다는 모습을 보여주면 훨씬 더 편견 없이 받아들여질 수 있을 것 같아요. 또 하나, 제가 의사니까 의료진분들에게 부탁드리고 싶은 것이 있어요. 같이 일하는 마취과 선생님이 그런 이야기를 하셨어요. 제가 성소수자 환자분을 많이 보다 보니까, 그분도 같이 많이 보셨거든요. 그래서 '선생님. 어떠세요? 괜찮으세요? 종교나 이런 것 때문에 불편하지 않으세요?'라고 물었는데, '아니에요, 선생님. 너무 응원해요, 그분들을. 그런데 말을 못 하겠어요. 저는 응원하지만 제가 잘 모르니까 괜히 한마디 했다가 상처라도 주지 않을까 싶어서요'라고 하세요. 그래서 이야기를 못 한다는 거예요. 그런데 환자들은 의사가 무뚝뚝하면 불친절하다고 생각하잖아요. 사람들을 응원하는데도 불구하고 잘 모르기 때문에 이야기를 안 하게 되는 건데도요. 사실은 우리가 의대를 다닐 때 한 번도 성소수자를 어떻게 진료하는지를 배우지 않았어요. 소아과에 가면 처음에 하는 일이 뭐냐면 '아이는 작은 성인이 아니다'라고 배우는 거거든요. 성인한테 약 주는 것, 아이니까 반을 주고, 1/4을 주고 그런 것이 아니라 아주 다른 개체라는 겁니다. 그래서 소아과가 다르고, 노인과가 다른 거죠. 왜냐하면 소아, 노인 각 환자군마다 같은 증상으로 나타나도 생각해야 되는 질환의 경우가 다르고, 치료 방법이 다를 수 있기 때문이에요. 성소수자분들도 당연히 그 환자군에 맞는 치료가 있죠. 그에 대한 교육이 의료진에게 이루어져야 하는데 지금은 그게 없어요. 또 한 분은 응급의학과 선생님인데, 응급실에 성소수자분이 오셔서 진료를 보셨어요. 그 환자분을 보면서 자기 얼굴을 생각했대요. 내가 어색한 얼굴로 있지 않을까, 그게 걱정이 되신 거예요. 한 번도 그런 환자분들한테 가까이 가서 진료를 해본 적이 없으니까요. 의료진에 대한 그런 교육이 필요할 것 같습니다.

지 아까 말씀하신 것처럼 그런 사례들이 많으면 자연스럽게 받아들일 텐데, 사례를 거의 못 봤으니까 '내가 어떻게 해야 되지' 하는 생각을 하는 것 같습니다. '상처를 주지 않을까?' 하는 분들은 선하신 분들이고요. 종교적 신념을 가지고 그분들을 터부시하는 분들도 계시잖아요. 그 자체로 고쳐야 될 질병이라고 생각하고요.

김 그렇죠.

지 선생님 같은 분들 덕분에 앞으로는 트랜스젠더 수술이나 그분들에 대한 치료 환경이 나아지겠네요. 나중에는 보험 적용도 되고요.

김 그렇죠. 미국이나 북미권은 다 보험이 됩니다. 왜냐하면 이것을 이 사람이 선택해서 하는 미용 수술이 아니라 실제적으로 도와줘야 하는 질병으로 보기 때문에 보험이 적용되고 있어요. 우리나라도 그렇게 되지 않을까 싶습니다. 왜냐하면 유방 재건도 미국에 비해서 우리가 늦지만 보험이 적용되기 시작했잖아요.

: 보험 적용으로 높아진 즉시 재건 비율

지　블로그에 '미국에서는 유방암 절제술을 받은 환자의 약 41%가 유방 재건 수술을 받고 있으며 즉시 재건, 즉 유방 절제술과 동시에 유방 재건을 받는 환자들이 63%에 이르는 반면, 한국에서는 아직까지 22.75% 정도에 머무르고 있다'고 쓰셨는데요. 그게 2018년도 통계던데, 지금은 어떤가요?

김　올해 1월 달에 우리나라의 가장 큰 성형외과 학회지에 새로 통계가 발표됐더라고요. 사실 첫 번째 논문이에요. 2015년 우리나라에서도 유방 재건이 건강보험이 되기 시작하면서 건강보험공단에서 제공한 2018년까지의 데이터를 가지고 만든 건데, 결과적으로 지금은 미국보다 높습니다. 미국은 41%라고 했는데, 건강보험공단에서 제공한 자료에 따르면 우리나라는 53.4%였습니다.

지　변화의 이유는 뭔가요?

김　보험이죠. 예전에는 엄청 비쌌어요. 보험이 안 돼서 다른 미용 수술과 마찬가지로 내 주머니에서 나와야 하는 거니까 부담스러웠던 거예요. 제가 쓴 2018년도 자료는 잘못된 거죠. 크게 높아졌습니다. 그리고 그 전에는 실제적인 데이터, 정확한 데이터가 없었다고 봐야죠.

: 국경없는의사회 활동과 자격 조건

지 '국경없는의사회에 동료 의사들의 동참이 필요하다'는 이야기도 많이 하셨어요. 참여를 독려하는 말씀 좀 해주세요.

김 저는 국경없는의사회 일을 하고 있지만, 많은 의사분들이 다양한 방법으로 봉사를 많이 하세요. 성형외과 의사분들도 소그룹 모임을 만들어 동남아시아 쪽 구순구개열(흔히 언청이라고 하죠) 환자들을 도우러 봉사도 나가세요. 구순구개열 수술에 성형외과 기술이 필요하거든요. 굉장히 관심이 많으십니다. 제가 국경없는의사회에 있으니까 항상 저한테 물어보세요. '지원 절차는 어떻게 돼요? 병원은 어떻게 하고 가세요?' 이렇게 물어보는데요. 제가 봤을 때 가장 큰 문제는 병원이에요. 의사라는 직업이 지속적으로 환자를 봐야 하는 상황이잖아요. 수술하고 금방 떠나버리면 안 되고, 경과를 봐야 하거든요. 직장을 어떻게 하느냐의 문제가 사실 의사들한테는 가장 힘든 문제예요. 어떻게 해결해야 될까요?(웃음) 저는 아직 봉직의로 일하기 때문에, 제가 2018년도에 다녀온 것은 그전 병원을 그만두고 직장을 옮길 때 였어요. 이번 병원 대표 원장님은 2년에 한 번씩 가라고 허락을 해주셨어요. 물론 무급이지만.(웃음)

지 가보고 싶은 현장은 있으신가요? 놀러가는 것은 아니지만요.(웃음)

김 일단 활동가들은 지역을 선택하지 못해요. 각자가 가진 능력에 따라 필요한 현장에 매칭되어 가는 것이기 때문에 제가 어딜 가고 싶다고 해서 갈 수는 없습니다.

지 본인의 재능이 필요한 지역을 국경없는의사회에서 매칭해서……

김 그렇죠. 그런데 만약에 가고 싶은 현장을 택할 수 있다면, 많은데 요. 노마 수술이 안면 재건 수술인데, 한 번에 수술이 끝나지 않 아요. 서너 차례 수술을 해야 하고, 그 시간도 길어요. 왜냐하면 여러 번의 수술 사이에 간격이 있어야 하니까요. 그래서 제가 예 전에 1차 수술했던 친구들이 아직도 수술을 원하고 있을 수 있으 니 노마 프로젝트에 또 참여해보고 싶어요. 또 이번에 코로나로 인해서 못 갔던, 한 번도 경험해보지 않은 화상 환자가 많이 있다 는 라이베리아도 가보고 싶습니다.

지 참여 자격 조건은 어떻게 되나요? 하고 싶다고 다 할 수 있는 건 아닐 것 같습니다.

김 우리나라에서의 자격 조건을 정확하게 알려면 국경없는의사회 홈페이지에 가서서 채용 절차를 확인하시는 것이 가장 좋아요. 단기 과정에 대해서 말씀드리면, 일단 서류를 접수하고 그게 통 과되면 두 시간 정도 영어로 된 인터뷰를 진행합니다. 그 사람의 기술도 중요하지만 스트레스 대처 능력이 아주 중요하거든요. 그 걸 견딜 수 있는지 인터뷰도 하고, 인터뷰까지 통과하면 인력 풀 에 들어가고, 그 후에 자기가 가진 능력에 따라서 미션에 매칭이 됩니다. 의사 같은 경우는 2년의 전문 경험이 필요합니다. 수술 하는 의사니까 전문의를 따고 이후 2년간의 수술 경험이 필요한 거죠.

지 스트레스 대처 능력도 테스트를 하겠네요. 전쟁처럼 극한 상황에서 스 트레스를 못 견디면 본인만 힘든 것이 아니라 주변에까지 피해를 끼치게 되잖아요.

김 그렇죠. 보통 활동지에서 받는 스트레스는 이래요. 나이지리아 나 가자 지구 같은 경우에는 숙소 밖을 못 나갑니다. 격리되어 있어야 하는데요, 크지 않은 공간에 처음 보는 사람들하고 매일 부딪히고 내 일상생활을 노출하면서 사는 것에 대한 스트레스가 크거든요. 물론 창문 밖에서 폭탄이 터지고 하는 것도 있지만, 그런 스트레스 자체가 있어서요. 인터뷰할 때 '너는 스트레스를 받으면 뭘 하니' 해서 제가 피아노를 친다고 했더니 '피아노를 못 가져가는데 어떻게 할 거냐?'고 하더라고요.(웃음) 스트레스를 해소하는 방법은 다 다를 것 같아요. 사람들과 어울리며 스트레스를 푸는 사람도 있어요. 국경없는의사회 숙소에 가면 같은 활동가들하고 얘기를 나누고, 같이 공유하면서 스트레스를 푸는 사람들이 있거든요. 아니면 자기 혼자 명상하고 책 읽고 가만히 그렇게 있으면서 스트레스를 푸는 사람들도 있죠. 그래서 저는 국경없는의사회 숙소에서 지내면서 느꼈던 것이, 그런 걸 잘 이해를 해줘요. 으쌰으쌰하고 같이 즐길 때는 즐기고, 개인 시간이 필요할 것 같다고 하면 전혀 터치를 하지 않아요. 그런 문화가 있더라고요. 운동을 하시는 분도 계세요. 숙소가 좁아도 그 안을 뱅글뱅글 돌면서 열심히 운동을 하시는 거죠. 아무튼 제한된 공간, 그런 장소에서 스트레스를 풀 만한 본인만의 팁이 있다면 활동하는 데 도움이 되실 것 같습니다.

: 열악한 상황을 무릅쓰는 활동가들

지 죽음 역시 많이 접하게 되실 텐데. 생사관이 바뀌었다든가 하는 부분이
있나요?

김 그렇지는 않아요. 성형외과 의사라 제가 하는 수술들은 생사를
다루는 수술이 거의 아니거든요. 저희 국경없는의사회 활동가들
끼리 모임이 있거든요. 저는 항상 죄송해요. 다른 활동가분들한
테. 왜냐하면 성형외과 재건 수술은 그 사람의 외형을 바꿔서 그
사람이 잘 지낼 수 있게, 사회로 잘 돌아갈 수 있게 해주는 것이
에요. 활동지 자체가 다른 의사분들이 가는 곳보다 그래도 환경
이 낫습니다. 산부인과 선생님, 외과 선생님, 응급의학과 선생님
들이 가시는 곳은 저보다 훨씬 열악하죠. 산부인과 의사들은 어
떠냐 하면, 아기를 낳으면 아기를 가지고 있는 자궁이 커지잖아
요. 출산 후에는 그 큰 자궁이 근육수축을 해요. 그걸 해서 피가
멈추는 거거든요. 그런데 수축을 안 하는 경우에 아주 대량의 출
혈이 발생하면서 산모가 사망하는 경우가 있는데요, 한국에서라
면 당연히 산모를 살리기 위해서 자궁 절제 수술을 하게 되죠. 그
런데 그 지역의 문화상 '저는 자궁 절제 수술을 하느니 차라리 살
지 않겠습니다. 절대 절제 수술을 하지 말아주세요' 하는 분이 많
기 때문에 환자들이 그런 결정을 내리는 것을 보는 경우가 있어
요. 그걸 보는 산부인과 의사는 굉장히 충격이 크죠. 내가 살릴
수 있는 환자를 환자의 선택 때문에 못 살리게 되는 거니까요. 저
보다 다른 활동가분들이 더 많이 고생을 하시죠.

지 총상 재건 수술은 성형외과 의사만이 할 수 있다고 말씀하셨는데요, 다

른 과의 선생님들은 못하시는 건가요? 성형외과 선생님들이 특별히 잘하시는 건가요?

김 총상은 정형외과 선생님들과 같이 치료를 해요. 총상이 들어오는 입구는 굉장히 조그매요. 그런데 안에서 총상이 커지고, 총알이 나가는 출구는 굉장히 넓어요. 그렇게 되면 총상에 의해서 뼈가 부러지는 것이 아니라 분쇄되고, 또 연조직이 다 망가지게 됩니다. 부러진 뼈가 외부에 노출되는 상태가 되는 거죠. 가자 지구에서는 그런 경우가 너무 많아요. 정형외과 선생님들이 뼈는 맞췄어요. 그런데 부러진 뼈가 외부에 노출되는 거예요. 그러면 어떻게 되느냐, 뼈에 염증이 생기고, 골수염이 돼서 결국은 절단을 해야 하는 겁니다. 그런 일이 발생하기 전에 해야 하는 것이 절단된 뼈를 건강한 조직으로 덮어주는 겁니다. 그래야 염증이 조절되고, 그래야 뼈가 붙게 되거든요. 그런데 이런 건강한 조직으로 덮는 과정은 정형외과 선생님도 하실 수 있습니다. 하지만 조금 더 기능적이고, 조금 더 주변 조직에 손상이 덜 가고, 조금 더 건강한 조직으로 덮을 수 있는 성형외과적 지식이 있으면 훨씬 더 좋죠. 그래서 가자 지구에서는 항상 정형외과 선생님이랑 저랑 팀을 이루어서 같이 수술을 했습니다.

∶ 성소수자를 위한 전인적 진료 환경

지 어느 라디오 인터뷰에서 국경없는의사회 선생님들과 병원을 열고 싶은 원대한 꿈이 있다고 하셨는데요. 언제쯤 이루어질 것 같으세요?

김 안 이루어질 것 같아요.(웃음) 요즘은 꿈이 바뀌었어요. 제가 지금 진료를 어떻게 하고 있냐 하면 강남에 있는 BK성형외과 개인 병원에서 진료를 하고, 대학 병원인 강동성심병원에서 초빙교수로 진료를 하고 있습니다. 대학 병원에 간 이유는 여러 과의 협진이 필요한 진료, 가슴 재건, 성기 재건을 하기 위해서거든요. 그런데 이렇게 하는 것이 제가 한국 최초인 것 같습니다.(웃음) 왜냐하면 일단 우리나라 법률상 병원은 의사만 개업할 수 있고, 의사가 개업을 하면 자기는 그 병원에서만 진료를 해야 합니다. 제가 아직 봉직의기 때문에 두 군데서 일을 할 수 있는 거죠. 그래서 저는 지금 상황이 너무 좋더라고요. 왜냐하면 미용 진료도 하고 싶고, 재건 진료도 하고 싶은데, 양쪽에서 다 진료를 하고 있으니까요. 그리고 아까 말씀드렸듯이 성소수자분들을 위한 전인적인 진료가 가능한, 그런 진료 환경을 강동성심병원에서 만드는 것이 지금의 제 꿈으로 변했습니다. 국경없는의사회에 계신 선생님들하고 같이 일하고 싶은 꿈은 항상 있습니다. 그래서 앞으로는 제 주변에 계신 원장님들, 의사 선생님들, 교수님들을 제가 꼬드겨서 계속 같이 일하게 되면 좋을 것 같습니다.(웃음)

지 그런 전문적인 진료를 하는 데 걸림돌이 되는 것은 어떤 것이 있나요?

김 다행히 병원분들이 도와주시기로 하셨는데, 아까 말씀드렸듯이 의료진의 개인적인 종교관 같은 문제로 좀 힘든 부분이 있어요. 또 하나의 문제는 굉장히 특수한 진료고 특별한 관심이 필요한데, 그만큼 환자는 많지 않아요. 내가 공부를 해야 될 것은 많고, 준비해야 될 것도 많은데, 시장은 크지 않기 때문에 어떻게 보면 효율적인 면에서 어려움이 있죠. 쌍꺼풀이나 코 수술을 하면 환자가 많고, 돈도 많이 벌 수 있고, 하려는 사람들도 많잖아요. 그런데 이건 좀 다른 문제거든요. 국경없는의사회에서 하는 일 중 하나가 액세스 캠페인이라는 것입니다. 약이라는 것이 사실은 필요성에 의해서만 개발되지는 않거든요. 만약에 그 병이 경제적으로 상황이 좋지 않은 나라의 아주 특수한 아주 작은 환자군만 가지고 있다, 그러면 제약 회사는 그 약을 개발할 필요가 없는 겁니다. 돈을 벌 수가 없잖아요. 많은 사람들이 필요로 하지 않으니까요. 그래서 국경없는의사회가 노벨상을 받으면서 그 상금으로 시작한 활동이 액세스 캠페인입니다. 이 약이 아주 적은 사람에게 도움이 되더라도, 큰 경제적인 이득이 없더라도 인류를 위해서 우리가 그 약을 개발하고, 또 그 약의 혜택을 손쉽게 받을 수 있게 도움을 주겠다, 그런 의미인 거죠.

: 성형외과 의사로서의 보람과 덕목

지 '다시 태어나도 성형외과 의사를 하겠다'고 하셨는데요. 그만큼 만족스럽다는 뜻인가요?

김 정말 만족스러워요.

지 어떤 점이 가장 만족스러우신가요?

김 물론 제가 성형외과 의사로서 재건 수술을 하기 때문에 국경없는 의사회와 같이 일을 하니 그쪽에서 보람도 있습니다. 많은 분들이 저한테 물어봐요. '국경없는의사회하고 일하다가 강남에서 갑자기 미용 수술을 하면 이상하지 않아요?'라고요. 그런데 저는 현장에서도 강남에서도 정말 같은 것을 느낍니다. 제가 며칠 전에 성형외과 전문의 선배님이랑 얘기를 하는데, 선배님이 그 말씀을 하시더라고요. 성형외과 의사는 칼을 든 정신과 의사다, 성형외과 의사가 진료를 하는 것은 외적인 측면 반, 그리고 사실 정신적인 측면 반이다. 미용 수술을 원하는 사람들 대부분이 배경적인 이벤트나 정신적인 이유가 있어요. 그것을 받고 나서 경과를 보러 오시는데, 그 전에는 걱정이 있고, 자신감이 없고 그랬던 환자의 표정이 밝게 변하는 것만 봐도 거기에서 저는 보람을 느껴요. 전쟁터에 가서 재건 수술을 해서 보람을 느끼는 것도 있지만, 미용 환자를 보면서도 보람을 느껴요. 그런 면이 저한테는 굉장히 잘 맞습니다. 성형외과 의사는 이런 면에서 휴머니즘이 있어야 될 것 같아요. 물론 새로운 수술을 익히고, 기술적인 면에서 재능이 있는 것도 중요하지만, 휴머니즘이라는 것이 결국 사람에 대해 관심을 가지고, 사람을 사랑하는 일이잖아요. 그렇게 치료하는 것이 성형외과 영역의 반이기 때문에 그런 면이 필요한 것 같습니다.

지 외모가 달라지는 것으로 인해 행복해하시는 분도 계신데요, 정도의 문제라 지나치게 수술에 의존해서 나중에 후회하시는 분들도 계시잖아요.

김 그렇죠.

지 그런 환자들은 성형수술에 대해서 어떤 태도를 취해야 할까요?

김 그런 유의 환자분들이 있죠. 특정 부위를 여러 차례 수술하신다든지 하는 경우도 있고요. 올바른 도덕관을 가진 의사라면 이야기를 해줘야죠. 이것은 의학적으로 봤을 때도 이루어질 수 없고 이루어봐야 가치가 없는 것에 집착하고 성형수술을 계속 받으시는 상태다, 그런 얘기를 해줘야죠. 그리고 사실 성형외과 의사가 상담할 때 그런 환자들을 거르는 것도 능력입니다. 그런 환자는 수술을 하면 결국 문제가 생기거든요.

지 성형외과는 상담이 굉장히 중요하다고 말씀하셨죠. 환자분들은 보통 서너 군데 이상 가서 이야기를 해보고 '이 사람이 왠지 나한테 맞을 것 같다'고 생각하면 병원을 택하니 이 병원이면 안심할 수 있겠다는 설득을 해야 하는데, 선생님만의 상담 노하우가 있으신가요?

김 조금 전에 말씀드렸듯이 인간에 대한 관심과 진심이 있어야 할 것 같아요. 저는 상담하러 갈 때 리프레싱을 하려고 합니다. 왜냐하면 환자한테는 처음 받는 수술이고, 처음 받는 성형일 수 있는데, 저는 늘 하는 수술이니까 똑같은 이야기의 반복일 수가 있거든요. 내가 매너리즘에 빠지면 환자도 당연히 그걸 느낄 거라고요. 이 사람한테 정말 관심을 갖고, 이 사람에게 맞는 이야기를 해주려고 항상 노력을 하죠. 그러다 보면 환자는 자연스럽게 느끼게 되는 것 같아요. '이 사람은 똑같은 이야기를 하는 것이 아니라 나한테 관심이 있어서 내게 맞는 이야기를 해주려고 하는구나' 하고요.

: 의료 전반의 남성적 문화

지 성형외과가 보수적인 면이 있어서 여자 의사들에게 배타적이고, 남성적인 문화가 있다고도 하셨습니다.

김 성형외과뿐만 아니라 의사 세계가 그런 면이 있지 않나요? 의사분들 인터뷰를 많이 하니까 아실 것 같은데요, 의과 중에서도 수술하는 과는 여성들의 진입 장벽이 높은 것 같습니다. 왜냐하면 아무래도 체력적으로 힘들 것이다, 이런 생각 때문이죠. 사실 여성으로서 더 좋은 의료 서비스를 제공할 수 있는 경우도 많거든요. 대부분의 미용 성형 환자분들도 여성이고, 그럼으로 인해서 같이 공감할 수 있는 점도 많고요. 그런데 여자 의사가 많지 않아요. 저는 특히나 가슴 부위 수술을 하는데, 가슴 수술을 하면 여자 의사가 더 도움이 될 것 같잖아요. 같은 여성이고, 신체를 노출해야 하고 그러니까 여자 의사가 조금 더 편한 마음이 들 것 같은데, 가슴 성형을 하는 병원에 가면 남자 선생님들이 훨씬 많습니다. 그런데 또 환자분들이 '선생님, 저 여자 선생님한테 수술을 받고 싶어서 상담 왔어요' 그러면 싫어요. '내가 여자라서 찾아왔단 말이야. 내 실력 때문이 아니고' 이런 기분.(웃음) 그래서 결국 다 똑같은 것 같아요. 여자라서 단점도 있지만, 결국은 똑같이 겨루는 거죠. 실력 대 실력으로.

지　요즘은 의대에서도 여학생들의 성적이 좋고 하니까 비율이 높아질 것 같은데요.

김　저도 그렇게 생각했어요. 그래서 며칠 전에 수술하면서 레지던트 선생님에게 '선생님 요즘에는 여성, 남성 비율이 좀 어때요?' 물어봤는데요. 제 바로 뒤부터 드디어 반반이 됐는데, 지금은 또다시 20% 정도밖에 안 된다고 하더라고요. 해마다 다르기는 하겠지만요. 그래서 제가 여성 성형외과 모임을 추진하고 있어요. 저희들끼리 좀 뭉쳐야 할 것 같아서요. 미국 같은 경우 굉장히 잘되어 있거든요. 어떤 사회를 가든지, 여자들끼리 돕고 으쌰으쌰하는 이런 분위기가 있어요. 잘해봐야죠. 저희들끼리뿐만 아니라 성형수술 받으시는 환자분들을 위해서도 여성 성형외과 의사들이 어떤 목소리를 낼 수 있으면 도움이 될 것 같습니다.

지 성형외과를 지망하는 분들에게 해주고 싶은 말씀 있으신가요?

김 아까 그 이야기로 갈음할 수 있지 않을까요? 제가 국경없는의사회에 관심 있는 분에게 얘기하는 것이 몇 가지가 있는데요, 첫 번째는 유연성입니다. 이렇게 모든 것이 갖춰져 있는 한국의 의료 시스템에서 진료를 하는 것과 현장에 나가서 진료하는 것은 당연히 다를 수밖에 없습니다. 그런데 '내가 여기서 하는 방식이 맞아'라고 하면서 거기서 똑같이 하다 보면 당연히 좋은 결과를 얻기 힘들거든요. 그리고 지역이 다르기 때문에 문화적 차이도 있고요. 또 기술적 차이도 있기 때문에 항상 거기에 맞춰서 유연하게 바뀔 수 있는 것이 중요할 것 같아요. 언어를 걱정하시는 분들이 많습니다. 국경없는의사회는 영어나 프랑스어 둘 중 하나만 하실 수 있으면 되거든요. 채용 절차에서 인터뷰를 하면서 언어 능력이 다 평가가 되지만, 지내다 보면 꼭 언어 능력이 가장 중요한 건 아니더라고요. 언어 능력은 나의 의견을 피력할 수 있고, 다른 사람들과 조율을 해서 좋은 결과를 도출해낼 수 있는 그 정도의 능력이면 충분할 것 같고요. 성격이 제일 중요한 것 같습니다.

지 의사로서의 목표 같은 것이 있으신가요?

김 예전에 미국에 갈 때 제 꿈은 내가 그 병원의 주인이 될 필요는 없지만, 모든 영역의 가슴 수술을 다 할 수 있는 센터에서 일하고 싶다는 것이었습니다. 그래서 미용과 가슴 재건을 하고 성소수자 가슴 재건도 하게 된 거죠. 그에 더하면 성소수자 센터가 되지 않을까, 그러면서 계속 더해요.(웃음) 의사로서 수술을 할 뿐만 아니라 그런 환자분들을 돕는 사회 활동도 열심히 하는, 그래서 더 큰 스케일로 영향을 미칠 수 있는 사람이 되고 싶습니다. 그리고 국경없는의사회 활동도 열심히 할 겁니다. 꼭 다시 현장에 가야죠.

지 미국과 우리나라의 의료 환경의 가장 큰 차이는 어떤 게 있을까요?

김 저는 실제로 진료를 했거든요. 아시죠? 연수를 갔다고 하는데, 실제로 수술은 안 하고 오시는 분들도 많은데요, 저는 면허를 따고 실제로 수술을 하고, 환자를 봤죠. 아까 상담 스킬에 대해서 말씀하셨는데, 그게 사실 미국 상담 스킬을 배운 거죠. 미국은 어떠냐 하면 환자분들이 자기 머리로 모든 수술의 단계가 다 이해가 됐을 때 수술 결정을 합니다. 우리나라는 어떤가요? 이렇게 하는 게 맞아, 하고 방법에 대해서 설명을 하지 않죠. '너는 이걸로 하면 돼. 이게 나아. 이걸 할 거고, 좋게 나을 거야'라고 하는데, 저는 실제로 수술하는 방식에 대해서 설명을 합니다. 그런데 사람들은 수술, 특히나 아파서 받지 않는 성형수술에 대한 두려움은 더 큽니다. 사실 의학적으로는 필요 없는데, 자기가 선택해서 하는 거니까요. 두려움이라는 것은 자기가 모르는 것에 대한 두려움이거든요. 자기가 어느 정도 이해를 하고, 알게 되면 그 두려움은 훨씬 작아져요. 그렇게 환자분들을 이해시키려는 상담을 합니다. 왜 미국은 그렇게 상담을 할까, 생각을 해봤는데. 고소가 많아서 그런 것 같아요. 그래서 그걸 예방하기 위해서 의사들이 모든 절차를 꼼꼼히 설명하는 거죠. 우리나라는 그런 일이 드무니까 그렇지가 않아요. 고소를 막기 위해서라기보다는 그래야 환자들이 덜 불안해하시고, 그래야 상담 성공률이 더 높으니까 해야 하는 겁니다. 자기가 무슨 수술을 받는지 다 이해가 된 상태거든요.

: 유령 수술 근절을 위한 노력

지 한국에서는 의료사고에 대해서 의사들이 유리할 것이라는 생각을 가지신 분들도 많습니다. 성형외과에서는 유령 수술에 대한 의혹들도 있는데요.

김 유령 수술이 왜 생겨났느냐 하면, 의사는 돈을 벌 수 있는 직업이 아닙니다. 인류가 돈을 버는 방법은 근로소득, 자기가 실제로 노동을 해서 버는 것, 아니면 자본소득, 부동산을 가진다든지 땅을 사서 내버려뒀더니 값이 오른다든지의 두 가지가 있어요. 의사는 오직 노동으로만 돈을 벌 수 있는 직업이에요. 실제로 내가 환자를 보고, 환자를 만질 때만 수익이 발생하는 직업입니다. 사람의 인생은 정해져 있잖아요. 내가 일할 수 있는 시간도 하루에 여덟 시간 정도로 정해져 있어요. 그러니까 자기가 벌 수 있는 돈은 당연히 정해져 있는 겁니다. 그런데 이것을 뛰어넘으려는 시도가 유령 수술입니다. 돈을 주고 사람을 고용해서 그 사람의 시간을 사고 그 사람에게 수술을 시키는 거죠. 그러면 분신술처럼 내가 여러 명이 되니까 돈을 많이 벌 수 있게 되는 거고요. 내가 환자를 한 번 만질 수 있을 때 돈을 벌게 된다, 그 기본적인 것을 뛰어넘으려는 생각이 바로 유령 수술입니다.

지 성형수술에 대해 환자들에게 믿음을 주기 위해서라도 성형학회 전체 차원에서 해결해야 할 문제 같은데요.

김 열심히 하고 있습니다. 제가 대한성형외과의사회에도 있거든요. 할 일이 많아요.(웃음) 항상 노력을 하죠. 유령 수술은 당연히 근절이 되어야 되고, 실제로도 굉장히 많이 사라졌습니다. 그리고 의사 사회 내에서 저희끼리 이야기하는 것도 '아직도 그런 짓을 하는 데가 있나' 이런 반응이 굉장히 많아요.

지 안심하고 찾을 수 있는 병원을 고르는 방법에는 어떤 것이 있을까요?

김 글쎄요. 어떤 방법이 있을까요. 이건 좀 위험할 수 있고, 제 개인적인 의견인데요, 성형외과의사회에서는 사실 CCTV를 반대하지만 저는 CCTV 설치를 찬성합니다. 공유 못 할 이유가 없어요. 너무 징그러워서 환자분들이 볼 수 있을까 그게 걱정이죠. 사실 의사 입장에서는 자기가 당연히 수술을 하고 있고, 자기가 기준에 맞춰서 진료를 하고 있으면 공유 못 할 이유가 없다고 생각합니다. 저희 병원 같은 경우에는 CCTV를 공유하고 있거든요. 환자분들이 오시면 보여드립니다. 저는 가슴 성형을 주로 하니까, 실제로 보여달라고 하시는 분들이 많지는 않지만요.

지 문제가 생기지 않으면요.

김 수술을 하고 있는데, 다른 방에서 실시간으로 보는 거니까 요구하시는 경우가 많지는 않아요. 그런데 제 가슴 수술 환자 중에 남편이 엄청 반대한 분이 있었어요. 잘못되면 어떻게 하느냐, 왜 안 해도 되는 수술을 하냐고 했는데. 아내분이 하고 싶어 하셨어요. 그래서 남편분이 수술하는 장면을 실시간으로 다른 방에서 보겠다고 하셔서 보여드렸죠. 못 보여드릴 이유가 없죠. 정성으로 진료하고 있으니까 보여드릴 수 있는 거죠.

: 소셜미디어 활동을 통한 환자들과의 소통

지 특별하게 계획하고 계신 것이 있나요?

김 당분간은 강동성심병원에서 성소수자분들이 편하게 진료받을 수 있는 환경을 만드는 것이 하나의 계획이에요. 계획을 세운 것은 엄청 많죠. 의료진을 위한 성소수자 감수성을 키우기 위한 교육이라든가. 저희 병원 스태프들은 제가 정기적으로 교육을 하고 있거든요. 그런 교육 프로그램을 만들어볼까, 이런 생각도 하고 있어요. '쉼표'라고 청년 암 이후에 사회 복귀를 돕는 단체가 있는데, 제가 최근에 거기 대표이사를 하게 됐습니다.(웃음) 또 대한성형외과학회의 홍보이사도 맡았어요. 아까 작가님이 좋은 말씀을 해주셨잖아요. 그렇게 환자분들이 유령 수술을 불안해하니까 그것은 성형외과 단체 차원에서도 움직여야 되는 거 아닌가 싶어서 그런 일도 할 예정이에요. 그리고 제가 소셜미디어 활동을 열심히 합니다. 인스타그램도 하고, 유튜브도 하고 있는데요, 얼마나 열심히 하면 의사들이 저한테 강의를 해달라고 해요. 실제로 학회에서 강의도 하고 있습니다. 그런데 사실은 제가 소셜미디어 활동을 하는 것은 아까 말씀드린 그런 환자와 의사의 관계 변화를 기대하고 있기 때문이거든요. 우리가 예전에 성형외과 광고 하면 버스 의자 뒤에 성형외과 이름을 보고, 아니면 잡지에서 무슨 성형외과 이름이 나오면 '그 병원 잘하나 보다' 이렇게 갔었는데요, 더 이상은 그런 광고를 보고 환자들이 병원에 가지 않죠. 사람들은 점점 더 아주 직접적으로 경험한 것을 듣고 싶어 하는 경향이 있어요. 물건을 사면 무조건 후기를 찾아보잖아요. 정말 그걸 써본 사람들의 이야기를 들어보고 싶어 하는 거죠. 성형수술도 마찬가지로 요즘에는 성형 후기가 있잖아요. 성형수술을 한 사람 이야기를 듣고 싶어 한다는 거죠. 저는 이것도 변하리라고 봐요. 이미 미국 같은 경우에는 후기도 거짓 후기가 많거든요. 그 병원에서 좋다고 올려요. 더 이상 후기도 믿을 수 없는 거죠. 그러면 사람들은 더 날것, 진짜의 정보를 원하겠죠. 그러면 어디로 가겠습니까? 그 의사를 찾아볼 거예요. 그런데 그게 병원 홈페이지에 나와 있는 무슨 회원, 이런 직함이 아니에요 이 사람이 실제로 나의 일상을 노출하고 또 자기 직업관을 노출하는, 그런 것을 통해서 환자들은 점점 더 많은 정보를 얻을 것이고, 그것으로 병원을 선택하게 될 거라고 생각해요. 그런 것을 공유하는 거죠.

지 이 인터뷰를 보시는 독자분들에게 마지막으로 하실 말씀이 있다면요?

김 자기가 좋아하는 일을 찾고, 자기가 사랑하는 일을 찾고, 그것을 열심히 하다 보면 무언가는 이뤄진다는 말씀을 드리고 싶네요. 제가 미국에 갔던 것도, 국경없는의사회와 일하는 것도, 제 진료 방법을 바꾸면서 하는 것도, 제가 하고 싶고 재미있어서 하는 거거든요. 팔로 유어 하트, 자기의 마음에 따라서 좋아하고, 하고 싶은 것을 다 하다 보면 나중에 그게 연결이 되어서 뭔가가 이루어지는 것 같습니다.

5.

냉철함과
애틋함을 오가는
노래하는 의사

김창기

생각과마음의원 원장, 연세대학교 외래교수,
성균관대학교 외래교수

〈거리에서〉, 〈그날들〉, 〈시청 앞 지하철역에서〉, 〈널 사랑하겠어〉 등의 곡을 만들고 부른 그룹 '동물원' 출신의 노래하는 의사 김창기를 만났다. 『노래가 필요한 날 ― 나를 다독이는 음악 심리학』이라는 책에서 김창기는 자신을 이렇게 표현하고 있다. "낮에는 정신 건강을 돌보는 의사로, 밤에는 노래를 부르는 가수로, 냉철함과 애틋함을 오가며 사는 한 사람." 이번 인터뷰는 건축가 지망생에서 소아정신과 전문의가 된 계기, ADHD 아동을 자녀로 둔 부모들이 유의해야 할 점, 그리고 좋은 부모의 역할과 왕따와 같은 학교 폭력 문제, 자녀들과의 소통법 등에 대해 들어보는 시간이었다.

: 있는 그대로의 아이를 본다는 것

지승호 얼마 전부터 유튜브 채널에서 방송을 시작하셨는데, 어떠신가요?
(이하 지)

김창기 다른 강의를 하는 것과 큰 차이는 못 느끼겠고요. 보통 체계적으
(이하 김) 로 순서에 맞춰서 강의를 하는 편이에요. 대학원생이라든지, 전
공의분들에게요. 그런데 유튜브는 각자 원하는 질문들이 다르기
때문에 왔다 갔다 하느라 도움이 덜 될 것 같기도 하지만, 원하시
는 정보들을 그때그때 제공할 수 있게 체계가 흐트러져도 맞춰드
리려고 노력을 하고 있습니다. 도움이 됐으면 좋겠어요.

지 인구의 10~20% 정도가 ADHD를 앓고 있다고 들었습니다. 아이들에
게서 ADHD가 의심된다면 가장 중요하게 생각해야 할 것은 무엇인가
요? '애들이 다 그렇지' 하고 쉽게 넘어갈 수도 있고, 실제로 좀 그런 면
이 있기도 한 것 같습니다. 너무 민감해도 안 되고, 너무 무심해도 안 되
겠죠.

김 사실 '우리가 원하는 아이'가 아니라 '아이를 있는 그대로 봐야'
하는 것이죠. 그것도 우리가 필요하다고 생각하는 도움을 제공하
는 것이 아니라, 아이에게 현실적으로 필요한 도움을 제공해야
합니다. ADHD라는 것은 뇌의 충동과 집중력을 조절하는 부위
의 발달 지연이에요. 나중에 대부분은 다 좋아져요. 보통 사람들
의 뇌가 만 15세에서 17세 정도에 성인 뇌가 된다고 하면, ADHD
를 가진 아이들은 약 20~30세 정도로, 한 5년 내지는 그 이상 늦
게 큰다고 생각하시면 되는 거예요. 그런데 그동안 충동 조절이
나이에 걸맞게 되지 않고, 집중력이 유지되지 않기 때문에 학업
적으로 문제가 생깁니다. 또 충동적인 문제 때문에 어릴 적부터

자꾸 부정적인 피드백을 받게 되고, 혼나게 되고, 자화상이 일그러집니다. 이때 치료를 해야 하는 것이죠. 치료의 기준, 진단 기준은 다 행동적인 기준이기 때문에 코에 걸면 코걸이 같고, 귀에 걸면 귀걸이 같은 거예요. 제일 중요한 것은 생활 기능 수준 평가입니다. 71점에서 80점까지는 간헐적으로 문제가 있고, 간혹 충동적으로 행동을 하고 집중을 못한다고 해도 대부분의 경우 괜찮아지고요, 조금 휴식을 취하면 원래대로 되돌아오는 수준입니다. 그런데 60~70점 정도는 꾸준하게 충동 조절에 어려움이 있어서 자꾸만 혼나게 되죠. 학교에서 선생님한테 혼나고, 숙제도 30분이면 할 수 있는 것들을 세 시간씩 걸려서 매번 혼나게 되고, 늦게 자고 이러면 반복적인 문제로 갈등이 지속된다는 뜻 아니겠어요? 하지만 그래도 부모님은 현실을 인정하고 싶지 않고, 아이를 정신건강의학과적인 부분과 연결시키고 싶지도 않아 하죠. 낙인 효과 때문에. 그래서 어쩔 수 없을 때에야 치료를 받습니다. 도저히 우리 힘으로 안 되겠구나 할 때. 그런데 그 판단과 이해가 빠르면 아이가 부정적인 경험을 덜 하게 되고, 덜 힘들어지겠죠. 또한 부정적인 평가를 많이 받고, 혼나고 비교당하고 그러던 애들이 사춘기가 되면 엄마가 밀리기 시작합니다. 그때 가서는 치료를 하려고 해도 정신과 의사들도 해줄 수 있는 것이 없습니다. 환자가 '배 째라' 하고 치료를 안 받겠다고 하면 어떻게 하겠습니까? 상담하겠다고 와서 앉아서 '말해봐요' 한다고 무슨 도움을 줄 수 있겠어요. 도움을 주려고 노력하지만 힘들겠죠.

: 팬데믹 시대에 가장 힘든 양육자

지 ADHD가 아니더라도 코로나 시대에 어른들 같은 경우에는 스트레스를 받기도 하지만, 스트레스를 풀 방법도 있고, 수칙도 살짝 어기고 살지만 아이들은 다 지키고 살아야 하니까 굉장히 스트레스가 클 것 같습니다. 그러면서도 반항하기도 어렵겠죠.

김 그런가요? 반항하기 어렵다뇨. 애들이 얼마나 반항을 잘하는데요.(웃음) 지금 코로나 때문에 제일 힘든 것은 사실 엄마들이죠. 미치고 팔짝 뜁니다. 그동안은 '선생님 잘못 만나서 그렇지, 우리 애는 잘못이 없다'고 했었는데, 학교도 집으로 들어왔고, 식당도 집으로 들어왔고, 놀이터도 집으로 들어왔고, PC방도 집으로 들어왔고, 남편의 직장까지 집으로 들어왔으니 이게 무슨 난리입니까?(웃음) 그걸 다 엄마들이 해줘야 하고. 그동안은 떨어져서 마음 좀 가라앉히고 아이들을 돌볼 수 있는 평정심을 되찾을 수도 있었는데, 빼도 박도 못 하게 삼시세끼 계속 준비하면서 돌봐줘야 되니까 갈등이 더 심할 수밖에 없고, 아이들도 그러면 반항적이어지죠. 엄마들이 제일 힘들어요. 아이들은 오히려 학교를 안 가기 때문에 온라인 수업 켜놓고 딴짓하기도 하고, 학원도 못 가게 됐잖아요. 특히 학교 가기 싫어하는 아이들한테는 참 좋아졌죠. 자퇴하겠다고 하던 아이들도 다 자퇴 안 시키고 졸업시켰습니다. 코로나 덕분이죠.

지 어차피 학교에 안 가니까요. 선생님 병원에서 어머님들이 치료를 받으셔야겠네요.(웃음)

김 아이가 좋아지면 엄마들도 좋아지죠. 아이가 ADHD면 엄마들도 항우울제를 드시는 경우가 많아요. 사실 힘들거든요. ADHD 치료를 한다고 해도 약물 치료는 약물 효과가 있을 때뿐이에요. 밤까지 약물 효과가 있으면 잠을 못 자니까 한동안은 민낯을 봐야 한다는 거죠. 그러니까 보통 아이들처럼 얌전했다가 약 기운이 떨어지면 갑자기 야수가 되는 거예요. 그걸 견뎌내기가 참 힘들죠. 거기다 아빠는 퇴근해 와서 힘들어죽겠는데 애가 날뛴다고 뭐라고 하고요. 아이는 타고난 대로 날뛰게 해야 하는데, 그러면 부부 싸움이 일어나고, 엄마가 우울해져요. 그래서 항우울제를 드시는 경우도 있고, 또 이런 경우가 많아요. 저도 어렸을 적에 그랬고, 지금도 좀 그런데요, 보면은 엄마나 아빠가 성인 ADHD인 경우들이 있어요. 치료해드리면 굉장히 좋아하십니다. 그러면 그쪽에 평화가 오는 거죠. ADHD의 치료는 병을 치료하는 것이 아닙니다. 아이가 자신의 잠재력을 잘 발휘하고, 부정적인 자아상을 갖지 않고 사회에 잘 적응하고, 사회에 기여하는 어른으로 성장하게 만드는 거죠. 가족들이 화목하게 지내면서 서로가 서로에게 의지하고 신뢰하는 대상이 될 수 있도록 하는 것이지, 그 질환 자체를 치료하는 것이 아니에요. 할 수도 없어요. 시간이 지나가야 저절로 좋아지는 것이죠. 그러니까 아이를 있는 그대로 보고, 아이에게 필요한 것을 도와주자는 말입니다. 원론적인 이야기가 아니라요.

지　'아이들을 치료하는 것이 힘들지 않냐?'는 질문에 '아이들은 너무 좋은데, 엄마들이 힘들다'고 하셨잖아요.

김　그렇죠.(웃음) 엄마나 아빠랑 다 같이 치료해야 하는 상황이 있어요. 많은 경우가 이래요. ADHD를 가진 아빠들이 있어요. 아직까지 그런 성향이 남아 있고, ADHD를 겪으면서 감정적이어지면서 분노를 느끼고 고집이 세진 사람들이 있어요. 그런 사람들 옆에는 꼭 겁이 많고 강박적인 사람들이 붙게 되어 있고요. '오빠만 믿어.'(웃음) 추진력이 강해 보이고, 좋았겠죠. 좋을 때는 좋은데, 살다 보니까 고집쟁이고, 위험한 것도 꼭 하고, 자기 성질대로 해야 되는 사람이었던 거예요. 그런 사람들과 같이 살다 보면 아이까지 분노가 차죠. 그런데 특성이 강박적인 사람은 걱정이 많고, 이럴까 저럴까 결정을 못 해요. ADHD 치료에는 득과 실이 있습니다. 부작용이 있고, 효과가 있어요. 부작용 없이 효과만 주세요, 이러면 어떻게 할 수가 없는 거죠. 그래서 다른 병원에서 가져온 처방전들을 보면 의사들이 고민을 한 티가 많이 나요. 부작용 없이 어떻게 효과가 나타나겠어요? 어느 정도의 부작용은 감수해야 합니다. 그러려면 ADHD를 수긍해야 되는데, 수긍이 안 된다는 말이죠. 그러니까 '약 때문에 이런 것이 아닌가요?'라고 하세요. 계속 그런 이야기를 듣다 보면 제가 지치죠.(웃음) 그래서 힘들다고 하는 건데요, 그러다 보면 성의 없이 진료한다고 인터넷에 곧장 올려버려요. 그러면 큰일 나죠. 아이들은 잘해주면 금방 '히히' 하고, 병원에 오고 싶어 하고 좋아해요.(웃음)

： 인간을 이해하고 분석하는 매력

지 노래가 많이 필요한 시대 같은데요, 환자를 보실 때 음악을 진료에 이용하시는 경우도 있나요?

김 아니죠. 말하기도 바빠죽겠는데, 저를 찾아와 준 사람들이 내준 돈을 가지고 제가 취미생활을 해야겠습니까? 진료실 안에서. 말하기도 바쁜데, 음악을 들려주면 그건 사기 치는 거죠. 그리고 지금은 음악의 과잉 시대잖아요. 아무도 잘 안 들어요. 노래가 별로 필요하지 않아요.(웃음) 좋은 노래들이 필요하죠. 음악이 정신과적으로 필요할 때도 있죠. 그래도 사람이 더 중요해요. 내 편이 되어주고, 나를 이해해주고, 나를 격려해주고, 내 이야기를 들어주거나 좋은 이야기를 해줄 수 있는 사람이 필요합니다. 그런 사람이 옆에 없을 때 어쩔 수 없이 내 마음을 알아주는 것 같은, 내 마음과 닮은, 혹은 내 갈 길을 제시해주는 것 같은 아이돌들, 그런 음악들이 필요한 거죠. 사람의 대용입니다. 심리학 책이나 자기 계발서를 백 권 읽는다고 좋아지겠습니까? 다 성경, 불경에 나온 좋은 이야기들을 반복하고 있는 건데요. 하지만 그런 말을 해줄 수 있는 사람이 옆에 없을 때는 책이라도 보고, 영화라도 보고 해야겠지요.

지 학창 시절에는 건축 쪽 공부를 하고 싶으셨다고 들었는데요, 의대를 가겠다고 결심한 특별한 계기가 있으셨나요?

김 사실 건축은 잘 모르고, 저는 노래가 좋았어요. 폴 사이먼이 만든 노래 중에서 〈So Long, Frank Lloyd Wright〉라는 노래가 있어요. 메이저 세븐 코드, 메이저 나인 코드 왔다 갔다 하는 무지하게 멋있는 노래인데, 그때는 그런 것을 처음 들어보잖아요. 그런데 프랭크 로이드 라이트가 누구기에 나의 영웅이 송가를 썼을까 궁금했죠. 그때 저희 집에 브리태니커 백과사전이 있었어요. 그래서 찾아보니까 자연과 건축을 접목시켜 자연스러운 건축을 지향하는 굉장히 훌륭한 건축가였더라고요. 보니까 폴 사이먼도 그분을 만난 적이 없지만, 그 사람 작품을 흠모했던 거죠. 제가 노래도 잘 못하고, 가수가 될 가능성도 별로 없고, 노래를 만들어도 못 할 것 같고, 그때는 노래를 만들고 싶다는 생각도 못 했으니까요. '건축가가 돼볼까?' 해서 이과를 갔습니다. 그런데 하다 보니까 성적도 나오고 운도 좋았죠. 마침 그때 서머싯 몸의 『인간의 굴레』라는 소설을 읽었어요. 거기에 나오는 주인공이 소아마비고, 실연만 당하고 자신감 없고 그런 사람인데요, 지방에서 사람들을 도우면서 의사로서 살아가요. 그 모습을 보고 '나도 그렇게 살아갔으면 좋겠다' 싶었습니다. 그래서 의사를 생각하다 보니까 또 정신과 의사를 생각하게 된 거예요. 아, 이거 되게 멋있다, 인간을 이해하고 분석하고, 이거 해보고 싶다. 그래서 의대를 가서 정신과 의사가 됐는데요, 정신과 의사들은 다 '또라이'들이에요.(웃음) 어려운 의대 공부를 하고 나서 수익도 별로 안 되고, 치료 확률도 별로 높지 않고, 효율이 매우 떨어지는 정신과를 택하니까요. 자기만족이죠. 자기 병 치료고. 정신과 의사들은 양쪽 극단에서 보통으로 오려고 노력하다가 보통까지 오지 못하고 죽는 사람들입니다. 하지만 보통을 알기 때문에 자기를 닮은 사람들을 도와주는 데 있어서 피로감을 덜 느끼는 사람들이죠. 그래서 의대에 가게 됐습니다.

지 그중에서도 소아 쪽을 전공하게 된 이유가 있으신지요? 어떤 글을 보니까 '어린 시절에는 사랑받을 자격이 없다고 생각했다'는 표현도 하셨던데요.

김 대부분의 심적 불편감이 '내가 부족하다, 내가 못났다' 그런 쪽에서 시작하는 것 아니겠어요? 그래서 감정적인 비난을 많이 받고 자란 사람들은 '안 돼. 나는 그런 사람이야' 하면서 감정적인 사람이 되는 것이고, 냉정하고 우울한 쪽의 사람들은 저같이 풀이 죽어서 슬픈 사랑의 노래만 부르는 거죠.(웃음) 사실은 정신분석을 전공하러 유학을 갈 계획이었어요. 전문의가 된 다음에. 그래서 1년 동안 돈을 모아서 그 돈으로 정신분석을 배우러 2년 동안 나가려고 했는데요, 마침 IMF가 터졌죠. 그래서 제가 벌어놓은 돈이 6개월밖에 공부하지 못할 정도의 돈이 되어버렸어요. 그래서 좀 더 있다가 유학을 가야겠다고 생각했죠. 그때 마침 미국 일리노이대학의 노경선 선생님이라고, 소아청소년 정신학의 석학이신 분이 마지막 5년은 우리나라에서 후배들을 가르치고 싶다고 하셨습니다. 거기에 연구 강사 자리가 나서 '저요' 하고 들어갔죠. 왜냐하면 소아청소년 정신과의 기본이 인간의 발달을 배우는 거거든요. 정신분석과 비슷해요. 이거 배워놓으면 정신분석에 도움이 되겠다고 생각해서 가서 공부를 열심히 했습니다. 제가 맨날 인간 발달 과정에 대한 이야기를 하게 되는데요, 현상의 이유를 자꾸 이야기하면 재미가 없어지긴 하지만 그것들을 잘 배워놓으니까 탄탄해졌죠. 그런데 경제가 회복될 기미가 별로 안 보이고, 그때 선생님에게 배우고 있으니까 저도 할 수 있을 것 같아서 개업을 했습니다. 하다가 공부하러 가야지 했는데, 그러다 보니까 여기까지 왔어요.(웃음)

지 어른들보다 아픈 아이들을 보는 것이 마음이 더 아플 수 있을 것 같은데요, 기억에 남는 환자들이 많으시죠?

김 많지만, 말할 수는 없죠. 제가 연구 강사를 하면서 첫 번째로 담당했던 아이가 싸움을 매우 좋아하는 아이였어요. 정화 시설에도 갔다가 병원에 입원한 아이였습니다. 상담을 하면서 친해지려고 이런저런 이야기를 하는데 '선생님이 가수였다면서요?'하고 묻더라고요. '그냥. 옛날에' 그러니까 '나도 한번 해보고 싶어요' 해서 '기타를 쳐야지'하고 입원하고 있는 중에 낙원상가에 같이 가서 기타를 골라줬죠. 그런데 한 20년 후인가, 어느 날 갑자기 누가 왔어요. 멋있게 생긴 어른이. '저 기억 못 하시겠죠?'해서 '모르겠는데' 했는데, 그 아이였습니다. 유명한 기타리스트가 됐더라고요. 대학교수도 됐고. 내가 세계에 아주 작은 부분 하나는 기여했구나, 하는 생각이 들었습니다.

: 나는 정신과 의사라는 '직업인'

지   의사가 보수 집단이다 보니 '딴따라'로 취급받아서 불이익을 받은 적이 있다고 하셨어요.

김   그렇죠. 의과대학 다닐 때는 공부해야 될 놈이 학교 위신을 망친다고 했었죠. 의사가 무슨 딴따라냐면서요. 면접 보러 갔더니 '너 가수라며, 노래나 하고 나가라' 이러기도 했고요.(웃음) 그리고 계속 걸려요. 왜냐하면, 생각해보세요. 제가 환자로 어느 병원에 가려고 하는데, 거기 의사가 딴따라였어요. 이 사람 공부를 제대로 했을까, 그냥 방송이나 언론을 통해서 명성만 유지하고 있는 것은 아닐까, 의혹이 들 수는 있을 것 같고요, 최소한 첫 번째 선택은 아닐 것 같아요. 그래도 살아남았으니까 잘하고 있는 거겠죠.

지   그 말씀 이후에 '그러나 업으로 의사가 내게 맞는 것 같다'고 표현하셨어요. 의사 생활이 어떤 부분에서 잘 맞으시나요?

김 이런 게 있어요. 제가 아주 감명 깊게 본 다큐멘터리가 있는데요, 싸리 빗자루 명인이 나옵니다. 굉장한 자부심을 갖고 계시더라고요. 이 세상에서 나만큼 싸리 빗자루를 잘 만드는 사람은 없다. 요즘은 싸리 빗자루가 별로 필요 없으니까요. 하지만 잘했으니까 살아남았고, 명인까지 됐겠죠. 하다가 보니까 잘하게 되면 좋아집니다.(웃음) 그리고 잘한다고 칭찬받으면 더 기분이 좋아져요. 그러다 보면 더 잘하고 싶어지고, 그러다 보면 '이게 내 정체성이구나' 하는 생각이 들죠. 직장인들도 마찬가지 아니겠어요? 처음에 내가 인사과에서 뼈를 묻을지 누가 알았겠습니까? 하지만 인사과에서 잘하네, 능력이 있네 소리 들으면서 승진하고 칭찬받다 보면 이게 내 업이구나, 하고 자기 정체성이 생기는 것이죠. 저도 그렇게 다져진 것이죠. 득과 실을 따졌다면 성형외과나 그런 쪽으로 갔어야겠죠.(웃음) 의료인으로서 긍지를 느껴서 보람을 느껴서 이게 내 업인 것 같다, 그런 것도 있지만, 그것보다는 이 일에 익숙해져서 내가 잘하니까 또 이것으로 도움이 되니까 이 일이 '나한테 맞구나' 하는 쪽이 더 큽니다. 언제나 인간은 자기중심적이니까요.(웃음) 저는 대단히 성숙한 인간은 못 되어서 이타주의적인 면이 먼저 나오기보다는 제 문제의 해결이 먼저입니다.

지 일하시면서 제일 보람찼던 경험은 어떤 것이었나요?

김 제일 보람이 있는 것은 역시 힘들어하던 분들이 정신적인 안정과 자기 발전, 사회적 발전을 하게 되었을 때죠. 찾아와 주는 사람들도 있어요. 고맙다고. 그런데 그건 너무 부담스러워요. 본인이 한 거지, 제가 한 것은 아니잖아요. 저는 보조자였을 뿐이죠. 꽤 잘된 사람들도 있어서 속으로 씩 웃기도 합니다.(웃음) 사회적으로 잘 됐기 때문에 정서적인 내면은 잘 모르긴 하지만요.

지 반면 일을 해오시면서 제일 힘들었던 경우는 어떤 때인가요?

김 정신의학이라는 것이 치료 효율이 매우 떨어져요. 그래서 '내가 모르는 건가. 의학이 발전이 안 된 건가' 하는 사실을 늘 확인을 해야 하는데요, 내가 모르는 것이 더 많더라고요.(웃음) 또 하나는 성격장애자분들 중에서 경계선 인격 장애라고 하는 것이 있어요. 무섭죠. 치료하기도 힘들고. 그분들은 사실 굉장히 힘든 성장 과 정 때문에 정서적 지옥 속에서 살고 있는 분들입니다. 그분들 삶 에 의사들이 같이 동참해야 되기 때문에요. 모든 정신과 의사들 이 경계선 인격 장애라고 하면 두려워하죠. 하지만 어쩔 수 없이 누군가는 같이 가줘야 되고, 완화시켜줘야 합니다.

지 계속 말씀하셨던 부분이 치료가 어렵다는 것이었죠. 외부에서 보기에 정신건강의학과가 약물 쪽에 더 많이 의존하는 경향으로 가는 것 같기 도 하고요, AI가 나오면서 진단 부분을 의존하게 되지 않을까 하는 분석 도 있습니다.

김 그렇죠. 왜냐하면 제가 정신분석을 전공하고 상담을 하지만, 효 율이 많이 떨어지고 비싸요. 이제는 우후죽순으로 다 상담을 해 요. 그러면 상담에 대한 신뢰도가 더 떨어지죠. 한 번 쓴맛을 본 사람들은 잘 믿지 않거든요. 저를 찾아오실 때는 여러 군데를 거 친 다음이라 더 안 믿기도 하고요. 하지만 그래도 최후의 보루이 기 때문에 어쩔 수 없이 하는 거죠. 뇌에 대한 이해가 높아질수록 이야기를 꾸준하게 하면서 조금씩 조금씩 발전하는 것이 아니라,

이를테면 50년 후면 어디가 기능 부전, 기능 과다 하면 거기를 신경외과적으로 통제를 해주게 되겠죠. 그런데 약은 매우 효율적이지만 너무 광범위합니다. 뇌라는 것이 도파민, 세로토닌, 에피네프린, 벤조다이제핀 몇 가지 재료를 가지고 점점 발달이 되면서 여기도 쓰고, 저기도 쓰고 하는 거거든요. 음식을 생각하면 고춧가루, 된장, 마늘, 소금, 간장 이런 조미료로 된장찌개도 만들어내고, 부대찌개도 만들어내고, 아욱국도 끓이잖아요. 그런 식으로 여기서도 쓰이고 저기서도 쓰이기 때문에 구체적으로 특정 부위만 쓸 수 있는 약이 적죠. 그래서 나중에는 뇌로 로봇이 들어가서 해당 부분을 약간 강화시키거나 혹은 둔화시키거나, 심한 경우에는 조작을 하는 방법으로 치료하는 게 가능해질 겁니다. 하지만 대략 50년은 지나야 가능한 일일 것이고, 그 전까지는 하던 대로 하고 있어야겠죠.

: 정신건강의학과에 대한 뿌리 깊은 부정적 시각

지   선생님께서 처음 일을 시작하실 때와 지금을 비교했을 때, 가장 크게 변한 부분은 어떤 것이 있을까요?

김   이름이 바뀌었죠. 정신과에서 정신건강의학과로. 아무 의미도 없지만.(웃음) 싸우다가 결국에는 그렇게 됐는데요, 굳이 바꿀 필요 없고, 말만 길어진 그림이 됐죠. 정신과에 대한 부정적인 시각이 바뀌었다고 말하지만, 그렇지 않습니다. 정신과에 대한 부정적인 시각은 뿌리가 깊고, 어쩔 수 없이 오는 혐오 기관이죠. 어쩔 수 없이 필요해서 오는. 그다음에 다른 무엇보다도 공황장애라는,

이 공황장애는 사실 우리나라에서 굉장히 과잉 진단되고 있는 질환이거든요. 화병, 대부분의 공황 발작이 과다호흡증후군이에요. 화가 나서 혹은 두려워서 참지 못하면 호흡이 가빠지고 그러면 숨이 막히고, 산소 농도가 올라가기 때문에 마비되고, 공황 발작이 오게 되거든요. 그것을 그냥 간단하게 이해시켜줄 수 있는 공황장애라는 아주 훌륭한 진단명을 활성화시킨 거죠. 그쪽에서는 정신과적인 것이 많으니까요. 사실은 화병, 분노 조절이 문제가 있을 수도 있고, 우울증일 수도 있고, 성격적인 측면일 수도 있고, 쉽게 말하면 마음의 감기 같은 것입니다. 물론 인식이 바뀐 것은 언론의 덕이죠. 그 부분이 많이 순화되기는 했지만, 나머지는 크게 변한 것이 없어요. ADHD도 알려지면 알려질수록 그렇고요. 저는 절대 ADHD를 가진 아이들의 경우 선생님한테 ADHD가 있다는 이야기를 하지 말라고 해요.

지 선입견을 가질 수 있어서인가요?

김 그렇죠. 그 전까지는 잘 도와주겠다고 하다가도 문제가 생기면 학교가 학교를 보호해야 되잖아요. 그러면 애가 잘못된 거라고 하죠. 그렇기 때문에 조금이라도 달라지긴 해서 고맙지만, 아직 갈 길은 멉니다.

지 공황장애에 대해 말씀하셨는데요, 연예인들이 TV 같은 매체를 통해 공황장애를 앓고 있다고 말하기 시작하면서 사람들이 심각성을 깨닫게 됐지만 그런 부분에서 명과 암이 있다는 말씀이시네요. 사람들의 인식이 나아진 부분은 있지만…… 치료가 잘 안 되는 질환으로 알고 있습니다.

김 진정한 공황장애는 평생 약을 달고 살아야죠. 그런데 대부분의 경우에는 잘 치료됩니다.

지 일시적인 건가요?

김 공황 발작요. 그냥 공황장애는 중립적인 자극을 매우 위험한 자극으로 받아들이게 된 뇌의 결함이거든요. 그렇게 유전적 특성을 가진 사람들이 자꾸 스트레스를 받다가 보면 전선이 합선되듯이 잘못 연결되어서 신호를 잘못 파악하게 되는 질환입니다. 극히 드물죠. 하지만 공황 발작은 여러 질환에서 흔히 올 수 있습니다. 물론 그분들이 도움을 받을 수 있게 문턱을 낮춰준 연예인들에게 고맙죠.

: 왕따와 폭력의 드러남에 대하여

지 요즘 아이돌 가수들 사이에서 학교 폭력과 왕따 문제가 많이 불거졌는데요, 그로 인해서 정신적 문제를 겪고 있는 환자를 많이 보셨을 것 같습니다. 아이들이 아무래도 학교를 다니고 공부를 해야 할 시기에 다른 활동을 하다 보니까 자기들이 받는 스트레스를 같이 있는 동료들에게 풀고 그러면서 발생하는 일 같기도 합니다.

김 왕따와 폭력은 언제든지 있어왔고, 그것은 권력의 현상입니다. 그렇죠? 민주주의 권력이 아닌 독재적인 권력이 있는 곳에서는 어디서든지 나타나는 겁니다. 그것이 더 팽배해졌다? 그렇지는 않죠. 더 잘 밝혀지고 있는 겁니다. 인터넷의 발달을 통한 익명의 고발들도 많아졌고 법적으로도 발전되었으니까요. 성폭행이 이렇게 밝혀지게 됐잖아요. 권력을 가지면 다 감쌀 수 있거든요. 권력을 잃었을 때는 들키는 것이고, 혁명이 일어나게 되는 거고요. 그렇기 때문에 더 많아졌다기보다는 더 잘 드러나고 있다는 거고, 그만큼 민주화가 되고 있다는 의미 아닐까요? 독재적인 힘은 언제든지 폭력으로 향하게 되어 있잖아요.

지 어떻게 보면 말씀하신 것처럼 예전 같으면 안 밝혀질 것들이 밝혀지는 거군요.

김 예전에 제가 학교에 다닐 때는 길거리에서 '형한테 뭘 야려' 이러면서 곧장 한 대 날아오는 경우가 흔했죠. 동네 느티나무 밑에서 기타 한번 배우려고 하면 멀리서 교련복 입은 짱 형이 뭘 사 오라고 하고, 셔틀도 해야 되고 그랬잖아요. 선생님은 안 그러셨어요?(웃음)

지 예전에 승률이 낮았던 것이 지금 생각해보면 전화위복 같기도 하고요.(웃음) 잘못을 저지른 아이들을 단죄하는 것도 중요하지만, 그렇게 되지 않도록 기획사 차원에서 선생님 같은 분을 모시고 아이들을 잘 케어한다고 할까, 그런 과정이 필요할 것 같습니다.

김 그렇게 사원들의 복지를 위해주는, 그렇게 윤리적인 회사가 있을까요? 삼성도 그렇게는 안 하는 것 같은데요.(웃음)

지 일부 대형 기획사는 어느 정도 관리를 해준다고 하더라고요.(웃음)

김 죄송한 이야기입니다만, 아이돌 준비하는 사람들을 많이 봤지만, 다 제품이에요. 그렇기 때문에 잘한 사람이 아니라 회사에 득이 되는 사람들, 제품이 될 만한 사람들에게 힘을 실어주지요. 안 그럴 수 있으면 참 좋겠지만요. 남에 대해서 탓은 할 수 있지만, 내가 회사를 운영한다고 생각해보세요. 누군 잘 못하는데 누군 잘하면 잘하는 사람 칭찬하고 편들어주고, 못하는 애 꾸짖게 되겠죠. 그러면 잘하는 사람이 기세등등해져서 '똑바로 해' 하면서 자기들끼리 서열이 정해지는 것 아니겠어요? 학교 선생님들이 누굴 예뻐하거나 하면 서열이 정해지듯이요. 그렇기 때문에 너무 원론적으로 윤리적인 차원으로 들어가게 되면요, 잘되어야겠지만 그것까지 책임져라, 그것은 잘 모르겠습니다. 책임져줬으면 좋겠지만요.

지 어떻게 보면 사회 전체의 문제입니다.

김 그렇죠. 예를 들어 미투 같은 경우만 해도 권력이 있으면 어떻게 다 무마가 되더라고요. 잘만 하면. 그래도 크게 권력이 없는 사람들 사이에서는 그런 일들 덕에 '우리도 이렇게 피해를 안 받을 수 있구나'라는 것을 알게 돼서 고발을 하거나 치료를 받거나 그렇게 하는 경우가 많아졌죠. 그래서 고발이 되는 것은 좋지만, 또 너무 흑백으로만 가면 안 될 것 같습니다. 언제나 다 원인과 이유가 있고, 절대 악은 벌써 밝혀졌을 것이니까요.

지 너무 복잡하게 들어가는지는 모르겠지만, 학교 폭력 문제가 드러나기 시작한 것이 쌍둥이 배구 선수들이 계기가 됐는데요, 굉장히 유명한 또다른 선수들에 대한 폭로까지 계속 이어져 나오고 있습니다.

김 근데 한 번은 터져야 될 것이 터진 거죠. 미투가 터졌듯이. 하다가 보면 원하는 대로 잘 안 되기 때문에 힘의 균형이 맞춰지고, 정의의 균형이 맞춰지고, 법의 균형이 맞춰지는 것 아니겠습니까? 억울했던 사람들은 분명히 있죠. 저도 학교 짱한테 억울한 일들을 많이 당했는데요.

지 피해를 호소하는 분들은 수십 년이 지나도 잊을 수 없다고 하시는데요, 그런 분들은 어떻게 치유를 해야 되나요?

김 결국 그 정도를 따져서 본인의 삶을 살 수 없다고 하면 치료를 받아야겠죠. 그리고 두려움에 떨고 있고, 가해를 당한 어린아이에서 지금 이 시간으로 돌아와 자기 나이에 맞는 삶을 살게, 자기 나이에 맞는 기능을 할 수 있게 도와줘야죠. 그걸 못 하니까 계속 과거에 머물러 있는 것 아니겠습니까? 그만큼 그 가해가 심각했다는 것일 수 있고요. 혹은 '나의 불행의 원인 중 하나가 너다'라고 책임을 전가하는 문제일 수도 있고요. 그건 알 수가 없는 거죠.

지 그게 사실이든 아니든 본인은 그렇게 느끼고 괴롭다는 거니까요.

김 과거에 살지 않게 어떻게든지 해줘야죠.

: 초단기적 계획을 세우는 것부터

지 '미래의 나를 현재의 나와 다른 존재로 설정하는 것, 이것이 작심삼일의 진짜 이유'라고 말씀하신 적이 있습니다. 그러니까 의지도 꺾이고, 본인이 힘든 것이지 않습니까? 지금의 나와 미래의 나를 잘 맞춰서 살아야 하는데요. 그 차이가 크면 클수록 힘들어지는 거고요.

김 그렇죠. 그건 뇌 촬영을 하면서 밝혀진 거예요. 어떤 결심을 하고 계획을 세울 때 남을 생각하는 뇌가 활성화되더라는 거죠. 나를 생각할 때 활성화되는 뇌 부위가 활성화되게 계획을 짜는 사람들은 그 계획을 잘 실행에 옮기더라, 그런데 남을 생각하는 뇌가 활성화되는 계획을 짜는 사람들은 계획을 잘 못 세우더라는 거죠.(웃음) 내가 아닌 남이 되어 있는 상상을 하는 거예요. 그런데 나는 잘 안 바뀌거든요. 현실적으로 나를 잘 파악하고, 나한테 필요한 부분을 발전시키자, 씹을 수 있을 만큼만 깨어 물자 현실적으로 조금씩 조금씩 발전해야 하는 것이다, 초단기적인 목표를 자꾸 세워야만 발전할 수 있다는 겁니다.

지 자기 객관화를 잘해야 된다는 거네요.

김 그렇죠. 부모들에 의해서 심어진 과도한 기대치가 있거든요. 그게 내 머릿속에 들어와 있어서 그게 아니면 안 된다고 생각하는데요, 머릿속에 악마가 사는 거죠. 그러면 내 계획이라고 하지만, 사실은 부모님의 계획입니다. 부모님의 말도 안 되는 기준에 자꾸 맞추려고 하면 안 되죠. 나의 삶을 살아야 하는 겁니다.

지 부모의 역할을 많이 말씀하셨는데요, '좋은 아빠는 아이보다 엄마에게 잘해주는 사람'이라고도 하셨어요. 결혼해서 아이를 낳으면 아이가 중심이 되는 경우가 많고, 그게 좋기도 하지만 부담이 될 수도 있을 것 같습니다. 우리는 애정을 쏟았으니 그만큼 우리 기대를 충족시켜줬으면 좋겠다. 그러면 불화가 생길 수도 있고요.

김 그건 부모의 자기 희망이죠. 인간은 이렇게 많은 관심과 애정을 갖도록 발달이 되어 있지 않아요. 좀 떨어져 있어야 되는 것이죠. 말씀드린 대로 요즘 모계사회고, 엄마가 대장인 경우가 대부분이고요. 저희 집을 비롯해서요.(웃음) 그렇다면 엄마를 화나게 하지 말아야죠. 옛날에는 동네가 있어서 성질 급한 엄마가 부당하게 혼내려고 할 때는 아줌마들이 막아주고 그랬습니다. 아파트 문을 꽝 닫아버리면 잘못 걸리면 죽잖아요. 잘못 걸리지 않아도 최고의 권력자들은 언제나 힘을 과도하게 사용하게 되어 있고요. 부정적인 힘을 발휘하지 않게 엄마의 분노를 가라앉혀야 합니다. 엄마에게 기쁨을 줄 수 없다면 분노라도 가라앉혀주자는 거죠.(웃음)

지 분노하게 만들면 불이익이 오니까요.(웃음)

김 시어머니가 며느리 혼내면 며느리가 애들 때리는 거고, 애는 지나가는 개를 걷어차고, 개는 지나가는 사람에게 짖는 거잖아요.

지 가족 간의 불화로 인한 환자가 늘었다고 말씀하셨어요.

김 코로나 때문에 내재되어 있던 갈등이 표면화되고 심화되면서 정신과 환자들이 좀 늘었죠. 그런데 대부분 경우에서는 약자가 문제가 되어서 와요. 아이들, 부부 중에서 약한 쪽. 남편이 ADHD인 것 같아요, 남편이 중독자인 것 같아요. 아니면 아이가 문제가 있다고 해서 오게 되죠. 그러면 쭉 추적해서 전체적인 문제들을 파악해서 그걸 조율하려고 하는데요, 권력자는 힘을 잘 안 놓으려고 하고 자기의 왕국을 바꾸지 않으려고 하기 때문에 권력자의 신뢰를 사는 것이 굉장히 중요하죠. 그래서 당신이 이렇게 좀 변하고 양보를 해주면 당신에게 더 큰 득이 간다, 당신을 돕고 싶다는 말로 설득해야 합니다.

: 아동 학대 사건을 방지하기 위하여

지   요즘 아동 학대 사건이 계속 발생하고 있는데요. 어떻게 부모가 저럴 수 있나 하고 분노하게 되는 사건들이 많습니다. 어릴 때부터의 트라우마가 이어져서 그럴 수 있을 것 같기도 해요.

김   기질적인 것도 있을 겁니다. 과거에는 더 그랬을 거예요. 그만큼 학대의 상처를 안고 살아가는 어른들이 많고, 그 사람들이 또 그 악령을 계속 아래 세대에게 전파하고 있는 경우도 많죠.

지   물리적인 폭력의 강도는 예전이 더 심했겠지만, 세상이 이렇게 바뀌었는데도 그렇게 무자비하게 폭력을 행사한다는 것이······

김   견제의 눈이 없어서 그런 거죠. 아파트 문 딱 닫고 들어가면 끝이니까요. 그래서 공동체가 살아나야 되는 것입니다. 그동안 개인적 자유가 너무 없었기 때문에 개인주의 쪽으로 많이 흘러갔고 이제 개인주의의 폐해들이 보이기 시작하는 것 아니겠어요? 공동체와 균형을 맞춰야 하는 것이죠.

지   그러네요. 예전에는 때리는 광경을 다 보고 '부모가 그럴 수도 있지' 하다가도 너무 심하면 '어떻게 그럴 수가 있나?' 하고 말이 돌기도 했는데요, 지금은 문을 닫아버리면 끝이죠. 그런데 그걸 회복하는 것은 쉽지 않은 문제일 것 같습니다.

김   그러니까 동네의 모임들이 다시금 활성화되어야 하는 것이죠. 어쩔 수 없이 참여해야 하는 그런 모임이요. 그다음에 종교 집단들도 예배 장소로 절이나 교회만 가는 것이 아니라 집으로 들어와서 같이 움직여야죠. 지금은 그런 것들이 자꾸만 차단되고 있잖아요. 기독교만 해도 그 전까지는 같은 동네 교구에서 같이 돌아다니면서 같이 예배 보고, 이야기도 하고 그랬는데 개인주의적인 성향의 30~40대들이 자라면서 그런 연결들이 점점 약해졌어요. 다시 그런 것들이 부활이 되어야겠죠. 강요는 하지 않겠지만, 같이 연결되어서 서로 뒤를 봐주자, 나누자, 그런 시도들이 좀 생겨야 할 것 같습니다. 박정희 대통령 때처럼 함께 무조건 모여서 출석하고 그런 것이 아니라.(웃음) 세상이 좀 위험하잖아요. 아파트를 지을 때도 서로 딱딱 안 보이게 짓는 것이 아니라 예전 동네처럼 짓고요. 미국 같은 경우도 집들을 거리 앞으로 놓고 마당은 뒤에 놓잖아요. 자꾸 상호작용이 줄어들고 그러면서 서로 순환시키는, 혹은 서로 보호해주는 기능들이 적어지기 때문에 그런 식으로 만드는 거겠죠. 그것은 제가 사회학자나 정치학자가 아니니까 모르겠지만, 특정한 모임들, 예를 들어 학부모회 같은 것들이 활성화되고, 학교 내에서뿐만 아니라 친구의 집에 놀러가게 해주면서 나쁜 상황을 예방할 수 있겠죠. 아주 흔한 일은 아니지만요.

지 병원에서 아동 학대 징후가 있으면 신고를 해야 하죠. 선생님께도 학대 흔적이 있는 환자가 온 경우가 있나요?

김 그런 경우에 정신과는 잘 안 오죠. 정신과에는 싸우고 있기 때문에, 부모가 밀리기 때문에 옵니다.(웃음) 아동 학대는 소아과에서 많이 보겠죠. 옛날에 성폭력당한 아이들을 상담해주는 자원봉사를 했습니다. 그때가 한동안 아동 성폭력이 많이 밝혀지는 시기였기 때문에 여러 가지 국가적인 대책도 생겼는데, 그것을 악용하는 사람들도 생기더라고요.

지 선생님 글을 읽다 보면 소위 같은 동년배인 '386세대'에 대한 아쉬움을 많이 표현하셨어요. 적과 아군이 뚜렷한 시절이라 '내가 옳다' 하는 것이 너무 강하다 보니까 그 이후 세대와 불화를 일으키고 있는 것 같고, 선생님의 노래 성향과도 다른 부분에 대해서 답답해하시는 면도 있으신 것 같습니다.

김 답답하지만, 어른스럽게 살자는 말이 먹히는 사람들한테나, 들을 귀가 있는 사람들한테나 들리는 것이죠. 하지만 힘은 훅 빠지게 마련이고 힘으로 지탱했던 사람들은 금방 몰락합니다. 몇 명의 선례를 보면서 정신 차리자는 것이죠.(웃음) 남는 것은 가족밖에 없다, 가족과 몇 명의 진정한 친한 친구, 그 사람들을 잘 지키자, 그러려면 이타적이 되어야 한다, 가르치려고 들지 말고 이해하려고 들어야 한다는 거죠.

: 아이와의 소통은 미소를 짓는 것부터

지 아이들하고 잘 소통하는 법을 조언해주신다면요?

김 따뜻해야죠. 아이들을 보고 미소가 안 지어진다면 무엇이 문제인가 고민하고, 미소가 안 지어져도 소통하고 싶다고 한다면 억지 웃음이라도 지어야 합니다. 그다음에는 민감성이죠. 아이들이 보내주는 신호들을 봐야지, 내가 원하는 아이들로 만들려고 하지 말아야 할 것이고, 차라리 나를 본받게 하는 겁니다. 아이들은 문제 해결 방법을 부모님을 보면서 배우는 거니까요. 엄마라면 이렇게 하겠지, 아빠라면 이렇게 하겠지. 가르쳐봐야 소용이 없고, 몸으로 보여주고, 경험하게 해줘야 합니다. 아이들이 보내주는 신호를 무시하고 내가 원하는 것들을 자꾸만 심어주려고 하면 안 돼요. 그리고 내가 잘 살고 있어야 합니다. 그래야 마음이 평화로우니까 일관성이 생기겠죠. 감정에 따라서 왔다 갔다 하는 것이 아니라. 마지막으로 사람들은 언제든지 선의를 가지고 상호작용을 하더라도 오해와 갈등이 생기니까, 그걸 풀어주는 것은 훨씬 힘이 있고 현명한 사람의 역할입니다. 집에서는 엄마와 아빠죠. '아빠, 죄송해요' 하고 사과하러 올 때까지 얼음처럼 있으면 아이가 굴복하는 거예요. 부모님이 먼저 풀어주고, 다독여준 다음에 '이렇게 해서 이렇게 됐는데, 나도 이래서 미안하고 너도 그러면 안 될 것 같으니까 다음에는 이렇게 하자' 이렇게 마음 편해져야지 객관적인 복기가 가능하죠.

지 의사로서의 목표라면 어떤 게 있으신가요?

김 계속 뒤처지지 않고, 공부하고, 숙련되고, 자만하지 말고, 실수하지 말고, 실수했을 때 빨리 인정하고, 책임지는 거죠.

지 정신건강의학과를 전공하려는 학생들에게 해주고 싶은 말씀이 있으신가요?

김 되도록이면 하지 말라고 해요.(웃음) 지금 의과대학 졸업하는 20대 중후반 사람들이 정신과 의사를 해서 50대 중반이 되었을 때, 30년이 흘렀을 때는 정신과는 굉장히 바뀌어 있을 것이다, 당신들이 원하는 낭만적인 멋진 분석과 해석을 하는 의사들은 별로 필요하지 않을 것이다.(웃음)

지 그때쯤이면……

김 하지만 그래도 하고 싶으면 해라, 정신과 의사 하면서 내 병은 많이 좋아졌으니까 당신도 당신 병 때문에 하겠다면 적극 추천이다.(웃음)

지 마지막으로 해주실 말씀이 있으신가요?

김 뭐, 결국에는 관계가 제일 중요합니다. 내가 좀 더 양보하고 따뜻하고 일관적이고, 팬들이 보내주는 신호에 민감하게 반응하고, 관계 개선 잘하고, 어른스럽게 사랑하고 사랑받으면서 살았으면 좋겠는 거죠. 저도 그렇고, 사회적인 성취야 한계가 있고, 사회적인 성취에 목매달면 쉼 없는 욕망에 비참해지잖아요. 가까운 곳에 있는 무엇이 중요한 것인지, 그걸 알아야겠죠.

6.

적금처럼 쌓이는 건강 행동, 건강에는 왕도가 없다

박현아

인제대학교 서울백병원 가정의학과 교수

인기 유튜브 채널 〈왔다, 박교수!〉를 진행하는 서울백병원 가정의학과 박현아 교수를 만났다. 건강에 관한 사람들의 질문에 쉽고 친절하게 답해온 박교수는 인터뷰어의 여러 질문에도 조곤조곤하면서도 친절하고 재치 있는 답변을 들려 줘 자신의 방송이 왜 그렇게 인기가 있는지 알게 해주었다. 그 외에도 슬기로 운 음식 섭취와 운동 생활, 현명한 건강검진 활용법과 좋은 검진 센터를 고르는 방법 등, 건강에 관한 금과옥조와 같은 정보들을 많이 들려주었다. 알고 있다고 생각하지만 잘 실천하지 않는 일들이라 노트에 적어 책상에 붙여두고 수시로 체크하면 좋을 것 같다는 생각이 들었다.

: 의학 채널 방송을 진행하며

지승호
(이하 지)
〈왔다, 박교수!〉 한 시즌이 얼마 전에 끝나지 않았습니까? 끝난 뒤에 어떤 생각이 드셨나요? 교수님께서 방송을 많이 하셨지만 한 시간 동안 자신의 이름을 걸고 많은 회차를 방송하는 일은 드문 경우였던 것 같은데요. 느끼신 점도 많으셨을 듯합니다.

박현아
(이하 박)
일단 방송에 나가서 이야기할 때는 정해진 대본대로 해야 하잖아요. 어떤 방향성이 있는 질문과 답을 하게 되고, 제 마음대로 어떻게 끌고 나가겠다는 것이 안 되거든요. 유튜브에서 제 시간을 가지면서 제가 직접 주제를 정하고 방향을 정해서 소신껏 이야기할 수 있다는 것이 가장 좋았습니다. 여태까지는 안 시켜줘서 말을 못 했거든요. 특히 환자 한 명을 진료하는 시간은 길어야 15분인데, 유튜브 영상은 한 번 찍을 때 교육 부분에 들이는 시간이 20분 정도거든요. 진료 때는 환자분께 설명을 다 할 수가 없어요. 예를 들어서 환자분한테 뼈 영양제에 대해서 설명을 할 때요, 왜 이분이 약만 먹으면 되는 것이 아니라 유제품도 먹어야 되고, 단백질도 먹어야 되는지 가역적인 설명을 해주고, '자세한 사항은 유튜브 이걸 보세요'라고 하니까 저는 시간이 굉장히 절약되죠. 환자분 입장에서는 아무래도 그냥 말로 떠드는 것보다 본인이 다시 들을 수도 있고, 두 번째는 조금 더 정돈된 이야기를 듣는다고 생각하시는 것 같아요. 그래서 그런 방향으로 도움이 되기 때문에 다음에도 가장 자주 하는 이야기들 위주로 먼저 찍어서 진료에 이용하면 좋겠다는 생각을 했습니다.

지
병원 진료만 해도 바쁠 텐데 시간을 내서 방송을 하시는 것은 국민들,

시청자들에게 제대로 된 의학 정보를 알리시려는 목적이시죠.

박　매체가 점점 없어지잖아요. 그러다 보니까 할 수 있는 방송이 없고, 한다 해도 제가 원하는 말을 할 수 있는 곳은 잘 없으니까요. 그런 이유에서 유튜브를 하는 거죠. 여기는 사실 PPL 이런 것이 전혀 없잖아요.

⠐1차 진료에 적합한 가정의학과

지　가정의학과를 택한 것이 당시만 해도 여자분들을 외과에서 받아주지 않았던 이유가 있다고 하셨잖아요.

박　진짜 그랬어요.

지　요즘은 안 그렇죠?

박　요즘에는 그렇게 과를 따지지 않고 편할까 안 편할까, 삶의 질이 좋을까 좋지 않을까, 이런 것을 따지죠. 삶의 질이 좋은 과가 인기 과가 됐습니다. 의료가 세분화되고 다양화되면서 일반외과라고 하면 옛날 일반외과지, 여자분인데 항문 질환이 있는 사람을 본다든가 하는 식으로 분야가 나눠지면서 트레이닝이 끝나고 선택할 수 있는 것이 옛날처럼 획일화되지 않았거든요. 그러면서 성별에 대한 차별은 거의 없어진 것 같습니다. 오히려 여학생들이 의대에서 공부를 잘해서요.

지　가정의학과를 전공하고 싶은 분들에게 어떤 조언들을 해주고 싶으세요?

박 지금 가정의학과는 엄청 위기죠. 사람들이 빅5 병원에 모이기 때문에 그 외의 모든 병원들이 다 어렵습니다. 특히 코로나 때문에 개원의가 굉장히 어렵죠. 가정의학과는 기본적으로 몇 분이 나와서 에스테틱하고 비만을 보고 하지만, 1차 진료를 하는 과거든요. 그런데 트레이닝 과정을 보면 1차 진료하기에 이보다 더 적합한 과는 없어요. 내과, 이비인후과, 소아과도 하지만, 기본적으로 1차 진료를 하겠다는 생각이 있으시면 가정의학과를 지원하는 것에 대해서 찬성합니다. 아주 구체적으로 하는 것이 내 적성에 맞는다고 하면 해당 과를 가는 것이 좋다고 생각해요. 정부에서도 1차 진료를 내버려둘 수 있는 상황은 못 되니 1차 진료가 제도적으로 좀 뒷받침이 있으면 지금보다는 훨씬 상황이 좋아지지 않을까 싶습니다.

지 의료 제도 문제와도 관련이 있는 것 같습니다.

박 항상 어디에 인센티브를 주느냐 하는 문제죠.

지 조금 전에 빅5 병원 말씀하셨지만, 자기를 잘 아는 의사가 지속적으로 관리해주면서 건강을 체크하고 조언을 해주면서 좀 더 큰 병이 있으면 상급 병원과 협진을 하는 시스템이 되어야겠죠. 조금만 안 좋아도 큰 병원을 가니까 의료 자원 배분도 왜곡되는 것 같고, 가정의학과 선생님들의 역할과도 연결이 되는 것 같습니다.

박 그렇죠. 큰 병원에서의 가정의학과 선생님들의 역할이 줄어들죠. 3차 병원으로 쏠리는 현상을 막기 위해서 경증 질환 환자의 의료보험 부담을 100대 100, 돈 낼 것 다 내라, 의료보험으로 급여를 해주지 않겠다고 하는 그런 정책들을 시행했습니다. 그런데 병원

내에서 가장 경한 질환을 보는 곳들이 가정의학과일 가능성이 많죠. 그러면 결국 가정의학과의 병원 내 위치가 굉장히 불편해집니다. 그렇게 3차 병원에 경한 질환자가 오는 것을 틀어막는 제도인데요, 그보다 1차 진료 기관을 가는 것에 혜택을 주는 제도를 마련하는 것이 굉장히 중요해요. 말씀하신 것처럼 나를 아주 잘 아는 의사가 생기려면 의사를 만나서 이야기를 하고, 내가 병원에 가고, 좀 친해져야 가능한 일이잖아요. 그러려면 진료 시간도 어느 정도 보장이 되어 있어야 되는데, 현재처럼 5분을 보고, 10분을 보고 해서는 좀 어렵죠.

지 어떻게 보면 의학에 대한, 몸에 대한 철학과도 관련이 되는 것 같은데요, 국가 검진을 시키는 이유는 예방을 함으로써 미래에 들어갈 비용도 줄이고, 사람들을 건강하게 만들어서 의료비를 아끼자는 말이잖아요. 같은 맥락으로 생각하면 1차 병원에서 건강관리를 잘해주고, 활성화가 되면 사람들이 건강해지고 큰 병을 막을 수 있지 않을까 하는 생각도 듭니다.

박 그걸 하려고 굉장히 노력을 하는데 잘 안 되는 거죠. 경한 질환 관리는 근처 병원으로 가라고 이야기를 해요. 그런데 환자들이 경한 질환도 큰 병원에 가면 훨씬 좋을 거라고 생각해서 큰 병원에 대기 줄을 만들어버리는 바람에 빨리 치료해야 하는 질환을 가진 환자들의 순번이 뒤로 밀리는 것이 현재의 문제입니다. 그걸 위해서 수가를 건드리거나 그런 것을 하죠. 작은 병원에서 큰 병원으로 환자를 보내고, 큰 병원에서 해결되고, 작은 병원에서 다시 받는 것을 의뢰, 대의뢰라고 하는데요, 이런 것을 하면 보내는 병원, 받는 병원에 돈을 준다거나 하는 시스템을 마련해나가고 있습니다. 그러니 향후 좋아질 거라고 생각은 해요. 제도적으로 노력은 하는데, 기본적으로 큰 병원을 선호하는 국민 정서가 있어요. 또 하나가 요즘에는 개원의 선생님들도 굉장히 열심히 공부를 하시거든요. 바로 제 밑의 여동생이 개원을 했는데요, 봄 가을에는 주말마다 학회에 가느라고 바빠요. 재교육을 받느라고. 예전에는 선생님들이 공부를 안 했던 면이 있죠. 하지만 요즘 젊은 선생님들은 위기의식을 느끼고 새로운 지식에 대해서 굉장히 예민하게 반응을 하면서 받아들이고 있기 때문에 궁극적으로는 해결이 되겠죠. 그런데 지금은 사실 좋은 상황은 아닌 것 같아요.

지 의사 생활을 하시면서 가장 보람 있었다고 생각하는 일은 어떤 건가요? 의사 하길 잘했다.(웃음)

박 환자한테 도움이 됐을 때죠. 모든 의사가 다 그럴 거예요. 가정의학과는 생명을 살리는 의사는 아니죠. 보통은 예방의학 같은 부분들, 아까 말씀하신 질병 예방, 조기 진단 이런 것을 하니까요. 그래서 어떤 질환을 진단하고 발견해준 것에 대해서 감사해하는 분들이 있죠. 그분도 좋아하시지만 저에게도 의미 있는 일이에요.

지 반대로 후회하신 적은 없으신가요?

박 또 같은 이유로 생명을 다루는 의사는 아니기 때문에 크게 후회한 적은 없습니다. 수술을 하면 엄청나게 큰 컴플레인이 있거나 생과 사를 가르는 데 큰 도움이 되거나 문제가 생기거나 할 수 있는데요, 가정의학과는 또 그런 과는 아니에요. 그 이유로 선택한 것도 있어요. 개인적으로 숨넘어가는 상황을 편안하게 볼 수 있는 신경은 아니라서요. 그래서 크게 후회는 없습니다.

: 적금처럼 건강 행동 쌓아두기

지 상담도 많이 하시다 보니까 건강이라는 것에 대한 정의도 특별하실 것 같습니다. 매일 술을 먹는데 출근하고도 괜찮은 사람이 있고, 하루 술을 먹으면 부대껴서 사나흘을 쉴 수밖에 없는 사람이 있는데, 길게 봐서는 후자가 더 좋을 수 있다는 말씀도 하셨잖아요.

박 진짜 확 가는 수가 있더라고요.(웃음) 물론 기본적으로 타고난 부분이 결정을 많이 합니다. 그런데 노력은 안 하고는 잠깐 괜찮을 수 있습니다. 젊을 때는요. 하지만 나이가 들수록 젊은 시절 했던 건강 행동이 저금처럼 쌓이고 빛처럼 쌓이는 것 같습니다. 그게 노후를 결정해요. 젊었을 때는 나이 차이를 별로 못 느끼면서 '아, 이 사람 봐서 몇 살이겠다' 싶으면 다섯 살 안쪽으로는 맞히거든요. 나이가 들면 그 차이가 10년 넘게 나 보여요. 그래서 특히 나이 많은 남자분, 70대 후반 80대이신데, 아직도 헬스클럽 가서 한 시간씩 매일 운동을 하시고, 배도 안 나온 분들은 보면 깜짝깜짝 놀라요. 60대로 보이는 경우도 있고, 또 그 반대의 경우도 있어서요. 우리가 노후를 준비하는 데 있어서 저금을 하는 것처럼 나중을 위해서 건강 행동을 해야 한다고 생각합니다. 오래 살고 아니고가 문제가 아니라요. 다들 오래 살기 위해서 나가서 뛰고 그런 것은 아니거든요. 살아 있는 동안 건강하기 위해서, 남에게 폐를 끼치지 말자고 하는 것이 모든 사람의 생각이잖아요. 그런 측면에서 관리 안 하고 좋기는 참 어렵다고 생각합니다. 관리를 해야 한다는 것을 점점 느끼죠.

지 환절기라 감기 환자도 늘어나고 있고, 이때 건강을 잘 챙기는 관리법이 있을까요?

박 기본을 잘하시면 됩니다. 잘 자고, 잘 먹고, 배 안 나오게 관리하고, 스트레스 덜 받고, 가능하면 운동하시고요.(웃음) 그래서 재미가 없어요. 기발하게 뭘 하면 좋다, 이런 이야기를 하면 재미있는데요, 항상 결론으로 돌아오면 똑같아요. 획기적인 치료법이 있는 어떤 질환이 아니라면 결국 건강관리 측면에서는 옛날에 '둥근 해가 떴습니다. 자리에서 일어나서 제일 먼저 이를 닦고' 그런 거 하시는 거거든요. 그래서 재미가 없죠.

: 부모님이 드시는 약을 확인하자

지 어떤 병은 가족력이 굉장히 중요하다는 말을 많이 하는데요. 그래서 '질환 가계도를 그려라'는 표현도 있었습니다. 요즘 같은 경우 핵가족화되어서 가까운 친척들과도 교유하지 않거나 그분이 어디가 아픈지 알기도 힘든 상황인데, 가계도를 그리려고 마음먹었을 때 손쉽게 할 수 있는 방법이 있을까요?

박 자기 부모가 고혈압이 있는지 없는지도 몰라요. 멀리 안 가도.(웃음) 한 가지 약에 고지혈증약, 당뇨약, 고혈압약이 합쳐져 있으면 무슨 약을 먹고 있는지 모르니 사실은 묻고 확인하는 수밖에 없는 거죠. 부모님이 약 드시는 것을 보면 질병 코드에 약 처방이 써 있기도 하고, 약사한테 물어도 친절하게 가르쳐줄 거고요. 요즘은 인터넷에 쳐보면 무슨 약인지 다 나오거든요. 부모님이 무슨 약을 드시는지 확인하는 것이 가장 먼저 필요합니다. 그런데 이게 제 나이 정도까지는 가능한데요, 예를 들어서 환자분이 오셨는데 60대 후반, 70대세요, 그러면 보통 '부모님께서 무슨 병이 없었냐?'고 물어보는데, 일찍 돌아가셨다고 할 때 다들 질환을 모르시거든요. 사실 그러면 질환 가계도를 그릴 수가 없어요. 제대로 사망에 대한 진단이 되고, 질환에 대한 진단이 되어 있을 때 이야기죠. 부모까지가 어떤지 아는 정도는 제 나이가 최대치일 것 같아요. 이보다 더 위인 경우는 알기 어렵죠. 그냥 자다가 돌아가셨다, 체했는데 돌아가셨다, 이렇게 되니까요. 이제부터라도 조금씩 부모님이 가진 병을 챙겨보는 것이 좋습니다. 모든 암이 부모가 암이 있으면 나 자신도 그 암에 대한 위험도가 최소한 두 배 내지는 세 배 올라가요. 만성질환인 고혈압, 당뇨, 고지혈증도 그렇고요. 유전적인 요인이 반은 차지하기 때문에 그 부분을 또 신경 안 쓸 수가 없죠.

지   일단 가족 간에 화목해야 그런 것도 잘 알 수 있을 것 같네요.(웃음)

박   그렇죠.

지   부모님과 사이가 안 좋아서 보지 않는다든가 하면, 개인 의료 정보니까 다른 데서 알아볼 수도 없잖아요.

박   가르쳐주는 것도 불법이라서요. 물어봐도 알려주지 않습니다.

: 팬데믹 시대에 구비할 세 가지

지 코로나 삼총사라고 해서 혈압계, 체온계, 혈당 체크기를 구입해서 집에서 수시로 체크해보라고 하셨어요.

박 확진자 수가 많아지면서 이런 방식이 생겼습니다. 병원에 오는 대신 전화로 상담해서 처방전을 환자분 근처에 있는 약국으로 보내요. 병원에서 환자에게 주는 것이 아니라 약국으로 팩스를 보내죠. 그러면 환자가 약국에 가서 돈을 내고 약을 받아 갈 수 있는 제도가 생겼어요. 그런데 전화로 '혈압 어떠세요?' 하면 '안 재봤어요' '재보시지 그러셨어요?' '혈압계 없어요' '혈당 어떠세요?' '안 재봤어요. 혈당계 없어요' 그러시거든요.(웃음) 얼굴만 보고 알 수 없잖아요. 목소리만 듣고 알지 못하고요. 본인이 재보고 이렇게 해본다는 것은 그만큼 관심이 있다는 뜻이거든요. 사람이 시험을 봐야 공부를 하잖아요. 건강도 똑같아요. 혈당 체크할 일이 있으면 그 전날 아무래도 조금 신경을 쓰죠. 그런 뜻에서 꼭 하셔야 된다고 생각하거든요. 혈당계는 4~5만원이면 사고, 혈압계도 10만 원 정도 하는데, 10년은 쓸 수 있습니다. 체온계가 좀 비싸긴 한데요, 그래도 구비하고 계셔야 합니다. 환자분들이 오면 혈압계 꼭 마련하시라고 해요. 혈압과 혈당이 우리 키와 몸무게처럼 어제도 똑같고, 오늘도 똑같고, 점심 식사 전후가 같지 않거든요. 왔다 갔다 해요. 환자분들이 와서 '왜 매번 잴 때마다 달라요?'라고 하시는데요, 혈압을 집에서 안 재시는 분들은 제가 1년에 네 번만 재요. 세 달에 한 번씩 오시니까. 나머지 시간들은 제가 알 수가 없어요. 혈압계를 사셔서 관리를 하는 것이 여러 가지로 필요하죠. 시험 보러 가기 전에 집에서 학습지 풀어보잖아

요. 그것과 똑같습니다.(웃음)

지 혈압은 하루에 몇 번 정도 재는 것이 좋은가요?

박 보통 네 번 정도 재라고 합니다. 최소한 아침에 일어날 때와 자기 전에는 재고, 낮에 나눠서 두 번 더 재고요. 혈당도 그렇게 이야기를 하는데요, 그건 조금 교과서적인 이야기고, 저는 매번 다른 순간들에 재보라고 말씀을 드려요. 몇 시에 쟀는지 수첩에다 적어 오라고 이야기하고요. 그런 식으로 다른 순간들에 어떻게 혈압이 나오는지 보는 것이 필요하거든요. 그래서 다른 시간에 재시라고 합니다. 혈압이 아침에 높은 분이 있고, 아침에 낮은 분이 있어요. 그때만 혈압을 재시면 오후에 높았는데도 모르고 지나가시는 경우가 있거든요. 그 반대의 경우도 있고요. 그래서 꼭 혈압은 다른 시간에 측정해보는 것이 좋다는 말씀을 드리고 싶어요.

: 가장 나쁜 식품은 가당 음료

지 세상에서 가장 나쁜 식품으로 가당 음료를 말씀하신 적이 있어요. 그게 나쁘다는 것은 다들 너무나 잘 알고 있죠. 미국 초등학교도 학교 내에서 가당 음료를 못 먹게 하거나 자판기에서 판매하지 못하게 하는 주도 있다고 들었습니다.

박 그래도 엄청 먹습니다. 아이들은 콜라, 사이다를 먹지만, 조금 더 나이 든 사람은 콜라, 사이다만 먹어서 살찌지는 않거든요. 다른 달달한 음료 많잖아요. 한식집에 가면 맨 마지막에 나오는 수정과나 식혜라든지, 크림과 설탕이 들어 있는 커피를 드시죠. 주스처럼 의외로 건강에 안 좋다는 것을 모르고 드시는 것도 있고요. 상당히 많이 알 것 같은데 의외로 잘 모르세요. 사이다, 콜라의 형태를 하고 있으면 아시는데, 그 형태 바깥의 모양을 하고 있는 가당 음료는 모르시는 경우가 많은 거죠. 특히 남자분들이 많이 모르세요. 오늘도 당뇨 초기 진단을 받은 환자를 영양 교육에 보냈는데, 안 가려고 하세요. 쑥스럽기도 하고, 1대 1로 받기도 뭐하다고요. 그런데 영양 교육을 2회 정도 받고 난 다음에는 '내가 정말 모르고 살았다. 식사 조절을 할 때 뭘 피해야 하는지 배웠다'고 하세요. 오히려 남자분들이 교육이 없어서 못 하는 부분이 많기 때문에 하나만 초점을 잡아서 하시면 건강에 도움이 됩니다. 왜냐하면 음료라는 것이 계속 마시는 거니까 누적되는 효과가 크거든요. 그래서 잡아갈 수 있는 부분이라 그 내용을 이야기했죠. 과일 주스, 오렌지 주스 이런 음료를 좋다고 알고 마시기 때문에요.

지 예전에는 인식을 못 하던 문제였는데, 흡연이 건강에 좋지 않다고 해서 국가에서 간섭을 하는 정책을 취하고 있잖아요. 가당 음료 같은 경우도 국가에서 세금을 좀 더 많이 내게 해서 비싸게 만든다든지, 캠페인을 통해서 못 먹게 해야 하는 것 아닌가 싶은데요.

박 많이 좋아졌어요. 남성 흡연율이 50%가 훨씬 넘었다가 최근 통계를 보니까 30~40% 정도로 떨어졌더라고요. 지금 담뱃값이 밥값까지는 안 돼도 커피값은 되잖아요. 그게 다 세금이고요. 그것으로 국민건강기금을 마련해서 건강 증진 사업, 흡연자에게 챔픽스라고 금연 관련된 치료나 보조 치료를 해주는 사업들을 다 하고 있습니다. 제도적으로도 담뱃갑에 끔찍한 이미지를 넣도록 했죠. 광고도 크게 제한을 해서 자랑할 만하게 좋아진 부분이기는 합니다. 많이 노력은 하는데요, 그렇다고 완전히 흡연을 못 하도록 법으로 금지를 할 수는 없잖아요. 애매한 부분이 많죠.

지   흡연의 경우 그렇게 정책적으로 효과를 본 것처럼 가당 음료에 대해서도 그럴 수 있는 것 아닌가요?

박   저도 그렇게 생각해요. 식약처에서 어린이가 먹는 음료에 표시를 하도록 하고 있는데요, 그게 더 달거든요. 아이들 먹게 하기 위해서. 결국 교육이 가장 중요하죠. 그렇다고 해서 정말 맛없게 만들면 안 팔리잖아요.(웃음) 당분이 있어야 맛있는 것은 사실이거든요. 나쁜 것을 다 치워버리는 정책은 있을 수 없고요, 나쁜 것이 있어도 선택을 해서 덜 먹거나 안 먹게 하는 정책이 필요하죠. 사실 재미있는 부분이 있어요. 한번 생각해보세요. 돈이 많은 사람이 더 건강할 것 같나요? 교육 수준이 높은 사람이 더 건강할 것 같나요?

지   교육 수준이 높은 사람 아닌가요?

박   모든 연구에서 교육 수준이 훨씬 더 중요한 것으로 나타납니다. 그 부분에 집중해야 하는 거죠. 있어도 그걸 선택하지 않도록 하는 것.

: 자극적인 정보에 혹하지 말아야

지   교수님도 방송을 많이 하셨지만, 의학 관련된 프로그램이 많아요. 그런데 실질적으로 사람들이 알아야 할 정보를 주는 데는 등한시하거나 아니면 제대로 교육을 못 시키는 부분이 있는 것 같습니다.

박 그러니까 말씀드린 제대로 교육되어야 하는 내용이 좋은 음식 먹고, 배 안 나오게 하고, 운동하고 스트레스 받지 않고, 잠을 잘 잔다, 그것 말고 더 할 이야기가 없습니다.(웃음) 그러니까 콘텐츠를 계속 새롭게 찾아야 하니까 희한한 이야기, '콜레스테롤약을 먹으면 근육이 녹는다. 콜레스테롤약을 먹으면 당뇨가 생긴다' 하는 말이 방송이나 뉴스에 나오는 거죠. 그러지 않으면 사람들이 그걸 클릭해서 보지를 않잖아요. 자극적인 정보에 혹하지 않는 교육을 해야 할 것 같아요. 그런 뉴스를 제대로 판단해서 받아들일 수 있는 교육 자체가 아주 어릴 때부터 필요한 거죠. 정보를 읽고 판단하는 능력을 키우는 것. 그래서 그냥 하려면 참 재미가 없어요. 30분 동안도 할 이야기가 없을 것 같은데, 어떻게 한 시간 넘게 이야기하지 이런 생각이 들어요. 너무 뻔하잖아요. 그런데 뻔한 얘기를 가슴에 와닿게 하는 것이 능력이겠죠.

지 건강이 정말 중요하기 때문에 어릴 때부터 잘 가르치기도 해야 하고, 특히 공영방송 같은 곳에서는 시청률에 상관없이 공적인 자원을 들여 흥미롭게 만들면 좋겠죠. 예를 들어 유재석 씨가 하면 뻔한 말이라도 사람들이 더 들여다볼 수 있게, 재미있게 하실 것 같아요.

박 유재석 씨가 해주시면 정말 좋을 것 같네요. 이 글을 유재석 씨가 읽고 캠페인으로 만들어주시면 좋겠어요.(웃음) 인플루언서라고 하잖아요. 그분들도 캐스팅 비용이 좀 적어도 공익적인 캠페인은 해주실 것 같고요. 캠페인 중요하죠. 귀에 못이 박히게 한다, 이런 말도 아주 중요하고요. 우리가 작심삼일이라고 해서 처음에 '신년에 다이어트해야지, 금연해야지, 운동해야지' 하고 2, 3일 지나면 해이해지는데요. 365일이니까 120번만 결심을 하면 1년이 가거든요.(웃음) 그것이 가능하도록 계속 이야기를 해야죠. 어떤 환자분들은 제가 3개월에 한 번씩 오라고 하는데, '저는 두 달 뒤에 올래요. 여기 와서 잔소리 좀 듣고 가야 해요' 라고 하세요.

: 과일은 '개'가 아닌 '쪽'으로 먹기

지   과일 같은 경우에는 흔히 생각하기에 몸에 좋다고 많이 드시는 분들이 계신데요, 교수님은 과일은 '개'로 먹는 것이 아니고 '쪽'으로 먹는다고 표현하셨잖아요. 보통 사람들은 그렇게 먹으면 간에 기별도 안 간다고 할 것 같아요.

박   요즘이 단감으로 환자분들이 살찌고, 당 올라가는 때예요. 십중 팔구 단감과 고구마입니다.(웃음) 계절마다 많이 드시고 오시는 과일이 있어요. 또 어머님들은 어떤 마음이 있냐 하면 상해서 못 먹으면 안 되니까, 또 젊은 분들이 말랑한 감을 안 드시니까 당신이 다 드시는 거예요. 한여름에는 복숭아를 크게 한 박스 샀는데, 물러지잖아요. 버릴 수는 없으니까 막 드시죠. 그래서 사는 것도 박스째로 사시면 안 돼요. 약간 비싸도 조금씩 먹을 만큼만 사서 무리하지 않게 먹는 것이 좋습니다. 과일은 나쁘지 않습니다. 정말 좋은 음식이에요. 문제는 과일을 너무 많이 먹는 것, 끼니를 대신할 만큼 먹는 것이죠. 특히 과일을 아침으로 드시는 분들이 많거든요. 여름에 식욕이 떨어질 때도 많으니까요. 그런 것이 안 좋다는 이야기인 거죠.

지 과일은 껍질째 먹는 것이 좋다고도 하셨는데요, 껍질을 안 먹는 과일이 굉장히 많잖아요. 참외, 수박 이런 것들.(웃음)

박 가장 건강에 좋다고 나오는 것이 온대 과일입니다. 우리나라 사람들이 많이 먹는 대표적인 과일인 사과, 배 같은 것은 어디에 가도 좋다고 나와요. 사과는 껍질째 먹을 수 있어요. 부사는 좀 뻑뻑한데 다른 종은 부드럽고, 부사도 굉장히 큰 것이 아니면 껍질이 부드럽거든요. 씻어서 조각 단위로 껍질째 드시면 돼요. 그리고 배가 문제인데요, 서양의 배는 조그맣고 껍질째 먹거든요. 우리나라 분들도 그러니까 작은 것을 씻어서 껍질째 드시는 것이 좋습니다. 제가 먹어봤는데, 참외도 껍질째 먹으면 맛있어요.(웃음) 큰 것은 껍질이 두껍고, 작은 것을 사면 가격도 싸거든요. 키우는 어렵고요. 파인애플이 안 되는 것은 다 아실 거고. 수박도 안 되죠. 그리고 또 이런 과일들이 1년 내내 나와 있는 과일들이잖아요. 사과나 배는 언제든지 먹을 수 있다는 장점도 있습니다.

ː 국가 검진은 건강을 위한 기본 중의 기본

지 국가 검진을 이용하는 방법을 많이 말씀하셨어요. 검진에 대해서 생각이 조금씩 다르고, 오해를 하는 부분들도 있지 않습니까?

박 국가 검진은 정말 기본 중의 기본이에요. 이것은 모든 국민이 다 받아야 되는 항목들로만 연결이 되어 있거든요. 어떤 검진은 1년에 한 번씩 검사를 하라고 통보가 오고, 어떤 것은 2년에 한 번씩 통보가 와요. 그 주기대로 받는 것이 꼭 필요합니다. 그리고 회사에서 몇십만 원, 몇백만 원짜리 검진을 해주는 경우도 많습니다.

그러면 조금 더 추가해서 다른 검사를 받아볼 수 있는 거죠. 그런데 그런 분들은 많지 않아요. 다른 모든 전 국민을 대상으로 하고 싶은 이야기는 국가 검진은 기본 중의 기본이니까 꼭 받으시라는 거예요. 하반기에는 모든 검진 센터가 예약도 안 됩니다. 상반기에 검진을 안 하신 분들이 몰려서요. 그래서 혼잡한 그때는 잠깐 피하세요. 1월이 되면 그때부터는 검진 센터가 한가해요. 내 주민 번호 뒷자리가 짝수 년이고 내년이 홀수 년이면 대상이 안 되잖아요. 그런데 공단에 전화 한 통화만 하면 그 자리에서 자격을 살려주거든요. 굳이 요즘처럼 코로나로 사람이 많을 때, 예약도 안 되는 곳에, 만원 버스처럼 꽉 찬 곳에 가서서 검진받으실 필요는 없습니다. 기다리셨다가 1월, 2월, 3월, 4월 이럴 때 가면 정말 사람이 없거든요. 그때 가시면 편안하게 황제 검진을 받으실 수 있습니다.

지 검진 센터를 고를 때 어떤 점을 유의해야 할까요?

박 굉장히 예민한 부분이에요. 일단 비싼 검진 센터가 좋죠. 가운도 비단 가운 입고, 방도 여러 개 왔다 갔다 하고.(웃음) 그런데 지불해야 될 비용이랑 이런 것을 생각해보면 빅5 대학 병원은 너무 비싸요. 그리고 대부분 이런 곳은 비수기에도 가득 차기 때문에 할인을 안 해줍니다. 그 아래 급으로 내려가면 비수기, 성수기 차이가 나죠. 비수기 때는 환자가 없는데 인건비를 줘야 하고, 기계 대여료를 내야 하니까 이때는 할인을 해요. 호화로운 직장 검진 대상자가 아니라면 비수기에 할인해주는 검진 센터를 찾아서 검사를 받으시면 될 것 같습니다. 그다음에 중요한 건 이거예요. 의사가 꼭 검사를 해야 하는 부분들이 있어요. 의료법에도 나와 있는데요, 초음파가 대표적이죠. 이런 것들을 의사가 제대로 하는지 확인해야 합니다. 그다음 중요한 것은 내시경 소독을 잘하는 곳으로 가는 거죠. 내시경은 내 몸 안에 들어오는 거니까요. 소독이 잘 안 되어 있으면 건강에 도움이 되는 것이 아니라 오히려 위해를 입거든요. 내시경 소독을 잘하는 곳을 찾아가는 일이 쉽지는 않아요. 그렇다고 간호사에게 '소독 제대로 하나요?'라고 물어볼 수도 없고요. 그래서 소화기내시경학회에서 인증한 우수 내시경 마크가 붙은 곳으로 가시면 됩니다. 소독은 물론이고, 하는 분들도 교육을 충분히 받았다는 것이 인증된 거거든요. 그런 방법을 쓰셔도 되고, 의료 기관 인증된 곳을 가시면 역시 또 어느 정도의 관리 감독하에 인증을 통과했다는 의미기 때문에 그렇게 선택하시면 좋습니다.

지 지난번 방송에서 내시경 기기에 때가 낀 것을 보여주셨잖아요. 검사받다가요.(웃음)

박 보이는 때도 문제지만 안 보이는 때들도 있죠. 요즘에는 바이러스 균이 더 무섭잖아요.

: 하루 30분은 햇빛을 받으면서 걷기

지 꿀잠을 방해하는 요인으로 커피, 술, 야식, 강한 자극 등을 말씀하셨어요. 잠을 잘 자기 위해서는 낮에 햇빛을 받아야 세로토닌이 생기고, '드라큘라 호르몬'이라고 불리는 멜라토닌도 생겨서 밤에 활동을 하기 때문에 여러 면으로 몸에 좋다고 하셨는데요. 낮에 햇빛을 받기 어려운 분도 계시잖아요. 콜 센터에 계신다든지, 요즘처럼 실내에서 근무하는 사람들이 많은 경우에는 어떻게 하나요?

박 제가 이해가 안 되는 부분이 있어요. 요즘에는 대부분 사람들이 근로 시간이 여유가 없어서 점심 먹고 강제로 쉬어야 되는 시간이 있잖아요. 콜 센터도 마찬가지일 거예요. 점심 먹고 대부분 뭘 하시냐 하면 커피를 드시면서 담소를 하세요. 사실 그것도 스트레스 푸는 데 좋은 방법이고, 타인에게 위로받는 것도 좋긴 한데요, 조금 자리를 옮겨서 커피를 들고 나가서 대화를 나누시면 좋을 것 같아요. 보통은 근처에 걸을 만한 장소가 있거든요. 딱 30분만 걷고 오셔서 일을 하면 일단 높아진 혈당을 떨어뜨릴 수 있어서 오후에 졸리지도 않아요. 바깥에 나가서 한번 환기를 하고 오면 스트레스도 풀리고, 집중도도 높아지죠. 제가 많이 권유하는 것이 점심 먹고 다시 앉아서 달달한 케이크나 커피를 후식으로 드시거나 담배를 피우지 마시고 30분 정도 걷고 오라는 거예요. 그 정도는 하시는 것이 좋습니다. 정말 바깥에 나가기 싫으면 일하시는 건물에서 계단을 타는 것도 굉장히 좋아요. 물론 햇볕이 좋을 때 나가서 몸을 움직이는 활동을 해주시는 것이 멜라토닌을 만드는 데 가장 좋죠. 햇빛이 내 눈에 직접 들어오는 것이 중요하거든요. 그렇게 해주시면 도움이 됩니다. 그런데 밤에 잠못 주무시는 분들께 물어보면 자극하는 것들이 정말 많아요. 그걸 없애는 것이 중요해요. 저 같은 경우에는 어제, 그저께 다이어트코크를 마시고 잠을 못 잤는데요, 시원해서 마셨다가 그 안에 든 카페인 때문에 날밤을 새웠습니다. 카페인이 아니어도 잠자리에 영향을 주는 스트레스도 많죠. 이런 것들이 요인인 경우가 많아서 일단은 원인을 제거하는 것이 굉장히 중요합니다. 자기 전까지 유튜브 보시고, TV 보시고, 재미있는 드라마를 보면 여운이 남아서 잠이 잘 안 오거든요.

지   햇빛을 받더라도 신체의 몇 퍼센트 이상이 노출되어야 한다고 하셨어요.

박   비타민D를 만들기 위해서는 체표면의 반 정도는 나와야 하거든요. 거의 핫팬츠를 입고, 민소매를 입고 해야 하는데요, 밤에 잠을 잘 자기 위한 것은 비타민D를 만들기 위한 것과는 조금 달라요. 내 망막으로 햇빛이 들어오면 되거든요. 그래서 다 가리셔도 상관은 없습니다.

지   북유럽 같은 경우에는 햇빛을 잘 못 받으니까 낮에 나와서 일광욕을 하곤 하죠. 교수님께서 말씀하신 그런 이유 때문인 듯한데, 한국 사람들은 햇빛을 받으면 얼굴 까매지고 기미 생긴다고 싫어하잖아요.

박   흰 얼굴을 정말 선호하죠. 서양 사람들은 귀엽다고 주근깨를 좋아하거든요. 문화적인 차이가 커요. 우리나라 사람들이 유달리 흰 얼굴, 흰 피부를 선호하시고, 그리고 노화나 피부암의 원인이 되는 것은 주지의 사실이기 때문에 그런 측면에서는 피하는 것이 맞죠.

: 혈당과 중성지방은 스스로의 관리가 중요

지   비타민D 같은 경우에는 아까 말씀하신 이유로 먹어야 된다고 하셨는데요, 영양제를 하나면 먹는다면 비타민D를 고르라고도 하셨고요. 요즘 젊은 여성들은 피부를 생각해서 햇빛을 기피하다 보니까 비타민D 결핍 현상이 일어난다는 것이죠.

박 혈액의 농도를 보면 이분이 어떻게 사는 사람인지 알 수 있어요. 보통 30에서 50 정도가 정상인데, 정말 햇빛을 안 받는 분들은 측정 불가가 나와요. 10 이하, 5 이하로. 보통 여자분들, 도시에 있는 제 주변 여자분들은 10대 초반이 나오고, 남자분들은 15 정도가 나오더라고요. 그런데 비타민D를 먹어야 한다는 이야기를 듣고 열심히는 아니지만, 그래도 먹어본 사람은 20 전후로 나오거든요. 예전에는 100명을 검사하면 100명 다 결핍이었거든요. 다행히 요즘에는 검사를 해서 비타민D 농도를 체크하고, 골다공증 환자 농도를 체크해보면 열심히 챙겨 드시는 분들이 많아졌어요. 그런데 환자분들에게 '뭐 드시냐?'고 물어보면 영양제 먹는 것이 다섯 가지, 여섯 가지 나와요. 사실 정말 본인에게 필요한 것을 먹어야 도움이 되거든요. 그래도 하나만 딱 먹는다고 하면 비타민D를 드시라고 자신 있게, 저 말고도 모든 의사들이 자신 있게 이야기할 수 있는 부분입니다.

지 방송에서는 그것과 관련해서 명승권 박사와의 논쟁을 거부하겠다고 농담 삼아 이야기하셨죠.(웃음)

박 그것은 뭐였냐 하면요, 제가 그날 말한 오메가3는 중성지방 치료제로서의 오메가3예요. 명박사님은 오메가3를 건강 기능 식품으로 이야기하신 거고요. 함의가 달라요. 제가 어떻게 후배님의 말재주와 지식을 따라갈 수 있겠어요? 저는 못 해요.(웃음) 사실 오메가3는 좋은 중성지방 치료제예요. 중성지방 치료제가 별로 없기 때문에 원래 치료제로 쓰이는 파이브레이트라는 약을 못 쓰는 경우에는 오메가3 말고는 답이 없거든요. 단순히 건강 기능 식품 용도로 쓰는 것이 아니라, 두 배 내지 네 배 정도의 양을 써요. 굉장히 많은 고용량을 쓰죠. 치료제로서 말씀을 드린 거니까 당연히 해야 하는 겁니다. 명승권 박사님도 아마 치료에 대해서는 저랑 같은 이야기를 하실 거예요. 그분이 말씀하시는 것은 내가 수명을 늘리기 위해서, 암을 예방하기 위해서, 치매를 예방하기 위해서 먹는 것은 도움이 안 된다는 이야기예요. 모든 영양제는 나한테 결핍이 있을 때 도움이 됩니다. 보건의료연구원이라고 해서 근거중심의학을 하는 우리나라 공기업 단체가 있잖아요. 거기에서 발표한 것이 중요한 근거가 되는 영향력을 가진 단체예요. 거기서 비타민C를 리뷰해서 올린 적이 있어요. 비타민C가 감기를 예방하느냐 하는 큰 주제를 가지고 옛날부터 내려온 연구, 명박사님이 좋아하는 메타분석을 해보면,(웃음) 비타민C가 감기를 예방하지 못하는 것으로 나와요. 어떤 사람에 한해 예방이 되느냐하면 과일, 채소를 잘 안 먹는 사람들이에요. 평상시 비타민C 결핍이 있는 사람들에게는 예방 효과가 있어요. 영양소가 약이 되는 경우는 그게 부족한 사람한테뿐입니다. 다시 오메가3로 돌아와서, 오메가3를 제가 권유하는 경우는 이런 경우예요. 나이 드시면 비린내 때문에 생선을 못 먹는 분들이 많아요. 젊었을 때는 이것저것 잘 드셨는데 생선이 잘 안 넘어간다고 하시는 분들이 많거든요. 특히 등 푸른 생선. 그렇게 정말 생선을 안 드시는 분들은 오메가3를 드시는 것이 맞죠. 그런데 내가 생선을 잘 먹어요, 그러면 굳이 안 먹어도 되는 거예요. 또 중성지방이 높아서 치료를 할 때는 고중성지방혈증을 해결하기 위한 것인데, 그렇게 드시면 한 20~30% 정도 떨어지니까 그런 목적으로 사용을 하죠.

지 혈압이나 당뇨 같은 경우에는 약이 비교적 잘 듣는 편인데, 중성지방은 약이 조절할 수 있는 데 한계가 있고, 운동이나 식이요법이 중요할 수밖에 없다고 하셨어요. 의학계에서 중성지방 문제를 최근에 인식했기 때문에 그런 건가요?

박 그런 게 아니라, 진짜 약이 없어요. 오메가3랑 페노파이브레이트, 주로 쓸 수 있는 것은 이 두 가지밖에 없거든요. 나머지는 보조적으로 자잘하게 쓰는 거고요. 페노파이브레이트를 못 쓰는 경우들도 많아요. 콩팥이 안 좋은 경우도 못 쓰고, 돌 있는 분도 못 쓰고요. 경우가 아주 다양해요. 그리고 이 약이 떨어뜨릴 수 있는 것에도 한계가 있습니다. 항상 제가 하는 이야기가 매일 삼겹살을 먹어도 스타틴이라는 약을 쓰면 콜레스테롤을 정상으로 만들 수 있지만, 매일 술을 왕창 드시는 분들은 페노파이브레이트나 오메가3를 써서 정상으로 만들지 못하거든요. 환자가 해야 하는 것 중에 중요한 부분이 중성지방 조절입니다. 콜레스테롤, 혈압 조절은 상대적으로 덜 중요하지만, 딱히 중요하지 않은 부분은 없습니다. 혈당 조절이나 중성지방 조절은 좀 비슷하게 움직이거든요. 환자분이 어떻게 하는지가 중요한 질환들이죠.

: 유산소운동과 근력 운동의 필요

지 걷는 것만으로는 안 되기 때문에 근력 운동을 해야 한다고 하셨는데요, 추천할 만한 근력 운동은 무엇인가요?

박 나이가 있으셔서 내가 어떤 만성질환이 있고, 비만이다 하면 걷기 운동을 하시는 것이 맞아요. 조금 더 젊으신 분이 운동 효과를 제대로 보려면 유산소운동 중에서도 강도가 높아야 합니다. 그래야 시간을 줄일 수 있고, 운동은 숨이 차야 도움이 되거든요. 달리기를 하거나 자전거를 타거나 수영을 하셔야죠. 그것과 따로, 또 하나 꼭 해야 되는 것이 근력 운동이에요. 근력 운동은 일주일에 두 번을 하셔야 하고, 한 번에 20분씩 두 번 정도 하시면 됩니다. 사실은 온몸의 근육을 골고루 쓸 수 있게 운동을 해야 하는데, 그게 정확히 배워서 몸에 익숙하지 않으면 어렵잖아요. 남자들에게 가장 좋은 것은요, 남자분들 푸시업 많이 하시잖아요. 스쾃과 같이 하시면 되거든요. 처음부터 100개는 못 하죠. 차근차근 올려나가서 두 가지를 100개씩 하시면 충분한 운동이 됩니다. 처음에는 푸시업도 발끝으로 하면 너무 어려우니까 무릎을 대고 그렇게 시작하시는 거죠. 조금씩 강도를 높이다 보면 어느 순간 된다고 하더라고요. 사실 나이가 들었을 때 삶의 질이나 기력을 좌우하는 것이 근육인데요, 근육은 나이가 들면 모든 사람들이 다 빠져요. 빠지고 난 다음에 회복하는 것이 쉬울까요, 안 빠지게 지키는 것이 쉬울까요? 당연히 두 번째가 훨씬 쉽거든요. 그래서 유지를 위해서 필요한 것이 일주일에 최소한 두 번의 근력 운동이라는 거죠.

: 의사의 가장 중요한 덕목은 진단과 치료

지　동네 병원을 잘 활용하는 법 같은 것도 있을 듯한데요. 어떻게 해야 할까요?

박　아이고.(웃음) 재미있는 주제는 아니네요. 쓸데없다고 생각하는 질문 중 하나가 '친절하고 설명 잘하는 의사 찾아갈래, 무뚝뚝한데 수술 잘하는 의사를 찾아갈래?'예요. 당연히 수술 잘하는 의사를 찾아가야죠. 설명은 다른 데서 들으면 되니까요.(웃음) 의사는 진단 잘하고 치료를 잘하는 것이 가장 중요하다고 생각해요. 거기에서 너무 나가다 보니까 환자랑 소통이 안 돼서 환자를 인간이 아닌 질병으로 대한다는 이야기가 나오는데요, 다시 너무 이쪽으로 가다 보니까 본분, 의사가 하는 진단과 치료의 기능이 오히려 약해진 것 같습니다. 의사가 환자를 위로만 잘한다고 되는 건 아니거든요. 가장 중요한 것은 진단과 치료죠. 그런데 그 부분은 다소 본말이 전도되었어요. 저 같은 경우에는 진단과 치료를 잘하는, 수술을 잘하는 것이 의사로서 가장 중요한 덕목인 것 같아요. 그런 분을 찾아가셔야죠. 설명 잘해준다고 찾아가시면 안 되죠.(웃음) 가끔 저한테 의무 기록을 이만큼 복사해서 들고 오시는 분이 계세요. 정말 그것을 다 읽어볼 시간이 없어요. 대부분 큰 대학 병원에서 오시거든요. 그리고 그분이 모든 의무 기록을 가지고 오는 것도 아니라서 그걸로 다 알 수는 없어요. 시간도 안 되고, 남의 의무 기록을 봐도 잘 모르고요. 그런 경우에 그 병원 가정의학과 누구에게 가시라고 해요. 그러면 그 의사분은 의무 기록을 다 볼 수가 있잖아요. 병원의 전산망에 있으니까요. 원래 검사받은 병원에서 설명을 듣는 것이 맞거든요. 거기까지 진료비에 들어 있으니까요. 그래서 그렇게 하시라고 말씀을 드려요.

지 여전히 의사와 환자 사이에, 특히 환자분들이 의사분들을 불신하기 때문에 병원을 쇼핑한다든지 닥터 쇼핑을 하는 경우가 있는 것 같습니다. 그것을 개선하려면 어떻게 해야 할까요?

박 현재 의료 수가로는 어렵죠. 무지막지하게 환자를 많이 보지 않으면 안 되거든요. 의사가 월급을 받은 것만큼 돈을 벌어야 하잖아요. 그런데 몇 개 과를 제외하고는 그게 안 나오게 되어 있어요. 그러니 어떻게 친절하게 설명을 해요. 외래로 보다가 바쁘면 입원시켜서 천천히 보는 거죠. 그래서 많은 병원에서 설명해주는 간호사를 쓴다거나 또는 코디네이터가 대신 설명해주는 시스템을 꾸리고 있죠. 환자가 만족할 만큼 설명하는 것 자체도 가능한 일은 아닌 게요, 의사가 아닌 이상 아무리 인터넷을 보고 지식을 많이 알고 와도 의사가 이해하는 만큼 이해시키는 것이 가능하지 않거든요. 설명은 그렇게 하라고 교과서적으로 되어 있습니다. 하지만 가능한 일은 아니라고 봅니다.

지 요즘 들어서 성인병에 대해 문제의식을 가지고 검진을 받는 분들이 많은데요, 여전히 늦게 진단받는 분들도 많아 보입니다. 심각성에 비해 안이하게 생각하시는 것 같아요. 당뇨 같은 질환은 신경증이 오거나 실명이 되고, 족부 궤양으로 괴사가 와서 다리를 절단해야 하는 경우도 있다고 들었습니다. 증세가 없어서 놓치는 일도 많고, 환자들이 가장 먹지 않으려는 약 중 하나라고도 하더군요.

박 그렇죠. 그래서 2년에 한 번씩 또는 1년에 한 번씩 국가에서 나오는 검진 정도는 정말 기본이니까 받아야 합니다. 그것만 받으셔도 당뇨를 한참 놓치거나, 혈압을 한참 놓치거나 그런 일은 없거든요. 정말 꼭 받으셔야 됩니다. 그렇게 하시는 것이 좋아요. 환자분들은 내 건강 상태가 나빠져서 약의 양이 늘어나는데, 약의 양이 늘어난 것을 건강 상태가 나빠진 거라고 생각하세요. 원인과 결과를 다소 혼동하시는 부분이 있는데요. 제가 봤을 때는 나이가 들어서 점점 살이 찌고 있는데, 어릴 때의 옷을 입겠다는 것과 똑같은 거거든요. 약을 먹고 안 먹고는 차이가 많이 나는데, 약을 먹을 때 하나를 먹느냐, 두 개를 먹느냐는 아주 큰 차이는 아니에요. 일단은 약을 먹으면 가능한 한 정상에 맞게 맞춰놔야 우리가 원래 목적으로 하는, 그로 인해 오는 2차적인 질환(대표적으로 심혈관계 질환, 뇌졸중, 심장병이죠)을 예방할 수가 있습니다. 그러니까 제대로 약을 먹고, 필요하면 약을 올려야 하는 거죠. 약을 먹는다고 뇌졸중, 심장병이 100% 예방되는 것은 아니고요, 약이 내는 효과는 대부분의 질환에서 50% 정도로 봅니다. 50%는 약으로 줄일 수가 있고 나머지는 내가 건강 행동을 열심히 해서 줄이는 거죠.

: 처방받은 약은 꾸준히 먹어야

지   어쨌든 그런 질환은 조절하고 싶은 기간 동안 약을 평생 먹어야 하는 경우가 많은데요, 약을 먹기 싫어하는 사람들은 계속 언제 끊을 수 있냐는 질문을 많이 하시죠.(웃음)

박   그렇죠. 그래서 저는 항상 환자들에게 '선생님한테 이 약 드려봐야 제 주머니에 들어오는 거 하나도 없어요. 드셔야 되니까 처방하는 거예요'라고 이야기를 해요. 그리고 나서 이 말도 하죠. '제 신랑도 아닌데 이렇게까지 먹으라고 하는 건 필요하니까 그러지 않겠습니까' 하고요. 제가 여기서 뭐라도 더 받는 것이 있으면 모르겠는데, 하나도 없거든요. 오히려 제가 리스크만 지게 됩니다. 이 약으로 부작용이 생길 경우에 대한 리스크요. 교과서에 보면

이 정도면 약을 써라, 이 정도면 약을 올리라고 되어 있는 것처럼 누구나 다 받아들이는 지식이 있잖아요. 거기에 해당하니까 약을 드셔야 하는 거죠.

지 환자들을 진료하면서 잘못 알아서 건강에 나쁜 선택을 하는 것도 많이 보셨을 듯한데요, 어떤 경우가 있을까요?

박 아까 언뜻 이야기를 했는데, TV에 나오는 의사를 찾아다니는 환자분들이 꽤 많아요. 그분들은 TV에 나오는 모든 의사들에게 갔다가 제게도 오시거든요. 그러면 이렇게 다니지 마시라는 말씀을 드립니다. A병원에서 100만 원 쓰시고, B병원에서 100만 원을 쓰고 오세요. 그래서 '이러면 호구나 마찬가지입니다. 가셨던 병원 중에서 하나를 골라 계속 진료를 받으세요. 문제가 생기면 한곳에서 해결해야지 여기 가고 저기 가고 하면 계속 새로운 의사를 만나면서 똑같은 치료를 하고, 똑같은 약 쓰면서 부작용은 더 생길 수 있습니다'라고 이야기하죠. 말씀하신 쇼핑이에요. 이 점이 굉장히 중요합니다.

지 음모론을 신봉하시는 분들이 많습니다. 특히 제약 회사와 관련된 것이 많은데요, 고혈압 같은 경우에는 기준점만 살짝 내려도 환자군이 급격하게 늘어나기 때문에 제약 회사에서 압력을 넣어서 환자를 늘리는 것 아니냐고 생각하는 분들도 있어요.

박 임상 시험을 하는 것이 돈이 많이 들고, 시간이 많이 걸린다는 것을 코로나 때문에 전 국민이 다 알게 됐잖아요. 새로운 약에 대한 임상 시험은 정부에서 돈을 내는 것이 아니라 제약 회사가 내야 하니까요. 뭔가 돈이 벌릴 어떤 상황, 신약이 나오지 않으면 임상 시험에 너무 많은 비용이 드는 거예요. 그러니까 대부분 신약을 만들고, 신약은 처음에 나오면 특허 때문에 가격이 비싸죠. 그 전후에 임상 시험을 하다 보면 그 약에 대한 연구가 많이 나와요. 그럴 수밖에 없잖아요. 그것만 연구했으니까. 그래서 그 약만 좋다고 나와서 신약 쏠림 현상이 생기는 겁니다. 만약 정부가 비용을 대겠다고 하면 모든 사람이 얻을 수 있는 좋은 결과들을 얻을 수 있겠지만, 정부가 돈을 쓸 데가 얼마나 많은데요. 제약 회사 임상 시험까지 해주면 한쪽에서는 그것까지 지원하느냐고 하겠죠. 지금은 돈을 대는 주체에서 나온 결과가 조금 더 크게 포장되는 경우가 있어요. 현재 약에 대해서는 제약 회사가 할 수밖에 없기 때문에 신약을 만드는 회사에서 자꾸자꾸 새로운 약에 대한 데이터를 내고, 그것 때문에 매년 당뇨학회의 가이드라인이, 골다공증학회의 가이드라인이 바뀌는 것은 어쩔 수 없는 부분이 있습니다. 그래서 저는 개인적으로 새로 나와서 반응이 좋다는 약은 조금 있다가 씁니다. 다른 사람이 쓰고 난 다음에.(웃음)

지   데이터 때문에요.

박   결과들이 쌓이고, 그런 것을 본 다음에 처방하려는 거죠.

ː 슬기로운 음식 섭취 생활

지   〈왔다, 박교수!〉 영상 중에 '슬기로운 단백질 섭취 생활' 편이 조회 수가 제일 많았어요.

박   제가 요즘 단백질 논문을 계속 쓰고 있어요. 인터뷰도 자주 하는데요, 한 번도 배워보지 않은 지식이잖아요. 과일 많이 먹으라는 이야기는 많았어도요. 제가 3, 4년 떠들어서 이제는 단백질을 많이 챙겨 드시더라고요. 그래서 논문을 쓰고 있죠. 간혹 단백질 관련 회사에서 홍보 관련한 연락도 옵니다. 그런데 안 하죠.

지 고지혈증이나 당뇨의 경우 조심해야 될 음식을 보면 대부분은 '도대체 뭘 먹으란 말이야' 이런 반응이 제일 많을 것 같아요. 음식에 대해서 정확하게 알아야 하지만, 본인이 조리해서 먹지 않는 사람의 경우에는 난감할 것 같긴 합니다.

박 요즘에는 워낙 사서 먹을 수 있는 것이 많아요. 옛날과 다르잖아요. 집까지 배달도 해주고, 가격도 경쟁이 붙으면서 싸져요. 원칙은 똑같습니다. 밥 드시는데, 밥은 한 공기 다 드시지 말아야죠. 살찌고 싶은 사람은 제외하고요. 2/3 공기 정도 드시고, 소화가 잘되면 잡곡을 좀 섞어서 드시면 좋아요. 그리고 김치를 제외한 채소 반찬 두 가지, 단백질 반찬 한 가지, 이게 기본 식사거든요. 이대로 드시면 됩니다. 특별히 더 건강한 것이 있는 건 아니에요. 그런데 다들 채소에 대해서는 이야기를 많이 들으셨잖아요. 현미에 대해서도 들었고요. 저는 지금까지 듣지 못했던 단백질에 대해서 정리를 한 거죠. 그런데 제가 이야기한 대로 먹으려고 해도 쉽지는 않아요. 그게 사실 아주 복잡한 것은 아니거든요. 계란 크기만큼 단백질 반찬을 먹어라, 딱 이 이야기예요. 그런데 실제로 매 끼니 그렇게 챙겨먹는 건 쉽지 않더라고요. 어떨 때는 라면도 먹고 하니까요.

지 채소가 몸에 좋다고는 하지만, 양배추 예를 드신 것처럼 그것도 많이 먹으면 안 좋다는 말씀을 하셨죠.

박 다이어트용으로 양배추를 먹는 것이 안 좋은 거죠. 위를 크게 만드니까요. 양배추만 들입다 드시는 분들이 많습니다. 국수처럼 만들어서 라면 먹듯이 먹는 분도 있고요. 제가 드리고 싶은 말은, 그걸로 살을 뺄 수는 없다는 거예요. 그 식품이 안 좋다는 뜻은 아닙니다.

지 아, 그게 '의외로 살찌는 음식' 편에서 나온 거죠. 고구마, 믹스커피, 과일 주스, 바나나, 식빵, 떡, 저지방 요구르트, 견과류 등과 함께요.

박 그렇죠.

: 나이가 들수록 챙겨야 할 잘 먹고 잘 자기

지 방송에서도 말씀하셨지만 이런 말도 안 좋은데요. 무슨 일이 생기면 '너는 이 와중에 잠이 오냐? 이 와중에 밥이 넘어가냐?'고 하잖아요. 그 와중에도 잠은 자고 밥은 먹어야 될 텐데 말이죠.(웃음)

박 그렇죠. 이 와중에도 잠은 자야 합니다. 요즘 같은 때는 면역이 중요해요. 이 와중에도 밥은 먹어야죠. 그것도 면역에 중요합니다. 아니, 먹고살려고 하는 일인데, 먹고살지 못하면 어떻게 합니까?(웃음) 그런데 비교적 젊은 사람들은 조금 덜 자고, 덜 먹어도 괜찮은데요, 나이가 들수록 밥을 먹는 것이 정말 중요해요. 정말 노인이 되면 한 끼라도 안 드시면 체력이 확 떨어집니다. 하루 못 주무시면 1주일 넘게 고생을 하세요. 젊은 사람과 나이 든 사람이 건강을 위해서 해야 되는 일은 달라요. 나이가 들수록 더 중요합니다. 잘 자고, 잘 먹는 것이.

지 이 글을 읽으실 분들에게 마지막으로 해주고 싶은 말씀이 있다면요?

박 왕도가 없는 것 같습니다. 오늘 한 건강 행동들을 저금하듯이, 적금 들듯이 쌓아가는 거예요. 큰 변화를 주어야 한다고 생각하시지 마시고, 조금씩 할 수 있는 선에서 쌓아간다고 생각하세요. 마법 같은 왕도가 있거나, 확실한 건강 기능 식품이나 약이 있거나, 그런 의사가 있거나 하기를 바라시는데, 그런 건 없습니다. 그래서 매일 해야 하는 조금씩의 건강 행동들, 나를 위한 것들을 하는 편이 나중에 적금 타는 느낌을 받으실 수 있을 것 같습니다.

7.

듬직한
동네 병원,
정직한 동네 의사

송태호
송내과의원 원장

글과 방송을 통해 올바른 의학 상식을 알리고자 노력하는 내과 의사 송태호 원장을 만났다. 송원장은 중앙대학교 의과대학원에서 동맥경화에 대한 연구로 박사 학위를 받았고, 환자의 질병뿐만 아니라 환자가 가진 고민에도 관심이 많은 의사이다. "환자의 질병뿐 아니라 환자 자체에 관심을 쏟는 것이 올바른 진료이며 환자의 병을 낫게 하는 데 도움이 된다"는 소신을 가진 송원장은 자신을 '정직한 동네 의사'로 기억해줬으면 좋겠다고 말했다. 그는 의사로서 권위를 세우는 데 가장 중요한 것은 '정직'이라고 거듭 강조했다.

'내과는 최후의 방어선'이라고 말하는 송원장에게 만성질환자가 염두에 두어야할 것, 좋은 의사가 되기 위해 가져야 할 마음가짐, 건강검진 활용법 등에 대한 허심탄회한 생각을 들을 수 있었다.

: 진보주의가 부러운 보수주의 의사

지승호
(이하 지)
내과를 전공하게 된 특별한 이유가 있으신가요?

송태호
(이하 송)
보시다시피 칼잡이처럼 생겼죠.(웃음) 외과를 전공했을 것 같은데요, 제가 선천적으로 왼손잡이라는 핸디캡이 있습니다. 글씨 쓰는 것을 제외하고는 전부 왼손으로 하거든요. 그런데 수술방에 있는 것은 모두 오른손잡이 기구란 말이에요. 인턴을 하게 되면 수술방에 들어가잖아요. 집도의 맞은편에 치프 레지던트가 서고, 그 옆에 인턴이 서게 됩니다. 거기서는 왼손잡이가 굉장히 좋습니다. 수술 시야를 충분히 확보할 수 있거든요. 그런데 제가 직접 수술을 하려면 오른손으로 모든 것을 해야 합니다. 그게 핸디캡이 돼서 외과를 포기했죠. 물론 내과를 하고 싶은 생각도 있었습니다. 제가 학교 성적이 그렇게 썩 뛰어나지는 못해서 내과가 아닌 소아과를 하려고 했는데, 소아과에 저보다 월등히 뛰어난 사람이 있었어요.

지
정원이 한 명인데, 당시 1등이요.(웃음)

송
내과로 가기로 하고 인사를 하러 갔습니다. 그때 당시 치프 레지던트(레지던트 4년 차), 요즘은 안 그런데, 그때만 해도 군사부치프는 일체라는 이야기가 있었거든요.(웃음) 치프의 권한이 굉장히 막강했죠. 그 치프가 '네 성적으로 무슨 내과를 가려고 하냐'고 하더라고요. 떨어지면 군대 갔다 오려고 그냥 지원을 했습니다. 그런데 제가 인턴 평가를 잘 받았나 봐요. 시험을 잘 봤을 리는 없고요. 인턴은 몸으로 때우는 거니까 열심히 했다고 판단을 했나 봅니다.

지 방금 장비가 오른손 기구만 나와서 불리했다고 하셨는데요.

송 미국도 그래요.

지 야구 같은 경우를 보면 왼손 타자가 유리하잖아요. 왼손잡이가 30%쯤 된다고 들었거든요.

송 25% 정도 됩니다.

지 왼손 장비가 안 나오면 굉장한 손실 아닌가요? 왜 아직까지 그럴까요?

송 결국에는 돈이죠. 왼손잡이를 뽑으면 왼손 장비로 트레이닝을 시켜야 하고, 왼손으로 훈련된 사람들이 지속적으로 들어와 줘야 하는데 그러리라는 보장이 없잖아요. 사실 의학이라는 자체가 안전한 길로만 가는 거거든요. 물론 그렇게 되면 발전은 없는데요, 제가 판단할 때는 그런 것 같아요.

지 생명을 다루는 측면이 있기 때문에 보수적이라고 봐야 하는 건가요?

송 그렇죠. 의사들은 기본적으로 돌다리를 두들겨보고, '여기가 아닌 것 같고 더 좋은 길이 있나' 하고 다시 한번 확인하는 그런 족속이거든요. 남이 말하는 것은 절대로 믿지 않고, 내가 직접 봐야지 믿을 수 있는 거죠. 일단 기본적으로 그런 마인드를 가지고 있어야 합니다. 그래도 실수가 많은데요.

지 그래서 '진보주의가 부러운 보수주의 의사'라는 말씀을 하셨습니다. 그런 부분이 필요하기는 하지만, 그래도 의학도 발전을 해야 하기 때문에 진보를 포용해야 한다는 면에서 볼 때는 25%나 되는 왼손잡이의 편의를 봐주는 것도 진보가 아닐까요?

송 외국 같은 경우에는 있습니다. 수술장마다 왼손잡이 기구가 있을 겁니다. 그런데 왼손잡이가 오퍼레이터로 들어가게 되면 그 나머지도 다 왼손잡이여야 해요. 팀이 그렇게 꾸려져야 합니다. 그런 이유로 왼손잡이가 큰 핸디캡이 아닌가 생각이 듭니다. 막말로 이야기해서 혈관을 건드리고 있는데 옆에서 툭 쳐서 혈관을 자르게 되면 큰일 나는 거잖아요. 저는 수술장에 대한 로망이 있어서 대학 병원에 있을 때 제 환자가 수술한다고 하면 들어가서 봤습니다. 시간이 맞으면요. 들어가면 집도의 선생님서부터 '쟤 왜 왔어, 뭐 하러 왔어' 그러거든요.(웃음)

：동네 병원의 어려움과 보람

지 '동네 의사'라고 자칭하길 좋아하신다고 들었는데요, 동네 병원을 하시면서 가장 어려운 점은 어떤 것인가요?

송 경영이 어렵죠. 첫 번째로는 경영이고, 그다음에 최신 지식을 습득하는 데 있어서 어려움이 있죠. 아마 우리나라에서 모든 전문직을 통틀어 최신 지식을 끊임없이 습득해야 하는 직종은 의사밖에 없을 겁니다. 그런 데서 제한이 있죠. 그리고 결국에는 미비한 시설 문제도 있습니다. 모든 시설을 갖춰놓을 수는 없으니까 내가 환자를 어디까지 치료해야 될지를 결정해야 하는 거예요. 이 환자를 큰 병원으로 보낼 것인가, 내가 붙들고 계속 치료를 할 것인가, 그 결정에는 시설이 문제가 되니까요. 이런 것들이 상당히 안타깝죠.

지 반대로 보람을 느끼는 경우도 많으실 텐데요.

송 일단 동네 병원도 예전 우리 선배 시절에는 하루에 환자를 200~300명씩 봤거든요. 그러면 환자와의 소통이 가능할 수가 없습니다. 그런데 최근에는 쉬워요. 솔직히 대학 병원은 정해진 진료 시간에 이미 빽빽하게 예약이 되어 있잖아요. 그 환자들이 가벼운 환자들이 아니라, 모두 다 심각한 환자들이기 때문에 환자 개개인의 사정을 본다기보다는 환자의 검사 기록을 보는 것이죠. 그걸 보고, 검사 기록에서 내가 주의해야 할 것, 그다음에 환자가 주의해야 될 것, 그런 것 위주로 진료가 이루어집니다. 동네 병원에서는 그렇지가 않죠. 예를 들어 잠을 못 잔다고 하면, 대학 병원은 아마도 수면제를 처방할 거예요. 아니면 신경과나 정신건강의학과로 전과를 하든가 하겠죠. 그런데 동네 병원에서는 '왜 잠을 못 잘까요?' 하고 그 사람의 내밀한 생활을 어느 정도 확인해 볼 수 있는 그런 장점이 있죠.

지 외국 같은 경우에는 주치의 제도가 정착된 나라들도 있는데요, 한국은 아직 그런 상황은 아닌 것 같습니다. 제일 걸림돌이 되는 것은 무엇인가요?

송 결국에는 수가 문제입니다. 우리나라 보건 정책이 롤 모델로 삼고 있는 곳이 영국인 것 같은데요, 영국은 1년 동안 쓰는 예산이 8조 정도 됩니다. 우리나라와는 비교가 안 되는 상황이죠. 영국이 주치의 제도를 운영해요. 아주 재미있는 것이, 영국은 내가 환자를 몇 명 보느냐에 따라서 경제적인 이득이 있는 것이 아니에요. 내가 완전히 가지고 있는 환자가 몇 명이냐가 중요하죠. 내게 환자가 450명이 등록되어 있느냐, 500명이 등록되어 있느냐, 하는 식입니다. 그럼 어떻게 될 것 같으세요?

지 숫자를 늘리기 위해서 노력하게 되는 건가요?

송 숫자가 늘기는 쉽지가 않겠죠. 새 환자가 와야 하는 거잖아요. 그 러니까 환자를 안 봐요. 왜냐, 내가 환자를 안 봐도 그 비용이 나 오니까요. 그래서 거기에서는 하루에 스무 명만 봐도 되고, 열 명 만 봐도 됩니다. 인간이라고 하는 것이 뭔가 조금 더 향상되려는 그런 욕구를 가지고 있는데 그게 충족이 안 되는 겁니다. 영국의 실력 있는 의사들은 그 제도에서 빠져나가요. 사립으로 가죠. 내 가 환자를 본 만큼 내가 명성을 날리도록. 그러면 나머지는 누가 차지하느냐, 인도 등 외지에서 온 의사들이 차지하게 됩니다. 정 말 정부가 그것을 원하는지 모르겠어요. 싱가포르의 리콴유 총리 부인이 영국에 갔는데, 뇌졸중이 와서 CT를 찍어야 하는데 못 찍 어서 싱가포르로 다시 갔다고 하잖아요. 영연방, 특히 캐나다 같 은 경우 무릎관절 수술 대기 시간이 2년, 3년이어서 '수술하러 오 셔도 됩니다' 하면 '사망하셨습니다' 이런 경우도 많습니다. 정말 그걸 원하는 건가요?

지 어쨌든 한국의 의료 제도가 묘한 균형점을 잡고 있어서 세계적으로 모 범이 되는 것으로 알고 있는데요, 정부의 정책이 그런 부분을 지속적 으로 살려나가지 못할 수 있다는 의구심을 의사분들이 가지신 것 같습 니다.

송 일단 기본적으로는 전 세계에서 부러워하는 의료 제도가 생긴 데 있어서 의사들의 희생이 제일 크죠. 의사와 의료진, 간호사들을 포함해서. 넓게는 의료보조인까지요. 그분들의 희생이 당연히 클 수밖에 없어요. 제가 봤을 때는 결국 자원의 배분 문제가 되는 것 같아요. 우리나라처럼 희한한 나라가 없습니다. 의사가 되기 위해서 나라의 도움을 하나도 받지 않아요. 완전히 사기업이거든요. 그런데 그것을 공공재라고 공공연하게 말하고 있으니 외국에서 보면 '야 저건 무슨 얘기냐?' 그럴 수밖에 없죠. 그런데 정부 입장에서 보면 얼마나 매력적이겠어요. 적은 비용으로 의료 서비스를 제공할 수 있는데요. 그런데 그렇지가 못해요. 결국에는 그 손해를 환자가 보게 된다는 거죠. 아마 위정자들 본인은 손해를 보지 않을 거라고 생각하는 거죠. 누구나 그러듯이, 나만 아니면 돼.(웃음)

: 거대 자본이 투입되는 병원 운영

지　자기 전공 분야 치료에만 신경을 쓰다 보면, 전공 지식은 깊어지고 치료 노하우도 쌓이겠지만, 환자를 인격체가 아닌 장기의 조립품으로 보게 되는 경향이 있는 것 같다는 말씀을 하셨어요. 환자의 질병뿐 아니라 환자 본인에게 관심을 쏟는 것이 올바른 진료이며, 환자의 병을 빨리 낫게 하는 데 도움이 된다는 것이 선생님의 의사로서의 철학이신 듯합니다.

송　그런데 그럴 수 있는 형편은 아니죠. 심지어 대학 병원도 거대 자본이 들어오기 시작하면서 매주, 혹은 매월 '너는 매출을 얼마 올렸다'는 것이 보고가 되는 판국인데요. 아산병원이라고 하는 그런 거대 자본의 병원이 생기기 시작하면서 우리나라의 큰 병원 문화 자체가 많이 바뀌었습니다. 예전에는 대학 병원에서 돈을 번다는 개념이 없었죠. 환자가 돈을 못 내도 어쩔 수가 없는 거였어요. 지금은 어림도 없는 이야기죠.(웃음) 경영 기법 운운해가면서 모든 조직 자체가 돈을 버는 쪽으로 가는 겁니다. 그러니까 병원장 본인이 그룹의 계열사 사장이 되는 거예요. 그러면 그 사람들도 매년 실적에 목을 매달 수밖에 없거든요. 그래서 그런 것들을 지금 이야기하듯이 공공의료가 맡아줘야 하는 거죠. 공공의료를 늘리기 위한 노력이 과연 의사 수를 늘리는 것만으로 해결되겠느냐, 하면 모르겠어요. 이면에 어떤 생각을 가지고 있는지.

: 동네 병원과 건강검진 활용하기

지 예전에 비해서 건강보험 재정에서 동네 병원으로 들어오는 돈이 점점 줄어든다고 알고 있어요. 동네 병원은 계속 어려워진다는 이야기잖아요.

송 그렇죠.

지 동네 병원이 파산하면 국민들이 피해를 보는 상황이 올 수도 있겠네요.

송 지금 현재로서는 방법이 없습니다. 지금 현재, 제가 봤을 때는 레드 오션 중의 레드 오션입니다. 그런데 거기에 더해, 일단 의사들을 기득권이라고 생각하는 사람들이 많습니다. 기득권일 수도 있겠지만, 기득권이라고 지속적으로 주입하잖아요. 그런 상황에서는 방법이 없어요. 사실은 지금 의사가 돼서 나오시는 분들도 의과대학에 들어갔을 때 '나는 대학교에 남아서 연구를 하고, 후학을 양성하고, 환자들을 진료할 거야'라고 생각했겠지만, 그럴 수 있는 사람은 지극히 적어요. 결국은 동네로 나와야 하는데, 안타까운 상황인 거죠.

지 요즘 검진에 관련된 방송을 많이 하셨는데요, 국민건강보험공단에서 하는 건강검진에는 진찰이 빠져 있다고 하셨습니다. 검사를 받으면 수치만 알게 되죠. 건강검진은 어떻게 잘 활용해야 할까요?

송 건강검진을 받고 난 다음에는 결국 동네 병원이에요. 본인이 자주 다니는 병원에 건강검진 결과를 가지고 가서 나의 평소 증상과 잘 맞는 검사를 받았는지, 아니면 수박 겉 핥기 식의 검사였는지를 확인하세요. 필요하다면 빠진 부분을, 그쪽에서 '이런 이런 검사를 받았으면 좋겠다'는 일종의 검사 처방을 받을 수 있겠죠. 그런데 국가 검진을 통해 모든 검사를 다 할 수는 없습니다. 비용 대비 굉장히 큰 인구 규모를 다루기 때문에 함부로 의사들이 '이것을 국가 검진에 넣어야 한다' 이렇게 주장하지는 않아요. 그건 당연하죠. 가장 최근 추가된 것이 30년 이상 담배를 피운 사람을 대상으로 CT를 찍게 해주는 건데요, 엄밀히 말하면 형평에 어긋나거든요. 담배를 안 피운 사람은 CT 한번 찍을 기회가 없는 거잖아요. 그 사람들 중에서도 암 환자가 생겼는데, 발견을 못 할수도 있고요. 그렇게 CT를 찍음으로써 암이 아닌데 괜히 쓸데없이 검사를 해서 의료비가 높아질 수도 있고요. 그렇기 때문에 건강검진 항목을 늘리는 것은 쉬운 일은 아니에요.

지 성인병, 고혈압, 당뇨, 고지혈증 환자를 많이 보실 것 같습니다. 증상이 없다 보니까 병원에 잘 안 가게 되고, 증세가 한번 나타나기 시작하면 돌이키기 힘든 상황이 되죠.

송 결국 해답은 동네 병원이죠. 빨리 발견할 수 있는 것은 동네 병입니다. 병원에 갔을 때 감기로 갔다 해도 혈압 좀 체크해달라고 하세요. 손끝에서 혈당 체크도 충분히 가능합니다. 1년에 한 번은 혈액검사를 안 하는 사람이 없는데요, 고지혈증 검사를 해달라고 하면 됩니다. 그러니까 예전에 비해서 우리 평균 수명이 굉장히 늘었잖아요. 그게 어느 정도는 동네 의사의 덕이 크다고 생각합니다. 심혈관, 뇌혈관 질환, 암도 마찬가지지만 그런 질환을 조기에 발견해서 합병증으로 사망하는 것을 굉장히 많이 막았죠. 고혈압이나 당뇨 같은 경우에는 일단 일반 국민들이 어느 정도 인식을 하시고 계신데 반해, 정확히 이야기하면 이상지질혈증(고지혈증)이라고 하는 것에 대한 인식은 아직 약해요. 거기에 대해서는 의사들이 노력을 많이 해야겠죠. 그것도 낫는 병은 아니기 때문에 약을 계속 복용해야 하는데요, 먹다가 검사 결과가 괜찮아지면 안 먹는 경우가 많습니다. 아직 고혈압이나 당뇨도 진단을 받은 사람의 절반 정도만 치료를 잘 받고 있어요. 그리고 치료를 받는 사람들의 절반만 잘 조절이 됩니다.

지   약을 먹으면 조절이 되는 것 같으니까 호전됐다고 안 먹게 되는 경우가 많은 건가요? 혈압약의 경우 대개 12시간에서 24시간 효과가 지속된다고 들었거든요.

송   꼭 그렇지는 않습니다. 일반인들이 잘못 생각하는 것이 있어요. 고혈압, 당뇨는 약을 먹어야 한다는 것은 충분히 알고 있는데요, 약을 많이 먹으면 큰일이 나는 줄 알아요. 그건 그렇지가 않습니다. 약을 적게 먹건 많이 먹건 그게 중요한 것이 아니라, 자신의 혈압이나 혈당이 타깃 안에 들어오는 정도의 양을 먹어야 된다는 거죠. 사람마다 약에 대한 반응도 다 다르고, 흡수율이라든가 우리 몸에서 작용하는 약동학을 통해 알 수 있는 것들이 다 다르기 때문에 본인에게 맞는 만큼을 복용해야 합니다. 저는 그런 부분이 아마 나중에 AI에서 문제가 될 거라고 생각을 해요. 예를 들어서 혈압이 140 이상이면 약을 먹는다고 했을 때, 141이면 AI는 무조건 약을 먹일 거거든요. 그런데 의사는 꼭 그렇지가 않아요.

지 약을 한번 먹기 시작하면 못 끊는다고 생각하는 분들이 많은데요.

송 선후가 잘못된 거죠. 약을 먹어야 하기 때문에 계속 먹는 겁니다. 약을 먹었기 때문에 계속 먹어야 하는 것이 아니라요. 말도 안 되는 이야기죠. 약을 먹었기 때문에 계속 먹어야 되면 그게 무슨 마약인가요? 밥하고 똑같이 생각하면 되는 거예요. 밥을 왜 먹어요? 배가 고프니까 먹잖아요. 그러면 배가 안 고프면 밥을 안 먹어도 됩니다. 혈압약, 당뇨약, 고지혈증약도 마찬가지예요. 약을 안 먹고도 정상으로 잘 유지가 되면 안 먹어도 됩니다. 그렇게 안 되니까 먹는 거죠. 먹었기 때문에 계속 먹는 것이 아니라, 먹어야 하는데 안 먹고 있는 경우가 많은 거죠.

: 만성질환자가 기억할 세 가지

지 만성질환자가 잊지 말아야 할 세 가지를 말씀하신 적이 있죠. 첫째 환자임을 부정하지 마라, 둘째 환자는 학생이고 의사는 코치다, 셋째 임의로 약 복용을 중단하지 마라. 코치라는 것은 어떤 의미인가요?

송 학생의 반대말은 선생이잖아요. 선생은 가르치는 거고요. 그런데 의사는 환자를 가르치지는 않아요. 환자가 잘못되고 있는 것을 교정해주는 거죠. 타이거 우즈나 마이클 조던이 코치가 없나요? 있단 말이에요. 왜? 자기가 미세하게 잘못되어가고 있는 것을 자기는 모르거든요. 그래서 밖에서 보고 그걸 교정해주는 거죠. 너 지금 뭔가 잘못되어가고 있어, 이쪽으로 와야 해, 그렇게요.

지 그런 면에서 병을 대하는 환자의 자세에 대해서도 말씀을 많이 하셨는데요, 문제가 있는 환자들을 많이 보셨지요.

송 그걸 병식이라고 하거든요. 병에 대한 인식, 인사이트라고 합니다. 대부분의 환자들은 자기가 환자라는 사실을 자꾸 잊어버려요. 고혈압과 당뇨, 고지혈증 같은 만성질환뿐만이 아니라 어떤 병이건, 그 병의 끝에 대해서 이제는 일반인들이 얻을 수 있는 병의 지식 경로도 많기 때문에 다 알고 있거든요. 내가 환자인데, 환자가 아닌 것처럼 행동을 하면 안 좋은 쪽으로 갈 수밖에 없습니다. 그런데 그것을 자꾸 중간에 잊어버려요. 내가 환자라는 사실을요. 저는 고혈압이나 당뇨 환자인데 6개월 만에 한 번 가는 사람들은 대학 병원을 안 가도 된다고 봅니다. 동네 병원에 가야죠. 6개월 동안 병원에 안 가면 자기가 약을 먹으면서도 환자인 사실을 까먹어요. 한 달에 한 번씩 병원에 가서 의사 얼굴을 봐야 본인이 환자라는 것을 잊지 않습니다. 2주에 한 번씩 가면 더 좋겠죠.

지 환자들의 경우 병원용 수첩을 준비해서 물어보고 싶은 것을 적으면 자신의 병에 대해서 잘 알 수 있고, 그 전에 들었던 의사의 말도 적어둘 수 있다고 하셨어요.

송 거기에다가 자신의 기록을 담아놓는 거죠. 예방접종 같은 것도 내가 언제 뭘 맞았고 이런 부분을 다 안다면, 의사가 여태까지 이렇게 했으니까 앞으로 이런 예방접종을 하십시오, 라고 이야기를 해줄 수도 있고요. 이건 특별하게 큰 병이 없는 경우를 이야기하는 건데요, 언제쯤 추적 관찰 검사를 해봅시다, 이렇게 이야기해줄 수도 있고요. 병원에 기록이 쌓이면 쌓일수록 의사는 그 환자에 대해서 조금 더 알 수 있게 되는 거죠. 조언할 수 있는 심도가 깊어지죠. 그런데 동네 병원이 여러 군데 있다고 한 번은 여기 가고, 한 번은 여기 가고 이런 식으로 기록이 나눠지면, 제가 제일 갑갑한 것이 그거예요. 대학 병원에 가서 검사를 했대요. 뭘 했어요? 하니까 피검사를 했대요. 피검사 뭘 했는데요? 당연히 모르죠. 그런데 저에게 제대로 코치를 받으신 분들은 대학 병원에서 검사한 것을 비용을 들여서 뽑아 와요. 그러면 그곳 병원 의사보다 제가 자세히 설명해줄 수 있을 뿐만 아니라 그 기록이 우리 병원에 쌓이는 거죠. 그러면 환자에게 무슨 일이 생겼을 때 그것이 굉장히 중요한 자산이 됩니다.

: 내과는 최후의 방어선이다

지 '내과는 최후의 방어선이다'라는 표현도 하셨습니다.

송 실감이 잘 안 나세요? 큰 병원에서 수술을 한다거나 뭘 해서 중간에 잘못되면 중환자실로 가잖아요. 제일 먼저 하는 것이 내과에 컨설트를 하는 거예요. 자신들이 해줄 수 있는 것을 다 했는데도 안 되면 그다음에 내과가 맡아요. 저희는 제 동기들끼리 다 전우라고 하는데요, 우리가 무너지면 그 환자는 사망하는 겁니다.

대학 병원에 한한 이야기이긴 해요. 지금 저는 그럴 일이 없지만, 정말 받기 싫은 경우도 있거든요. 아, 저 환자 죽을 것 같은데, 그래도 내과기 때문에 받아야 합니다. 반대로 우리가 환자를 보다가 위급해져서 다른 과에 부탁하기도 해요. 예를 들면 심장 질환 환자들 중에서 항혈전제를 쓰다가 뇌출혈이 생겼단 말이에요. 그러면 그건 당연히 신경외과 선생님에게 가서 바짓가랑이 붙잡고 수술을 해달라고 매달려야죠. 그런데 신경외과 선생님도 여태까지 항혈전제를 썼는데 머리를 열면 피가 안 멎고 계속 날 텐데, 결과가 좋지 않을 거라고 예상하지만, 그래도 하긴 합니다. 다만 그런 경우가 다른 과에 비해서 많은 것이 내과입니다.

: 현대 의학에 비방이란 없다

지 환자들과 소통할 때 가장 중요시하는 것은 무엇일까요?

송 정직하게 이야기하는 거죠. 반대로 환자분의 입장으로 여쭤보면, 의사가 권위적인 것이 좋은 것 같나요? 친구 같은 것이 좋은 것 같나요?

지 둘 다 장단점이 있을 것 같은데요. 친절하면 좋을 것 같은데, 잘못하면 호통을 쳐주면 좋을 것 같기도 하고요.(웃음)

송 그럼 의사의 권위가 어디서 나온다고 생각하세요?

지 병을 잘 낫게 해주는 것 아닌가요? (웃음)

송 현대 의학은 비방이라는 것이 없어요. 누구에게 가든지 똑같은 치료를 받을 수 있다는 뜻이죠. 그런 상황에서 의사의 권위가 어디서 나올까요? 그것에 대해서 고민을 많이 했습니다. 친절한 태도는 요즘은 기본이라고 하지만, 친절하지만 권위 있는 의사가 되기 위해서 내가 어떻게 해야 할까, 그 답이 환자를 정직하게 대하는 것입니다. 검사 결과를 조금 과장해서 안 좋다고 이야기를 할 수도 있죠. 하지만 그렇게 해서는 안 됩니다. 그런 이야기를 듣고 저에게 진료 기록을 들고 오시는 분들을 제가 다시 검사해서 보면 안 그렇거든요. 자꾸 겁을 주면 환자는 잘 따라오죠. 겁이 나니까. 그런데 저는 환자에게 정직한 것이 가장 중요하다고 생각합니다.

지 이상과 현실의 차이가 있죠. 그리고 예전에는 수액을 놓아달라고 하면 필요 없다고 말씀하셨다가 태도가 다소 바뀌셨다고 들었습니다.

송 그래서 강호라는 말을 쓰는 겁니다.(웃음) 강호라고 하는 것이 무협지에서 나오는 말이죠. 어원 자체가 강과 호수죠. 수호지, 양산박 같은. 별의별 일들이 다 일어날 수 있는 상황이잖아요. 그런데 실제로 수액을 맞고 좋아져요.

지 플라시보 효과 같은 건가요?

송 그럴 수도 있지만, 당연히 치료 효과가 있다고도 예상할 수 있습니다. 밥을 잘 못 먹고 지쳐 있는 사람에게 수액을 놓으면 당연히 좋아지거든요. 그런데 예전에는 '수액을 맞는 것보다는 본인이 잘 먹도록 노력을 해라' 이렇게 이야기하던 것을, 이제는 '수액을 맞고 좋아지면 그때 잘 먹어라' 이렇게 하는 거죠. 일종의 경험이는 건데요, 교과서에는 나오지 않는 경험이 쌓인 겁니다. 한때는 그것을 타협이라고 생각했는데, 지금은 아니에요. 분명히 그 환자는 그렇게 해서 좋아졌던 기억이 있는 거예요.

지 직접 혈압을 재는 의사가 진정한 의사라는 말씀을 하셨어요. 자동 혈압계 수치를 믿지 않는다고 하셨잖아요. 그게 2014년도에 쓰신 글인데, 지금도 직접 재시나요?

송 네.

지 요즘 자동 혈압계가 좋아졌다고 하지 않으셨나요?(웃음)

송 네, 그런데 한 가지 맹점이 뭐냐 하면, 자동 혈압계를 제대로 재야 정확한 결과가 나오는데 제대로 재는 환자분들이 거의 없어요. 그래서 동영상으로도 찍어봤었어요. 방송에 출연할 기회가 있으니까 방송에서도 촬영해서 내보내자, 사람들에게 가르쳐주자고 했죠. 그런데 PD 선생님이 '이미 저희도 몇 번 했는데요. 그게 나오는 순간 채널이 돌아갑니다'라고 하셨죠.

지 정확하게 재지 않는다면 아무 의미가 없잖아요. 다리를 꼬고 재면 혈압이 올라가는 경우도 있다고 하던데요.

송 맞습니다. 올라가는 경우가 있는 것이 아니라 100% 올라가요.

: 잘못된 의학 상식을 바로잡는 노력

지 통풍 같은 경우 제 주변에도 맥주는 안 좋으니까 대신 소주를 마시는 사람들이 있는데요, 선생님은 알코올은 모두 안 좋다고 하셨잖아요. 그렇게 잘못 알고 있는 정보가 굉장히 많습니다.

송 사람들의 인식을 바꾸려면 아주 많은 노력이 필요합니다. 몇 년에 걸친 노력이요. 그것을 학회 차원에서도 충분히 인식하고 있습니다. 계속 이야기도 하고 있고요. 고혈압약이나 당뇨약을 꼭 복용해야 된다고 사람들이 알게 하는 데도 몇십 년이 걸렸어요. 그만큼 쉬운 일이 아니죠. 사실은 그런 역할을 공영방송이 해야 하거든요. 그런데 지금 대부분의 의약 프로그램들은 PPL 프로그램이란 말이에요. 그럼 그 사람들은 할 수가 없어요. 그런 콘텐츠를 만들 수가 없죠. 돈을 못 버니까요. 그래서 공영방송에서 역할을 해줄 필요가 있습니다.

지 의사분들은 코치기 때문에 선수가 평소에 건강을 잘 관리하고 자기가 뭔가 부족할 때 가서 코치에게 '제 자세가 어떻습니까? 몸이 어떻습니까?' 하고 물어볼 수 있잖아요. 뭘 알아야 코치도 받을 수 있는 건데요. 그걸 방송이든, 학교에서든 잘 가르쳐주지 않는 것 같습니다.

송 공무원들의 생각이겠죠. 국민은 개, 돼지다.(웃음) 일종의 우민화 정책. 아는 것이 많으면 많을수록 반발도 많아질 거고요. 사실은 KBS 같은 공영방송에서 의사들을 데리고 예능 프로그램처럼 재미있게 만들 수도 있죠. PPL 없이, 그야말로 순수하게 공익적인 목적으로요. 미국 같은 경우에는 스타 의사들이 많습니다. 스타라고 하는 것이 정말 셀러브리티 의사들, 방송을 주업으로 하는 의사들이죠. 신경외과 의사 중에 굉장히 유명하신 분 있잖아요. 그런 사람들이 영상을 하나 찍으면 하루 이틀 사이에 200~300만 명이 시청한단 말이에요. 우리나라도 그런 의사들을 키워야죠.

지 수면 내시경(의식하진정내시경)의 필요성에 대해서 의문을 제기하기도 하셨습니다. 보통은 아플 것 같다고 생각하니까 수면 내시경을 선호하죠.

송 그게 없었을 때도 다 했잖아요. 우리나라, 우리 민족의 특성 중 하나가 손재주가 굉장히 좋다는 거예요. 뭐든지, 기능올림픽이건, 운동 중에서도 손재주로 하는 것, 양궁이라든가, 이런 것들. 마찬가지로 의사들도 손재주가 굉장히 좋아요. 한국 사람이라서 아마 그럴 겁니다. 내시경을 하는데 조직 검사까지 해도 대개 10분 이내로 끝납니다. 그런데 수면 내시경을 하면서 프로포폴의 피해라든가, 약물에 중독되는 사람들이 생기기도 해요. 그뿐만이 아니라, 예를 들면요. 내시경으로 수술을 하는 경우가 있습니다. 조기 위암 수술 같은 것은 오래 걸리니까 그런 것까지 하지 말자는 뜻은 아니에요. 단순히 건강검진을 위한 내시경을 하는 데 있어서는 필요가 없을 것 같습니다. 의사의 실력을 점점 안 좋게 만드는 방법일 수도 있고요. 그리고 저 같은 경우에는 수면 내시경을 제대로 트레이닝 받은 적이 없습니다. 저는 기본적으로 제가 모르는 건 안 하는 것이 맞는다고 생각하거든요. 제가 실제로 내시경을 한 횟수는 2000~3000 케이스가 훨씬 넘어요. 의사는 뭔가를 할 때 그것이 최고로 안 좋아지면 어떻게 대처할 수 있는가가 보여야 하거든요. 막말로 꿰매는 것은 제가 잘 꿰매요. 물론 오른손으로 배워서 시간은 좀 걸리겠지만, 예쁘게 잘 꿰맬 수 있습니다. 그리고 꿰맨 부분이 당연히 잘 아물어서 실밥을 풀고, 치료가 끝나는 것도 제가 알아요. 그런데 그 중간에, 만약 그 부분에 궤양이 생기거나 상처가 더 악화되거나 했을 때는 어떻게 해야 하는지 저는 잘 모릅니다. 그건 안 해봤으니까요. 인턴 때는 거기까지 안 배우니까요. 제가 구태여 그것까지 보면서 꿰매는 시술까지 할 이유는 없거든요. 수면 내시경을 하려면 저희 병원에 최소한 기관지 삽관 기구도 있어야 해요. 일반적으로 그 정도 기구는 있어야 하겠죠. 내과 선생님들은 일단 있는 것 같아요. 그런데 내시경을 내과 선생님들만 하는 것이 아니란 말이죠. 우리나라는 의사 면허가 있으면, 전 세계가 다 마찬가지예요. 의사 면허만 있으면 모든 의료 행위를 할 수 있어요. 참 걱정이에요. 특히 저는 지금 내시경을 안 하거든요. 제가 내시경을 많이 했지만, 내시경을 할 때마다 너무너무 걱정이 됩니다. 조기 위암을 놓치면 어떻게 하나 하고. 놓치는 경우가 있는 병이거든요. 의사가 보다가 못 볼 수도 있어요. 그럼에도 불구하고 항상 '조직 검사를 할걸 그랬나', 내시경을 뽑고 나와서 검사가 끝났는데, '그거 할걸' 그렇게 후회하고. 지금은 안 하니까 너무 좋아요. 너무 좋아요.(웃음)

: 환자에게는 열성으로, 의사에게는 단호하게

지 선생님께 가장 영향을 주신 분은 어떤 분인가요? 의사로서의 철학을 형성하는 데요.

송 두 분 정도라고 볼 수 있는데요, 한 분은 돌아가셨어요. 우리나라 순환기내과의 시초라고, 선구자라고 할 수 있는 분이세요. 예전에는 내과도 분과가 없었거든요. 그냥 내과였다는 말이죠. 그중에서도 심장 쪽을 전공으로 하시고, 특히 제가 박사 학위를 땄던 동맥경화나 지질 대사 쪽에 관심을 가지고 연구를 하셨던 분이세요. 내과를 전공하게 되면 내과 의사라고 이야기를 합니다. 사실은 전문의를 따야 하지만, 전공의를 하겠다는 것이 전문의를 따겠다는 의지의 표현이니까요. 그렇게 되면 의국에서 청진기를 하나씩 선물합니다. 제가 가장 불만을 가진 것 중 하나가, 청진기가 나오는 여러 가지 포스터도 많고 그런데 거기 있는 청진기는 3000원짜리입니다. 왜 그걸 쓰는지 모르겠어요.(웃음) 그래서 좋은 청진기를 선물해주죠. 잘 들으라고요. 그런데 그 교수님은 3000원짜리를 쓰셨어요. 그런데도 저희보다 소리를 훨씬 더 잘 들으셨죠. '닥터 송, 청진할 때 중요한 건 청진기의 끝에서부터 여기까지가 아냐, 귀에서부터 머리까지지'라고 하셨어요. 제가 내과 수련을 받을 때만 해도 지금과 비교하면 굉장히 열악한 상황이었어요. 대학 병원에 있는 초음파도 지금보다 화질이 훨씬 안 좋았고 그마저도 고가였습니다. 어떻게 생각하면 지금보다 훨씬 더 비싼 거죠. 지금 2억 5000만 원인데, 예전에 1억이 넘었으면 지금보다 훨씬 고가인 셈이죠. 그래서 기계를 하나 구입하면 10년도 쓰고, 20년도 쓰고 그랬습니다. 기계는 사용하는 만큼 조금씩 화면 해상도가 안 좋아지고요. 굉장히 안 좋은 상황에서 검사를 해야 하는 겁니다. 그러면 우리는 기계도 안 바꿔주고, 잘 보이지도 않고, 그런 상황에서 좋은 기계를 탁 쓰니까, 와 이건 너무 좋은 거예요. 열악한 환경에서 트레이닝을 받은 효과라고도 볼 수 있는데요, 사실은 의사는 장비 탓을 하면 안 된다는 이야기죠. 이가 없으면 잇몸으로라도 해야 되는 상황이고요. 그 선생님이 제가 개원을 한다고 하니까 '뭐가 그렇게 급하다고, 공부를 좀 더 하지' 하셨는데요, 결국에는 계속 그런다고 해서 자리가 난다는 보장은 없으니까요. 그랬습니다. 굉장히 신사적인 분이에요. 싫은 소리도 안 하고, 그야말로 덕장이시죠. 환자에게 온화하게 대하지만 단호하셨고요. 그런 태도를 배웠습니다. 또 한 선생님은 그분과는 정반대의 스타일이셨어요. 아주 불같은 분이었죠. 잘못되면 차트가 날아다니고, 머리 깨져서 응급실 가서 꿰매고 오고, 정강이를 걷어차고, 전화기를 집어 던져서 그 선생님이 병동에 올라오면 전화기 다 치우고.(웃음) 주변에 던질 만한 것을 놔두면 안 되는 분이셨지만, 환자에게는 누구보다 열성적이셨어요. 내과 수련을 받으면서 가장 하기 싫었던 것을 따지자면 모텔러티 케이스라는 것이 있어요. 모텔러티의 뜻은 사망이죠. 곧 죽음의 원인이 뭔지를 여러 사람들 앞에서 발표하는 거예요. 그러면 그 차트를 하나하나 다 리뷰를 합니다. 우리 차트는 우리 차트지만, 간호 차트가 따로 있거든요. 간호 차트는 타임라인에 따라서 계속 기록이 돼요. 이 환자는 몇 시에 뭐가 어떻게 됐고, 몇 시에 어떻게 됐고, 몇 시에 누구에게 연락을 해서 의사가 내려와 보고 어떤 지시를 내렸고, 그게 몇 시에 시행이 됐고, 몇 시에 환자 상태가 안 좋아서 의사 누구에게 알림, 그런데 연락이 안 됨, 이런 것이 다 적힌다는 말이거든요. 그걸 보면서 내가 뭘 잘못했는지를 확인하는 거예요. 한마디로 말하면 인민재판인 거죠.(웃음) 정말 하기 싫어요. 한 번 하고 나면 아주…… 일반 사람들은 군대 두 번 가는 것이 제일 끔찍한 꿈이라고 하잖아요. 의사들은 레지던트 1년 차를 두 번 하는 것이 제일 끔찍한 일이거든요. 요즘은 모르겠습니다. 주 80시간이면 할 만할 것 같아요.(웃음) 레지던트의 어원을 아세요? 레지던스라는 말이 있죠. 거주자, 병원에 사는 사람이 레지던트인 거예요. 병원에 사는 사람, 어쩌다 가끔 '집에 다녀오겠습니다' 하고 갔다 오는 사람이 레지던트인 거죠.(웃음)

지 어쨌든 생명을 다루는 부분이다 보니까 경각심을 갖는 게 필요하죠. 환자에 대해서 열성적인 것은 좋지만, 요즘은 집어 던진다든가 하는 행동은 어렵지 않습니까? 젊은 사람들이 받아들이기는 쉽지 않을 것 같습니다. 그런 권위주의적인 문화를 바꿔야 하지 않느냐는 주장들도 있고요.

송 이제 제가 꼰대가 된 거겠죠.(웃음) 좋은 말로만 해서 잘되면 얼마나 좋겠습니까? 수능 상위 0.1% 친구들도 잘 안 되는 경우가 있거든요. 제가 학교 성적이 별로 안 좋았다고 했잖아요. 내과 1년 차가 됐는데, 아는 것이 그렇게 많지가 않은 거예요. 환자 상태는 계속 안 좋아지고요. 선배에게 물어보는 것도 한계가 있죠. 선배도 바쁜데요. 그러면 어쩔 수가 없어요. 책을 찾아보는 수밖에요. 제가 열심히 하면서 모르는 것을 선배에게 물어보면 가르쳐주는 거죠. 그런데 도제식이 잘 안 되면서 사실 지금 여러 가지 노하우, 교과서에 없는 이야기들이 전수가 잘 안 되고 있습니다. 저희 세대에서는 맞아가면서 배운 것은 안 잊어버린다는 말이 있었거든요.(웃음) 맞거나 혼나면서 배운 것은 절대 안 잊어버려요. 혼날 상황이 안 되게 하는 것이 제일 좋겠죠. 그런데 과연 수련을 받는 사람들이 그렇게 혼날 상황이 없을까요? 그렇게 혼날 상황이 자꾸 만들어졌을 때 그 손해는 누구에게 갈까요?

지 암묵지 같은 것들이 잘 전달되지 않고 없어진다는 건데요, 시간이 지나면 큰 손실이 될 수도 있겠네요.

송 맞습니다. 의학적인 지식은 그 친구들이 훨씬 더 많을 수 있겠죠. 왜냐하면 계속적으로 업데이트가 되고 있고, 그걸 강제적으로 접하기 쉬운 환경에 있으니까요. 논문을 반드시 읽고 발표해야 되는 경우들이 있습니다. 그런 면에서는 훨씬 좋죠. 지금 이런 것이 있어요. 군사부치프 일체라고 했잖아요. 치프나 위 연차로 올라갈수록 일이 편해져요. 1년 차들은 치프를 보면서 '저기까지만 버티면 되겠구나' 생각해요.(웃음) 그런데 지금은 치프도 바빠요. 치프가 아래 연차에게 뭔가를 가르쳐주고 싶은 생각이 들겠어요? 자신도 바쁜 데다가 막말로 이야기해서 우는 놈한테 떡 하나 더 주는 건데요. 옆에서 일하면서 보니까 상황이 별로 안 좋은 것 같은데, 와서 도움을 청하지도 않아요. 그리고 퇴근 시간 되면 인수인계하고 가려고 해요. 거기다 대놓고 '너, 이리로 와봐. 내가 뭘 좀 가르쳐줄게' 하는 건, 지금 세대에서는 꼰대거든요.

: 내과를 전공하려는 학생들에게

지   예전에는 내과나 외과가 공부를 잘하는 학생들이 가는 과였습니다.

송   시대에 따라서 달라져요. 불과 십 몇 년 전까지만 해도 내과는 항상 상위 클래스만이 지원을 할 수 있고, 내과를 하게 되면 주변 의사 선생님들에게 다 어느 정도 존경을 받았어요. 외과 파트에서 중환자실을 돌다 안 좋아지면 내과에 컨설트를 냈는데, 2년 차가 내려가면 '바쁘신 2년 차 선생님이 왜 내려왔냐'고 외과 과장님이 이야기할 정도예요. 1년 차만 내려와도 된다는 거죠. 그 정도로 병원 내에서도 인정을 받았던 과입니다. 지금은 어떤지 모르겠지만 미달도 된다고 하던데요. 내과가 미달되면 그 병원이 제대로 돌아갈까요?

지   내과를 전공하려는 이들에게 해주실 말씀은 없으신가요?

송   없습니다.(웃음) 각자도생, 복지부동. 아, 그건 이야기해줄 수 있습니다. 너희는 죽도록 고생을 할 것이고, 공부할 것도 많을 것이다, 하지만 그 속에서 보람을 찾는다면 그게 내과 의사다, 그건 말해줄 수가 있습니다. 그런데 지금 그런 것을 찾는 의대생들이 있을까요?

: 요양 병원 표준화라는 목표

지　좋은 요양 병원 고르는 방법에 대해서도 방송하셨는데요, 어떤 병원을 찾아가야 하나요?

송　우리나라 요양 병원이 앞으로 발전 가능성이 굉장히 많죠. 한 가지 안 좋아진 것은 갈수록 예전에 비해 수가를 박하게 준다는 겁니다. 좋은 인력들이 요양 병원을 하려는 생각을 점점 안 할 것 같아요. 거기서 반해서 사회적으로, 현재 가계 구조로 봐서는 요양 병원의 필요성이 점점 더 늘어날 거라는 말이죠. 뭔가 제대로 된 요양 병원의 정석적인 전범이 하나쯤은 있으면 좋겠다는 생각은 해요. 제가 환자를 보는 것이 힘들어지면 그런 쪽으로도, 다른 사람의 병원을 맡아서 하든지 그랬으면 하는 생각도 사실 있고요. 그렇게 해서 '요양 병원은 저렇게 해야지 요양 병원이라 할 수 있겠구나'라는 것을 보여주고 싶은데요, 그것도 결국 돈의 문제입니다. 일단 기본적으로 나라에서 뭘 해주는 것이 아니기 때문에 운영이 되어야 한단 말이죠.(웃음)

지　의사로서 목표가 있으실 텐데요.

송　국민을 계몽하는 것을 해보고 싶어요. 제가 지금 하는 진료 이외의 활동은 거기에 초점이 맞춰져 있습니다. 또 한 가지가 더 있어요. 제가 노인의학회 대외협력이사로 학회에 관여를 하고 있습니다. 노인 의학에서 요양 병원의 표준화를 한번 힘이 닿으면 해보고 싶습니다. 표준화라고 하는 것이 안 좋은 쪽으로 되면 안 되잖아요. 그렇죠? 꿈과 이상, 목표는 높아야죠. 용 그리려다 못 그리면 도마뱀이라도 되지만, 뱀 그리려다 못 그리면 지렁이밖에 안 되니까요.(웃음) 저는 항상 꿈과 목표는 높게 가지고 있어요.

: 정직한 동네 의사로 기억되고 싶어

지　특별한 계획은 없으신가요?

송　저는 강연을 좀 많이 해보고 싶어요. 방송은 양방향 소통이 어렵잖아요. 고정 출연을 하는 방송을 새로 시작했는데요, 방송에서 올바른 의학 지식을 전하고 싶지만 케이블 방송에는 어차피 PPL이 있어서 어려워요. 쉽게 예를 들면 건기식을 선전하는 건데, 건기식을 선전하더라도 기본적으로 의학적인 사실을 적시하는 것은 제가 감수를 해줘야 되니까요. 그런 데서 치우치지 않고 사실만을 이야기하면 편집되겠죠.(웃음) 그래도 누군가는 해야 하는 거죠. 송태호를 아는 사람은 송태호가 나와서 하는 이야기에는 거짓이 없다, 거짓이 없을 것이라는 생각을 하게끔 만들면 좋겠어요. 앞에서도 말했지만 거짓말을 안 하는 정직함, 그것이 의사로서의 권위를 세우는 데 가장 중요한 점인 것 같습니다.

지　어떤 의사로 기억되고 싶나, 이런 부분에서는 '정직한 의사'겠네요.

송 정직한 동네 의사로 기억되고 싶은 거죠.

지 훌륭한 의사가 되기 위해서는 어떤 마음을 가져야 한다고 생각하세요?

송 제가 의사가 가져야 할 기본적인 마음에 대해서 이야기한 적이 있는데요, 그게 '긍휼'이거든요. 사람을 불쌍하게 여기는 마음. 그게 가장 먼저고, 마지막 마음입니다. 환자가 왔는데, 저 사람이 불쌍하게 보여야 도와주는 거잖아요. 남을 불쌍하게 생각하려면 내가 높은 데 있어야 되겠더라고요. 그런데 내가 불쌍하면 환자가 돈으로 보이는 거예요. 우리가 성인이 아닌 이상 내가 가진 것이 없는데 남을 불쌍하게 여기기는 쉽지 않죠. 내 코가 석 자라는 이야기도 있잖아요. 저는 의사는 똑똑한 사람이 될 필요는 없다고 생각해요. 내가 아무리 똑똑하다 해도 의학 교과서를 다 기억할 수는 없잖아요. 그냥 끈기와 체력, 그리고 환자를 불쌍하게 생각하는 마음, 그 세 가지만 있으면 훌륭한 의사가 될 수 있다고 생각합니다. 체력이 없어도 안 되고, 끈기도 없어서는 안 됩니다. 경찰, 형사, 탐정과 똑같거든요. 주어진 객관적 자료를 가지고 범인을 잡아내고 병을 진단해내야 하는 거니까요. 끈기가 있어야 합니다. 모르면 책 찾아보면 되니까, 지식이 책 어디에 있는지만 알면 되죠. 머리가 좋을 필요는 없어요. 너무 낭비예요. 대한민국 0.1%가 의대에 오는 것은 낭비입니다. 그건 수많은 선배들이 다 증명한 거고요. 하지만 그 세 가지가 없으면 훌륭한 의사가 되기 힘들죠.

8.

사자의 심장과
매의 눈을
가지다

최영주
김안과병원 녹내장 센터 전문의

김안과병원 녹내장 센터에서 진료를 하고 있는 최영주 안과 전문의를 만났다. 지난 2021년, 17년을 운영한 신촌연세안과를 그만두고 김안과병원으로 옮긴 데는 어떤 사연이 있을 것 같아 첫 질문을 던졌다. 아끼던 병원을 닫을 무렵에는 원장실에서 매일 울기도 했다는 최영주 선생은, 지금의 병원에는 중환자가 많아 육체적으로 힘들긴 하지만 큰 보람을 느낀다는 소회를 털어놓았다.

그 외에도 좋은 안과 병원을 고르는 방법, 라식과 라섹 수술의 유의점, 안구건 조증이나 비문증에 대처하는 법 등에 대해 설명해주었다. 최영주 선생은 1년에 한 번만 안과 검진을 해도 피할 수 있는 병을 이미 악화된 상태로 찾아오는 안타까운 환자가 너무 많다며 정기적인 검진의 중요성을 강조했다.

: 학교를 졸업하고 지금의 병원으로 오기까지

지승호 김안과병원으로 옮기셨잖아요. 동아시아 최대 안과 전문 병원이라고 들
(이하 지) 었는데요, 옮기신 특별한 이유가 있으신가요?

최영주 그 이야기를 하려면 길어요.(웃음) 보시는 분들이 저에 대한 이해
(이하 최) 를 하려면 그 긴 이야기를 해야 될 것 같네요. 전문의 시험 공부
를 한다고 세브란스 의국에 동기들 열 명이 모여서 병원 일은 손
놓고 3개월 동안 책 파고 있을 때였죠. 저를 가르쳤던 안과 과장
님이 거의 1주일에 한 번씩 전화를 하셨어요. '너는 세브란스에서
펠로를 해야 된다'고 하시면서요. 저는 '내가 끝까지 대학교수로
서 지낼 수 있는 자격이 되나. 내가 그걸 할 수 있을까. 연구나 실
험 이런 것들, 가르치는 일을 제대로 할 수 있을까?'라는 생각을
했어요. 그때 저는 한번 발을 들이면 평생 그 길을 간다는 생각으
로 신중하게 결정해야 한다고 생각했거든요. 어설프게 대학교수
를 하다가 그다음에 자리를 옮기고 이런 인생의 변화를 주고 싶
은 생각은 그때는 없었어요. 그래서 과장님의 전화를 다섯 번 정
도 거절했습니다. 그래도 너무 강력하게 권유하셔서 펠로를 해야
하나 보다, 하고 들어갔는데, 그게 하다 보니까 정말 재미있는 거
예요.(웃음) 저의 의사로서의 인생을 쭉 되짚어보면서 '너는 언제
로 다시 돌아가고 싶니?'라고 물으면 저는 인턴과 레지던트 1년
차 시절이라고 할 거예요. 왜냐하면 가장 바빴지만 가장 보람 있
는 시간이었거든요. 그런데 펠로로 들어가 보니까 상상을 초월하
게 바빴습니다. 레지던트 1년 차만큼, 어쩌면 더 바빴을 거예요.
하는 일은 좀 레벨이 높아졌고요. 그래서 어떤 때는 교실에 남아
서 밤 열한 시 넘어서까지 학회 발표할 것들을 준비했어요. 포스

터니 비디오니 이런 것. 그러고 '내일 또 일을 해야 되니까 집에 가야지' 하고 병원 문을 나섰죠. 그때는 통금이 밤 열두 시였거든요. 길 건너 김밥 집에 불이 켜져 있는 거예요. 그걸 보는 순간 알았어요. 내가 저녁을 먹지 않았구나. 저녁을 안 먹고 그때까지 일하고 있었다는 것을 잊어버린 거예요. 학회에 한꺼번에 논문 일곱 개를 발표하던 시절이 있었거든요. 배고픈 것도 모르고 일하다가 김밥 하나 사 들고 집에 간 기억도 있어요. 제가 예상했던 길은 아니지만 윗사람들의 강력한 권유로 펠로를 하게 됐고, 펠로를 2년 하다 보니까 어떤 사명감 같은 게 생긴 것 같아요. 그래서 대학의 교수로 있는 것이 나의 길일 수 있겠구나 이런 생각을 했는데, 그때 마침 아주대학교 병원이 새로 개원했어요. 1994년 5월에요. 그래서 또 사람들이 필요하니까 제가 가게 됐어요. 제가 대학의 교수로 남을 역량은 아니었는데, 운이 좋았던 거죠. 진짜 이야기가 길어지지만 계속할게요.(웃음) 제가 유명한 사람도 아니지만 행보가 특이하기 때문에 언젠가 누가 저에 대해서 물어보면 정리를 한번 해야겠다는 생각이었는데, 잘 질문을 해주셨어요. 그렇게 되니 대학에 있는 것이 나의 운명인가 보다 했죠. 그런데 사람 인생이 계획대로 안 살아지잖아요. 그때 제 앞에 운명처럼 나타난 사람이 남편이에요.(웃음) 제 남편이 그때 미국에서 의과대학 교수를 하고 있었거든요. 그 사람과 결혼을 하게 됐는데, 결혼을 하면 부부가 같이 살아야 하잖아요. 둘 중 하나가 큰 이동을 해야 되죠. 제가 미국을 가든지 그 사람이 한국으로 나오든지. 그런데 그 사람은 연세대학교에서 저처럼 펠로를 하고, 레지던트 다 하고 미국 뉴욕으로 간 거였어요. 거기서 힘겹게 실험실에도 있었고, 인턴 레지던트도 다시 한 사람이에요. 고생을 많이 했죠. 그래서 겨우 자기의 꿈, 미국에 있는 주립 대학에서 교수로 남는 꿈을 이룬 거죠. 여자 하나 만났다고 한국으로 바로 나올 수는 없잖아요. 그건 제가 그 사람 입장이라도 그럴 것 같아요. 그래서 제가 갔습니다. 남들은 왜 의대 교수 그 좋은 자리를 버리고 쉽게 결정을 하느냐고 했는데요, 그 사람과 저의 위치를 생각하면 제가 가는 것이 맞았던 것 같아요. 그래서 거기서 몇 년을 살다 보니까, 저는 갈 때도 미국에서 의사를 안 하고 살 생각은 전혀 없었어요. 제가 태어난 이유도 아닌 것 같고, 제 부모님이 그렇게 가르치지도 않았고요. 그런데 결혼을 했으니까 자연스럽게 아이가 생기잖아요. 연년생으로 두 아이가 생겼죠. 아이들을 키우면서 제가 미국에서 우리 신랑처럼 인턴, 레지던트를 다시 해야겠나 싶더라고요. 그건 현실적으로도 불가능한 일이지만, 그럴 필요도 없다고 생각했죠. 제 남편은 필요가 있다고 생각해서 다시 한 것이고, 저는 아니라고 생각했어요. 내가 충분히 배웠는데, 그리고 가만히 보니까 미국 사람 수련과 한국 사람 수련이 별로 다를 것도 없는데, 내가 자존심 상하게 이걸 다시 해서 의사를 해야 되나, 이런 생각이 강했어요. 그래서 '나는 당신처럼 안 하겠다. 나는 내가 할 수 있는 한국으로 가겠다'라고 했죠. 결혼을 해서 그렇게 이야기한 것이 아니라 결혼하기 전부터 남편에게 받아놓은 약속이었어요. '나는 가서 가정주부로는 안 살 것이고, 미국에서는 나의 자격증을 인정 안 하는 것을 알고 있다. 하지만 바로 한국으로 가기에는 당신이 너무나 억울할 테니 우선 미국에 잠시 있다 한국에 돌아가면 좋겠다. 당신이 나와 결혼을 원한다면 이 약속을 지켜달라'고요. 그런데 저는 그걸 약속이라고 생각하고, 저의 신랑은 바람이라고 생각했나 봐요. 3년이 다 되어가는

데 이 사람이 미국에서 나갈 생각을 안 하는 거예요. 결혼 전 약속이고, 그래서 당신하고 결혼한 건데 왜 그러냐고 했죠. 남편은 막연하게 대개 여자들이 미국 생활을 좋아하니까, 또 아이들 키우기에 미국이 좋으니까 남들은 원정 출산도 하는데, 그런 생각을 했더라고요. 미국에서 살지 못해서 안달 난 사람들을 많이 봐 왔나 봐요. 자기가 미국에서 살면서 충분한 급여를 받아 오니까 제가 가정주부로서라도 미국 생활에 만족하며 살든지, 정 의사가 되고 싶으면 다시 자격증을 따든지, 하는 식으로 저와는 다른 생각을 하고 있었던 거죠.

지   동상이몽이었네요.

최   저는 그게 아님을 충분히 이야기했는데, '당신 혼자 다른 생각을 한 것이고, 이건 내 잘못도 아니고, 당신을 속인 것도 아니다. 당신과 결혼의 전제 조건이었고, 나는 한국으로 가야겠다'고 했죠. 그런데 3년이 지났는데도 남편이 꼼짝을 안 해요. 제가 우울해지기 시작했습니다. 어떻게 해야 되나, 하고. 아이는 둘이나 낳았는데. 그래서 어떻게 했느냐, 아이들을 데리고 한국으로 들어왔어요. 혼자요. 저로서는 충분히 기다린 거죠. 4년 반 만에 들어왔거든요. 미국에서 나올때 남편이 그러더라고요. 제가 당신은 언제 들어올 건데, 그랬더니 '한 4년 뒤' 이랬어요. 속으로 어떻게 가족 없이 4년을 살겠어, 길어야 2년이겠지, 라고 생각했는데요, 1년 만에 신랑이 들어왔죠. 결과적으로 보면 제가 남편에게 좀 미안해해야 해요. 그렇게 어렵게 인턴, 레지던트를 미국에서 다시 한 사람을 제가 들어오게 한 거니까요. 어쨌든 그렇게 한국에 돌아왔을 때 저도 알았죠. 오랫동안 공백기가 있으니까 대학에 갈 자리가 없다는 것을 알았어요. 그래서 알아보다 지금 있는 병원이 아닌 다른 안과 전문 병원에서 오라고 해서 갔습니다. 일하는 것도 괜찮았어요. 제가 치료를 해줘야 하는 환자들도 많고, 같이 일하는 사람들이 다 동문들이었거든요. 제 후배들요. 그래서 제가 진료부장을 하고, 괜찮았어요. 그런데 결국 나온 이유는 제게 원장을 하라고 해서였죠. 못 하겠더라고요. 그때 의사는 아니지만 본인이 그 병원을 만들었다고 생각하시고, 실제로 병원의 최고 핵심 인력인 어르신이 계셨거든요. 그분이 병원을 이끌어가고자 하는 생각과 제 밑의 젊은 남자 의사들의 생각이 달랐어요. 그런 상황에 제가 원장을 하면 가운데 끼인 사람이 되는 거잖아요. 이분의 생각을 의사들에게 전달하고, 의사들의 반발이 있으면 제가 중간에 끼고 그러면서 마음고생이 좀 많았어요. 저는 환자 진료 보고, 수술하고, 순수한 의사로서의 일을 하고자 의사가 된 건데, 제가 원치 않는 자리에 가게 생긴 거죠. 그렇게 하고 싶지는 않더라고요. 그러고 또 제게는 아이들이 있잖아요. 그래서 원장을 안 하겠다고 세 번을 거절했는데도 계속 하라고 하시더라고요. 제가 그 병원에 있는 한 거절하기가 어렵다는 것을 깨닫고 나올 생각을 한 거죠. 나올 마음을 먹고 대학 병원은 아니지만 꽹장히 큰 종합병원에 자리가 하나 있을 것 같아서 알아봤는데요, 저를 원장을 시키고 싶어 하는 그분과 저의 포지션을 정하는 데 큰 역할을 하고 있는 연세대학교 안과학교실의 당시 주임 교수 두 분의 합작으로 제가 그 병원을 못 가게 됐어요.(웃음) 그분들은 최영주가 그 병원을 못 가면 일하던 병원에 남아 있겠지, 남아서 원장을 하겠지, 쟤는 개업을 할 애가 아냐, 하고 생각을 하신 거죠. 물론 그렇지만 상황이 그렇게 되어서 할 수 없이 개업을 하게 됐습니다. 그때 동료 의사들 중에는 제가 오래 못 할 거라고 생각한 사람들이 많았어요. 그래서 동업하기로 한 후배 남자 의사가 제게 다짐을 받았어요. '선생님 몇 년 정도 개업의로 일할 것 같으세요?'라고 묻는 거예요. 자신은 없는데 제가 한 말에 책임을 져야 되잖아요. 그래서 5년간 개업의를 하겠다고 그 친구와 계약서를 작성하고 시작했습니다. 저도 5년 이상 버틸 거라고는 생각을 못 했거든요. 하다 보니까, 개업의 장점은 제가 원하는 식으로 제 병원을 운영할 수 있는 거더라고요. 제가 개원과는 안 맞는다고 생각을 했었는데요, 동업자만 잘 설득하면 제게 맞게 운영하는 것이 가능했죠. 그렇게 17년이나 하게 됐습니다. 저는 제가 거기서 은퇴하게 될 줄 알았어요. 그랬는데 동업자가 개인적인 사정으로 그만두게 된 거죠. 제 선택은 그러면 둘 중 하나인 거예요. 혼자 남아서 병원을 유지하든지, 나도 그만두든지. 처음에는 혼자 운영하려고 다각도로 검토를 많이 했습니다. 자식처럼 아끼던 병원이었으니까요. 그런데 너무 무리인 거예요. 병원을 폐업하는데 제가 한두 달 전부터 매일 울었어요. 우리 직원들은 모르지만, 자식 같은 병원을 버리는 것이 너무 슬퍼서 원장실에 들어가서 울었습니다. 혼자 하는 것이 힘들겠다는 판단을 한 것은 역시 기본적인 저의 마인드 때문이었죠. 의사는 진료와 수술이 우선되어야 되는데 동업자의 도움이 없으면 나머지 행정 업무까지 다해야 하는 거예요. 17년 동안 제가 가장 힘들었던 일이 직원 관리였거든요. 그동안 잘해오긴 했지만, 잘하기 위해서 제 속은 많이 썩어들어가고 탔습니다.(웃음) 그걸 도와줄 사람 없이 해야 하고, 진료와 수술도 이 나이에 혼자 해야 하고, 체력에 한계가 올 것도 같고, 그러면 환자들한테 집중을 못 할 것 같고, 결정적으로는 그래서 나는 혼자 병원을 이끌어갈 수 없겠다, 그건 의사로서 내가 바라는 것이 아니다, 해서 폐업을 했죠. 폐업한 다음에는 어디 갈지 선택도 제가 할 나름이잖아요. 마침 그때 코로나 사태가 일어났습니다. 몇 달 쉬고 집에 있어봤는데, 3개월이 지나니까 사는 것 같지가 않더라고요. 그리고 아직은 제 손재주가 아깝고 어딜 가도 나를 필요로 하는 환자들은 있을 것 같고요. 자만인지 모르겠지만 아직은 안과 의사 중에서 평균 이상의 실력은 되는 것 같고, 평균을 못 한다면 저는 스스로 의사 생활을 접을 사람이라고 생각합니다. 어디를 갈까 하는 생각이 있었는데, 몇 군데 안과 전문 병원에서 오퍼가 왔죠. 그중 김안과를 선택한 이유가, 여기에 대한민국 안과 의사들이 가장 존경하는 교수님이 계시거든요. 그분이 저와 전공이 같습니다. 녹내장을 전공하셨어요. 같은 대학을 나오지 않았고 제자로 있지도 않았지만, 익히 알고 있었죠. 그분이 어떤 삶을 살고 계시고, 모든 안과 의사들의 귀감이 되는 분이시라는 것을. 그래서 저는 그분이 안 계셨으면 제가 이 병원을 다른 병원과 똑같이 두고 어디를 골랐을지 잘 모르겠으나, 그 선생님이 계셨기 때문에 이곳에 오기로 결심한 겁니다.

지 녹내장 센터에 계시잖아요.

최 백내장 수술과 녹내장 수술을 주로 하죠.

지 개원하셨을 때와는 어떤 차이가 있나요?

최 많은 차이가 있습니다. 일단 개원가에는 상태가 심각한 중환자가 오지 않아요. 처음에 개업했을 때는 심심하더라고요. 그 전에 있던 안과 전문 병원에는 중환자가 많았고, 제가 고참이고 중환을 마다하지 않고 수술을 했던 사람이다 보니까 동료, 후배들이 눈 상태가 어려우면 다 저한테 넘겼거든요. 그렇게 백내장이고 녹내장이고 수술을 하다가 병원에 중환이 없으니까 심심했죠. 그런데 사람이 적응을 잘하더라고요.(웃음) 물론 지금 간 병원은 그렇지 않습니다. 나만 이렇게 느끼나 싶어서 동료 의사들이나 명예교수님께도 여쭤봤는데, 전국에서 중환자들이 가장 많이 오는 병원 같아요. 요즘은 중환에 밀려서 치여 살고 있습니다.

： 의사로서 갖춰야 할 소양과 경험

지　안과 의사로서의 장점에 대해서 중간에 낀 세대로서 과거의 수술과 현재의 수술 두 종류를 모두 경험해봤고, 다 할 수 있다는 점을 말씀하셨어요. 그때가 안과에서 기술적인 큰 변화가 있던 시기였나요?

최　그렇죠. 안과 수술의 꽃 하면 백내장 수술이거든요. 저보다 훨씬 옛날 세대에서는 백내장이면 수정체만 제거하고 내부에 인공 수정체를 못 넣었어요. 인공 수정체가 개발되기 전에 수술했던 분들은 정말 안타깝죠. 우리가 흔히 보는 안경의 몇 배나 되는 두꺼운 돋보기 같은 안경을 끼고 살 수밖에 없었어요. 그러다가 안에 넣는 인공 수정체가 나오고, 또 우리나라에서 초음파가 개발되어서 초음파로 백내장 수술을 하게 됐습니다. 그러다 보니까 눈의 절반, 거의 1센티미터를 열고 통째로 수정체를 꺼냈던 수정체 낭외적출술이 사라지고, 6밀리미터만 열어도 되는 초음파유화술이 도입됐죠. 그 시기에 제가 레지던트와 펠로를 했거든요. 본 것은 낭외적출술이고, 제가 처음 수술하게 됐을 때는 초음파로 시작한 거죠. 나중에는 더 진화되어서 접는 인공 수정체가 불과 몇 년 뒤에 나왔어요. 3밀리미터 또는 2밀리미터만 열고도 인공체를 넣을 수 있게 됐습니다. 그게 굉장히 오래됐죠. 결국 저는 백내장 수술에서 과거의 수정체를 통째로 꺼내서 열 바늘이나 꿰매야 되는 낭외적출술과 지금의 초음파유화술 둘을 다 보고 다 할 줄 아는 의사가 된 겁니다.

지 안과가 수익성이 떨어져서 미달되는 경향이 있다고 하던데요, 안과를 지망하려는 분들에게 해주실 말씀이 있으신가요?

최 그러니까 수익성 생각하면 안과를 하지 말아야 합니다.(웃음) 간단해요. 의사로서 사명감을 생각하고, 그다음 수술하는 것 좋아하고 그래야죠. 어떤 의사에게 질문을 하느냐에 따라서 답은 다를 텐데요, 저는 그렇게 생각합니다. 수익성을 생각하면 의사 하지 말고 다른 직업을 택해야죠. 쉽게 돈 버는 일. 쉽게 돈 버는 일이 뭐가 있겠습니까만은, 그래도 의사는 돈 벌 목적으로 하기에는 위험성도 많고, 책임져야 될 것도 많아요. 정신적인 스트레스도 있고요. 그런 것을 즐기지 못한다면 그다지 행복하지 않을 것 같습니다.

: 1년에 한 번은 예방적 안과 검진을 받아야

지 사람 몸이 천 냥이면 눈이 구백 냥이라고 이야기하죠. 하지만 평상시에 자각 증상이 없다 보니까 관리를 잘 안 하지 않습니까?

최 제가 개업했을 때도 느꼈는데요, 지금 있는 병원에 전국의 중환이 다 몰리다 보니까 너무 안타까운 사람들이 하루에도 여러 명씩 옵니다. 바로 그 때문인데요, 안과에 1년에 한 번씩만 가도 눈이 그렇게 안 되거든요. 그러면 환자도 좋고, 수술하는 의사도 편합니다. 쉬운 상태에서 수술을 하니까요. 그런데 말기 상태에서 눈의 앞에서 뒤까지 문제가 있는 상태로 오시면, 환자도 수술을 두 번 세 번 해도 정상 시력까지 회복될 가능성이 낮고, 의사도 중압감을 안고 수술을 하겠죠. 그런 일은 1년에 한 번씩 안과에 방문하는 것으로 미연에 방지할 수 있습니다.

지　병원에 가서 얻을 수 있는 이익은 너무 크고, 게을리했을 때 손해는 치명적이잖아요. 눈이 안 보인다는 것이 사람에게는 제일 답답한 일일 텐데요, 캠페인 등을 좀 더 적극적으로 해야 하지 않을까요?

최　제가 방송할 때마다 그 이야기는 빼놓지 않고 언급해왔습니다. 그리고 대한안과학회라는 곳이 있어요. 11월 11일이 눈의 날이거든요. 눈의 날 캠페인이라고 해서 '나이 마흔 넘으면 1년에 한 번씩 근처 안과에서 기본적인 점검을 하십시오' 이렇게 알리고 있는데요, 아직도 모르는 분이 계시고, 실천 안 하는 분들이 그렇게 많다는 거죠.

지　안과 검진의 경우 시력 변화가 없는 젊은 층의 경우 3~5년에 한 번씩 하면 된다고 하셨죠. 그리고 40세 이상, 가족이 녹내장이나 당뇨병이 있는 경우, 이전에 심한 안외상이 있었던 경우, 스테로이드제를 사용하는 경우 1~2년마다, 성장기와 소아 청소년은 6개월마다 하는 것이 좋다고 하셨습니다.

최　대부분이 그렇게 안 하고 있죠.

지　비용은 어느 정도 드나요?

최　시력 재고, 안압 재고, 기본적인 전안부는 현미경으로 의사가 보고, 그다음에 시신경 망막이 보이는 안저 촬영이라는 것을 하고, 기본적인 네 가지 검진을 하면 의료보험이 있는 분들은 본인 부담금이 제 기억으로는 2만 원이 넘지 않았던 것 같습니다. 그런데 말씀하신 대로 그런 예방을 위한 검진을 안 했을 때 급성 폐쇄성 녹내장이 오는 경우가 있어요. 안 보이는 눈이 아프지는 말아야 하잖아요. 그런데 아픕니다. 급성 폐쇄성 녹내장이 왔는데 그것을 진화시키는 시기를 며칠 놓쳤다, 그러면 눈 안에 구조적으로 엄청난 변화가 일어납니다. 며칠 전에도 그런 환자를 수술했는데요, 어떤 의사도 부담스러워서 손대기 싫어하는 눈 상태가 됩니다. 저는 찾아오셨으니 수술을 했고 다행히 잘 끝났지만, 수술 날짜를 잡고 나서 매일 밤 꿈속에서 그분 눈 수술을 했어요. 스트레스를 받아서요. 그런데 본인은 그런 상태로 나타나서 의사에게 안 좋은 이야기만 들으니 얼마나 속상하겠어요. '수술해봤자 시력이 완전히 돌아오지 않을 수 있다. 2차, 3차 수술이 또 필요할 수 있다' 이런 이야기를 들으면 환자 심정은 어떻겠냐고요. 딱하죠. 1년에 한 번씩만 병원을 다녔어도 미리 예방할 수 있었을 텐데요.

: 안과 진료를 잘 받기 위한 팁

지　안과 진료를 잘 받는 팁 같은 것이 있나요? 사용하는 안약을 가져간다, 갖고 있는 안경과 콘택트렌즈를 가져간다, 눈 화장을 안 하고 간다, 눈을 다친 적이 있으면 알려준다, 이런 말씀을 하셨어요.

최 제가 이야기를 다 한 것 같은데요, 하나 더 덧붙이겠습니다. 큰 병원으로 옮긴 다음에 큰 병원의 단점은 이런 거구나 하고 눈에 들어오는 것이 있어요. 대학 병원도 그렇고, 김안과병원처럼 큰 병원도 대학 병원처럼 운영하니까 환자 입장에서 불편한 것이 하나 있습니다. 전화로 예약을 하고 가요. 예약을 안 한 것도 아니에요. 앞에서 자기가 예약한 의사를 만나요. 그러면 의사는 그 사람 이야기를 들어보고, 현미경으로 눈을 본 다음에 이런저런 검사가 필요하다고 이야기를 합니다. 그러면 그날 검사가 안 되는 것도 있어요. 오전 일찍 가시면 가능하지만, 오후에 검사실이 밀려 있으면 검사가 안 되거든요. 그리고 오전에 검사를 했다고 하더라도 결과를 그날 못 들어요. 왜냐하면 자기를 본 의사는 오전에는 외래를 하고, 오후에는 수술방을 들어가거든요. 다른 날 또 가서 검사 결과와 판단을 들어야 합니다. 어떤 환자들은 자신의 눈이 어떤 상태인지를 알기 위해서 그 병원을 세 번 가야 하는 겁니다. 불편하죠. 그다음 대개 큰 병원은 개인 병원에서 문제가 있어서 의뢰로 오는 사람들이 많거든요. 그러면 어떤 개인 병원 원장님들은 노트를 적어주세요. 이 분 눈 상태는 어떻고, 그동안은 어떤 약을 썼고, 그간의 경과는 어떻고 그렇게 자세히 적어주시는 분들은 다행이에요. 그런데 그런 노트 없이 오시면 환자에 대한 의학 정보가 없잖아요. 저는 궁금하고 답답해죽겠는데, 환자분은 저한테 해주실 수 있는 이야기가 없으세요. 언제부터 안압이 높았는지, 어땠는지. 개인 병원을 다니시다가 큰 병원으로 옮기실 때는 그간의 경과 노트를 간단하게라도 받아 오시면 훨씬 소모되는 시간이 적어지죠. 빨리 파악이 가능하고요.

지 안압하고 혈압은 다른 개념이죠? 병원에서만 검사할 수 있나요?

최 그렇죠.

지 정기적으로 검진을 받아야만 알 수 있겠네요. 안압이 높으면 어떤 점이 안 좋나요?

최 안압이 높으면 시신경이 손상을 받아서 시야결손이 생기고, 결국 녹내장이 생기는 거죠. 녹내장 말기까지도 치료를 안 하면 실명이 되는 거고요. 녹내장은 세계적으로 3대 실명 원인 중 하나입니다. 그리고 안압이 서서히 오르면 환자에게 통증은 주지 않고, 시기능은 떨어뜨리는 거고요. 어떤 유형의 녹내장은 몇 시간 만에, 반나절도 안 되는 시간에 갑자기 안압이 급격히 상승하거든요. 그럴 때는 통증도 굉장히 심합니다.

지 급성인 거네요.

최 그렇죠. 급성 녹내장.

: 결코 가볍지 않은 질환, 안구건조증

지 요즘 젊은 분들은 스마트폰이나 PC 모니터를 굉장히 많이 봅니다. 몰입하다 보면 아무래도 눈을 쉴 수 없고요. 일정한 시간을 보면 쉬어주라고 하셨고, 20분 – 20피트 – 20초의 법칙을 말씀하셨는데, 그걸 머릿속에 새기려면 어떻게 해야 하나요? (웃음)

최 답이 없을걸요. 많이 힘들어야 되겠죠. 건조증으로 많이 시달려봐야 관리에 대한 필요성을 느낄 테니까요. 알려졌는데 안 지키는 것을 어쩌겠습니까?(웃음) 환자들도 쓴 약은 싫어해서 의사가 야단치는 것을 안 좋아합니다. 좋은 말로 알려드렸는데 안 피곤하고 살 방법을 안 지키면 어떻게 하겠어요? 같이 사는 가족도 아닌데, 감시할 수도 없고요.(웃음)

지 안구건조증의 근본적인 치료는 어려운 거죠? 제가 만난 팟캐스트 진행자 한 분도 눈을 감고 인터뷰를 해서 피곤하신가 했는데, 안구건조증이 심해서 그렇다고 말씀하시더라고요.

최 제가 안구건조증 전문가는 아니지만 개업했으니까 환자를 많이 봤습니다. 안구건조증도 정도의 차이가 아주 심해요. 그런데 젊은이들은 중증 건조증은 아니에요. 생활에 의한 건조증이니까요. 그분들은 20분 뭔가를 들여다봤으면 20초라도 20피트, 즉 6미터 이상 멀리 있는 것을 보면서 눈을 풀어주든지, 잠시 눈을 감았다 뜨는 것만으로도 건강을 유지할 수 있습니다. 작가님이 만난 그분은 각막 병변이 있을 수가 있어요. 그 정도로 눈을 잘 못 뜨시면, 상피가 헐었거나 염증이 많거나, 오래되어서 신경도 둔해졌거나 하는 거죠. 그런 분은 전문적인 각막 진료를 받으셔야 합니다. 고전적인 치료 말고도 약도 전문적으로 쓰고, 치료도 몇 달 받으시는 것이 좋죠. 안검염이 동반되는 분도 꽤 있어요. 그러면 안검염까지 같이 치료해야 건조증이 치료가 되지, 인공 눈물만 넣고 안검염을 치료하지 않으면 안 고쳐져요. 건조증도 유형별로, 심한 정도별로 전문가를 만나서 관리받는 것이 좋습니다. 고령층은 특히 그렇습니다. 그리고 젊은 층이라 하더라도 인공 눈물을 넣고, 제가 말한 20-20-20을 했는데도 여전히 불편하다면 한 번쯤은 전문적인 진료를 받으실 필요가 있죠.

지   당뇨 걸리면 시신경이 공격당하잖아요.

최   망막을 공격해요.

지   병원에서 그 부분을 잘 안 알려주더라고요. 저도 방송을 보고 알게 됐습니다.

최   과거에는 그랬는데, 요새는 내과에서 안과로 보내서 많이들 오세요. 당뇨로 내과를 다니시면, 내과 선생님이 당뇨를 오래 앓으면 당뇨 망막증이 올 수 있으니까 안과를 가라는 이야기를 하시죠. 건강검진 하실 때도 당뇨 있으면 안과 검진이 필요하다고 안내하고요. 그래서 요즘은 그런 우려가 많이 줄었어요.

: 눈 관리의 첫 번째는 손을 대지 않는 것

지   평소에 눈을 잘 관리하는 방법이 있나요? 눈곱을 떼지 마라, 아침에 세수할 때 눈을 세척해서는 안 된다고도 하셨고요.

최   일단 눈은 손대서 좋을 것이 하나도 없어요.

지   요즘은 손을 많이 씻어서 눈병이 줄었다면서요.

최   그렇죠. 눈을 비벼서는 안 됩니다. 안약 넣을 때 말고는 눈을 만지지 말라고 이야기를 하는데요, 눈 비비는 사람이 정말 많아요. 건조증 증상 중 하나가 눈에 이물이 들어간 것 같은 느낌이거든요. 건조하면 각막 상피가 떨어져나가요. 각막 상피가 탈락된 자리에는 각막 신경이 공기를 만나죠. 우리 각막 신경은 굉장히 예민해서 속눈썹 빠진 것만 각막 앞에 묻어도 따끔거리고 많이 아프거든요. 근데 상피가 떨어져나간 자리는 더 바늘로 콕콕 쑤시는 것 같아요. 모래가 들어간 듯한 이물감이 있어요. 눈에 이물감이 느껴진다, 그러면 뭐가 있다고 생각해서 수돗물로 헹궈내시는 분들도 꽤 있는데요, 건조해서 상피가 탈락되었는데 수돗물로 헹구면 더 안 좋아지거든요. 눈은 비비지도 말고, 손대지도 말고, 수돗물로 헹구지도 말고, 안약 넣을 때 말고 안 만진다 생각하는 것이 좋습니다. 그리고 초반에 말씀하신 정기검진이 중요해요. 스무 살 이하의 한창 자라는 청소년들은 근시가 많잖아요. 키가 크면서 진행되거든요. 그때마다 안경을 바꿔줘야 해요. 아이가 그림을 보고 저게 비행기다, 꽃이다, 새다, 말로 표현할 수 있는 나이가 되면 시력 검진을 해야 합니다. 6개월에 한 번 정도씩. 스무 살이 넘었다, 그러면 키가 다 컸죠. 그러면 근시 진행이 더 이상 안 되거든요. 그래서 스무 살 때 안과에서 눈에 아무 문제가 없고 건강하다는 이야기를 들었으면, 특별한 가족력이나 당뇨 같은 병이 없으면 3~5년에 한 번 검진하면 됩니다. 그런데 마흔 살이 되면 누구나 다 성인병이 올 수 있잖아요. 내과적으로는 당뇨, 고혈압이 올 수 있고 안과적으로도 백내장, 녹내장, 황반 변성이 올 수 있습니다. 그때부터는 1년에 한 번씩 검진하면 안전하죠. 그리고 눈에 이상 증세가 느껴진다 하면 내가 나이 들었으니까 그렇지, 하고 치부하지 마시고요. 그게 노안이 아니라, 노화로 눈에 오는 성인병일 수도 있으니까 연세 드신 분들, 70대, 80대 이런 분들은 증상이 느껴지면 근처 안과에 가서 눈을 확인해보시길 바랍니다.

: 라식, 라섹 수술과 노안 교정

지　라식이나 라섹을 한다면 어떤 주의 사항이 있을까요?

최　솔직히 말씀드리면 일단 라식, 라섹 수술은 기계가 거의 다 합니다. 제가 언제 방송에서도 이야기했는데, 기계가 하는 역할이 크고, 의사가 하는 역할은 작아요. 안전한 눈에 수술을 하는가, 그것이 가장 중요하죠. 그건 의사마다 생각이 다를 수가 있고요. 경험에 의한 판단이 다를 수가 있어요.

지　진단이 중요하다는 이야기네요.

최　그렇죠. 수술의 안정성에 대한 평가죠. 의사마다 생각이 조금씩 차이가 나거든요. 그래서 수술해도 되는 눈에 수술을 하는가, 라는 것을 정밀 검사를 통해서 제대로 판단을 받고 하시면 대개는 안전해요. 의사의 손보다는 기계에 많이 영향을 받기 때문에 검증된 기계로 수술을 하시면 생활하시는 데 무척 편리합니다. 그러니까 저도 제 눈에 라섹을 했겠죠.

지　특정 직업군, 작가군에는 권하지 않는다고 하셨어요.

최　지금도 계속 노트북 두들기고 계시잖아요. 노안이 오신 연세 같아요. 멀리 보는 시력은 좋으신가요?

지　아니요. 좋지 않습니다.

최　그런 것 같아요. 제가 어떻게 알았냐 하면, 지금 돋보기를 안 쓰고 타이핑을 잘하고 계시다는 것은 약간 근시가 있어서예요. 그 대신 멀리는 100점을 못 보시거든요. 100점을 보길 원했다면 젊었을 때 라식, 라섹을 생각해보셨을 거예요. 그랬다면 먼 곳은 아주 잘 봐요. 하지만 그러면 타이핑하실 때 돋보기를 쓰셔야 됩니다. 멀리 잘 보는 정시안들은 근거리를 볼 때 노안 때문에 돋보기가 필요하니까요. 그래서 평생 주로 근거리를 봐야 하는 분들은 제가 자발적으로 하기를 권하지는 않습니다.

지　불편하지 않으면 안 해도 된다는 건가요?

최　라식, 라섹은 본인 생활이 불편해서 하는 것이지, 병이 있어서 꼭 해야 하는 수술이 아니니까요.

지　안과 의사 중에서는 노안 교정 수술을 하는 분이 거의 없다고 하셨잖아요.

최　그런 말을 했죠.

지　상황이 바뀌었나요?

최　바뀌었다기보다는 그 뒤로 본인 눈에 노안 교정이 되는 다초점 인공수정체를 넣은 의사를 둘 알고 있습니다. 두 분 다 백내장이 생겨서 어차피 수술을 해야 되니까, 이왕 안에 인공수정체를 넣어야 하니 돋보기를 덜 끼기 위해서 다초점 인공수정체를 넣은 것이죠. 병이 없는 눈에 노안 교정만을 위해서 수술을 하는 의사는 저는 아직까지 만나본 적이 없고, 들은 적도 없습니다. 없을 것 같아요. 방송에서는 그 부분을 이야기했을 겁니다. 다초점 인공수정체 중에 어떤 인공수정체는 돋보기는 벗을 수 있지만, 수술 후에 선명하게 보이는 정도가 떨어지고 흐리게 보이고, 작은 것을 보는 해상도가 떨어지고, 빛이 번져 보이고 하는 유형이 있어요. 또 어떤 종류는 앞에서 이야기한 것들의 단점이 보완되지만 돋보기를 완전히 벗을 수는 없고, 일상생활은 가능하지만 아주 작고 세밀한 것을 볼 때는 얇은 돋보기가 필요합니다. 다초점 렌즈도 종류가 많거든요. 저는 후자에 속하는 굴절형 다초점 렌즈를 제 눈에 넣고 싶어요. 그래서 저희 엄마 눈에도 그렇게 굴절형 이중 초점이라고 부르기도 하고 다초점이라고 부르기도 하는 렌즈를 넣어드렸어요. 홍혜걸 박사님께서도 본인의 아버님이 백내장 수술을 하셔야 됐을 때 감사하게도 저를 믿어주셔서 같은 모델의 인공수정체를 도수만 조금 근거리로 넣어드렸죠. 아버님이 신문을 맨눈으로 보고 싶다고 하셨거든요. 두 분께 그 렌즈를 넣어드렸던 이유가 있어요. 한 분은 제 엄마예요. 엄마 눈이 편해야 제가 편하잖아요. 한 분은 대한민국에서 가장 널리 알려진 의학 전문 기자의 아버님이세요. 그런데 그분이 불편해하시면 의사로서의 제 명성에 치명타를 입는 거죠. 그래서 신중하게 생각해서 결정했습니다. 신중하게 생각을 했다는 뜻은 내 눈에 백내장이 오면 나는 뭘 넣을까를 생각한 건데요, 저도 그 렌즈를 넣고 싶어서 두 분께 넣어드렸죠. 저도 돋보기 쓰기 싫거든요. 두 분 다 잘 생활하고 계세요.

: 안과 병원을 고를 때 염두에 둘 사항

지　아까 말씀하셨듯이 의사분들마다 의학적인 견해가 다르고, 그렇다 보니까 본인에게 잘 맞는 병원을 골라서 가야 하겠죠. 안과 병원을 고를 때 어떤 것을 염두에 두면 좋을까요?

최 큰 병원을 찾아가기 전에 집에서 부담 없이 갈 수 있는 병원 중에 개원가를 찾아가세요. 첫 번째 검진을 위해서 이왕이면 아주 젊은 의사 말고, 수련이 끝나고 바로 개업한 경험 없는 의사 말고 나이가 적어도 40대 중반 이상이신 분을 선택하시는 게 좋아요. 이렇게 이야기하면 그분들이 뭐라고 할지도 모르겠는데요.(웃음) 제가 아직은 그렇게 영향력이 큰 사람이 아니라 대한민국의 평범한 의사로서 의견을 이야기하는 거니까 상관없을 것 같아요.(웃음) 혼자 하는 병원보다는 두 명 또는 그 이상이 하는 병원이 좋습니다. 그 이유는 혼자 하게 되면 수련이 끝난 직후에 의학 지식이 따끈따끈해요. 신지식으로 무장되어 있습니다. 그런데 10년, 20년 지나면 병원을 지켜야 되니까 학회를 못 가요. 학회에 가야 신지식을 습득하는데 못 가니까 계속 몇십 년 전의 것으로 진료를 하고 있을 수 있거든요. 그다음에 또 혼자 하다 보니까 자기가 모든 것을 잘 알 수는 없잖아요. 눈은 작지만 그 안에 네다섯 개의 세부 분야가 있거든요. 저는 녹내장을 전공해서 녹내장, 백내장을 잘 알지만 각막은 잘 몰랐어요. 다행히 제 동업자가 각막을 관심 있게 공부했어요. 각막 환자를 보면 그 친구에게 물어봤죠. 둘이나 셋이나 이렇게 있으면 구성원의 나이 차도 있을 수 있거든요. 저희 병원에서는 제가 나이가 많았죠. 그러다 보니까 저는 오랜 경력이 있어요. 젊은 의사들은 그 경험을 듣는 거고, 저는 트레이닝이 끝난 지 얼마 안 된 저보다 젊은 의사들에게 신지식을 듣는 거예요. 서로 부족한 부분을 보완하는 겁니다. 그런 콤비가 있는 병원으로 가시면 좋아요. 그다음에 물론 환자들은 전문 지식이 없으니까 본인의 눈이 왜 그런지 확실히는 모르지만, 만약에 1차 병원이나 개원가나 아니면 과거 병력이나 이런 것들로 대충 내 눈의 문제가 감이 잡히시거나 들은 바가 있다면, 이왕이면 그 분야를 전공하신 분들에게 가면 좋잖아요. 홈페이지에 들어가면 보통 의사 선생님의 경력이 나와 있어요. 눈에 어떤 분야의 병이 있다는 것을 알고 계신 분이라면, 본인이 찾아가는 병원의 의사 선생님이 대학에서 그 분야의 펠로를 했는지, 레지던트 끝난 다음에 또는 따로 전공을 했는지 보고 찾아가면 실수가 없겠죠.

: 평생 친구처럼 생각해야 할 비문증

지　의학 상담을 들으면 늘 나오는 질문이 비문증에 관한 것이잖아요. 그동안 굉장히 많이 말씀하셨을 텐데도 계속 나오는 질문이죠.

최　왜냐하면 워낙 많이 앓는 데다 환자 입장에서는 귀찮고 성가시니까요. 큰 병이 생긴 것 같고, 안 그러다 그러니까요.

지　그걸 친구처럼 갖고 지내라고 하셨어요. 증상에 차이가 있을 것 같습니다. 가벼운 증상도 있겠지만, 어떤 경우에는 일상생활에 지장을 줄 수도 있겠죠.

최　드물게는 있습니다. 그래도 할 수 없어요. 아직까지 제 의사로서의 소신은 생리적인 비문증은 가지고 살라는 겁니다. 그런데 대학에 있는 교수님 중에서 보편적이지는 않고 아주 드물게, 망막에 병변이 없는 비문증으로 정도가 심하고 생활이 불편하시면 수술을 하는 분들도 있긴 합니다. 그분들은 본인의 경험상 수술을 해서 환자의 불편이 줄어들었으니까 수술을 하고 계시겠죠. 극소

수 아주 심한 사람들에게요. 그렇지만 제가 아는 한 아직도 비문증 수술을 안 하시는 망막 교수님들이 훨씬 더 많습니다. 제 남편도 다소 심한 비문증을 한 눈에 가지고 있어요. 제가 안과 의사니까 설명을 했거든요. 그런데도 워낙 컴플레인이 많아서 제가 남편의 동기이자 저에게는 스승뻘인 세브란스의 망막 교수님에게 데리고 갔어요. 제 말이 안 먹히니까.(웃음) 그런데 그분도 가지고 살라고 하니까 포기를 하더라고요.

∶눈 건강에 해로운 요인들

지　술을 많이 마시면 아무래도 건강에 안 좋겠죠. 안구건조증이나 당뇨 망막증, 백내장, 염증 등이 발생할 수 있다고 하셨어요.

최　그렇죠. 술을 많이 먹어서 그게 발생한다고까지는 이야기할 수 없지만, 그런 환자들이 술을 많이 드시면 병이 악화되는 거죠.

지　담배 역시 눈 건강에 안 좋다면서요.

최　녹내장에 나쁘고, 황반 변성에 나쁘고. 알코올과 담배 둘 다 나쁘지만, 둘 중 하나를 꼽으라면 그래도 담배가 아닐까 싶어요. 제가 녹내장을 전공해서 그런지는 모르겠지만요. 왜냐하면 3대 실명 원인에 황반 변성, 녹내장이 들어가는데, 그 두 가지에 담배가 안 좋으니까요.

지　그 외에 조심해야 할 것이 있나요?

최　카페인 많이 마시는 게 시신경 기능에 좋지 않아요. 그래서 녹내장이나 녹내장 의증 환자들에게는 아메리카노로 한 잔 정도만 드시라고 말씀드려요. 교과서적으로 그 정도 카페인 양만 허락돼요. 제가 만나본 분 중에서 최고로 카페인 좋아하는 분은 백내장 수술을 해야 되는 분인데, 아무리 산동제를 넣고 병원에서 서너 시간을 기다려도 동공이 꼼짝을 안 하고 조그만 채로 하나도 안 벌어지는 분이었어요. 굉장히 특이한 경우거든요. 교과서적인 질문을 제가 다 했어요. 모르핀 계통의 마약을 먹으면 그럴 수 있거든요. 실례가 되거나 말거나 저는 의사니까 질문을 다 했는데, 아무것도 들어맞는 게 없어요. 그래서 마지막으로 '커피를 하루에 몇 잔 드세요' 했더니 스무 잔을 드신대요. 당연히 동공이 안 커져요. 다른 병원에서 동공이 안 커져서 백내장 수술을 못 한다는 이야기를 듣고 저한테 오신 거예요. 홍채를 갈고리로 다섯 군데 쫙쫙 벌리고 수술을 했습니다. 그런데 수술이 힘들다는 것을 떠나서 이분의 시신경이 망가지고 있기 때문에 커피를 1주일 간격으로 몇 잔씩 몇 달 프로젝트로 줄여나가라고, 그렇게 해야 반대쪽 눈의 백내장 수술을 해드릴 수 있다고 했는데요, 말씀을 안 들으세요. 병원에 오면 잔소리를 하니까 아예 안 오시더라고요. 다른 곳에 가서서 백내장 수술을 했는지 어떤지는 알 수 없죠.

지 의사 생활을 하시면서 가장 보람 있었던 것은 무엇인가요?

최 녹내장을 전공하기를 잘한 것 같습니다. 지금 체력적인 한계를 느끼기는 하지만 그래도 중질환이 있는 병을 전공한 것은 잘한 것 같아요. 그렇다고 제가 다른 전공을 한 안과 선생님들을 등한시해서 이야기하는 것은 아니고요. 또 수술하는 과를 선택한 것도 잘한 것 같아요. 제가 잘할 수 있는 분야고, 즐겁게 의사 생활을 하고 있으니까요. 본의 아니게 여러 병원을 돌아다녔어요. 그때그때 다 사정이 있어서 그런 것이지만, 모든 종류의 병원을 돌아다녀본 것도 제게 귀한 경험이 되었습니다. 다른 의사들은 잘 모르는 것을 알게 됐고요. 개업한 선생님들은 대학 병원이나 안과 전문 병원에서 어떤 일이 일어나는지 잘 모르세요. 반대로 대학에 있는 선생님들은 개원가의 환자들에 대해서 잘 모르시고, 막연하게 느끼시죠. 저는 모두 다녀봤기 때문에 전체적인 시각으로 다 볼 줄 알아요. 매니지먼트 측면에서도 제가 머리를 쓸 수 있다는 것이, 원해서 그랬던 것은 아니지만 지금 제게는 자산인 것 같습니다. 환자를 대할 때 눈 상태뿐만이 아니라 캐릭터가 됐든 그 사람이 처한 상황이 됐든, 어떤 환자를 만나도 저는 다 이해할 수가 있어요.

지 남은 의사 생활의 목표 같은 것이 있으시다면요?

최 거창하게 목표는 없고요, 바람은 있습니다. 제 시력과 제 체력이 허락을 한다면 최소한 65세, 하늘이 허락하면 70세까지는 지금처럼 일하고 싶어요. 그런데 그게 뒷받침이 안 되면, 그래서 초반에 말씀드린 것처럼 제가 하는 임상이 안과에서 평균 수준에 도달하지 못한다고 느끼면 스스로 접을 거예요. 그런데 안 그랬으면 좋겠어요. 제가 건강관리를 잘해야죠.

9.

속정 깊은
우리들의
코, 목, 귀 선생님

이상훈
코모키이비인후과 원장

유튜브를 통해 코, 목, 귀에 관한 모든 질병에 대해 친절하게 상담을 해주고 계신 코모키이비인후과 이상훈 원장을 만났다. 시니컬한 듯하면서도 위트 있게 방송을 진행하는 모습을 보며 뜬금없이 '상처 입은 소년의 모습이 보이는 것 같다'는 생각이 들어 이상훈 원장에 대한 궁금증이 생겼다. 방송을 보면서도 느낀 것이지만, 짐짓 차가운 듯 가장(?)하지만 실제로는 따뜻하고 유머러스한 분이라는 것을 인터뷰 내내 느낄 수 있었다.

이상훈 원장에게 의사가 된 이유, 이비인후과를 지망하게 된 계기, 평상시의 코, 목, 귀 관리법, 이비인후과 병원을 잘 활용하는 방법 등을 들어보았다. 그리고 다소 어두울 수 있는 주제에도 재미있게 응해준 덕에 즐거운 인터뷰 시간이 될 수 있었다. 이상훈 원장의 영상을 시청한 분들이라면 더 몰입해서 보실 수 있을 것이라 생각된다.

: 이비인후과에서 만난 첫 스승

지승호 방송하신 것을 들어보니까 머리를 기르신 이유가 '이제는 머리라도 내
(이하 지) 마음대로 해보자'라는 생각에서였다고요. 수련 과정이 도제식이라 답답
함을 느끼셨기 때문에 그런 건가요?

이상훈 자세하게 설명은 안 드렸죠. 의대가 있으면 마이너 과가 있고, 메
(이하 이) 이저 과가 있잖아요. 메이저 과는 내과, 외과, 산부인과, 소아과
라고 해서 굉장히 로딩도 많고, 많이 힘들어요. 사실 요즘은 인
기도 없죠. 요즘은 마이너 과들이 인기가 많습니다. 환자의 생명
을 다루는 게 아니니까요. 그래서 저도 이비인후과를 선택했는
데요, 문제는 마이너 과 중에 메이저가 있거든요. 메이저라기보
다는, 아까 말씀하신 도제식 시스템이 강한 곳이 정형외과와 이
비인후과예요. 왜냐하면 마이너 과 중에서 수술을 제일 주된 일
로 하기 때문이죠. 마이너 과 중에서는 외과가 주된 파트입니다.
이비인후과는 수술을 많이 하고, 정형외과도 마찬가지로 수술을
많이 하는데요, 수술 스킬 같은 것은 교과서 내용만으로 배울 수
가 없습니다. 반드시 다른 사람이 하는 것을 보면서, 직접 옆에
서 가르쳐주는 것을 통해서만 배울 수가 있거든요. 저는 태어나
서 누구에게 뭔가를 배운 것이 그때가 처음이었습니다. 초등학
교, 중학교, 고등학교를 지나면서 수업 시간에 듣고 배우기는 했
지만, 항상 딴짓하고 집에서 참고서로 공부하는 스타일이었거든
요. 고등학교 때도 그랬고, 대학 때도 마찬가지였습니다. 강의는
듣는 둥 마는 둥하고, 친구들이 쓴 노트를 읽어보고 시험을 봤어
요. 그러다가 처음으로 스승이라 할 수 있는 분을 만난 것이 이비
인후과에 가서 교수님들에게 직접 수술 스킬을 배우면서예요. 지

금도 제가 나온 아산병원 이비인후과 의국에 있는 선생님들을 제일 존경합니다. 그 선생님들이 제게는 진짜 스승이시거든요. 제가 처음 정면으로 배운 경험이니까요. 좋았죠. 그런데 당연히 그렇다 보니까 굉장히 도제식이에요. 하인이죠. 레지던트는 선생님들이 시키면 시키는 대로 모든 것을 해야 하는 관계고요. 그 와중에도 저는 좀 말을 안 들었습니다.(웃음) 제 아내도 요즘 그러는데요, 제가 제일 좋아하는 광고 카피가 있습니다. '모두가 예스라고 할 때 혼자 아니오라고 하는 사람', 제가 좀 그런 경향이 있습니다. 대세에 끌려가는 것을 싫어해요. 예를 들어 뉴스에 누가 때려죽일 놈이라고 나오면 저 혼자 '저 사람 어쩌면 좋은 사람일 수도 있는데'라고 생각해요. 이렇게 뭔가 삐딱한 거죠.(웃음)

: 대학 병원을 나와 개원한 이유

지   뭔가 사정이 있겠지 하는 거군요.(웃음)

이   그때 아산병원에 서슬 퍼런 과장님이 계셨는데, 저는 서울대병원에 있다가 아산병원으로 넘어가서 레지던트를 했으니까 아산병원 풍토를 잘 몰랐던 거죠. 우리 과장님이 아주 엄한 분이셨습니다. 아주 엄격하고, 냉철하고, 수술도 정말 잘하셨죠. 제가 본 중에서 그렇게 큰 손을 가지고 수술을 잘하시는 분이 그 선생님밖에 없었어요. 아주 훌륭하신 분이세요. 대신에 당연히 카리스마도 넘치셨습니다. 저는 그때도 머리가 문제였죠. 완전히 긴 머리는 아니었지만 얌전하지 않았어요. 앞머리를 기른다든가, 아무튼 일반적인 의사 스타일은 아니었습니다. 선생님이 보기가 싫으셨겠죠. 1년 차, 2년 차 올라오면서 착실하게 자기 말을 잘 안 듣기도 했으니까 좀 싫으셨는지 회식하는데 그러시더라고요. 술을 주고받고 하는데, 뭐라고 하셨어요. '머리 깎아라. 보기 싫다. 머리를 왜 이렇게 하고 다니느냐' 하셨죠. '예, 알겠습니다. 자르겠습니다' 해야 했는데, 가녀린 몸짓을 했죠. '머리를 깎은 지가 얼마 안 돼서 다른 것은 열심히 하겠는데, 이건 한 번만 봐주세요' 하고 가늘게 대들었던 기억이 있습니다. 물론 얼마 안 가서 잘렸죠. 그때만 삐딱했던 건데요, 말씀하신 대로 머리를 기르고 싶었다는 것이 그런 뜻도 있었습니다. 자유롭지 못하다는 것에 항상 답답함을 느꼈죠. 의대도 그렇고, 어릴 때부터 계속 통제받았으니까요. 우리 세대가 좀 그렇지 않나요? 교련도 있었고, 두발 자유화가 되긴 했지만 교복을 입었던 세대고. 그런 것에 통제받는 것을 싫어했습니다.(웃음) 그런데 싫으면 안 하면 되는데, 어쩔 수 없이 해야 하니까 비겁하게 합니다. 그런 일이 쌓이다 보니 개업을 하게 됐습니다. 제가 병원장이 되면 제 마음대로 할 수 있잖아요. 그래서 아산병원에서 지방의 대학 병원에 가라고 할 때 안 한다고 아예 병원을 나왔습니다. 제가 저 스스로를 아는데, 조직에 있으면 거기 순응을 잘 못하고 스트레스를 많이 받을 것 같았어요. 그래서 안 한다고 나왔죠. 그것도 처음이었어요. 그것 때문에 큰 파문이 일었죠. 의국에서 어디 가라고 했는데, 안 가고 나온 첫 번째 케이스였으니까요. 그 때문에 엄청나게 욕을 먹었습니다. 왜냐하면 후배들이 비슷한 행동을 하면서 '그 전에 이상훈 선생님도 그랬으니까' 하는 선례가 되어버렸거든요. 저 때문에 서약서 쓰는 것이 더 엄격해졌죠. 하여튼 이래저래 의국의 선생님들에게 빚이 많습니다. 그래서 그 뒤로 갚아드린다고 열심히 노력을 하긴 했지만, 지금도 그런 일에 대해서는 부끄럽게 생각하고 있습니다. 어떻게 보면 여러모로 많은 사람에게 피해를 끼친 거죠. 그리고 보니까 갑자기 마음이, 나쁜 짓을 많이 했다는 생각이 듭니다.(웃음) 아무튼 항상 그런 마음이 있어요. 머리 스타일 이야기로 돌아가면, 머리도 내 마음대로 할 수 있다는 생각이 들어서 개원하고 기르려고 했습니다. 그런데 막상 병원 원장이 되고 나니까 그것도 마음대로 할 수 없는 것이더라고요.

: 의사로서의 마음가짐과 보람

지　답답함이 있음에도 불구하고 의사 생활을 계속하신 건 만족스러운 부분도 있으셔서일 텐데요, 어떤 점이 제일 보람이 있었나요?

이　어릴 때부터의 습관이, 욕먹는 것을 싫어하기 때문에 최소한의 것만 하자, 남들에게 욕을 얻어먹는 짓은 하지 말자였어요. 이게 철학까지는 아니고, 그런 방어적인 습성이 있거든요. 그런 식으로 병원을 하게 된 거예요. 솔직히 인턴, 레지던트를 하고 공중보건의를 할 때는 의사의 사명이라든가, 나는 어떤 의사가 되겠다, 이런 마음은 없었습니다. 그 시기를 통과하는 것이 가장 중요한 과제였거든요. 1년의 인턴 생활을 어떻게 무사히 마치느냐. 레지던트도 마찬가지였고, 공중보건의로 있던 3년도 마찬가지로, 어떻게든 오지 근무를 마치는 것이 중요했기 때문에 솔직히 그런 것까지 생각할 만큼 원대한 꿈을 가지고 의사가 된 사람이 아니었죠. 삶의 가치를 거기에 두지 않고 통과만 하자는 거였어요. 대신에 그 과정에서 내가 하는 일 때문에 누군가가 피해를 보지는 않도록 하자, 쉽게 말해서 최소한 사기를 치거나 등쳐 먹지는 말자, 이런 생각은 있었어요. 나쁜 짓은 하지 말자, 피해는 주지 말자. 욕 얻어먹는 것이 제일 싫었어요. 그래서 시작했는데, 하다 보니까 의사가 좋은 점이 많더라고요. 일단 그때 당시만 해도, 제가 처음 의사가 됐을 때만 해도 존경을 받을 수 있는 직업이었습니다. 지금도 기억나는 것이 공중보건의로 처음 근무를 하러 갔는데, 시골이라 할머니들 중에 혼자 사시는 분들이 많이 계셨어요. 관절염 이런 것 때문에 와서 주사를 맞는 분이 많으셨죠. 우리 공중보건지소가 주변 평지보다 높은 데 있어서 경사면을 20미터쯤 올라와야 했어요. 나이 드신 분들은 그 정도도 무척 힘이 들죠. 20미터를 올라오는데 거의 5분이 걸리세요. 그분들에게 그 전에 맞던 주사에서 조금 더 좋은 주사를 놔드렸어요. 제가 새로 왔으니까 새롭게 뭔가를 해야 하니까요. 더 좋은 주사를 놓아드렸으니 효과가 더 좋았겠죠. 그렇다고 치료가 되는 것은 아니지만 진통 효과가 좋으니까 많이들 맞으러 오셨어요. 그런데 그게 일정 횟수 이상을 맞으면 못 놔드리게 되어 있습니다. 그래도 많이 불편하신 분들은 제가 좀 더 맞으실 수 있도록 편의를 봐드렸거든요. 그것에 대해서 무척 고마워하시던 분의 얼굴이 지금도 생각납니다. 그때 당시 나이가 78세 정도 되셨고 뚱뚱하신 분이셨어요. 여름이었는데, 내려갔다가 한 20분인가 뒤에 뭘 들고 다시 올라오신 거예요. 검정 비닐봉지에 스크류바와 죠스바 세 개가 들어 있었습니다. 간호사가 두 명이라 저희 먹으라고 사 오신 거죠. 생활보호 대상자라서 진료비를 안 내고 주사를 맞으시던 분인데요, 혼자 사시는 독거노인이었습니다. 아까 말씀드린 대로 올라오는 데 5분, 10분 걸리는 데다가, 여름이었거든요. 저희한테 아이스크림을 주시는데 이미 다 녹아 있었어요. 이전까지 한 번도 의사가 되어서 좋다, 의사의 사명감은 뭐다 생각해본 적이 없었는데, 그때 처음으로 잘해야겠다는 생각이 들었습니다. 그리고 그 아이스크림은 지금도 기억이 납니다. 아직 안 없어져서 스크류바랑 죠스바는 요즘도 자주 먹습니다. 그때가 처음으로 좋았어요. 그다음에 요즘은 촌지가 없어졌잖아요. 그걸 나쁘게 생각하면 나쁘게 생각할 수 있지만 우리나라의 정이라고 해야 되나요? 그런 게 좋았죠. 레지던트 때나 인턴 때도 그렇고, 지금도 개인 병원에서 원장을 하고 있는데, 환자분들이 치료 잘 받고 가신 분들은 뭘 주고 가시거든요. 그것을 받아서 좋은 거라기보다는……

지 정 같은 거겠죠.

이 그 느낌이라는 것이 좋습니다. 물론 다른 것도 있죠. 욕도 돌아오죠. 당연히. 잘못하면 욕도 돌아와요.(웃음) 그런 데 아주 민감합니다. 그런 것을 아주 좋아합니다. 받을 때마다 '좀 열심히 해야겠다'는 생각을 해요. 그리고 나머지 버틸 수 있는 힘은, 아시다시피 먹고 살아야 하니까요. 원래는 5년만 하고 의사 일을 때려치우고 싶었거든요. 정말 너무 싫어서 그랬는데요, 요즘은 계속해도 되겠다는 생각이 듭니다. 이런 의사 생활을 하고 싶다, 나중에 의사 생활의 마지막은 어떻게 했으면 좋겠다는 꿈이 생겼어요. 사실 보건복지부에서 정한 법이 있어요. 저희는 성형외과나 이런 곳과 다르게 수가를 청구하는 데 제한이 있거든요. 환자 귀지를 한 달에 두 번 파는 건 되지만, 세 번째부터는 청구를 할 수가 없습니다. 그런 법이 있는데요, 그런 것에 구애받지 않고 하는 게 꿈이죠. 구애받지 않고 진료를 할 수 있는, 쉽게 말해서 먹고살기

편해져서 취미로 낮에 몇 시간만 진료를 볼 수 있는 상황이 되면 좋겠다는 생각을 합니다.(웃음)

: 의료적 재능 기부에 대한 꿈

지 의사라는 직업이 정년이 없잖아요. 언제까지 하고 싶다는 생각이 있으신가요?

이 사실 요즘 진짜 무의촌은 없잖아요. 시골에도 다 병원이 있긴 한데요, 그렇다고 해서 모두가 양질의 의료 서비스를 받는 것은 아니잖습니까? 제가 나이가 들어서도 이비인후과적인 지식을 다른 사람보다 잘 안다면, 그런 곳에 가서 하루 종일은 아니어도 아픔이 있는 사람들 진료를 봐주고 싶어요. 수입에 구애를 안 받으면 더 잘할 수 있을 거고요. 다른 사람들은 돈으로 기부를 하겠지만, 의사들은 그런 기부를 할 수 있지 않을까 싶습니다. 그런데 꿈이겠죠. 가능할지 어떨지는 모르겠어요. 해보고 싶기는 합니다.

지 코로나 때문에 이비인후과 시스템이 변한 부분도 있을 것 같습니다.

이 앞으로 더 많이 바뀔 것 같습니다. 전염병을 계기로 언택트 시대가 오는 거죠. 의협이나 의사들은 반대를 하고 있지만, 영상을 통한 원격 진료 등 일부는 수용해야 하지 않을까 싶습니다. 사실 지금 병원에 오는 환자들 중에 열이 있고 목이 아프다고 하는 사람들은 저희가 마스크를 내리고 직접 관찰을 하지는 않습니다. 그럴 수가 없죠. 병원 내 전염이 일어날 수 있으니까 마스크를 쓴 채로 말로만 진료를 보고, 약을 지어주고, 호전이 안 되면 선별진료소를 가보라고 하거든요. 그러면 환자분 입장에서는 내가 이 러려고 병원에 왔나, 하는 생각이 들거든요. 그건 원격 진료를 하면 해결되는 문제예요. 의협이나 일반 의사들의 소견과는 다르지만요. 하지만 어쩔 수 없이 그런 부분에서는 도입이 되어야 할 것이고, 그렇게 될 것 같습니다. 전염병에 가장 큰 영향을 받는 곳이 이비인후과인데요, 대부분의 질환이 호흡기 관련 전염 질환, 감염성 질환이기 때문에 그렇습니다. 지금 1년 동안 환자들이 오는 패턴을 분석해보면, 예전에는 저희 병원 환자의 대부분이 호흡기 질환이나 알레르기 질환이었고 그다음이 귀, 목, 다른 기타 질환이었다고 하면, 요즘은 대부분이 귀 환자예요. 어지럼증 환자라든가 외이도염 환자라든가. 반면 호흡기 질환은 거의 없습니다. 많이 줄어들었죠. 계속 마스크를 쓰고 다니고, 아예 이비인후과 자체는 무서워서 잘 안 오기 때문에 대부분이 귀 환자예요. 패턴도 좀 바뀔 것 같습니다. 의료계 전체의 패러다임도 바뀌지 않을까 싶습니다. 감염성 질환을 보는 과들은 바뀌어야 할 테고요. 그러다 보면 아까 말한 언택트 시대의 원격 진료라든가, 그런 방식으로 진료 형태가 바뀔 가능성이 높아 보입니다.

: 언제나 강조하는 마스크 착용과 손 씻기

지 코로나 이전에도 마스크를 쓰고 다니면 이비인후과 의사들은 굶어 죽는다고 하셨어요. 손 씻기도 그렇고요.

이 맞습니다. 그걸 제가 환자분들에게 강조했는데요, 아무도 귀 기울여 듣지 않았죠. 저도 말은 그렇게 했지만, 설마 이렇게 될지 몰랐거든요. 정말 이비인후과들이 굶어 죽게 생겼어요.(웃음) 마스크 쓰기만 지키면 감염병이 생기기 정말 힘들어요. 손 씻기도 마찬가지고요. 이 두 가지가 제일 중요하거든요. 그다음에 중요한 것은 개인의 면역 능력이죠. 잘 먹고 잘 자는 것. 제가 병원에서 이런 이야기를 주로 하는데요, 흔히 열변을 토한다고 하죠. 말을 하다가 스스로 심취해서 열변을 토하면 환자들이, 특히 젊은 사람들이 아주 싫어합니다. '약이나 하나 받으러 왔는데, 내가 뭘 그렇게 잘못했나' 그런 오해를 하셔서 싫어하시는 분들이 많았어요. 그런데 정말 중요하다는 사실을 사람들이 깨달은 것만으로도 굉장히 좋아질 듯해요. 같은 선상에서 전체적인 위생 관념 수준이 한참 올라갔을 겁니다. 식당에서도 마찬가지죠. 과거에는 정말 무심코 우리 어머님 세대들은 식당에서 잔반을 재사용했잖아요. 그분들이 돈이 아까워서 그런다고는 생각하지 않습니다. 엄마 같은 마음으로 음식을 만들고, 물자가 아까우니까요. 그런 마음이셨겠죠. 이제 그것이 얼마나 감염 질환에 취약한 문제인지 알게 되셨을 거예요. 코로나인데 마스크 안 쓰고 다니는 것보다 훨씬 더 위험하지 않습니까? 식당에서도 그런 변화가 있고요, 자연스럽게 물 나눠 먹고, 술잔 돌리고 하던 것들도 이제 안 합니다. 아무리 캠페인을 하고 우리가 백날 해봤자 안 되던 것들이 지금은 되고 있죠. 물론 팬데믹 때문에 힘들긴 하지만, 이 기회를 통해서 많은 사람들이 많은 것을 배우게 되는 거예요. 이것을 통해서 뭐가 좋아지냐 하면 코로나만 예방되는 것이 아니라 각종 간염이라든가 전염성 질환들이 많이 줄어들 겁니다. 그런 면에서는 오히려 좋죠. 총량 보존의 법칙이라고 해요.(웃음) 모든 질병의 총량은 보존이 될 겁니다. 전 세계적으로 코로나를 겪는 만큼 다른 감염성 질환이 줄어든다든가. 에너지만 보존법칙이 있는 것이 아니라 질병도 그럴 거라고 생각합니다. 의학적인 근거가 있는 것은 아니고요. (웃음)

지　미국이나 유럽처럼 환자가 많으면 모르겠지만, 코로나가 어느 정도로 관리가 된다면 마스크 등으로 인해서 다른 질환들이 없어진 것은 좋은 점이라고 할 수 있겠네요.

이　많이 없어졌죠. 독감은 예년에 비해서 상당한 수준으로 떨어졌을 겁니다. 독감 환자가 거의 없었어요. 독감 백신을 예년에 비해서 훨씬 많이 접종했습니다. 그 전에는 거의 안 맞았는데, 올해는 품귀 현상이 있을 정도였으니까요. 독감 백신을 맞고 사고도 있지 않았습니까? 예전 같으면 접종하는 사람들이 확 줄어들었을 텐데요, 그런 일이 있었음에도 불구하고 엄청나게 많은 사람들이 독감 백신 접종을 했어요. 실제로 그 덕분인지, 마스크를 쓰고 개인위생을 철저히 한 덕분인지, 독감 환자가 거의 없었죠. 저희 병원에서 독감을 진단받은 사람이 한 명이었습니다. 지난겨울에요. 예전에는 하루에 열 명씩도 진단이 됐는데요, 통틀어서 한 명입니다.

지　독감도 코로나처럼 기저 질환이 있거나 하면 사망하는 경우가 많잖습니까?

이　사망률은 거의 비슷할 겁니다. 신종 플루처럼 코로나도 그렇게 될 확률이 높죠. 독감 백신을 매년 접종하듯이 코로나도 매년 백신을 접종하게 될 가능성이 크고요. 코로나가 여러 가지로 사람들을 많이 변화시킬 것 같습니다.

지 마스크는 계속 쓰고 다니는 것이 좋겠네요. 황사나 미세먼지 같은 문제도 있고요.

이 우리나라 같은 경우에는 지금 마스크를 더 많이 쓰고 다니지만 예전에도 많이 썼어요. 예전에 제가 일본 여행을 자주 다녔는데요, 일본은 봄철에 거의 대부분의 사람들이 마스크를 쓰죠. 알레르기 때문에요. 우리도 미세먼지나 황사 때문에 KF94가 코로나 전에도 나와 있었잖아요. 그게 굉장히 많이 팔렸거든요. 마스크 강국인 이유가 중국발 미세먼지 때문이고, 같은 이유로 그 전에도 우리는 마스크를 많이 필요로 했던 나라입니다. 제 생각에는 앞으로도 물고기에게 아가미가 필요하듯이 마스크를 쓰는 게 필요할 거라고 봅니다. 지금처럼 뭘 먹을 때 외에는 계속 마스크를 쓰고 있는 정도까지는 아니더라도요. 특히 봄철과 가을철에는 앞으로도 그랬으면 좋겠습니다. 이비인후과가 잘되든 안 되든요.(웃음)

지 3, 4월이 호흡기 질환이 늘어날 시기인데요.

이 알레르기 환자도 거의 없어졌어요. 환자들 인터뷰를 해보면 작년 한 해는 알레르기 없이 잘 지나갔다는 말씀들을 많이 하세요. 확실히 인과관계가 있습니다. 물도 많이 드시고, 비타민C도 섭취하시니까요.

: 이비인후과와 단골 병원 활용법

지 이비인후과 진료를 잘 받는 법, 이비인후과를 잘 활용하는 법을 방송에서 많이 말씀하셨습니다.

이　이비인후과뿐만 아니라 동네 병원에서 진료를 보실 때 환자분들이 조심하실 것은요, 자기 병을 자기가 미리 단정을 짓는 겁니다. 머리가 아프니까 감기다, 목이 아프니까 나는 후두염이다, 콧물이 나는 걸 보니 지난번에 축농증이었으니까 이번에도 축농증이겠지. 그리고 병원에 가서 앉자마자 축농증 때문에 왔어요, 라고 이야기를 하거든요. 요즘같이 코로나 때문에 시간이 많이 남을 때는 축농증이 아닌지 자세히 물어보고 하지만, 환자가 뒤에 열 명씩, 스무 명씩 기다리고 있으면 '아, 그래요?' 하고 축농증약을 주게 되지 않습니까? 그런 폐단이 있어요. 그러면 환자분의 손해죠. 자기 병을 자기가 미리 이야기를 해버리고 의사한테 진단 기회를 안 준다면 굳이 병원에 갈 필요가 없잖아요. 쉽게 말해서 자기가 받아야 될 것을 생략하는 거니까 그만큼 손해를 본다는 거죠. 병원에 갔을 때는 가장 불편한 본인 증상을 말씀하시는 것이 좋습니다. 목이 아프면 목이 아프다, 어디도 아프다. 그다음에 의사의 질문에 대답을 하시면 되고요. 그리고 어떤 답을 정해놓고 오시는 분들도 아주 많아요. 그쪽으로 유도를 하는 거죠. 축농증이라고 생각하고 오신 분들은 의사가 그 앞에서 비염이라고 하면 축농증이기를 바라는 질문을 하게 됩니다. 그런 것은 별로 좋지 않죠. 질병이라는 것은 그때그때 다 다르고, 사람마다 다 다르거든요. 대부분 누가 용하다는 소문을 듣고 왔다고 하세요. 또는 내 친구가 어지럼증이 있었는데 이석증이라고 해서 치료받고 나왔다, 나도 어지러워서 왔으니 이석증 치료를 해달라고 하는데, 그분은 다른 병인 경우가 많거든요. 답을 정해놓고 와서 그 답으로 질병을 맞추려고 하니까 그 답이 안 나오면 슬퍼하시죠. 뭔가 제대로 된 치료를 못 받았다고 생각하게 되는 거예요. 본인이 답을 정하고 오시거나 미리 질병을 말하지 마시고, 가장 불편하고 가장 힘든 것을 체계적으로 이야기하시면 됩니다. 그리고 많은 이야기를 하고 싶어서 오시는 경우가 많아요. 사실 제가 어릴 때는 환자분들이 가장 많이 묻는 질문 중에 제일 황당했던 것이 '왜'였거든요. 특히 우리나라 환자분들의 특징은 '왜'가 무척 중요하다는 겁니다. 예를 들어서 병원에 와서 아프다, 무슨 병이 걸렸다, '이거 비염 같습니다' 하면 제일 많이 묻는 것이 '제가 왜 비염에 걸렸어요?' 하는 거죠. 비염에 걸릴 수 있는 이유는 많잖아요. 그 사실은 별로 중요하지 않거든요. 왜 걸렸냐는 것은 안 중요합니다. 그런데 동양인들의 사고방식에서는 '왜'라는 것이 아주 중요하고, 인과관계 때문에 그걸 물어요. 서양 사람들은 어떤가 하면 대부분 묻는 것이 '나는 어떻게 하면 되나요?'거든요. '비염인가요? 제가 지금부터 어떻게 하면 되나요?' 하고 해결책을 찾는 거죠. 아무래도 우리 의학이 서양에서 왔으니까 의사들도 원인보다는 해결책을 더 제시하고 싶죠. 그러다 보니까 환자들하고 의사들이 그런 면에서 생각이 다른 거예요. '왜'를 묻는 분들이 많은데, 그보다는 '내가 어떻게 하면 되냐'를 묻는 편이 더 유리합니다. 물론 내가 왜 그렇게 됐는지 궁금은 하시겠죠. 그 외에는 이런 것도 있습니다. 한탄도 있고, 다음에 안 걸리려면 어떻게 하면 되느냐는 질문도 있습니다. 그런데 그건 그다음 질문에 있거든요. 앞으로 안 걸리려면 내가 어떻게 하면 되는지는 그다음 설명에 나옵니다. 이게 이런 식으로 발생할 수 있기 때문에 이런 것을 조심하셔야 되고, 다음에는 이렇게 하라는 이야기를 해 드립니다. '지금부터 약을 얼마나 더 먹어야 되나요, 병원에 자주

와야 되나요? 검사는 몇 번 해야 되나요? 먹는 것은 뭘 조심하나요?' 하는 식으로, '왜'보다는 이런 질문으로 의사를 괴롭혀야 합니다. 그리고 친해지면 좋죠. 병원을 정해놓고 다니시면 의사도 편하고 환자도 편합니다. 처음 오시는 분들이 제일 어렵죠. 하나하나 다 물어봐야 하거든요. 콧물이 난다, 코가 막힌다고 하면 언제부터 그랬는지, 원래 이랬는지, 이번에 심해진 건지 다 물어봐야 되니까 환자를 파악하는 데 의사들도 시간이 많이 걸리잖아요. 그에 반해서 정해놓고 오시는 분들 같은 경우에는 성향을 저희가 아니까 좋죠. 약 같은 것도 이것을 썼을 때 잘 낫고, 이런 것을 먹으면 속이 잘 쓰리고, 이런 데이터가 다 있기 때문에 환자분들 입장에서도 단골 병원이 있는 것이 좋습니다. 단골 병원이 생겨서 환자와 의사 간의 신뢰 관계가 형성되면 그 의사를 자신의 주치의로 활용하시면 되죠. 친해지면 물어보면 됩니다. 허리가 많이 아프면 이비인후과 와서도 허리가 아프다고 물어볼 수 있거든요. 처음 오는 환자가 허리가 아파서 왔다고 하면 위층 정형외과에 가보시라고 하지만, 잘 아는 분이 이야기하면 아, 그건 제가 보기에는 이런 질환 같으니까 어디 가보시라고 하는 이점이 있다는 거죠. 그러면 굳이 친척 중에 의사가 없어도, 친구 의사라든가 친척 의사가 하나 생기는 것과 마찬가지예요. 의사들이 아무리 냉정해 보인다 하더라도 아직까지는 환자에 대해 기본적인 책임감이 있습니다. 의사는 선생이라고 하잖아요. 선생은 가르치는 사람이고요. 그래서 뭔가 환자한테 가르쳐드리고 알려드리려고 하는 마음가짐이 있으니까 그런 면에서 동네 병원을 활용하시는 것이 도움이 되죠.

: 수분 섭취와 조기 진단의 중요성

지 모든 병이 예방이 중요한데요, 이비인후과적으로 평상시 관리는 어떻게 해야 하나요?

이 저는 물이 굉장히 중요하다고 생각합니다. 수분 섭취를 많이 해야 됩니다. 하루에 2리터 정도 드셔야 하고, 습도 조절도 잘해야 해요. 이비인후과는 대부분 호흡기 질환이기 때문에 인후두 점막이나 코 점막 모든 곳에 수분이 어느 정도 있지 않으면 안 됩니다. 건조하면 입이 바짝바짝 마르고, 목소리도 잘 안 나와요. 비염 같은 질환도 대부분 수분 부족인 경우가 많기 때문에 많이 강조합니다. 그다음에 아까 이야기한 마스크 쓰기나 손 씻기 등 환경 조절이 아주 중요하죠. 그다음은 영양입니다. 수면과 영양은 기본이에요. 그다음으로는 빠른 진단이 굉장히 중요합니다. 예를 들어서 외이도염이나 비염도 그렇고 감염성 질환도 그렇고, 돌발성 난청이나 이명 같은 것도 초기에는 컨트롤할 여지가 있지만 시간이 지나서 고착이 되면 돌이킬 수 없는 경우가 많거든요. 이비인후과뿐만 아니라 모든 질병이 다 그렇잖아요. 다만 이비인후과 질병은 생명과 직결되는 질환이 없기 때문에 대부분 환자들이 대수롭지 않게 생각합니다. 예를 들어서 혈압이 올라서 머리가 아프면 굉장히 큰일이 난 것 같지만, 귀가 좀 간질간질한 것에 대해서는 대부분 대수롭지 않게 여기죠. 코가 막히는 것도 마찬가지고요. 그러다 보니까 게을리 관리하게 되고, 그러다 보니까 점점 돌이킬 수 없는 상황이 됩니다. 이비인후과 질환들이 생명에는 지장이 없다 해도 굉장히 불편해요. 그런 면에서 초기에 몸에 이상이 왔을 때 빨리 대처하는 것이 굉장히 중요하다고 봅니다.

지 귀에 생긴 문제는 5일을 넘기지 말라고 하셨잖아요.

이 돌발성 난청 같은 경우 5일을 넘기지 말라고 합니다. 아주 심각한 문제거든요. 귀가 양쪽에 다 있으니까 한쪽 귀가 가끔 멍할 때가 있지 않습니까? 5분, 10분 정도, 아니면 3초, 5초 멍할 때가 있는데요, 이내 돌아오고 대부분 금방 좋아니까 괜찮다고 생각하세요. 그런데 하루 이틀 지났는데도 계속 멍멍할 때가 있거든요. 굉장히 위험한 징후입니다. 청력이 떨어진다는 뜻이에요. 그러면 바로 병원에 가봐야 하는데, 주변에 이비인후과가 잘 없어요. 내과, 소아과처럼 흔하지는 않으니까요. 좀 있으면 좋아지겠지, 좋아지겠지, 하고 버팁니다. 눈 같은 경우는 한쪽이 안 보이면 당장에 엄청나게 불편하지만, 귀는 한쪽이 좀 멍멍해지는 정도로는 불편하다고 못 느끼기 때문에 이걸 차일피일 미루게 됩니다. 무서운 것은, 사람의 가장 큰 장점이 뭡니까? 적응이거든요. 감각신경도 처음에는 불편하지만 3일, 5일 지나면 원래부터 그렇다고 느껴요. 그러면 한 달이 금방 가죠. 한 달 뒤에 시간이 좀 나고 정신이 드는데, 여전히 멍멍하거든요. 그러면 병원에 옵니다. 오늘도 그런 분이 계셨어요. 이분은 너무 안타까운 것이 작년 9월에 오른쪽 귀 때문에 왔어요. 돌발성 난청이 와서 한 달 만에 왔는데, 40데시벨, 50데시벨 떨어진 것을 약 먹고 죽자고 고생을 해서 30데시벨로 올려놨거든요. 점수로 따지면 60점 맞은 친구를 70점까지는 올려놓은 거예요. 그런데 80점은 돼줘야 하거든요. 10점 부족한 셈이죠. 그때 그런 일이 있어서 환자분에게 핏대를 올려서 설명했어요. 그런데 이분이 오늘 또 왔어요. 이번에는 왼쪽이에요.(웃음) 이번에도 한 달이 됐다는 거예요. 왜 그랬냐고 하니까 똑같은 이야기죠. 좋아지겠지 하다 보니까. 지난해 9월에도 그래서 심해지지 않았냐고 하니까 '그러게요. 왜 그랬는지 모르겠어요'라고 하시고요. 그분은 오늘부터 치료에 들어갔습니다. 이런 일들이 사실은 많아요. 그래도 병원 오는 분들은 귀가 나빠졌다는 것을 알지만 못 오는 분들 같은 경우에는 지금도 나빠진 상태인지 모르고 지내시죠. 그러다 어느 날 갔더니 '귀가 한쪽이 잘 안 들린다고 하네' 이렇게 되는 분들이 아주 많습니다. 돌발성 난청이나 청력 같은 데서 문제가 되죠.

지 귀에서 윙 소리가 나면 쉬어야 된다고 하셨어요. 갑자기 중요한 미팅을 한다든가 이런 때는 사실 끊고 하기가 어려운데요, 그럴 때는 어떻게 해야 하나요?

이 제가 말씀드리는 쉬어야 한다는 것은 이런 겁니다. 최대한 빨리 쉴 수 있으면 좋겠죠. 집에서 혼자 TV를 보고 있는데 갑자기 귀에서 윙 소리가 나고, 귀가 멍멍해지고 이러면 바로 TV를 끄고 쉴 수가 있습니다. 지금처럼 인터뷰를 하고 있는데 앞으로 두 시간 더 해야 된다, 그런데 내가 나갈 수가 없다, 그러면 일단 여기는 어떻게든 하게 될 거예요. 그다음이 중요하다는 거죠. 이 문제를 해결할 시간이 생기면 그때는 확실히 쉬어줘야 됩니다. 1분, 1초 바로 쉬라는 뜻이 아니라, 그 시간이 지난 후에 쉬어야 하는 거예요. 그것을 넘어가면, 점핑을 한 번 해버리면 그다음부터는 더 쉽게 점핑이 되는 거죠. 깨진 유리창 이론broken window theory라고 있잖아요.

지 깨진 유리창 이론이요?

이 처음에 유리창이 멀쩡할 때는 아무 문제가 없다가, 유리창 하나가 깨지면 다른 유리창이 깨지고 범죄율이 높아진다는 거거든요. 하나가 무너지면 다음에는 그 무너진 것에 대해서 무감각해져요. 처음 멍멍했을 때 '이건 내가 고쳐야지' 하고 바로 조치를 해야 되는데, 그걸 그냥 넘겨버리면 다음부터는 그냥 계속 방관하게 되기 때문에 문제가 생깁니다. 항상 경각심을 가져야 합니다. 귀뿐만 아니라 모든 질병의 징후가 똑같다고 생각하거든요. 편두통도 마찬가지고요. 아마 의학 채널을 보면 모든 의사 선생님들이 비슷한 이야기를 하실 거예요. 각 질병에 대해서요.

: 청력은 구두 뒤축과 같은 것

지 젊은 층일수록 이어폰, 헤드폰을 많이 쓰고, 클럽 같은 곳에서도 귀를 많이 쓰게 됩니다. 말씀하시기를 청력은 기본적으로 주어진 구두 뒤축이라고 하셨잖아요. 쓰면 계속 닳을 수밖에 없다고요. 음악을 듣다 보면 중간에 끊고 쉰다는 생각을 하기 쉽지는 않습니다. 어떤 것을 주의해야 할까요?

이 저도 음악을 좋아해요. 메탈도 좋아하고 하드록도 좋아하는데, 그런 음악은 크게 들어야 맛이잖아요. 문제는 말씀드린 대로 청력이라는 것은 쓸수록 닳아요. 소음이 귀에 주는 악영향은 소리의 크기와 시간에 비례하기 때문에 소리의 크기를 크게 하면서 시간까지 길게 되면 내이에 들어가는 독성의 총량이 엄청나고, 그걸 견딜 수 있는 사람은 없습니다. 반복한다면 더 심해지는 거고요. 쉽게 말해서 이런 거죠. 콘서트장이나 노래방 같은 곳에서, 아니면 아이들이 귀에다 대고 장난을 친다고 소리를 꽥 지르고 나면 5분, 10분 정도 귀에서 윙 소리가 나지 않습니까? 그게 무슨 소린가 하면 고장이 났다는 거거든요. 손상이 있다는 겁니다. 그런 내이에 소리가 또 들어가게 되고, 또 들어가게 되면 독성의 영향이 점점 더 기하급수적으로 커지게 됩니다. 그러면 회복이 되질 않거든요. 물결이 한 번 쳤다가 다시 내려와서 회복한 다음에 다시 들어오는 것과, 계속 연이어 들어오는 것은 그 충격의 정도가 다르기 때문에 줄이라는 이야기죠. 그래서 제가 말씀드린 게 30분 듣고 5분 쉬고, 한 시간 듣고 10분 쉬라는 겁니다. 당연히 한 시간 듣고 10분 쉬는 것과, 10분 듣고 2분 쉬는 것 중 뒤쪽이 훨씬 더 좋죠. 중간중간에 끊어줘야 내이가 영향을 덜 받게 되는 겁니다. 그래서 물론 항상은 어렵겠지만, 음악을 들을 때 기본적으로 그런 개념은 가지고 있어야 된다는 거죠. 제가 환자분들에게 말씀드리는 게 있어요. 우리가 길 가다가 자동차 매연이 나오면 어떻게 하나요? 반사적으로 코를 막잖아요. 그것처럼 자기 귀를 아끼는 분들은 공사장을 지나가는데 다다다다 소리가 들리면 자동적으로 귀를 막아줘야 하는 겁니다. 음악이 크게 들리면 자동적으로 귀를 보호하는 습관이 필요합니다. 그런 개념이 만들어지면, 마치 지금 마스크를 쓰는 것이 당연하게 된 것처럼 귀를 조심하는 것도 당연히 그렇게 해야 하는 것으로 버릇을 만드시는 것이 좋습니다.

: 노인성 이명은 백색소음으로 생각해야

지   노인성 이명으로 고생하시는 분들이 많은데요, 예방이 안 되는 건가요?

이 이명이 생기는 원인이 청력과 관계가 있거든요. 아닌 경우도 있지만 대부분은 그렇습니다. 특히 노인성 이명, 노인들에게 이명이 생기는 제일 큰 이유가 노화로 청력이 떨어지는 거예요. 나이가 들면 청력이 떨어지지 않습니까? 70세 전후로 노인성 난청이 오죠. 이명이 생기는 원리가 이렇거든요. 똑같은 모든 주파수가 들리다가 고음 청력, 도레미파솔라시도 고주파 영역에서부터 청력이 떨어지게 돼서, 다른 주파수의 청력과 고주파 영역 주파수가 서로 차이가 나게 돼요. 소리를 인지하는 대뇌 입장에서는 항상 비슷하게 소리가 들리다가 갑자기 안 들리게 되니까 그것을 믿지를 못하는 겁니다. '어, 왜 안 들리지? 안 들릴 리가 없는데' 하고 생각하는 거죠. 그러면 대뇌는 스스로 소리를 만들어요. 우리 뇌라는 것이 신비하고 막강하지 않습니까? 자기가 소리를 만들어요. 여기서 소리가 나야 돼, 왜 소리가 안 나, 여기서 소리가 안 들릴 수가 없어, 나는 게 맞아, 이렇게 소리를 만들어요. 그게 이명입니다. 차이가 나면 날수록 소리가 더 커지는 거죠. 그런데 그렇게 시간이 지나다 보면 이런 일이 생겨요. 원래 안 들리는 것이 맞거든요. 그러니까 적응이 되면 소리가 안 나요. 그러다 격차가 더 벌어지면 또 소리가 나는 거죠. 이명이 발생하는 원리가 그렇습니다. 나이 드신 분들이 청력이 떨어질 수밖에 없잖아요. 안 떨어질 수가 없으니까, 그걸 막을 수 있는 방법이 없으니까 이명도 피할 수가 없는 겁니다. 이명을 고치려는 여러 가지 시도가 있기는 합니다. 먹는 약도 있고, 요즘은 인공으로 발생 장치를 귀에 꽂아 5회, 10회 소리를 들려줘서 이명을 치료하는 디지털 장비도 나오고 있거든요. 그런 것들도 솔직히 말씀드리면 논문에서는 좋은 효과가 있다고 하지만, 실제로 환자들에게 적용해보면 그보다는 훨씬 안 좋은 효과가 나와요. 심지어 이런 말도 있죠. 디지털 이명 장치 같은 경우에는 더 시끄러운 소리를 냄으로써 시끄러운 소리를 없애는 장치다, 이런 우스갯소리도 합니다.(웃음) 최근의 자료를 보면 혀 같은 곳에 자극을 줘서 이명을 없애는 연구도 발표됐는데요, 앞으로 좀 더 연구가 이루어지면 이명에 좋은 획기적인 뭔가가 나올 것 같기는 합니다. 다른 치료를 하기 위해서 뇌를 자극하다가 엉뚱한 데 버튼을 잘못 눌러서 혀 쪽을 자극했더니 이명이 없어지더란 거였죠. 뇌에 관해서는 발전이 많이 안 되어 있기 때문에, 뇌라는 것은 사실 의사들이 거의 모른다고 봐야죠. 그렇게 아직 우리가 모르는 부분을 자극해서 좋아질 날이 올 것 같아요. 다만 지금 현재로서는 이명을 앓고 계신 분들에게 해 드리고 싶은 말은 백색소음이라고 생각하시고 마인드 컨트롤을 해야 한다는 거죠. 비문증이라고 있지 않습니까? 눈에 떠다니는.

지 벌레 같은 것이요.

이 처음 생기면 불편하잖아요. 내가 드디어 눈이 안 보이기 시작하는구나 싶고요. 또 처음에는 불이 번쩍번쩍하는 것 같고요. 지금은 어떻습니까? 지금은 없으면 좀 서운하잖아요.(웃음) 늘 있는 거고. 또 떠다니네, 이번에는 물결이 좀 더 치네, 이 정도잖아요. 이명도 그런 식으로 생각하시면 좀 편하게 대처하실 수 있을 겁니다. 거기에 집착하면 매달리게 되고, 강박이 생기면 아주 힘들어집니다. 이명은 강박이 클수록 더 크게 들리거든요. 비문증과 똑같죠. 비문증도 따라가게 되면 계속 더 크게 보이고, 큰 병처럼 느껴지니까요. 그렇게 생각하시면 좋을 것 같습니다.

: 네 시간씩 교대로 일하는 코

지 방송 들으면서 코가 네 시간씩 교대로 일한다는 것을 처음 알게 됐습니다. 그러다 보니까 한쪽이 막혔다고 생각하기 쉬울 것 같아요. 그런 상식이 보통은 없으니까요.

이 코의 생리학인데요, 코는 여러 가지 재미있는 점이 많습니다. 코가 하루에 만들어내는 콧물의 양이 1.5리터라는 것도 굉장히 놀라운 일이에요. 코가 네 시간씩 교대로 일한다는 것도 알기가 힘든 일이죠. 코 생리학이기 때문에 시험에 나오는 문제도 아니라 의사들도 잘 모릅니다. 잘 알려져 있지는 않죠. 입이 아니라 코로 숨을 쉬는 데는 여러 가지 이유가 있는데요, 그중 대표적인 것이 필터레이션입니다. 공기에 있는 분진 같은 것이 폐로 안 넘어가게 하고, 찬 공기가 바로 폐로 넘어가 문제가 되지 않게 하는 그런 역할을 하기 때문에 코는 한번 숨을 쉬게 되면 굉장히 큰 노동을 하는 거죠. 수분도 바짝바짝 마르게 되고, 코 안 점막에 지저분한 것들이 많이 쌓이게 됩니다. 그러다 보니까 24시간 계속 뚫려 있을 수가 없어요. 그래서 네 시간 동안 일을 하면, 그다음 네 시간은 쉬어야 합니다. 막히면서 재정비를 하는 거죠. 청소도 하고, 수분도 공급하고요. 부은 점막도 가라앉길 기다려야 새로 손님을 받을 수 있으니까요. 그사이에 반대쪽이 일을 하는 거죠. 그렇게 네 시간씩 교대를 합니다. 코가 중앙에 똑바로 있는 사람들은 아무 문제가 없습니다. 숨 쉬는 데 아무 지장이 없죠. 그런데 전체 인구의 70%가 코뼈가 휘어 있습니다. 항상 우세한 쪽이 있고 그렇지 않은 쪽이 있다는 거죠. 늘 숨을 잘 쉴 수 있는 코를 가지는 게 아니라는 뜻입니다. 멀쩡한 코가 숨을 쉴 때는, 그러니까 코가 뚫려 있는 쪽, 넓은 쪽에서 숨을 쉴 때는 아무 문제가 없어요. 그런데 이제 이 친구가 일을 다 하고 네 시간을 쉴 때 누구에게 바통을 넘기느냐 하면 좁은 쪽 코한테 가요. '이제 네가 숨을 쉴 차례다' 하고요. 그런데 좁은 쪽 코로 숨을 쉴 때는 넓은 쪽에 비해서 숨 쉬는 것이 강하지가 않죠. 그러면 어떻게 됩니까? 사람들이 '어, 코가 막히네' 하고 어느 쪽 코가 막혔나 숨을 쉬어보는데요, 누가 욕을 먹겠어요? 지금까지 열심히 일을 하고 숨을 잘 쉬게 해주던 친구가 네 시간을 일하고 이제 겨우 쉬기 시작했는데, 주인은 숨을 쉬어보고는 이제까지 일했던 넓은 쪽이 막혀 있으니까 그쪽 욕을 하는 거죠. 나는 왼쪽 코가 막혀, 오른쪽 코가 막혀서 미치겠어, 이렇게 되는 겁니다.(웃음) 이걸 패러독스, 역설적으로 코 막힘이라고 하는데요, 멀쩡한 코를 보고 막힌다고 하는 거죠. 그래서 이비인후과 의사들이 병원에서 환자들을 보면 환자는 항상 오른쪽 코가 막혀요, 합니다. 그러면 환자들에게 그렇게 설명을 하죠. 환자분은 코뼈가 왼쪽으로 휘어 있다, 왼쪽 코가 좁다고 하면 환자분들이 아니라고 펄쩍 뜁니다. 오른쪽 코가 막혀 있지, 왼쪽 코는 멀쩡하다고 해요. 그래서 내시경으로 확인시켜주면 믿지 못할 광경이 펼쳐지는 거죠. 이쪽은 넓고, 이쪽은 좁고. 그게 콧구멍이 막히는 것의 진실입니다. 그래서 항상 코가 막혀서 괴롭다는 분들은 자꾸 막힌 쪽을 찾는데, 보면 한쪽은 항상 막혀 있어요. 한쪽은 항상 쉬고 있기 때문에 코가 안 막혀 있을 때가 없다는 거죠. 그래서 막힌 쪽을 찾으려 하지 말고, 코로 숨을 쉬는데 한쪽이라도 뚫려 있느냐를 봐야 합니다. 그런데 양쪽이 다 막혀 있으면 그건 정말 문제가 있는 거죠. 숨을 못 쉰다는 거니까요. 코뼈가 휘어 있거나.

지　운동을 하면 코가 뚫린다면서요.

이　맞습니다. 인체의 신비인데요, 운동이라는 것은 산소를 요구하는 행동이잖아요. 운동을 하게 되면 온몸이 산소를 채집하기 위한 모든 노력을 다하게 되는 거죠. 그런 경우에는 네 시간씩 교대로 일하던 친구들도 비상 발령을 받게 됩니다. 너 일어나, 너도 일해야 돼, 이렇게요. 그래서 양쪽 코도 다 뚫리고요, 그동안에 막혀 있던 모든 숨 쉴 수 있는 구멍들이 다 개방이 됩니다. 그래서 코가 많이 막힐 때는 가벼운 샤워가 아주 좋습니다. 저녁에 잠자기 전에 샤워를 하게 되면 샤워 자체가 운동이 되거든요. 운동을 하면서 수분이 많이 들어와서 습도도 제공이 되는 거죠. 아니면 가벼운 뜀뛰기라든가, 아니면 계단을 오르내린다든가, 산보를 한다든가 이런 것들이 코가 막힐 때 쓸 수 있는 방법입니다. 푸시업 같은 운동을 하면 신기할 정도로 코가 뚫리고, 그래서 잠자기가 좋아져요. 생리적으로 운동을 할 때는 산소를 많이 흡입해야 하기 때문에 코 점막들이 숨 쉬기 좋게 뚫린다는 거죠.

: 좋은 의사에게 좋은 치료를 받는다는 것

지　의사 생활 하시면서 가장 보람 있었던 일은 어떤 건가요?

이　요즘은 매일매일 보람이 있습니다. 좋아진 환자들을 보면 제일 좋죠. 그리고 의사들도 사실은 칭찬을 먹고 삽니다. 요즘은 세상이 많이 험악해져서 어디 가서 의사라는 이야기를 하는 것이 거의 부끄러울 정도가 됐잖아요. 저희 동기들끼리도 카톡방 같은 데서 죄지은 사람 같다는 이야기를 많이 하게 돼요. 그런 면에서 자존감이라고 할까, 자괴감이 들 때가 많습니다. 사실 안 좋은 글만 보고 있으면 오는 환자들마다 저를 욕할 것 같고, 나한테 불만을 가질 것 같다는 생각이 들죠. 그래서 내가 왜 의사를 하고 있나 싶을 때도 있지만, 실제로 병원에서 보는 환자는 그렇지 않습니다. 저와 매일 맞닥트리는 환자분들은 그렇지 않거든요. 댓글들을 보면 의사들 욕하는 내용이 많잖아요. 그래서 모든 사람들이 그럴 것 같은데요, 실제로 우리가 환자들을 보면 정말 매달린다는 느낌이 들어요. 정말 아무것도 아닌 병인데도. 의사들 생각에는 아무것도 아닌 병이어도, 우리는 아니까 그렇겠지 그분들은 모르잖아요. 똑같아요. 예를 들어서 제가 은행에 가서 펀드를 든다고 하면 전문가가 아니니까 여기 넣어서 돈을 잃을지 모르니까 불안하잖아요. 전문가들이 보면 '바보처럼 왜 저기서 고민을 하나?' 이렇게 생각할 수 있듯이요. 자기 전문 분야에서는 자신이 있지만, 그렇지 않은 데서는 한없이 약해지지 않습니까? 환자분들도 그렇죠. 저희가 환자분하고 관계를 잘 형성해서 제가 잘 가르쳐드리든 어떻게든 해서 좋은 결과가 나왔을 때 정말 좋아하세요. 많이 좋아하고, 많이 고마워하는 것이 눈에 보일 때가 있어요. 그럴 때는 정말 좋습니다. 그래서 아까 왜 기억에 남는 의사 생활이 있었느냐, 환자가 있었냐고 하셨는데요. 사실 그런 한 분한 분들이 다 기억에 남죠. 하다못해 몇 년째 알레르기 때문에 코가 고생을 했는데 좋아져서 고맙다고 하시는 분들이 있어요. 감기 몸살 때문에 며칠 동안 주사 맞고, 비타민 먹으라고 해서 먹었더니 진짜 좋아졌더라 하시는 분도 있고요. 정말 보면 제가 한 것은 아무것도 없지만, 그걸 대단하게 여겨주시는 분들이 아직까지는 있거든요. 그런데 그 칭찬이 사람을 살게 하는 것 같아요. 물론 먹고살 만하니까 그런 소리를 하는 거겠죠. 제가 당장에 지금 같은 코로나 상황이 10년쯤 지속돼서 먹고살기 힘들면 뭐 그런 데 보람이 있고, 이런 이야기를 하겠습니까만은, 지금은 그렇다는 거죠.(웃음) 제가 여기서 의사 편을 드는 이야기를 한 가지 하자면, 소방관이나 의사나 경찰이나, 사회에서 진짜 필요로 하는 사람들이 돈 때문에 그 일을 하게 만들면 안 됩니다. 제가 의사라서가 아니라요. 사회에서 꼭 필요한, 필수불가결한 직군들이 먹고사는 것을 걱정하게 만들면 그 사회 전체가 힘들어질 수밖에 없습니다. 예를 들어서 사업을 할 때 그 사업체에서 정말 꼭 필요하거나 돌아가야 될 파트가 있잖아요. 그런데 그 파트가 돈에 구애되어서 일을 못 하게 되면 안 된다는 거죠. 비리를 저지르고 부패하게 되면 그 회사는 망하는 것 아닙니까? 우리 사회도 마찬가지라고 생각합니다. 그래서 그런 직군들에게 자꾸 너무 나쁜 잣대를 들이대지 말아주셨으면 좋겠습니다. 그게 제 생각입니다. 그런 사람들이 돈 걱정 없이 살아야 되거든요. 지금 보면 대부분의 의대생들, 의대생이 되려는 사람들도 그렇고, 인턴이 되고 레지던트가 되고 전문과를 고르는 친구들이 뭘 하고 싶어 하냐 하면, 성형외과나 이런 과를 하고 싶어 합니다. 돈 되는 것만. 대한민국에 전부 성형외과 의사만 있게 되면 진짜 소는 누가 키웁니까? 그것과 똑같다고 생각합니다. 최근에 한숨 쉴 일이 너무 많은데요, 과실을 의사가 입증하라고 하는 거죠. 의사들이 중요 범죄를 저질렀을 때 면허 취소를 하는 것, 그것은 그래도 된다고 생각합니다. 그런데 의사가 환자를 보다가 무슨 일이 생기는 상황까지 그 중요 범죄에 들어가면 안 되겠죠. 쉽게 말해서 의료사고가 났다, 그러면 그 의사는 면허를 취소하고 다시는 의사를 못 하는 게 맞는다고 생각한다면, 그리고 그 의료사고의 입증을 의사가 책임지게 만든다면 의사를 할 수 있는 사람이 없어지겠죠. 의사라는 것은 특히 외과 의사들, 지금 유명하신 심장 전문 선생님들도 대부분 옛날에 처음 수술 하실 때 자기가 원하지 않는 수술 결과가 나온 환자들이 있을 거예요. 그런 분들이 거기서 의사 생활을 그만둬야 하는 세상이 오게 되는 겁니다. 이런 비유가 어떨지는 모르겠지만, 손흥민 선수가 1:1 찬스를 놓치면 선수 자격을 박탈당하게 되는 거죠. 그러면 슛을 잘 넣을 수 있는 선수가 만들어질 수가 없어요. 이승엽이나 추신수 선수가 헛스윙을 해서 삼진을 당하면 그다음 타석에 못 서게 하는 것과 마찬가지죠. 그렇게 해서 좋은 타자와 좋은 투수가 어떻게 나올 수 있겠습니까? 의사도 마찬가지입니다. 의사라는 직업 특성상 그렇습니다. 첫 번째 수술은 누구에게나 있는 것이고, 첫 번째 수술을 받는 경우도 누구에게나 있는 거죠. 그렇게 따지면 모두가 첫 번째 수술의 대상이 되는 것을 피하려 할 거고요. 그러면 그 사회는 발전할 수 없습니다. 내가 좋은 수술을 받고 좋은 의사에게 시술과 치료를 받는 것은 어딘가에서 나 말고 누군가가 치료하면서 하나의 자료가 되어줬기 때문이잖아요. 내가 오늘 백신을 맞는 것도 앞장서서 실험을 받은 사람들이 있기 때문에 안전한 백신이 나온 덕이거든요. 이런 과정을 사람들이 이해를 해야 되는데요, 그런 이해 없이 자꾸 나와 있는 결과만 따먹으려고 하는 것이 요즘 생각해보면 너무 안타깝습니다. 나이가 들어서 그런 생각이 드는 것 같습니다. 젊었을 때는 그런 생각을 한 적이 없거든요.

지 한동안 갑상선암 과잉 진단 논란이 있었는데요, 요즘은 어떤가요?

이 갑상선암 진단도 많이 바뀌었죠. 열띤 토론들이 많았습니다. 제가 레지던트를 한 것이 꽤 오래전이잖아요. 20년 전인데요, 이미 그때부터 그런 논쟁이 있었습니다. 지금은 갑상선암에 대해서는 어느 정도 합의가 이루어졌죠. 특별하게 심한 문제가 되지 않는 경우에는 대부분 관찰을 하고, 사이즈가 크다든가 주변에 임파선 전이가 있다든가 하는 경우에는 수술을 하는데, 쉽게 말해서 올바른 방향으로 가고 있는 것 같습니다. 그게 의학의 장점이죠. 과거에는 의사들이 정말 몰라서 시행착오를 했던 것들이 새로운 연구 등을 통해서 자기 발전을 하는 겁니다. 갑상선암 수술을 무조건 했던 시기에서 놓아뒀더니 괜찮더라는 보고들이 나오죠. 그것들을 각각 연구하고, 논문을 통해서 입증을 시키고 하면서 새로운 치료의 지침이 만들어지는 것입니다. 이게 의학이 발전해나가는 원동력입니다. 갑상선암도 암이니까 예전에는 몰라서 그렇게 했던 거죠. 지금은 조직 유형이나 이런 것에 따라서 치료를 달리합니다.

: 환자와 의사가 같이 나이 들어가는 병원

지 이비인후과를 전공하려는 분들에게 해주고 싶은 말씀이 있으신가요?

이 이비인후과는 굉장히 재미있는 과입니다. 귀, 코, 목을 다 같이 보죠. 귀, 코, 목이 다 떨어져 있는 것이 아니거든요. 그리고 이비인후과는 마이너이면서도 메이저입니다. 귀, 코, 목이니까 별 쓸모없는, 없어도 되는 곳 같지만 알고 보면 메이저에 버금가는 수술을 하죠. 목의 암이라든가 구강암 이런 암 수술 같은 경우, 한 사

람의 생명과 관계되는 것들을 다루기 때문에 서전으로서의 자긍
심도 가질 수 있습니다. 외과적으로 자부심이 있고 수술 실력 등
에 따라서 달라지는, 내 손끝에 의해 모든 것이 달라지는 그런 재
미도 있습니다. 또 한편으로는 여러 환자들을 만나죠. 내과적으
로 환자를 케어할 수도 있고요. 그래서 내과적인 면, 외과적인 면
을 다 가지고 있고, 마이너이면서도 메이저하다는 것이고, 좀 힘
들고, 트레이닝하는 과정에서 많은 갈굼을 당하죠.(웃음) 요즘은
좀 달라졌을지도 모르겠지만요. 이비인후과 하시면 좋을 거예요.
그런데 더 좋은 과도 많아요.(웃음)

지   병원 차원에서나 개인적으로 어떤 계획이 있으신가요?

이   다운사이징을 하거나 콤팩트한 진료 형태의 병원을 만들어볼
까 하는 생각이 있습니다. 특정 계층을 상대로 병원을 운영해볼
까 싶습니다. 점점 노인층이 많아지니까 노인 환자를 위주로 보
는 이비인후과라든가요. 질병 위주가 아니고요. 예를 들어서 아
까 말한 어지럼증 같은 특정 분야가 아니라, 연령층을 기준으로
하는 병원을 만들어보면 어떨까 하는 것이 이번 코로나 사태를
겪으면서 든 생각입니다. 아까 말씀드린 것처럼 노인성 난청이나
염증도 있고, 노인이 되면서 목소리가 제대로 안 나오는 경우도
있습니다. 그다음 나이가 들면 안구건조증처럼 코나 이런 부위가
건조해지기 쉬운 경우가 많거든요. 기침이 잦아진다거나. 구체적
인 것은 아니지만요. 그렇게 하면 아무래도 시간도 몇 시에서 몇
시, 이렇게 한정할 수 있고 규모도 좀 작게 할 수 있겠죠. 저도 같
이 노인이 되어가니까요. 제가 나이 들어서도 사람들에게 도움이
되고, 나이 들어가는 사람들에게도 도움이 되는 뭔가를 해볼 수

있지 않을까 생각합니다. 그 장소가 서울이 됐든 지방이 됐든지요. 만약 서울이 되면 노인 쪽으로 좁힐 생각이에요. 지방에 가게 되면 낙향해서 영업 시간도 줄이고 먹고사는 것과 관계없는 환자 진료를 한번 해보고 싶습니다. 그러면 진짜 저희 아버님이 원하신 의사가 되어 있겠죠. 그때는.(웃음) 진짜 하고 싶어 하는 의사가 됐으면 좋겠다는 생각이 드네요. 억지로 하는 것이 아니고.

지 독자분들에게 마지막으로 하실 말씀이 있으신가요?

이 제가 TV나 유튜브에서 항상 환자들을 무척 생각하는 것처럼 보이지만, 실제로는 전혀 그렇지 않습니다.(웃음) 실제로는 엄청 까칠하고 환자분들한테 별나게 구는 편입니다. 엄격하고, 듣기 싫은 소리를 좀 많이 하죠. 저 의사는 나한테 왜 이렇게 심하게 대하지, 이런 생각을 하실 수도 있습니다. 처음에는 좀 그렇거든요. 최대한 그렇게 안 하려고 노력을 해도 뭔가를 찾다보면 그럴 수밖에 없어서요. 그런 점에 대해서 굉장히 죄송하게 생각하죠. 두세 번 진료를 보시면 괜찮은데 말이에요. 그러니까 방송만 보고 의사들에게 환상을 가지지 않으시기를 바랍니다. 보이는 것처럼 좋은 의사들은 많이 없습니다.(웃음) 그래서 제가 하는 방송을 참고만 하시고, 병원에 오면 많이 실망하실 것이기 때문에 병원은 되도록 가까운 곳을 이용해주시면 감사하겠습니다.(웃음)

10.

성공보다는
가치를 추구하는
마음

명승권
국립암센터 국제암대학원 원장

국립암센터 국제암대학원 원장이자 국립암센터에서 암 역학을 연구하고 있는 명승권 박사를 인터뷰했다. 유튜브 채널을 비롯하여 여러 미디어를 통해 활발하게 의학 상식을 전하는 그에게 현재 의료 분야의 문제와 의사로서의 철학과 목표, 메타분석과 근거 중심 의료가 무엇인지, 그리고 그가 말하는 영양제와 건강 기능 식품을 먹지 않아도 되는 이유 등에 대해서 들어보았다.

∶ 의료 분야에서 해결해야 하는 3저 문제

지승호
(이하 지)
정치적이거나 공적인 역할을 맡는 데 대한 욕심을 숨기시지 않는 편이 잖아요. 지난 총선 때 제안을 받기도 하셨고요. 만약 국회의원이 된다면 의료 분야에서 첫 번째로 입법하고 싶으신 내용은 뭔가요? 거기에는 본인의 정치적 정체성이나 목표 같은 것이 담길 수밖에 없을 듯한데요.

명승권
(이하 명)
일단 정치를 하게 된다면 의료 쪽을 전문으로 할 수는 있겠지만 그걸 먼저 생각했던 것은 아닙니다. 입법이라면 보건 의료 분야뿐만 아니라 일반적인 것을 했을 듯하고요. 의료 관련한 것은 글쎄요. 법률 개정을 통해서, 입법을 통해서 해결할 수 있는지 잘은 모르겠습니다. 우리나라 의료 분야에서 가장 심각한 것이 3저의 문제점이라는 데는 저도 동의를 하고 있어요. 일단 의료 수가가 비정상적으로 낮죠. 두 번째는 낮은 보험료, 이건 일반 국민들이 한 달에 한 번씩 내는 보험료죠. 마지막으로 앞선 두 가지로 인한 낮은 서비스. 이 3저가 우리나라에서는 가장 큰 문제라고 생각해요. 물론 국민들 입장에서 한편으로는 의료 수가가 낮기 때문에 본인 부담금이 적고, 보험료 자체가 덜 나가니까 가계에는 도움이 되는 것처럼 보여요. 하지만 전체적으로 봤을 때는 이런 시스템이 고질적인 문제가 되고 있거든요. 1977년에 의료보험이 처음 시작됐고, 전 국민 의료보험은 1989년에 시작되었는데요, 40~50년 동안 계속해서 발목을 잡으면서 큰 문제로 드러나고 있는 것이 비급여의 문제점들입니다. 비급여라는 것이 뭔지 아세요? 잘 아시는 대로 원래 보험이라는 것은 의료 서비스를 받을 때 일부는 본인이 부담하고, 일부는 국가에서 부담을 하는 거죠. 그래서 보통 외래에서 감기 같은 질병으로 진료를 받을 때 본인이 4400원에서 5000원 정도를 낸다고 치면, 나머지 만 원 넘는 비용은 국가에서 부담을 하는 거죠. 의료 서비스를 제공하는 의료 기관에서는 환자가 낸 본인 부담금과 국가에서 보장해주는 것을 합쳐서 수익이 돼요. 그런데 중요한 것은 액수 자체, 의료 수가 자체가 비정상적으로 낮다는 겁니다. 그 배경에는 이런 이야기가 있어요. 의료보험이 박정희 정권 때 시작되었는데, 맨 처음 의료보험 제도를 도입할 때 문제가 있었죠. 그 당시 의료 수가의 원가가 있었겠죠? 그런데 원가의 70% 미만, (그 이후로 알려진 것은 50%라는 말도 있어요) 의사 입장에서는 원가에도 턱없이 못 미치는 숫자인 70% 미만으로 시작했거든요. 이게 왜 가능했냐면 처음 시행했을 때는 건강보험공단에서 전 국민이 아니라, 종업원 수 500인 이상의 대기업 직원들을 대상으로 시작을 한 거예요. 그 숫자가 당시 우리나라 인구의 5% 정도밖에 안 됐다고 해요. 의사들이 부당하다는 것을 알면서도 큰 반발이 없었던 것이, 나머지 95%에 해당하는 사람들을 통해서 손실을 보충할 수 있었으니까요. 그런데 12년이 지난 1989년 노태우 정부 시절에는 100% 전 국민이 건강보험에 가입했습니다. 어떻게 되겠어요? 의료 서비스 가격이 전반적으로 낮아져버린 거죠. 그러면 다 망해야 하거든요. 그럼에도 안 망한 이유는 정부에서 비급여를 인정해줬기 때문이에요. 이를테면 선택 진료비가 있어요. 예전에는 특진비라고 했죠. 대학 병원을 가면 유명 교수에게는 거의 두 배 이상의 진료비를 받는 거예요. 또 상급 병실료라는 게 있어서 5인실이 아닌 3인실만 가도 보험 적용이 안 되었어요. 비급여로 하는 거죠. 그러니까 1인실에 들어가면 하루에 15만 원, 20만 원, 이렇게 병원 나름대로 책정하는 것을 국가에서 손을 안 댔거든요. 그다음에 또 뭐가 있을까요? 가장 대표적인 것이 각종 비급여 진료죠. 미용, 레이저, 성형 이런 것들은 의사가 가격을 정하기 나름이에요. 심지어 예를 들어서 점 하나 뽑는 데도 어떤 사람은 하나에 1000원을 받지만, 다른 사람은 하나에 5000원, 만 원씩 받거든요. 얼굴에 보통 점이 50개, 100개 있잖아요. 그러면 점 50개 빼는 데 50만 원이 드는데, 동네 의원에 가면 10만 원에도 50개를 뽑아주고 그러죠. 비급여로 그것을 허용해줬다는 거예요. 그러니까 그런 비급여 진료, 지금 예로 든 것은 박리다매죠. 그다음에 또 제약 업계와 관련한 리베이트가 있었단 말이에요. 뭐냐 하면 의약분업 이전에는 의료 기관에서 약을 줬잖아요. 2000년도 이전에는요. 지금은 병원에서 처방을 받아도 약은 못 받고 동네 약국 가서 처방전에 따라 받는데요, 의약분업 이 전에는 병원에서 의사가 처방하고 바로 약도 줬어요. 그러니까 어떻게 되겠어요? 제약 업체 직원들이 약국이 아니라 병원에 잘 보여야 하는 거예요. 예를 들어서 100만 원에 해당하는 약을 개인 의원에 줘요. 그런데 실제로는 20~30만 원을 더 얹어줍니다. 20~30%를. 그걸 100만 원만 받는 거죠. 그 20~30%에 해당되는 것이 리베이트가 되는 겁니다. 이 약을 써줘서 고맙다고. 사실은 다 불법이죠. 이런 것들을 통해서 낮은 의료 수가로 인한 보험 급여 환자로부터 발생하는 손실을 메워왔죠. 지금까지 그렇게 되어온 거예요. 의료계에서 흔히 중국집의 예를 들어요. 짜장면의 원가가 처음에는 4000원이었어요. 그런데 국가에서 70% 정도에 불과한 3000원으로 가격을 강제로 낮춘 거예요. 일단 중국집 입장에서는 짜장면을 팔 때마다 손해거든요. 그게 보험 환자라는 말이죠. 하지만 탕수육 같은 비싼 메뉴는 중국집에서 자체적으로 가격을 매길 수 있게 해줬어요. 탕수육 하나에 1만 5000원, 2만 원씩 받아버리는 거죠. 그건 간섭을 안 해요. 그래서 짜장면 판매로 인한 손실을 보전하기 위해서 탕수육을 많이 파는 겁니다. 대표적으로 이런 것이 있어요. 수액, 생리식염수를 맞을 때, 만약 탈수가 되고 힘들 때, '나 수액 좀 놔줘요. 링거 좀 놔줘요' 하잖아요. 그 링거의 원가가 5000원도 안 되거든요. 거기다가 비타민C 같은 노란 것을 넣고 이러면 뭔가 있어 보여요. 그걸 2, 3만원씩 받아버리는 겁니다. 그런 행위를 허용하고, 눈감아줬다는 거죠. 그것도 원칙적으로는 문제가 되는데, 지금 우리나라가 이런 상황이란 말이죠. 의료 수가가 낮다 보니까 실제로 병원 문턱이 낮아져요. 내가 감기든 뭐든 간에 진료를 받고 싶다고 하면 거의 웬만하면 당일 진료가 가능합니다. 심지어 무릎 수술 같은 것도 중간 정도 되는 입원실을 보유한 병원에 가면 며칠 안에 된단 말이에요. 그게 가능한 이유가 의료 수가가 낮으니 문턱이 낮고, 병원들 간에 경쟁이 치열해서 낮게 책정을 하기 때문이죠. 그런데 반대로 문턱이 낮다 보니까 개인 의원에는 병원에 안 와도 되는 환자들이 오는 경우가 많습니다. 감기 같은 것도 초기에 증상만 조금 있으면 무조건 병원에 오니까 환자 수는 많죠. 환자 입장에서는 많이 기다릴 수밖에 없는 거예요. 그래서 진료를 보는 데 걸리는 시간이 2, 3분밖에 안 되는 겁니다. 이건 의료 서비스의 질이 그 자체로 낮다기보다는 병의 특성도 있어요. 하지만 결론적으로는 그렇기 때문에 의료 접근성은 좋을지 몰라도 의료 서비스 질은 비교적 낮을 수밖에 없는 경향이 있는 거죠. 그렇다고 해서 지금 우리나라 의료 서비스의 질이 낮다는 말은 절대 아닙니다. 오히려 세계적으로 최고 수준인데요, 아이로니컬한 부분이 있기는 해요. 어쨌든 간에 핵심적인 내용은 우리나라는 전 세계적으로도 굉장히 특이하게 의료 접근 성이 좋고, 그 이유는 낮은 의료 수가가 그런 것을 부채질해서고, 그렇기 때문에 의사들은 자신의 손실을 메우고 보험 급여의 의료 손실을 메우기 위해서 비급여 진료를 과도하게 하고 있고, 그러면서 실제로는 효과에 대한 근거가 없는 여러 가지 엉터리 진료 들도 많이 양산이 되고 있다는 것입니다. 그 탓에 질적 수준이 낮은 부분도 생길 수밖에 없는 문제점에 직면해 있죠.

지 이 문제는 굉장히 많은 사람들이 지적하고 있습니다. 환자들 입장에서는 낮은 의료 수가로 인해서 의료비가 저렴하니까 좋은 부분인데요, 의사들도 직업인으로서 어느 정도 만족할 수 있어야 되기 때문에 파업도 의료 수가와 연관이 되어 있는 문제잖아요.

명 그 이야기를 하기 전에 잠깐 다시 한번 첨언을 하겠습니다. 일시적으로는 의료 수가가 낮기 때문에 당장 호주머니에서 나가는 자기 부담금이 적은 것 같지만, 전체적으로 봤을 때 비급여 진료까지 감안하면 진료비 자체는 과도하게 지출하게 되는 겁니다. 특히 근거 없는 비급여 진료에 돈을 많이 쓰게 되고, 그래서 보장성의 측면에서 봤을 때 오히려 안 좋아요. 보장성이라는 말은 국가가 얼마나 진료비를 부담해주느냐는 건데요, 그 보장성이 다른 OECD 국가에 비해서 많이 낮다는 거죠. 이를테면 문재인 케어 바로 직전에 보장성이 60% 초반이었어요. 그런데 대부분의 OECD 국가들 같은 경우는 보장성이 80% 가까이 되는 것으로 알고 있습니다. 그래서 문재인 케어에서 핵심이 바로 그거였거든요. 비급여를 최대한 줄이려고 한 거예요. 비급여를 급여로 돌리려고 했던 거죠. 그렇게 해서, 그때가 2017년이니까 5년 후인 2022년에는 보장률을 70% 정도까지 올리려고 했던 겁니다. OECD의 다른 국가들은 본인이 내는 보험료는 우리나라보다 훨씬 많고 의료 수가도 높지만 보장받는 부분도 그만큼 많아요. 우리나라는 반대로 보장성 측면에서 낮습니다. 그런데 그것을 해결하기 위해서 낮은 의료 수가나 낮은 보험료를 해결하는 게 아니라, 어떻게 남아돌았던 20조 원으로 비급여 자체를 급여로 돌리면서 국가에서 돈을 일시적으로 내겠다는 건데, 그건 근본적인 해결책이 아니죠. 이 돈을 쏟아부어도 5년 후면 다 소진된단 말이에요. 그러면 의사들은 또다시 비급여를 만들어낼 겁니다. 그 상황에서 의사들은 지속적으로 손실이 있으니까요. 파이는 거의 똑같을 텐데, 비급여를 급여로 돌리면서 수가 자체를 낮추잖아요. 국가에서는 급여를 해줘야 하고, 자기 돈 나가는 건데 정부 부담금이라는 게 계속 창출이 되다 보니까요. 그러면 총체적으로 봤을 때 의원들 입장에서는 수익이 줄어드는 거죠. 한마디로 이야기하면 옛날에는 비급여 환자가 열 명이었는데 다섯 명으로 줄어든 거죠. 왜냐하면 다섯 명은 급여로 돌아갔으니까요. 그런데 전체 벌어들이는 액수가 똑같다면 모르겠는데, 똑같지 않고 오히려 줄어드는 상황이거든요. 그러면 어떻게 해요? 문제를 해결하기 위해서 비급여를 계속해서 생산해내겠죠. 결론적으로 이것과 관련해서 하고 싶은 이야기는 의료 수가 자체를 높이고, 어떻게 보면 병원에 오는 문턱을 지금처럼 너무 낮게 책정을 하는 것이 아니라 적당한 수준에서 만족을 시켜줄 수 있게 해야 된다는 겁니다. 물론 가장 이상적인 상태는 모든 국민들이 진료받고 싶을 때 다 진료를 받는 거죠. 그래서 현실적으로 의사들의 노동력이나 의사들이 가져가야 할 이익까지 침해하면서 의료의 접근성을 높여놓긴 했지만, 그건 근본적인 해결책이 안 됩니다.

지 자원은 한정되어 있는데, 가벼운 병으로 병원을 가는 풍토도 문제가 있는 거잖아요.

명 그렇기는 한데요, 풍토나 국민성이나 이런 것이 문제가 아니에요. 기본적으로 의료 수가가 낮으니까 병원에 바로 오는 거죠. 그렇게 되면서 환자들도 사실은 필요하지 않는 의료 서비스를 받고, 거기에 본인 부담금을 내고 있는 거예요. 동시에 의사들은 굳이 이런 환자들을 안 봐도 되는데, 노동력을 거기다가 투입하게 되죠. 또 정부 입장에서 봤을 때도 좋지 않습니다. 감기의 예를 들면 그래요. 오늘 아침에 열이 났어요. 코로나가 아닌 상황이라고 생각해봅시다. 그래도 와요. 한 두세 시간 만에. 그러면 어떻게 됩니까? 본인 부담금 5000원을 내고, 나머지 1만 얼마는 국가에서 나가죠. 의료 기관에 1만 5000원의 돈을 벌게 해주는 것은 맞지만, 사실 그 진료비는 발생할 필요가 없는 것이거든요. 그런 것을 만들어내는 거예요. 그 액수가 적으면 모르겠지만, 정부 입장에서 볼 때는 큰 거죠. 만약에 하루에 100명을 보면 30~40명 이상은 감기 환자거든요. 전체 의료비 중에 최소한 30~40%는 발생할 필요가 없는 곳에 돈을 써버리는 상황이에요. 지금 그게 가장 큰 문제입니다.

지 이미 국민들이 의료비를 충분히 쓰고 있으니 그 돈으로 차라리 보험료를 더 내서 수가를 올리고 필요한 진료만 받는 것이 훨씬 더 좋다는 말씀이시죠?

명 바로 그렇습니다. 국민들이 내는 총 진료비는 오히려 낮아질 겁니다. 쓸데없는 비급여 진료비를 줄일 수가 있거든요. 의료 수가가 올라가면 본인 부담금은 약간 오를 수 있어도 진료의 질적 수준을 높일 수 있다는 데 장점이 있고요. 환자든 의사든 쓸데없는 진료에 비용이나 노동을 낭비하지 않게 되지 않을까, 그런 생각을 합니다. 그리고 더 중요한 것은, 다시 돌아가서 의사 수를 늘리는 것에 대한 이야기입니다. 우리나라는 표면적으로는 의사 수가 적으나 내용적으로는 모자라지 않다는 것이 첫 번째 반론이에요. 두 번째는 공공 의료가 왜 취약할 수밖에 없느냐인데, 그 부분은 현재 전체 의사를 효율적으로 분포할 수 있도록 정부 차원에서 제도를 통해 개선해야 한다는 거죠. 그리고 기본적으로 공공시설에 근무하는 의사들에게 개인 의원 급여 수준에 비교해 터무니없이 낮지 않게 어느 정도 보장을 해준다면, 의사들이 굳이 내 돈 들여서 개인 의원을 여는 게 아니라 공공 의료 기관에서 근무할 수 있지 않겠느냐는 겁니다. 국립암센터도 기타 공공기관이긴 하지만 완전한 공무원은 아니거든요. 하지만 급여 수준을 충분히 보장해주고, 그다음에 휴가도 잘 보장해주고 한다면 여기서 계속 근무를 할 수 있죠. 굳이 다른 곳에 갈 이유가 없으니까요.

: 근거 중심 진료의 중요성

지 임상적 전문 지식으로만 진료하지 말고 현재 가용한 외부적 임상 근거를 통합적으로 적용하며 진료해야 한다고 하셨는데, 그것이 명승권 박사님의 의학에 관한 철학인 것 같습니다.

명 그게 근거 중심 진료입니다. 개인 병원 의사든 대학 병원 의사든, 모든 의사들이 기본적으로 어떤 지식을 기반으로 진료를 할까요? 일단 의대에서 배웠던 가장 기본적인 지식, 가깝게는 전문의가 되기 전 레지던트 때 배웠던 지식, 그리고 제일 중요한 전문의 취득 후의 임상 진료 경험 즉 외래나 입원으로 온 환자들을 진료한 경험들이 있죠. 거기에 주기적으로 세미나나 학회를 통해서 새로운 지식을 습득하고 새로운 논문들을 읽으면서 그걸 바탕으로 진료를 하거든요. 그렇게 하면 충분할 것 같은데 사실은 그렇지 않다는 거죠. 어떤 면에서 충분하지 않냐? 의학적인 지식이라는 것이 연구 결과를 통해서 계속해서 새롭게 나오게 되어 있어요. 특히 인터넷이 발달한 상황에서 의학 지식의 양이나 전파 속도는 어마어마해졌습니다. 그런 상황에서 그 많은 의학 지식을 어떻게 짧은 시간에 내 것으로 만들어서 환자에게 적용을 할 수 있느냐, 상당히 어렵죠. 그걸 가능하게 해주는 것 중 하나가 바로 근거중심의학이거든요. 영어로는 Evidence Based Medicine인데요, 1997년도에 데이비드 새킷 박사가 제안한 개념입니다. 환자를 진료할 때 기본적으로 나의 전문성만으로는 안 돼요. 여기서 나의 전문 지식이라는 것은 지금까지 그 의사가 배워오고 임상 현장에서 경험했던 그런 의학적 지식을 이야기하는 겁니다. 그것만 해서는 안 되고, 그에 더하여 최근에도 계속해서 발표되고 있는 연구 결과로 새롭게 제시되는 의학적 지식을 통합하라는 거죠. 결국에는 새로운 지식을 반영하라는 말입니다. 근거중심의학이 진료에서는 구체적으로 어떻게 발현이 될까, 어떻게 적용이 될 것인가, 그게 근거 중심 진료입니다. 같은 개념이지만 약간 다르죠. 근거 중심 진료는 삼위일체가 되어야 하는데, 내가 가진 전문적 지식, 환자가 요구하는 것, 거기에 외부 연구로부터 얻은 의학적 근거 이 세 가지입니다. 조금 더 쉽게 이야기하자면 이렇습니다. 예를 들어서 환자분이 이렇게 질문할 수도 있어요. '커피가 콜레스테롤을 올리나요?' 혹은 환자가 당뇨가 있는데 비만이 굉장히 심각해요. 당뇨약을 먹는데도 조절이 잘 안 되고, 운동을 해도 조절이 안 돼요. 그런데 어디서 위 축소 수술을 하면 비만도 해결되지만 당뇨도 조절되고, 아예 당뇨가 완치된다는 이야기까지 들었다고 해요. 그런데 실제 당뇨라는 것이 영향을 미치는 것 중 가장 중요한 하나가 비만이거든요. 술도 있고, 담배도 있고, 비만도 있고 여러 가지가 있지만, 특히 비만 환자의 경우 몸무게를 빼면 혈당이 정상화되거든요. 그럼 어떻게 몸무게를 뺄 것인가가 문제겠죠. 생활습관 개선을 하려고 해도 잘 안 되고, 운동을 하려고 해도 쉽지 않고, 먹는 것을 줄이는 것도 그렇고요. 그래서 인위적으로 수술적인 요법으로 위를 축소시켜버리는 거예요. 위의 용적이 100이면 70으로 줄여버리는 거죠. 의사는 어떻게 하겠습니까? 찾아보겠죠. 그런데 진료를 보면서 할 수도 없고, 나중에 시간을 내서 인터넷 등을 통해 찾아볼 수는 있지만, 어디서부터 어떻게 해야 할지 막막하거든요. 어떤 연구를 봐야 할지도 모르겠고, 연구 방법도 다양하니까요. 그때 필요한 것이 바로 근거 중심 진료입니다. 현존하는 최상의 근거를 진료에 적용하는 거죠. 연구 방법들이 다양해요. 실험실 연구, 동물실험 연구, 임상 시험이 있고, 임상 시험보다 더 높은 것이 메타분석이라는 것이에요. 그런 지식의 현재 수준, 최신의 것을 알려면 임상 시험 연구 결과를 보면 됩니다. 그런데 연구마다 다르게 나올 수 있어요. A라는 연구는 효과가 있다고 나오고, B라는 연구는 효과가 없다고 나올 수 있는 거죠. 그럴 때 필요한 것은 개별 연구를 다 종합하는 겁니다. 그게 바로 메타분석이고요. 하나를 더 붙이면 체계적 문헌 고찰과 메타분석인데요, 이것은 어떤 주제에 대해서 몇 개의 논문만 보는 것이 아니라 그 주제를 가지고 수행된 현재까지의 모든 연구를 종합하는 겁니다. 이 근거 수준이 제일 높은 거죠. 그래서 진료를 할 때는 실험 연구나 동물 연구, 관찰 연구뿐만 아니라 사람을 대상으로 한 임상 시험을 한두 가지가 아니고 여러 가지 연구를 종합한 메타분석 결과에 근거해서 보면 된다는 거죠. 물론 메타분석 연구가 없다면 할 수 없이 임상 시험 몇 개를 본인 나름대로 종합해서 봐야 하는데요, 대개 메타분석은 나와요. 그럼 다시 돌아가서 커피가 콜레스테롤을 올릴까요? 실제로 환자를 보다 보면 콜레스테롤이 올라가는 원인을 보통 네 가지로 이야기합니다. 흡연, 음주, 비만, 운동 부족. 음식 요인도 있다고는 하지만 그렇게 많이 관여하지 않는 것으로 나와 있습니다. 그런데 최근에 연구가 바뀌었어요. 이 네 가지를 물어보니까 환자가 특별한 것이 없는 거예요. 젊은 여성인데 유독 콜레스테롤이 너무 높아서 물어봤더니 커피를 많이 마신다고 해요. 하루에 서너 잔씩. 커피가 콜레스테롤을 올리는지 궁금하잖아요. 그러면 의사들은, 저처럼 근거중심의학 진료를 안 하는 사람들은 약간 답답한 면이 있는 거예요. 이걸 어떻게 내가 조정을 할 것인가. 고지혈증, 콜레스테롤 치료 가이드라인이 정리된 것이 있지만, 그 안에 커피의 내용은 없거든요. 그러면 의사는 제가 조금 전에 말했듯이 가장 근거 수준이 높은 임상 시험을 종합한 메타분석 논문을 찾으면 됩니다. 의학 데이터베이스가 있어요. 거기에 들어가서 커피 앤드 콜레스테롤, 이 검색어를 이용하면 수백 개 이상의 논문이 나옵니다. 그걸 일일이 다 읽어볼 수는 없으니까 필터링을 해서 메타분석만 찾으면 열 개 내외로 줄어든단 말이죠. 가장 최신의 메타분석을 클릭해서 한 페이지짜리 아주 짧은 초록만 읽으면 됩니다. 그러면 열 개 논문을 종합했더니 커피를 많이 마신 사람과 안 마신 사람을 비교했을 때 커피를 많이 마신 군에서 콜레스테롤이 올라갔다, 이런 결론이 나오거든요. 실제 그렇게 나왔고요. 그러면 어떻게 될까요? 지금 현재 가이드라인에 없다고 할지라도 가장 최근의 지식들을 검색하고 근거 중심 진료에 입각해 적용해서 환자에게 처방을 내리면 되는 겁니다. '커피를 줄여보세요'라고 하는 새로운 치료 방침을 전달하는 거죠. 그런데 그런 치료 방침이 가이드라인에도 없으니까 시도하는 의사들이 거의 없거든요. 우리나라에도 그렇고, 전 세계적으로도 그렇습니다. 하지만 저는 4, 5년 전부터 계속 시도해왔고, 의사들을 만날 때마다 이야기하고, 학회에서도 계속 전달하고 퍼뜨리고 있습니다. 진료 지침 가이드라인을 매년 만들 수는 없으니까요. 그 가이드라인은 몇 년 동안 나온 연구 결과를 다시 전문가들이 모여서 또 정리하고 토론을 통해서 나오기 때문에 시간이 걸리고, 연구 결과가 나와도 정리하는 데 시간적인 갭이 있거든요. 그걸 개인 의사가 할 수 있어야 한다는 말입니다. 그래서 결론적으로 커피가 콜레스테롤을 높일 수 있기 때문에 줄이라고 이야기할 수 있는 거예요. 두 번째로 말했던 당뇨가 있는 고도비만 환자가 과연 위 축소 수술을 통해서, 위 용적을 줄여서 완치할 수 있느냐, 그것도 메타분석을 찾아보면 이미 나와 있습니다. 즉 열 몇 개의 임상 결과를 종합해보니까 위 축소 수술을 한 경우에 수술하지 않은 경우보다 비만도 많이 줄었지만, 당뇨 완치 환자도 훨씬 많았다. 그러면 환자 중에 비만이 심각한데 당뇨가 조절이 안 된다고 하면 어떻게 할 수 있나요? 맨날 약만 똑같이 처방하는 것이 아니라 '위 축소술을 고려해보십시오' 하고 외과에 협진 의뢰를 할 수 있는 거죠. 이렇게 하는 것이 근거중심의학, 근거 중심 진료라는 겁니다.

: 메타분석이란 무엇인가?

지 메타분석이란 것이 일반인들한테는 생소한데요, 좀 더 쉽게 설명해주실 수 있나요?

명 쉽게 설명하면 이렇습니다. 어떤 새로운 치료제, 신약, 이를테면 코로나 일부 치료제의 임상 시험이 나왔다고 해봅시다. 새로운 신약을 가지고 100명을 대상으로 임상 시험을 했어요. 보통 50명씩 나눕니다. 50명은 가짜 약을 주고, 50명은 새로운 신약을 주는 거죠. 가짜 약을 먹은 그룹보다 훨씬 많은 수에서 진짜 약을 먹은 그룹이 효과가 좋았다, 그래야만 그 약은 효과가 있다고 말할 수 있거든요. 그런데 그 100명의 연구 임상 시험 말고, 며칠 있다가 다른 나라에서 같은 약을 가지고 500명을 대상으로 해봤어요. 250명씩 나눠서. 그걸 무작위 비교 임상 시험이라고 해요. 두 그룹을 나눌 때 무작위로 하거든요. 그 이유는 어느 한쪽에 고령이나 어느 성별이 많거나, 담배를 피우는 사람이 몰려 있거나 이래서는 안 되기 때문이죠. 결과에 영향을 미칠 수 있는 것들이 균등하게 조절이 되어 있어야 합니다. 그런 다음에 비교 임상 시험을 하는 건데요, 100명일 때는 효과가 있다고 나왔는데, 500명 대상의 연구에서는 효과가 없다고 나올 수 있습니다. 그리고 세 번째 연구에서는 해가 될 수 있다고 나오고, 또 네 번째 연구에서는 효과가 있다고 나옵니다. 그러면 어떤 연구 결과가 맞는 것 같습니까? 어떻게 해야 되죠? 그때 좋은 방법 중 하나가 산수, 수학적으로 개별 연구를 합치는 것입니다. 마치 하나의 연구처럼 평균을 내면 되죠. A라는 연구에서 효과가 1.5배 높았다, B는 1.2배 높았다, C는 0.8배 높았다, D는 3배 높았다, 이러면 평균을 내면 되는 거예요. 평균을 낼 때는 개별 연구의 연구 대상 수가 많으면 가중치를 많이 부여해서 더 값어치를 높게 하고요. 그게 메타분석입니다. 메타라는 말은 원 의미가 초월한다는 말이에요. 초월한 분석이라는 뜻이죠. 왜 그런 말을 갖게 됐냐 하면 개별 연구가 하나의 분석이고 메타분석은 여러 가지 분석들을 종합해서 다시 분석한 거니까요. 2차적으로 통계적으로 다시 분석한 거죠. 애널리시스 오브 애널리시스, 분석들의 분석이라고 보통 이야기를 하는데요, 개별 분석을 1차원이라고 하면 메타분석은 여러 개를 종합하고 평균을 내고 한 단계 위로 올라간 거예요. 메타분석은 이름은 어려워 보이지만 어려운 미션이 아닙니다. 똑같은 주제로 수행된 여러 연구 결과를 종합해서 평균적으로 효과가 있느냐, 없느냐 밝혀주는 학문이 바로 메타분석이죠.

지   코로나 사태에 빗대어보면요, 서양 의학이 마스크를 경시했다가 결과가 안 좋게 나왔잖아요. 그런 식으로 기존에 나와 있지 않은 부분에 대해서는 메타분석이라는 것이 한계가 드러나는 것 같습니다.

명   맞아요. 메타분석이 능사는 아닙니다. 메타분석은 그 시기에 현존하는 연구 결과들을 종합해서 판단하기 때문에 현재 이루어지지 않은 특정 방법에 대해서는 사실 답을 낼 수 없거나 잘못된 답을 낼 수도 있습니다. 실제 저 같은 경우도 코로나 초반에 의견을 제시할 때는 마스크는 병원 내에서는 효과가 있지만 병원 바깥이나 일반 지역사회에서는 근거가 부족하다고 이야기했거든요. 실제 미국 질병관리본부나 세계보건기구도 똑같은 입장이었어요. 그리고 우리나라 질병관리본부도 초반에 마스크는 병원 안에 있는 의료인들, 환자, 고위험군, 코로나 감염에 민감하고 잘 걸릴 만한 사람들이 써야 한다고 했습니다. 또는 많은 사람들이 모여 있는 공간, 계속 오랫동안 근접한 거리에서 같이 머무는 경우에 써야 한다고 했죠. 예를 들어서 버스나 지하철 같은 대중교통을 이용한다든가, 의료 기관 내에서나 사람들이 밀접한 공간에서 오랫동안 접촉을 해야 하는 경우가 아니면 굳이 쓰지 않아도 된다는 거죠. 그 외에 집 안에 있을 때 혹은 탁 트인 야외 공간에서 사람들과 멀리 떨어져 있을 때, 바깥에서 혼자 운동을 할 때, 그리고 길거리를 지나더라도 사람들이 별로 없을 때처럼 지속적으로 밀접한 공간 내에서 거리를 유지하면서 대화를 하지 않는 경우라면 굳이 쓸 필요가 없다고 했고요. 그런 이야기를 했는데, 하나 간과한 것이 있었죠. 저도 근거중심의학에 입각해서 그 당시에 나온 연구 결과를 종합해보니까, 일단 의료 기관 내에서 N95마스크라든지 덴털 마스크라도 마스크를 쓴 군과 아예 쓰지 않은 군을 비교했을 때 감염성 질환, 특히 호흡기 질환에 걸릴 위험성이 마스크를 쓰지 않은 군에서 훨씬 높다고 나왔습니다. 의료 기관 종사자나 환자들은 무조건 써야 한다는 겁니다. 문제는 지역사회인데요, 연구가 많지도 않고 주로 가정을 대상으로 한 겁니다. 어느 한 가정에 사스나 독감 같은 감염성 질환이 있어요. 어떤 가구는 마스크를 가족 구성원이 다 쓰게 하고, 어떤 가족은 마스크를 안 쓰게 합니다. 그랬더니 큰 차이가 없다고 나왔다는 거예요. 그래서 당시에 '현재까지의 연구 결과에 의하면, 의료 기관에서 마스크 사용은 적극적으로 권장하지만 일반 지역사회에서는 근거가 불충분하다' 이렇게 결론을 냈었거든요. 그래서 세계보건기구나 미국은 초반에 그렇게 이야기를 한 거예요. 우리나라는 약간 다르게 그래도 마스크의 중요성을 전반적으로 강조했습니다. 아직도 우리는 잘 몰라요. 마스크 때문에 우리나라가, 동양권 국가들이 다른 서양에 비해서 덜 퍼진 건지 아직은 명확하게 결론이 난 것은 아닙니다. 그러나 추정컨대 이론적으로는 이렇겠죠. 모든 사람이 다 마스크를 쓰고 있다고 생각을 해보세요. 혼자 있을 때를 제외하고 어떤 공간에서든지. 그러면 우리가 모르는 사람 중에 환자가 있어도 그 사람이 기침을 하든 어쨌든 마스크를 쓰고 있으면 다른 사람한테 전파될 확률은 확 낮출 수 있죠. 환자 아닌 사람 입장에서도 마스크를 쓰고 있으면 설령 비말이 튀어나왔다손 치더라도 막아낼 수 있으니까요. 마스크를 안 쓰는 것에 비해서는 괜찮을 거라는 이야기죠. 그런 포스터도 돌고 있긴 합니다. 환자와 아닌 사람 양쪽이 다 마스크를 썼을 경우 전염률이 1.5%까지 떨어진다고 하는데, 근거가 확실한 것은 아닙니다. 의학적으로 따로 발표되거나 연구된 것은 아직까지 없는 것으로 알고 있어요. 그에 대해서는 논문이 나와봐야 아는 거죠. 논문이 나온다고 해도 결론을 내리기는 어려울 거예요. 물론 이건 있을 겁니다. 마스크 쓰기를 적극적으로 권장하거나 실제로 국민들이 마스크를 많이 쓰는 나라와 그렇지 않은 나라의 코로나 확진자 수를 비교할 수 있거든요. 그걸 바로 상관분석이라고 해요. 그건 양적으로만 분석을 하는 겁니다. 문제는 상관분석만, 양의 상관관계가 있다, 음의 상관관계가 있다만 아는 거예요. 마스크를 많이 쓸

수록 확진자 수가 적다고 하면 음의 상관관계가 있다는 뜻이잖아요. 그런데 인과관계가 있는지는 모른다는 겁니다. 그 연구 결과로는요. 또 다른 요인에 의해서 그럴 수도 있거든요. 실제로 우리나라 같은 경우는 다른 나라에 비해서 마스크를 잘 쓰기도 했지만, 마스크보다 더 중요하다고 생각되는 것이 뭔가요? 초기에 확진자들을 빨리 찾아내고, 추적까지 해서 더 퍼지지 않고 안정화시킬 수 있는 그런 시스템도 굉장히 중요한 부분이었거든요. 실제 우리나라는 그게 더 주요했을 수도 있다는 겁니다. 그러니까 아직은 모른다는 거죠.

: 비타민과 건강 기능 식품의 허상

지   지난번에 하신 인터뷰에서 논문을 79편 쓰셨고, 그중에 메타분석에 관한 논문이 50편이 된다고 하셨어요.

명   올해 세 편을 추가했으니까 82편이네요. 메타분석 논문이 53편이 된 거죠. 그런데 82편 중에 열 편 내외는 이른바 국제 SCI급 학술지 수록은 아니에요. 70편 중에 53편이 수준 있는 SCI급 학술지에 실렸고, 생각해보면 70% 이상은 메타분석에 대해서 쓴 거네요. 개인적으로 봤을 때는 제가 하는 메타분석 논문 작업들이 공중보건학, 의학적인 측면에서 의미 있는 연구이기 때문에 자부심을 가지고 있습니다. 그리고 충분히 의학 지식을 새롭게 변화시켰고, 새로운 의학 지식을 창출해냈다는 데 보람을 느끼고 있죠. 특히 비타민과 같은 것이 근거가 없다는 사실을 계속해서 후속 논문을 내고 있습니다. 그러면서 환자들에게도 그런 부분을 이야기하죠. 환자들이 비타민이나 영양제, 건강 기능 식품에 돈을 허비하지 않고 생활습관 개선을 통해서 건강을 유지하려고 노력하는 것에 현재도 많은 기여를 하고 있다고 생각하기 때문에 자부심을 느끼죠.

지 다른 인터뷰를 하면서 '앞으로 영양제를 안 먹게 될 것이다'라고 이야기를 하셨는데, 지금 현실적으로 많은 사람들이 먹고 있고 효과를 보고 있는 상황에서 그런 일이 벌어질 것 같지 않다는 반론이 있었잖아요.

명 안 먹게 될 가능성이 높다고 이야기를 했는데요, 언제 그렇게 될지는 모르겠어요. 워낙 건강 기능 식품이라는 것이 자본주의 사회에서 돈이 되는 분야기 때문에 쉽게 인기가 사그라지지는 않을 것 같습니다. 하지만 제가 말했던 대로 이런 연구 결과가 지속적으로 쌓이고 일관된 결론이 도출된다면, 몇십 년 안에는 비타민을 포함한 건강 기능 식품이 환상이고 신기루에 다름없다는 것을 사람들이 알게 되지 않을까 싶습니다. 물론 향후에 우리가 알지 못하는 새로운 약물이 나오면 이야기가 달라지겠죠. 실제로 질병을 예방하고 치료에 도움이 되는 것이 나온다면, 그런 근거가 나온다면 인정할 것은 인정을 해야죠. 이 이야기를 하면 길어지는데, 건강 기능 식품이라는 개념 자체가 사실 신기루와 같은 것이기 때문이에요. 허상이라는 말이에요. 우리 인간에게 칼로리뿐만 아니라 영양을 제공하는 것을 식품이라고 한다면, 질병을 예방하거나 치료하는 것은 의약품이라고 하거든요. 그 중간에 건강 기능 식품이라는 개념이 새로 등장한 거예요. 이렇게 된 것이 20여 년밖에 안 됩니다. 1980년대 일본에서 미에로화이바가 나왔죠. 식이섬유 있잖아요. 식이섬유를 원료로 음료를 만드는데, 결국

작동하는 것이 변비에 도움이 되는 거거든요. 그런데 제가 이야기하고 싶은 것은 이거예요. 만약에 어떤 질병을 예방할 수 있고, 치료도 할 수 있다면 굳이 건강 기능 식품이라는 이름을 빌리지 않아도 의약품으로 판매를 하면 됩니다. 부작용이 덜하면 일반 의약품으로 해서 의사 처방 없이 주면 되고요. 그런데 굳이 건강 기능 식품이라는 이름을 만들어서 사람들을 현혹하고 있다는 거죠. 뒤에 식품이라는 말이 붙는데 질병을 예방할 수 있고, 치료도 할 수 있고, 건강에도 도움이 된다는 겁니다. 대단한 것처럼 이름을 만들었는데, 건강 기능 식품을 표방하는 것들이 그만큼 질병 예방에 효과가 없기 때문에 제가 반대하는 거죠.

지 그 이야기를 하면서 적도 많이 생기고 명성도 얻으셨잖아요. 『비타민제 먼저 끊으셔야겠습니다』라는 책도 내셨는데, 그런 주장을 한 것이 본인의 삶에 어떤 영향을 미쳤다고 생각하세요?

명 일단 건강 기능 식품에 대해서 이렇게까지 내 주장을 갖게 된 배경은 약간의 우연도 있어요. 2003년도에 암센터에 들어왔는데, 2004년경에 가정의학과 학술지에 암과 음식에 대해서 종서를 써 달라고 하는 거예요. 종서라는 것은 그 주제에 대해서 기존에 나온 연구를 나름대로 정리를 해서 길게 쓰는 것인데요, 그걸 하다 보니까 비타민에 관한 리뷰를 안 할 수가 없었습니다. 음식에 들어가는 거니까요. 그러면서 비타민이 중요하다는 사실을 느끼게 됐고, 또 그래서 음식 요인 중에 비타민 공부를 좀 해봐야겠다고 막연하게 생각했죠. 그러던 와중에 2005년 서울대학교 의과대학 예방의학과 석사를 시작하면서 메타분석이라는 단어를 처음 접했어요. 당시에는 메타분석 전문가가 극히 드물었습니다. 지금도 드물어요. 서울대학교 내에서도 메타분석을 따로 가르치는 교수가 없어서 2007년도 학위를 따면서 독학으로 메타분석 논문을 냈고, 그해 12월에 저의 첫 SCI급 학술 논문 1호가 발표된 거예요. 제 메타분석 1호 논문이자 석사 학위 논문이었죠. 그때 본 논문이 있습니다. 미국의학협회지에 메타분석 논문 하나가 나왔는데, 주제가 '비타민 항산화 보충제가 오히려 사망률을 높인다'는 거였어요. 68편의 임상 시험을 종합한 메타분석이었습니다. 그걸 보고 너무 놀랐죠. 저도 그때까지 비타민 전문가는 아니었어요. 비타민C, 비타민E, 베타카로틴, 셀레늄, 이게 대표적인 항산화제고 영양제고 비타민류인데, 종합 영양제에 들어 있단 말이에요. 외래 보면서 느꼈던 것은, 환자들이 '내가 담배를 피우고 술을 마시고 운동을 안 하지만 그래도 영양제는 먹고 있는 사람이다' 하는 경우가 많구나였어요. 건강에 도움이 될 거라고 믿고 있고요. 그런데 메타분석이라는 방법론을 이해하면서 제일 놀란 논문이 항산화 보충제, 비타민제가 오히려 죽음을 재촉한다는 것이었습니다. 이런 논문을 나만 알고 있어야 되냐, 사람들에게 알려야겠다, 그래서 그때부터 방송과 언론을 통해 이 이야기를 하기 시작한 거죠. 첫 번째는 우리가 지금까지 생각했던 것과는 다르게 비타민이나 항산화 보충제가 해롭다는 겁니다. 효과는 없고요. 두 번째는 많은 사람들이 이 사실을 모른 채 비타민을 너무 많이 먹고 있는 거예요. 저는 그게 화가 났어요. 그리고 이런 이야기를 하는 의사가 거의 없었습니다. 반대로 몇몇은 비타민이 마치 만병통치약인 양 이걸 먹으면 건강해진다면서 메가도스 요법이라고 과도하게 먹으라고 하는 거예요. 제가 이걸 참을 수가 없는 거죠. 저는 어렸을 때부터 약간 정의감이 있었던 것 같습니다. 그러니까 대학 들어와서도 학생 운동을 하지 않았나, 다른 사람들에 비해서 좀 더 열심히 하지 않았나, 그런 생각을 했어요. 사회에 대해서 다소 비판적인 시각을 가지게 된 거고요. 그래서 진보 쪽으로 생각이 바뀌게 되었는지도 모르겠습니다. 비타민에 대한 이야기도 의료계에서는 진보의 역할을 하고 있다고 봅니다. 그동안 보수적으로 가져왔던 영양제에 대한 편견이나 생각들은 잘못됐다는 거죠. 그런 생각은 새로운 의학 지식으로 계속 변화가 되어야 한다는 거고요. 마르크시즘에서 가장 기본적인 것은 '모든 것은 변화 발전한다'는 거잖아요. 변증법적 발전을 이야기하면서 항상 상대적인 것을 이야기하거든요. 나선형의 발전이라고 해서 맨 처음에는 올라가다 나중에는 옛날로 돌아갈 수도 있지만, 결국 나선형으로 방향 자체는 계속 발전하는 방향으로 가잖아요. 의학적인 지식도 마찬가지인 것 같습니다. 지금 현재는 진실이라고 믿고, 진리라고 믿고, 과학이라고 믿어왔던 것들이 새로운 연구 결과로 인해 깨지면 새로운 연구 결과가 그 자리를 차지하고 계속 변화한다고 생각하거든요. 마찬가지로 영양제나 비타민에 대한 생각도 우리는 지금까지 비타민은 무조건 좋은 거니까 먹으면 좋겠지, 라고 했는데 바뀌기 시작했다는 거죠. 그러던 와중에 2010년에 이런 일이 생겼죠. 비타민 항산화 보충제가 암도 예방한다고 이론적으로 나와 있었거든요. 그런데 논문 스물두 편을 종합해보니까 효과가 없다고 하는 거예요. 게다가 일부는 심지어 방광암의 위험성을 높인다고 나왔죠. 제 메타분석에서는요. 의도적으로 한 것도 아니었는데 『임상 종양학 저널』이라는 유명한 의학 학술지에 발표를 했습니다. 그러다 보니까, 계속 해야겠다, 이건 굉장히 심각한 문제다 싶었어요. 그러던 와중에 제 논문뿐만이 아니라 다른 학자의 메타분석이나 다른 사람들의 개별 임상 시험에서조차 효과가 없는 것으로 나타났다는 논문이 나오기 시작한 거예요. 그게 본격적으로 발표된 것이 2010년 초반부터 지금까지예요. 최근 10여 년 동안 있었던 일입니다. 그런데 이렇게 발표된 논문들에 대해서는 일반 의사들은 관심이 별로 없죠. 기존 지식을 가지고 환자를 보고, 새로운 지식이라고 하더라도 질병 중심으로 보니까요. 저는 이왕 10여 년 전부터 비타민, 건강 기능 식품에 관심을 가졌으니까 논문을 쓰기도 했지만 읽기도 하면서 새로운 연구 결과를 국민들에게 알리기 시작한 거죠. 인기를 끌거나 나 자신을 알리기 위해서 이런 주장을 한다기보다는 중요한 문제이기 때문에 가만히 있어서는 안 되겠다고 생각해서, 조금 더 경각심을 불러일으키기 위해서 심각하게 전달을 하다 보니까 다소 과장된 측면이 있었습니다. TV에서 의사들끼리 언쟁을 하는 식으로 표현되기도 했고요. 그래도 어느 정도제가 생각하는 것들을 지금까지 전달해왔다고 생각합니다. 하지만 여전히 한계를 느끼는 것이, 그때뿐인 것 같아요. 저 혼자 해결할 수 있는 문제는 아닌 것 같습니다. 그래서 저와 의견을 같이하는 사람들을 모아서 학회나 이런 것들을 만들어야 하는데요, 쉬운 일이 아니에요. 그만큼 제 의견을 이해할 수 있고, 동조할 수 있는 사람들과 함께해야 하는데 그런 사람들을 만나기가 정말 어렵습니다.

지 왜 그런가요? 선생님의 주장에 개인적으로 동의한다는 사람이 꽤 있는 것으로 아는데, 같이하는 것은 어렵다는 건가요?

명 할 수는 있는데, 쉽지 않다는 거죠. 자기 시간을 내놔야 하잖아요.

무엇보다 메타분석에 대해서 충분히 이해가 되어야 하는데, 아직은 이 방법론이 대중화가 된 것은 아닙니다. 그것을 이해하면서 제대로 하려면 노력이 필요해요. 제가 봤을 때는 앞으로도 최소한 5년, 10년 걸릴 수밖에 없습니다. 여기 가정의학 교과서가 있잖아요. 이것이 10여 년 전부터 주기별로 나와요. 가정의학과 레지던트를 위한 건데, 가정의학은 이런저런 질병을 다 보니까 그걸 다 요약을 해놓은 거예요. 하나의 의학 교과서죠. 눈 충혈에 대해서 어떤 원인이 있고, 치료는 어떻게 하고, 이런 것을 가정의학 시각에서 정리한 거거든요. 그런데 여기에 뭘 쓰냐 하면 새로운 근거 중심 진료 챕터를 썼어요. 이 챕터는 우리나라에서 처음으로 서술한 겁니다. 20페이지 정도 되는데요, 제 근거 중심 진료 내용을 여기다가 정리를 했어요. 우리 가정의학과 의사들은 이 내용을 알아야 한다고요. 이 내용이 전파되고 사람들에게 확실하게 인지되려면 아직도 5년, 10년 이상은 걸릴 거예요. 그러니까 어려운 부분이 있는 거죠. 그래서 일단은 현재로서는 저 혼자 개인전을 하고 있습니다.

: 성공한 사람보다는 가치 있는 사람이 되기를

지   후학들이 뭔가를 해줬으면 좋겠다고 하셨는데요, 가정의학과 의사가 되고자 하는 후배들에게 해주고 싶은 말씀이 있으신가요?

명   일단은 이 이야기를 하고 싶어요. 가정의학과 의사들뿐만 아니라 의대 후배들을 포함해서 모두에게요. 몇 년 전부터 제가 자주 쓰는 말입니다. '성공한 사람이 되기보다는 가치 있는 사람이 되도록 노력하라', 알베르트 아인슈타인이 한 말이라는데요, 제가 4, 5년 전에 강의하러 간 곳 벽에 이 문구가 쓰여 있었어요. 보자마자 내가 지향하는 삶의 목표와 너무나 똑같다고 생각했습니다. 제가 메타분석을 해서 그렇기는 하지만, TV에 나가서 비타민 먹지 말라고 하는 것도, 유튜브를 통해서 올바른 건강 상식을 전달하려고 노력하는 것도 이유가 있어요. 단순히 돈을 잘 벌고 명예를 위한 것만이 아니라, 많은 사람들에게 도움을 줄 수 있는 사람이 되려고 하는 겁니다. 그게 가치 있는 사람이 아닌가 싶어요. 가정의학과 의사뿐 아니라 우리 아들들에게도 마찬가지고, 특히 의사가 되려는 모든 사람들에게 그 말을 전달하고 싶습니다. 본인의 개인적인 성공이나 명예보다는 내가 많은 사람들에게 어떤 가치 있는 사람이 될까를 고민하고, 어떤 일을 함으로써 그들에게 가치 있는 사람이 될 것인가를 고민해줬으면 좋겠다는 겁니다. 그래서 구체적으로 보고 의대생들에게 얘기한다면 이런 거죠. 개인 의원도 지역사회에서 1차 진료를 통해서 가치 있는 삶을 살 수가 있지만, 정말 머리가 좋다고 생각하는 사람이라면 조금 더 욕심을 내고 그 재능을 살려서 연구를 하고, 그 연구 내용을 통해서 의학 발전에 기여를 하면 좋겠어요. 그리고 그런 것들을 교육함으로써 후학 양성에 도움이 되는 사람, 우리나라의, 전 세계의 의학 발전과 전 인류의 건강에 기여하는 사람이 됐으면 좋겠습니다. 꿈을 크게 가졌으면 좋겠습니다.

11.

성관계의 방점은
성性이 아닌
관계

강동우

강동우성의원 원장, 강동우성의학연구소 소장

성의학의 대가인 강동우성의학연구소의 강동우 소장을 만났다. 그는 성과학 연구의 메카인 킨제이연구소를 거쳐 보스턴대학교 의과대학 성의학연구소에서 선진 성의학을 배웠고, 한국으로 돌아와 반려자인 백혜경부부의원의 백혜경 원장과 함께 15년째 성기능 장애 환자와 부부 갈등을 겪는 환자들을 진료해오고 있다.

불모지인 한국에서 성의학을 알리고, 이중적인 성문화를 바로잡고자 350편의 칼럼을 쓰고, 방송 출연을 하고, 유튜브 방송을 하고 있는 그는 "그동안 해온 노력으로 인해 우리 사회의 많은 분들이 제대로 된 성 관련 상식들을 갖춰가고 있다는 점에서 보람을 느끼고 있지만, 혼자서 하기에는 한계를 느낀다"는 심경을 피력했다. 그 외에도 이중적인 한국의 성문화로 인한 문제, 부부간 성 트러블을 해소하는 방법, "비아그라는 발기부전 치료제가 아니다"라는 말처럼 성기능 장애를 근본적으로 치유해야 하는 이유 등에 대해 들어보았다.

: 성의학을 전공하게 된 이유

지승호 아직도 성의학에 대한 오해와 편견이 많이 있는 것 같은데요, 처음 성의
(이하 지) 학을 전공하겠다고 결심한 계기가 있으신지요?

강동우 남녀 문제, 성 문제 같은 것에 대해서 전문적으로 도움을 줄 수
(이하 강) 있는 누군가가 있어야 되지 않겠나 하는 생각을 대학생 때 막연
히 했습니다. 엄밀히 말하면 서울대학교를 포함해서 의과대학
을 나온 어느 누구도 학교에서 성 문제를 배우지는 않습니다. 지
금도 마찬가지입니다. 그냥 독학이에요. 그런 과정에서 이 분야
로 마음을 굳혀야겠다는 결심이 든 결정적인 계기가 생겼죠. 원
래 제가 모셨던 보스가 세계적으로도 유명한 의사였는데요, 그분
이 미국으로 돌아가시면서 저만 낙동강 오리알 신세가 됐습니다.
워낙 유명하신 분이 가고 나니까 새로 들어오신 분들이 제 스승
의 자취를 없애버리고 싶어 했던 거예요. 정치권에서 전 정권이
한 일을 현 정권이 안 좋은 쪽으로 몰아가고, 업적을 기리기보다
는 평가 절하하듯이 말이죠. 그 타깃이 제가 됐었습니다. 간단히
요약하면 숙청을 당한 거예요. 그러고 나니 발기가 안 되는 겁니
다.(웃음) 그 당시가 전 세계적으로 비아그라가 풀리고 있었을 때
인데요, 선배에게 물어보니까 발기 안 되면 발기약을 먹으면 된
다, 그리고 발기 주사라는 것도 있다고 하는 거예요. 둘 다 인공
적인 발기를 도와주는 거예요. 두통이 있을 때 펜잘, 게보린 이런
진통제를 먹는데요, 약은 약이지만 엄밀하게 말하면 펜잘이나 게
보린을 먹는다고 두통의 실제 원인이 해소되는 것은 아니잖아요.
예를 들어서 뇌종양이 있는데 펜잘 100만 개를 먹는다고 뇌종양
이 없어지는 것은 아니거든요. 선배한테 따졌죠. 내 고민에 대해

서 선배 의사로서 너무 안일하게 얘기하는 거 아니냐, 뻔한 발기약이나 주려고 하고 뻔한 주사나 생각하고. 그건 저도 생각할 수 있는 거고, 무엇보다 근원적인 원인 치료가 아니잖아요. 그때 제 문제는 굉장한 분노 감정, 쉬운 말로 흔히 표현하는 스트레스 때문이었어요. 그걸 풀 수 있도록 원인 치료를 하는 것이 의사로서 배워야 될 자질인데, 이 분야는 원인 치료에 대한 개념이 없더라고요. 그 당시에는요. 그래서 제가 막상 겪어보니까 누구보다 환자 입장도 잘 알게 된 거죠. 실제로 우리 한국이 OECD 국가 중에서도 의학 분야에서 굉장히 앞선 나라거든요. 지난 50년 동안 평균 수명이 느는 속도가 엄청났고요. 평균 수명은 일본하고 나란하게 상위권이지만, 이전의 짧았던 수명에 비해서 늘어난 수명을 보면 엄청난 발전 속도죠. 전 세계 어느 나라에 비교해도 한국 의사들이 뒤지지 않습니다. 그런데 제가 미국에 가기 직전에 이 분야는 완전히 후진국 수준이었어요. 성의학이라고 해봐야, 남자들 같은 경우에 성기를 확대해서 도움을 주려고 하는 거였죠. 그게 사실은 껍질을 바꾸는 거라 확대를 하고 모양을 바꾼다고 기능이 좋아지는 것은 아니거든요. 어쨌거나 이 분야의 원인을 찾아서 근원을 치료하는 존재가 되어보고 싶다, 그랬더니 제 서울대 스승이 한소리를 했죠. '너는 좋은 자리, 전도유망한 곳을 놔두고 뭐 하러 이제 와서 미국을 가려고 하느냐, 그냥 교수직이나 하고 편하게 살면 되지. 이미 발기약이 나와서 사람들은 발기가 안 되면 그 약을 찾을 텐데, 뭘 원인을 고쳐. 약 먹고 일단 되면 되는 거지' 그렇게 얘기를 했단 말이에요. 선배들과 똑같은 말을 한 거죠. 거기서 반박을 한 어린 시절의 제 모습, 30대 중반 병아리 의사로서의 제 모습이 대견스럽습니다. 직접 겪어봐서 그런 생각을 했던 것 같아요.(웃음) '그게 아니죠. 분명히 저처럼 고치고자 하는 사람들도 있을 거예요. 그리고 비아그라 같은 약을 먹어봤자 인공적으로는 가능하지만 원인을 다스리지 못할 것이고, 그 원인이 점점 더 커지면서 발기약의 힘만으로는 불가능하게 될 겁니다. 실제로 더 나빠지는 꼴이 될 텐데, 발기약이 대중적으로 인기를 끌고 있기에 약만 먹다가 치료를 안 하는 경우가 있으니 결국에는 전문가들에 대한 수요가 올라올 겁니다'라고 했습니다. 일종의 예측 비슷한 용기가 생겼던 거죠.

지 그게 들어맞은 거네요.

강 딱 들어맞은 거죠. 운명 같아요. 물론 막상 배우려 하니까 막막했죠. 이 분야는 의대에서 안 배운다고 했잖아요. 서울대 선배를 만나서 해결될 문제도 아니고, 갈 데도 없고, 배울 데도 없는 거예요. 갈 데가 없으니 저 나름대로 자존심도 있고 해서 찾아낸 곳이 당연하게도 미국의 킨제이연구소였죠. 전 세계 이 분야의 넘버원이니까요. 거기에 제가 가고 싶다고 편지를 보냈더니 처음에는 완전히 무시를 당했습니다.(웃음)

: 도전 끝에 얻은 킨제이연구소 펠로십

지 그 당시 킨제이연구소의 펠로십을 받는다는 것은 너무 무모한 도전 아니었나요?

강 그쪽에서 저한테 한 얘기가 '너 이 분야에서 업적이 있냐? 이 분야의 업적도 없고, 이 분야와 관련해서 논문을 발표한 것도 아니고, 젊은 의사잖아. 미국 킨제이연구소는 전 세계 성 분야의 정말 유명한 사람들을 지원해주고 전부 성 관련 분야의 대학교수들이야. 넌 지금 새파랗게 젊으니까 앞으로 더 배우고 와.' 이거였어요.(웃음) 제가 어떻게 되받아쳤냐 하면 '그래, 맞다. 배우고 싶다. 그런데 미국에 너희 킨제이연구소가 아니라 밖에서 일하는 다른 의사라도 있으면 내가 거기 가서 배우고 너희한테 가든 말든 결정을 할 텐데, 한국은 배울 사람이 없어. 그런데 내가 한국에서 뻔한 일반 의사로 지낸다면 내가 볼 때는 부족한 자질로 발전이 없을 것 같아. 너희가 한국뿐 아니라 아시아에 첫 씨를 뿌린다고 생각하고 나 좀 받아줘. 아무런 경력이 없지만 처음부터 제대로 배우게 해줘.' 그런 식으로 1년을 두드렸죠. 1년 동안 여러 번 거절을 당했습니다. 하도 안 돼서 이렇게까지 했어요. 하여튼 두드리면 열린다는 생각이었죠. 막무가내였습니다. 아까 대견스럽다고 한 것이, 어떻게 보면 현명한 판단도 했지만 용기가 있었던 거죠. 그때 제가 군복무를 대신해서 공중보건의로 연천이라는 곳에 있었는데요, 지역사회 의학이라고 해서 지금 다투고 있는 공공의료를 실험적으로 연구하는 사업을 하는 곳이었습니다. 거기서 공중보건의로 선배 밑에서 군복무를 대신해서 일하고 있었어요. 거기서 뭘 썼냐 하면 일종의 '가라용' 보고서예요. 한국 시골 지역에서 청소년들의 성 문제에 대해 썼죠. 쉽게 말해서 논문이라고 말하기에는 어설프고, 국제사회 발표도 할 수 없지만, 나름 리포트라고 써서 그런 자료를 첨부했습니다. 그다음 결정적으로 마음을 돌리게 해준 것이 있는데요, 제가 2001년도에 『소설 의과대학』이라는 문학작품으로 문학사상사 출판사의 문학상을 받으며 등단을 해버린 거예요. 그래서 그때 〈조선일보〉에서 저한테 정신과와 관련한 시사적인 칼럼을 써달라고 했고, 젊은 나이에 그 연재를 몇 번 했죠. 그 자료를 모두 다 번역을 하고, 리포트를 번역해서 스크랩을 만들고, 그렇게 끊임없이 부딪힌 겁니다. 그랬더니 킨제이연구소에서 볼 때 업적은 없지만 용기가 있어 보였겠죠. 사실 엄밀하게 얘기하면 대단한 학자를 소위 말해서 펀딩을 하거나 연구비를 들여 모시는 것도 아니고, 저는 맨몸으로 가겠다는 입장이니까 그 사람들은 어떻게 보면 손해 볼 것이 없었죠. 다만 저한테 연구실을 내줘야 되고, 그다음에 그쪽에서 저한테 공부할 수 있는 여건이나 지도를 담당해야 했지만 그렇다고 저한테 엄청 거금을 들이고 하는 것이 아니잖아요. 오히려 제가 배우는 입장이니까요. 그래서 그 스승이 저를 받아들인 거죠.

지 굉장히 어려운 과정을 통해서 킨제이연구소에서 공부를 하게 되셨네요. 첫 스승이 밴크로프트 박사님이셨죠.

강 그분이 무척 대단하신 분이에요. 제가 하고 있는 것은 성의학인데요, 성의학이라는 것이 사실은 통합적인 학문이거든요. 신체적인 건강도 들어가고, 정신적인 건강도 들어가요. 감정이 개입되잖아요. 뼈야 감정에 따라서 부러지고 이런 게 아니지만요. 거기다가 섹스는 혼자 하는 것이 아니라 인간관계가 들어가죠. 세 축을 가지고 생각해야 하니까 통합적인 학문이 필요한 겁니다. 저를 보면 정신과도 배우는 사람이고, 비뇨기과도 배우는 사람이고, 산부인과도 배우는 사람이고, 호르몬 쪽의 내분비과 경험도 있고, 부부 갈등에 대해 공부한 경험도 있고요. 어떻게 보면 여러 분야의 통합 치료라고 해요. 그러니 배울 것이 많죠. 첫해에 제가 존 밴크로프트 박사 밑에서 공부했는데요, 성기능 장애의 정신과 영역, 심리 영역, 내분비 영역 호르몬 쪽의 대가이십니다. 200여 편의 논문을 쓰고, 세계성의학회 학회장을 했고, 지금까지 정신과 성 분야의 일인자시죠. 그분이 발탁을 해주셔서 그 밑에서 정신과 영역과 내분비 영역을 배우게 됐습니다. 펠로십을 승인받기까지 1년의 시간 동안 그가 보여줬던 냉정함을 익히 경험한 저로서는 사실 학문적인 내용 이외에는 큰 기대를 하지 않았어요. 그런데 10년의 연구 소장 임기 중 1년을 남겨두고 있었던 그분이 저를 마지막 제자로 생각해서인지 첫날부터 많은 애정을 보여주셨죠. 독립된 연구실을 내주시고, 환자 진료 내용과 연구소의 모든 연구 프로젝트를 다 오픈해주셨습니다. 당신의 임상 경험과 연구 내용, 성의학의 최신 지식을 세세히 알려주셨어요. 그런데 배워보니까 그 영역만으로는 안 되는 거죠. 그래서 성 영역 각 분야의 대표 주자 중에 존 멀케이라고 북미 비뇨기과 학회장을 역임했던 비뇨기과 의사를 소개시켜주셨어요. 따로 그분에게 찾아가서 같이 진료를 보다가 그것만으로는 안 되겠다 싶어서 2년 차 때 어윈 골드스타인 박사라는 분 밑으로 들어갔습니다. 거긴 보스턴이거든요. 그분은 어지간한 성기능 교과서의 대표 저자인 비뇨기과 의사입니다. 제약 회사에서 임상 시험을 할 때 신뢰도가 제일 높은 의사한테 의뢰를 하지 않겠습니까? 비아그라가 처음 나올 때 임상 시험을 이분이 하셨어요. 그리고 비뇨기과, 산부인과 영역 학회의 국제 수장을 역임했던 분인데요, 아직 생존해 계시니까 현재까지도 세계 일인자인 거죠. 거꾸로 저는 원래 배경이 정신과 의사거든요. 정신과 의사가 비뇨기과 의사의 아래로 들어가게 된 거죠. 저한테는 운이 좋았던 것이 대가이시니 본인 영역만으로 안 된다는 것을 아세요. 한 사람의 치료를 위해서 통합 팀을 만들고 싶어 하셨고요. 아무래도 비뇨기과 배경의 의사시니까, 정신과 의사 중에 비뇨기과도 좀 아는 의사를 찾아내고 싶었는데, 그게 킨제이연구소에 있던 제가 됐던 거예요. 저도 가고 싶은 마음이 있었고, 제 스승도 흔쾌히 그쪽으로 추천을 해주셨습니다. 독일 출신의 제 동료로 클라우디아 판저라고, 내분비과 박사도 있었죠. 비뇨기과, 산부인과 영역의 골드스타인 박사가 두목이 되고요. 정신과 심리 분야의 저, 그리고 부부 문제를 다루는 듀샴 박사라고, 스승이라기보다는 삼촌으로 불렀던 워낙 친했던 심리학자도 있었습니다. 그분은 부부 갈등, 성심리 쪽을 봤어요. 이렇게 분야별 전문가 네 사람이 모여서 한 환자를 보면서 통합 치료, 여러 분야의 지식을 한꺼번에 쏟아 치료를 하는 것을 실험적으로 해본 거죠. 효과는 굉장히 좋았습니다. 그러면서 각자 다른 분야에 대한 섭렵도 했는데, 거기서 제일 이득을 봤던 사람은 사실 저죠. 저는 여러 분야를 다 배웠거든요. 제 스승은 비뇨기과에서는 최고 권위자지만 정신과를 배우려면 심리 치료 트레이닝을 받아야 하는데 그걸 안 하셨으니까 특정 분야가 되는 것이고, 저는 정신과 의사이지만 비뇨기과 의사 밑에서 트레이닝을 받았기 때문에 골고루 배워서 여러 팀이 아니라 한 명의 의사가 다 할 수 있는 실험적인 모델이 되었던 겁니다. 그래서 귀국하기 전에 스승님이 아주 영광스러운 기회를 주셨어요. 의학 교과서의 결론을 제가 쓰기도 했습니다. 스승이 기회를 열어준 거니까 스승이 대단한 거죠. 당신 책이지만 제가 전 분야를 다 배웠으니까 결론도 제가 써야 된다고 하셔서 의학 교과서의 결론을 쓰게 된 것입니다. 그 책의 마지막 챕터는 제가 가지고 있죠. 그렇게 귀국했는데, 처음에 선배들은 '미국식 진료 스타일이 먹히겠느냐, 우리나라는 3분 진료인데 네가 치료 능력이 있어도 환자분들이 현실적으로 따라오기 어려울 거다'라고 했어요. 사실 저도 그런 우려는 있었는데, 막상 한국에 와서 병원을 내보니까 제가 예측했던 대로 발기약을 먹는 것보다는 원인 치료를 원하셨습니다. 제가 많은 방송에서 '발기약 게으름병'이라는 것을 얘기해왔어요. 애초에 원인이 있을 때 원인 치료를 하면 될 건데, 많은 분들이 그러세요. 발기약으로 인공적으로 가능하니까 원인을 안 다스려요. 게을러지다가 결국에는 나중에 발기약으로 안 될 때까지 원인을 방치하거든요. 원인이 가벼울 때는 약의 힘으로 억지로 가능하니까요. 그러다가 발기약으로도 안 되니 놀라는 거예요. 그때서야 저를 찾아오죠. 이런 현상을 발기약 게으름병이라고 불렀는데요, 요즘 제가 많이 알려져서 직접 원인을 치료하러 오는 환자분들도 있고, 다른 병원에서 발기약이나 발기 주사만 주니까 나중에 저를 찾아오는 복잡한 케이스도 있어요. 발기 문제뿐만 아니고 조루부터 여성 성기능 장애에 관련된 것까지 성 문제에 있어서는 저희가 좋은 위치를 차지하고 있는 편이죠.

: 비아그라는 발기부전 치료제가 아니다

지 '비아그라는 발기부전 치료제가 아니다'라고 늘 말씀하셨어요.

강 그렇죠. 인공 발기만 도와줄 뿐이에요.

지 하지만 많은 사람들이 거기에 의존하고 있습니다.

강 그런 현상이 있죠. 문제는 치료제가 아니라는 사실을 잘 모른다는 건데요, 어떤 면에서는 간단하니까요. 가벼운 감기 한번 걸렸는데, 대형 수술을 하거나 그럴 필요는 없잖아요. 약 하나 먹어서 해결되기만 한다면 얼마나 편리하겠어요? 그런데 발기부전은 시작이 갈림길을 만드는 겁니다. 애초에 초반에 원인을 다스렸다면 잘 치료될 수 있었을 텐데 발기약을 먹고 발기 주사를 맞는 분이 많죠. 결국 깨닫고 저희한테 오시는 경우도 있지만 반대로 아예 원인 치료를 포기하고 수술까지 받는 경우도 있습니다. 보형물이라고 해서 자연 발기를 포기하고 뭔가를 집어넣어요. 1500만 원짜리를 성기에다가 집어넣습니다. 워낙 고가라 의사들도 매출이 나오니까 권하는 거죠. 사실은 본인이 치료 능력이 없고 원인 치료를 할 줄 몰라서 못 하는 건데, 치료가 불가능하다고 몰아서 그런 시술을 합니다. 그걸 또 10년에 한 번씩 갈아야 하거든요. 한 번에 1500만 원에서 2000만 원이 들고, 10년에 한 번이면 대략 일생 동안 5000만 원이 날아가 버립니다. 그리고 남성의 경우 발기부전 말고도 조루가 성기능 장애에서 큰 부분을 차지하는데요, 조루도 이상한 시술이 판을 쳤습니다. 사실 외국에서도 저희하고 똑같은 약물 치료와 행동요법 병합 치료를 하거든요. 환자들이나 일반인들이 알아야 할 것이 본인이 받고 있는 치료가 제일 정석의 치료인가예요. 성 분야는 아까 얘기한 대로 의사들이 말은 하지만, 의사들조차 전문성을 갖고 배운 사람이 그야말로 없다 보니 그냥 독학으로 배워서 이야기를 하는 거예요. 그러다 보니까 전문성이 결여된 일반인의 시각과 비슷한 수준에서 이야기하는 경우가 워낙 많고요. 다는 그렇지 않겠습니다만 상당수가 수익 창출 목적이기 때문에 굳이 할 필요도 없는 수술까지 몰아세우는 경우도 있습니다. 또 다른 측면에서 지루라는 질병은 사정이 안 되는 병이에요. 이건 정말로 치료가 저희 병원 외에는 불가능하거든요. 저희는 90% 성공률이 나오는데, 다른 곳에서는 치료가 안 되니까 방법이 없다, 치료가 불가능하다는 식으로 환자를 좌절시켜요. 의사가 나는 전문가가 아니니까 전문가를 만나보라고 하면 좋을 텐데 말이에요. 자존심 때문에 말을 하지 않으면 환자들이 고통받아요. 실제로 그것 때문에 이혼을 하기도 하고 자살을 시도하는 사례도 있습니다. 왜냐하면 아이를 못 갖는 경우가 생기니까요. 발기가 안 되면 발기약이라도 써서 어떻게 해본다고 하지만, 사정이 안 돼버리면 임신 문제가 생기거든요. 사실은 치료법이 없다는 것은 거짓말이죠. 저희가 분명히 치료를 하고 있는데 말입니다. 성에 대한 이야기가 부끄럽다 보니 고민을 말하지 않다가 수준 낮은 의사를 만나고, 치료법이 없다니까 환자 입장에서는 엄청난 충격이고 좌절이 오기도 하거든요.

: 유교 문화로 인한 왜곡된 성담론

지 성 문제에 대해서 관심들은 워낙 많은데요, 제대로 된 정보는 알려고 하지 않는다는 거잖아요.

강 그런 것도 있습니다. 그 배경은 기본적으로 부끄럽고, 우리나라는 과거 유교 문화 때문이에요. 성담론이라고 하죠. 성담론을 이야기하는 것을 천박하고 퇴폐적인 무엇이라고 생각합니다. 이게 이중성인데요, 뒤집어서 이야기를 하면 이 이중성 때문에 겉으로는 말을 안 하고, 이상한 정보만 주고받아요. 그 이중성 때문에 건전한 담론이 형성되지 않습니다. 성이라는 것은 생명이 잉태되는 아주 소중한 행위잖아요. 굉장히 깨끗하고 순수한 것이고, 신성한 것일 수도 있습니다. 그런데 성을 이분법적으로 나눠놓으니까 어두운 데서, 뒤에서 몰래 하는 성매매 같은 것이 성행하는 거죠. 말로만 불법이지 우리나라만큼 성매매가 많은 나라가 어디 있습니까? 제가 걱정하는 것은 이런 거예요. 제가 치료를 하는 의사지만, 우리나라의 성에 대한 문화 자체도 제 입장에서는 굉장히 안타까운 측면이 많습니다. 치료에는 어쩔 수 없이 문화나 그 사람의 정서가 개입되기 때문인데요, 오히려 공개적으로 이야기를 하면 훨씬 더 정확한 정보가 많이 오고 갈 텐데, 그러지 못하니까 뻔한 방법이나 이상한 민간요법을 시도하죠. 보약이니 하는 것도 못 먹던 시절의 보약이지, 요즘 영양실조로 몸이 그런 사람이 있나요? 영양 과다죠. 무조건 성에 대해서는 조선 시대나 풀뿌리 먹던 시절같이 보신탕 한 그릇 먹어서 좋아질 것처럼 얘기하는데, 그 시절에는 단백질이 부족했으니까 보신탕을 먹고 장어 한 마리를 구워 먹으면 그날 밤에 기운이 솟는다는 느낌이 들 수 있어요. 지금은 보신탕을 먹어야 할 만큼 영양실조가 심각한 나라가 아니고, 오히려 영양 과다, 고지혈증 때문에 혈관이 막히고 하는 문제가 더 심각한 상황이죠. 그래서 그런 잘못된 정보를 바꿔줘야 되는 것입니다. 의사라는 것이 한 명의 환자를 치료하는 그 가치도 참 대단하지만, 사실은 문화를 바꾸는 사회적인 역할도 굉장히 크다고 생각하거든요. 자화자찬 같은 소리를 할게요. 제가 듣고 알기로는 우리나라 메이저 신문에 연재를 의사 역사상 가장 많이 한 사람이 저거든요. 이상한 광고비를 내고 나오는 저급한 기사 말고 정상적으로 자기 이름을 걸고 원고료 받아가면서 쓴 기사요. 300편을 넘게 썼는데요. 그걸 한 이유가 있어요. 그걸 안 쓴다고 병원이 운영이 안 되겠어요? 이미 그 경지는 넘어섰어요. 저는 그게 사회적인 역할이라고 생각하거든요. 사회적인 역할 때문에 다른 측면에서도 우리 문화를 좀 바꾸고 싶은 마음이 있어요. 사실은 그게 저 혼자만의 힘으로는 역부족이고 답답하다는 생각이 들 때가 많았습니다. 힘들 때가 많죠. 방송도 다 합쳐서 300~400회 했어요. 꽤나 했는데, 사실은 저도 조금 식상할 때가 있어요. 방송에 나와서 성 문제를 상세히 얘기하는 것 자체가 어렵습니다. 하여튼 성만 나오면 무조건 퇴폐적이라고 생각해요. 제가 의사로서 지식을 전달해도 '저 의사 수준 떨어지는 성 이야기하는 의사다. 삼류다' 하는 거죠. 교과서적인 얘기를 해도 그런 식으로 생각하는 경우가 있어서 답답할 때가 좀 있어요. 그래서 공중파 방송을 옛날만큼 의지를 가지고 하고 있지는 않습니다. 어느 정권에서는 '강박사는 맨날 방송에서 쓸데없는 이야기를 한다'고 했다더군요. 시사 프로그램에 나가서 이야기를 했는데, '저런 걸 방송에서 꼭 해야 돼?' 이런 이야기를 했다고 합니다. 그런 상황에서 유튜브를 접하게 됐는데, 공중파보다는 속 시원히 얘기할 수 있잖아요. 성 지식을 좀 더 구체적으로 말할 수 있는 기회가 되어서 저는 유튜브 문화를 부정적으로만 보지는 않습니다. 요즘 한편으로는 약간 속상하고 한편으로는 약간 흐뭇한 것이, 사실은 다 저희가 예전부터 얘기한 내용이란 말이에요. 15년 전에 귀국하면서요. 저희 유튜브를 보시면 대부분 긍정적인 평가, '좋아요'가 많아요. 저도 그 댓글에 대한 평을 지인을 통해 들어보면 '강박사가 하는 얘기 다 아는 얘기다'라고 하는데, 그 다 아는 얘기의 시작이 저였거든요.(웃음) 어떤 면에서는 제가 고생해서 얻어온 지식과 정보가 직접적인 대가 없이 나간 것이 약간 약

오르기도 하고, 다른 면에서는 어차피 지식인이라는 존재 자체가 사회적인 환원이니 드디어 이런 이야기가 돌고 돌아서 국민들의 상식이 되네, 하는 생각이 들어서 흐뭇합니다. 저는 당사자니까 보이거든요. 그래서 기쁘기도 합니다. 일반적인 성 지식도 마찬가지지만, 그중에 한 예가 있다면 남자아이들이 흔히 하는 압박 자위, 바닥 자위라는 것이 있습니다. 우리가 온돌방 문화잖습니까. 방바닥에 엎드려 있다가 성기가 체중에 깔리는 거예요. 느낌이 오거든요. 방바닥에 체중을 실어서 압박을 하는 식의 자극을 받는 거죠. 그게 위험하거든요. 보통 성행위는 피스톤 운동이잖아요. 그런데 압박 자위는 여성의 질감하고는 완전히 달라요. 더더군다나 음경은 해면체라는 물 풍선이거든요. 아주 무식하게 얘기하면 풍선에 60~70kg의 무게가 올라가니까 그 풍선이 버티겠어요? 쉬운 말로 찢어집니다. 그렇게 해서 불구, 발기부전이 되는 경우도 있어요. 또 감각이 완전히 달라서 실제 성행위에서는 못 느끼는 경우도 있거든요. 그 행위 자체는 일종의 습관이에요. 미국 아이들도 책상이 아니라 침대에서 부빌 때가 있는데요, 침대는 말 그대로 푹신푹신한 거고, 온돌방은 딱딱하단 말이에요. 그래서 압박에 대한 손상은 훨씬 더 심하죠. 그걸 처음에 얘기할 때는 '이게 뭔 소리야?' 하고 못 알아듣더니 지금은 압박 자위가 위험하다는 것을 다 알아요. 대부분이 압니다. 청소년들도 그쪽 문제는 많이 줄었어요. 실제로 처음에 귀국했을 때는 압박 자위라는 문제를 언급해서 병원을 찾아온 분이 적었는데, 한동안 꽤 많았습니다. 제가 15년째 병원을 하고 있는데, 모든 환자들한테 '압박 자위를 한 적이 있습니까?'라고 물어보거든요. 확실히 15년 전과 달리 초진 때 압박 자위 경험이 있냐고 물어보면 이제는 '그거 하면 안 된다고 들었어요' 하는 분들이 나타났습니다. 저의 입장에서는 '이게 보이지 않는 보람이구나. 누가 훈장 같은 것을 주고 말고를 떠나서' 그런 느낌을 받을 때가 많죠.

지 책임감을 가지고 말씀해오신 것을 많은 사람들이 알게 된 것이 사실이죠. 제가 듣기로는 인체에서 가장 큰 성기가 뇌라는 표현도 있었어요.

강 맞아요. 좋은 표현입니다.

: 성기 중심 문화로 인한 잘못된 시술

지 한국에서는 남근주의라고 할까요? '섹스'하면 남자와 여자의 성기의 결합만을 생각하는 경우가 많습니다. 그렇다 보니까 포경수술, 소위 이쁜이 수술, 소음순 성형술, 성기 확대술처럼 쓸데없는 시술이 성행하기도 하잖아요.

강 그렇죠. 우리나라는 작가님 표현대로 성 문제를 성기 문제로 생각하는 경우가 많습니다. 그 좁은 시각에서는 성기에 구슬을 박고, 확대를 하고 이런 것이 도움이 된다고 착각을 하고요. 특히 남근주의를 말씀하신 것처럼 동양인들은 어쩔 수 없이 인종적으로 성기가 작거든요. 성기의 크기 문제에 대한 콤플렉스가 많은 것이 사실입니다. 저에 대해서 일부 비뇨기과 의사들은 정신과 의사가 무슨 성기능을 알아, 이렇게 얘기를 합니다. 맞아요. 제가 단순히 정신과 의사라면 저도 성 분야의 일부지, 전체를 담당할 수는 없습니다. 하지만 저는 정신과를 배경으로 시작해서 성의학을 두루 거친 사람이에요. 정신과만으로는 안 된다는 것은 맞는 말입니다. 그런데 저에 대해서 그렇게 말하는 의사들은 반대도 알아야 합니다. 뭘 알아야 되느냐면, 비뇨기과 영역만으로는 절대 불가능하다는 거예요. 말씀처럼 뇌가 아주 중요해요. 성 반응은 애초에 누군가를 봤다, 누군가에게 관심 있다, 또는 하고 싶다는 생각에서 오는 거예요. 그리고 관심은 인간관계에 대한 욕구이고, 하고 싶다는 것은 노골적인 성에 대한 욕구잖아요. 이 모든 것은 뇌에서 시작하는 겁니다. 성 반응의 단계가 있는데요, 세 단계거든요. 첫째가 성 욕구가 생기는 성욕기, 그다음이 흥분기, 마지막이 클라이맥스를 맞는 오르가슴기입니다. 성욕기도 뇌의 반응이에요. 성욕이 생기고 그러면 몸에 산화질소가 돌면서 혈관이 확장되고, 성기 쪽으로 내려와서 발기가 있고, 여자는 분비가 되는 거거든요. 그게 흥분기고. 결국 성행위, 피스톤 운동의 결론, 클라이맥스는 오르가슴인데, 오르가슴 역시 성기가 느끼는 것이 아니라 뇌가 느끼는 겁니다. 뇌와 인간관계를 배제하고 성기의 크기 이런 것만 따진다고 하면 상당히 수준 낮은 형태가 되는 거죠. 물론 성기도 봐야 해요. 아까 말한 것처럼 다 봐야 합니다. 과로 말한다면 정신과, 비뇨기과, 산부인과, 내분비내과, 부부 치료 다 봐야 하는 거예요. 그게 성의학입니다. 다르게 이야기하면 혈관과 호르몬, 신경계, 그리고 심리적 문제 이렇게 큰 네 개의 영역이거든요. 그런 부분을 합쳐서 치료해야 하는데, 그걸 안 보시니까 못 고치고 발기약을 쓰는 겁니다. 안 보시니까 성기에다 칼만 대려고 하고, 모양만 바꾸려고 하는 거죠. 여성들도 마찬가지예요. 성기능도 안 좋고 아파하는데 소음순을 잘라요. 소음순은 있어야 합니다. 또 소음순 수술이라는 미용 수술도 있어요. 나이가 들면 호르몬 부족 때문에 소음순이 말라비틀어져서 없어지거든요. 그런 어르신에게 소음순을 만들어놓는 겁니다. 그런데 소음순이 크면 보기 싫다고 생각하는 여성도 있어요. 우리 황인종들은 핑크색이 아니고 까무잡잡하기 때문에 그렇게 생각하는 거죠. 그래서 소음순을 도려내요. 소음순이 없는 것이 노인입니다. 노인이 나쁘다는 것이 아니라 이미 건강한 상태에서 쇠퇴한 상태라는 거예요. 그게 있어야 성감도 있고, 상대 남성도 감싸 쥐면서 느낌을 잘 받아요. 그렇게 성기 위주로 접근을 하는 경우에는 제가 마음이 많이 아파요.

지 포경수술 같은 경우도 한국이나 이스라엘 정도만 한다던데요.

강 우리는 한국전쟁 때 미군 문화의 영향을 받은 거고, 미국 쪽이 의학 분야에서 유대인의 영향을 받아 그런 거예요. 포경수술은 애초에 별 의미가 없습니다. 굳이 미용 목적으로 할 거면 어른이 되어서 해야죠. 원래는 덮여 있는 모양이 대부분이거든요. 태어날 때부터 포경이 벗겨져서 나오는 아이가 누가 있나요? 원래 덮여 있는 것이 인류의 모습이지요. 문제는 이게 사춘기에 2차 성징기가 되고 남성 호르몬이 많이 나오면서 성기가 발육이 됩니다. 그러면 자연스럽게 성기의 안쪽이 발육하면서 안쪽은 커지고, 덮고 있는 껍질이 바나나 껍질 벗겨지듯이 벗겨지는 거거든요. 그런데 이것을 초등학교 때 사춘기가 오기 전, 2차 성징기가 오기 전에 잘라버리면 쉬운 말로 나중에 모자라요. 쭉 커지다 포피가 모자라기 때문에 결국 나중에는 성기 발육에도 제한을 받는다는 논문도 있습니다. 붙잡고 당겨주는 거니까요. 그리고 일부 포경수술을 하는 의사들은 수술을 해야 위생상으로 좋다, 성병에 감염되지 않는다고 하는데요. 그건 위생 상태가 비교적 좋지 않은 나라에서 나오는 데이터입니다. 문란한 성행위를 하고, 그 상태에서 위생 관리도 안 되고, 씻지도 않으면 그렇겠죠. 엄밀하게 얘기하면 불결한 성행위를 한다는 것만이 아니라, 성행위 전후의 위생 관리가 되어 있지 않는 것도 포함되거든요. 그것도 마찬가지죠. 확률적으로 양치를 많이 한 사람하고 안 한 사람이 감기 걸릴 확률이 다르듯이 성행위 전후로 샤워를 해주면 순간적으로 붙었던 균들도 떨어져나갈 확률이 더 크죠. 관리가 안 되어서 그런 측면이 훨씬 강력한데, 저개발국 위주의 데이터를 가져와서 성병이 많이 걸린다, 에이즈에 많이 걸린다고 하는 거예요. 그런 데이터들은 어느 정도 위생 관리가 되는 나라의 것은 아니란 말이죠.

: 한국에 섹스리스 부부가 많은 이유와 치유법

지 한국과 일본이 섹스리스 부부가 많다고 하셨는데요, 그 이유가 뭔가요? 서양하고 달리 부부간의 결합이 가족 간의 결합인 측면도 있어서 그런 걸까요? 서양은 아무래도 이혼이 한국보다 쉽기도 하고요.

강 문화적 영향도 크죠. 제가 가장 큰 문제로 보는 것은 소위 말하는 인간관계의 친밀도 수준입니다. 일본은 대표적으로 사무라이 문화의 수직 구조잖아요. 그래서 혼네(속마음)라는 말도 있고, 속마음을 표현 안 하는 쪽이죠. 사실 성이라는 것은 감정 표현이거든요. 중국도 마찬가지예요. 일본, 한국이 전 세계 1, 2등을 차지하고 극동 세 나라가 그 문화에 들어 있는 것이 불교하고 유교의 영향이 제법 있습니다. 특히 이 나라들이 수직 관계 구조로 인해 감정 표현을 차단하고 억제하고, 양보와 인내가 미덕입니다. 충효

사상도 그런 측면이 있죠. 이런 문화에서는 상대방과 교감, 감정을 나누는 친밀 관계의 특성이 굉장히 떨어집니다. 저는 그게 가장 큰 원인이라고 보거든요. 우리나라가 원래는 안 그랬어요. 역사적인 배경을 보면 고려 시대 때 조선 시대의 관점에서 보면 문란하다 싶을 정도로 남녀 간의 상열지사 얘기가 나옵니다. 비난의 표현이기도 하지만, 그게 아니라 굉장히 해학적이고 서로 간의 감정 소통을 잘했단 말이에요. 특히 우리나라는 유교 문화권이라 양반은 어험 하며 수염만 쓰다듬어야 되고, 아랫도리를 생각하는 것은 굉장히 천박하다고 여겼어요. 그러면서 숨어들어 버렸죠. 아까 처음에 말했던 대로 뒤로 몰래 어둠에서 찾게 되는 거예요. 성은 그렇게 이중적이게 되어버렸는데요, 사실은 생명이 탄생하기도 하고, 정말 소중한 사람하고 감정을 나누는 참 좋은 행위입니다. 그 행위로 못 가고 성을 여전히 몰래 숨어서 해야 하는 것으로 생각하죠. 아내는 공개의 대상이지 숨어서 하는 대상이 아니잖아요. 그래서 남자들끼리 뭉쳐서 공범처럼 하는 문화가 있어요. 어둡게 하는 것도 있고, 엄마 몰래 자위하듯이 숨어서 하는 데 익숙해진 우리나라의 문화도 있습니다. 상대방에게 친밀감을 표현하는 정도의 지수가 떨어져요. 그래서 그런 거죠. 흔히들 한국 사람들이 과로해서 그렇다고 하는데, 사실 그런 건 아니에요. 친밀감도 있지만 두 번째는 다양성입니다. 아까 성담론 얘기를 했는데요, 좋은 성에 대해서 배워야 하는 과정 중에 성교육도 있거든요. 그런 과정에서 성의 다양성을 배워야 해요. 상대방하고 얼마나 변화를 주느냐가 다양성인데, 우리나라에서는 다양성을 파트너의 다양성으로 생각하거든요. 그렇죠? '너도 결혼하고 3년 됐는데, 맨날 똑같은 마누라하고 무슨 재미가 있냐, 가족

간에는 그러는 거 아니다, 잡은 물고기한테 그러는 거 아니다'라고까지 하잖아요. 제일 좋은 성은 가족 간인 배우자와의 성입니다. 저희 병원에서 치료하시는 분들께 다양성을 알려주면 환자분들도 '우리 부부가 평생 이렇게 똑같은 성행위를 할 수가 없겠구나' 하는 것을 알게 됩니다. 맨날 똑같은 방식으로 똑같이 하니까 재미가 없는 거죠. 한국 사람들은 이 방식의 변화를 잘 안 줘요. 변화라고 해봐야 생각하는 수준이 야한 속옷 사 입고, 상대를 위해서 이벤트로 이상한 옷 사 입고, 촛불 켜고 이런 거예요. 또 1년에 한 번씩 여행을 가고. 1년에 몇 번 여행 간다고 새로운 분위기가 만들어지겠어요? 오히려 우리 집에서 내 침대에서 다양성이 나와야 하는 겁니다. 그런 담론이 참 많이 모자라서 언젠가 성담론이 이루어지면 많은 분들께 이 내용을 알려주고 싶어요. 사실은 몇 년 전에 모 공중파에서 한번 하려고 했거든요. 굉장히 유명한 PD분이 저하고 그걸 해보자고 했어요. 그런데 결국 높으신 분들이 '어디 공중파에서 천박한 내용을 다뤄?' 하고 잘라버렸다고 해요. 제 생각에는 시간의 문제고 시대의 문제이지, 발전하는 속도로 볼 때는 분명 공개적인 담론이 이뤄질 거예요. 우리 한국이 IT문화도 발전되어 있기 때문에 정보가 많아서 언젠가는 가능하게 될 겁니다. 저는 하루라도 빨리 장을 마련해야 한다는 입장이지만, 예전에 비해서는 그런 수요나 요구가 많아졌기 때문에 곧 가능하게 되리라 생각합니다.

지 다양한 성감대를 찾아야 한다고 말씀하셨잖아요. 그 얘기가 인상 깊었습니다. 부부가 서로의 성기를 그려보고, 배우자의 성감대를 그림으로 표시해보면 부부간에 더 많이 알게 되고, 사이도 더 좋아질 거라고 하셨잖아요.

강 당연하죠. 그건 친밀 관계를 만드는 과정입니다. 저희 병원에는 상당히 심각한 상황에서 오거든요. 저는 부부끼리 서로 성감대를 찾아보게 합니다. 성감대를 자극하고 찾아서 그림으로 그려 오라고 하거든요. 처음에 올 때는 거의 없습니다. 상반신과 가슴, 성기 주변 몇 군데가 전부예요. 그리고 하반신은 하나도 표시가 되어 있지 않습니다. 제가 처음에 교육을 가서 '온몸이 성감대입니다' 이렇게 얘기를 하면 사람들이 웃어요.(웃음) 사람마다 다 다르지, 온몸이 어떻게 성감대입니까, 개인차를 인정하지 않고 이렇게 강요하는 경우가 어디 있습니까, 라고 해요. 하기 싫거든요. 더 심각한 경우는 아내가 아예 백지를 가져왔던 겁니다. 이 케이스는 드라마틱한 케이스인데, 처음에 아내분이 말씀하시길 남편이 지루라서 찾아왔다는 거예요. '남편 고치러 왔는데 저까지 이런 것을 해야 됩니까? 우리는 원래 섹스도 싫고, 사이도 안 좋아요'라고요. 부모님이 임신을 원하니까 불임 클리닉을 갔었는데, 거기서 사정이 안 된다고 하니까 지루라는 질병을 고치려고 온 거죠. 그런데 계속 원래 애무하고 이런 것이 간지럽고 싫다고 하세요. 세 번을 했는데, 세 번 다 백지를 가져왔어요. 이 아내분은 불감증이었습니다. 정도가 심했죠. 그런데 변했어요. 안 믿어지실 거예요. 치료가 끝날 때는 온몸이 성감대로 표시가 되어 있었습니다. 오죽했으면 그분들 스스로 감상문까지 붙여 왔어요. 백지를 가져왔던 아내분도 많은 부분이 성감대로 표시가 되어 있었습니다. 많이 바뀌었죠. 물론 불감증 중에서는 감각이 잘려나간 경우도 있지만, 상당수가 여성들은 성적 억제 때문이거든요. 마치 어렸을 때 물에 빠져 죽을 뻔하고 나서 물이 굉장히 두려워 물을 피해가

듯이 회피하듯이 두려움에 갇혀서 닫혀버리는 경우가 있습니다. 이분들은 그런 감정을 표현하고, 감정이 이해되고 분석되고 그걸로 끝이 아니에요. 물이 무서운 사람들을 결국에는 물속으로 데리고 들어가서 수영을 시켜야 될 거 아니에요? 마찬가지로 그런 과정을 겪어보게 하는 거죠. 결국 성적 억제에서 풀려나서 부부 사이도 아주 좋아지고, 성 트러블도 없어지는 케이스가 많습니다.

지 그렇게 하면 서로를 알기 위해서 대화도 많이 하게 되겠네요.

강 치료적으로 두 사람의 감정을 읽어드리고, 그 과정에서 두 분도 훈련을 하기도 해요. 이런 것을 노출 치료라고 합니다. 실제 상황에 노출이 되어보는 거죠. 그 과정에서 조금조금씩 두려움도 사라지고, 부부 사이도 원만해지고요. 치료라는 틀 속에 들어왔을 때 좋은 점은 두 사람의 관계도 좋아지고, 어떤 면에서는 아까 얘기했던 건강 문제를 돌보는 기회도 된다는 거예요. 이래저래 좋은 결과에 대해서 많이들 감사하게 생각하시죠.

: 타임셰어링은 일종의 준비운동

지 '타임셰어링'으로 시작하라고 하셨잖아요. 침대에 앉아서 아무것도 안 하고 같이 시간을 보내는 과정이 필요하다고요.

강 네, 바로 그런 식이에요. 한국에서 처음 타임셰어링 얘기를 하면 킨제이연구소에 있었던 양반이 침대에 그냥 앉아 있으라고 하냐, 그 얘기는 나도 하겠네, 이랬단 말이에요. 타임셰어링은 일종의 준비운동이에요. 본 게임이 아니고. 지금은 작가님도 이렇게 저에 대해서 알아보다 보니 그게 등장하고, 어느 정도 와닿으니까 설명을 스스로 하신 거잖아요. 15년 전 처음 한국에 왔을 때는 일반인들은 말할 것도 없고, 대학교수들도 '뜬구름 잡는 소리 하고 앉아 있네' 그랬단 말이죠. 하지만 지금은 안 그렇습니다. 아까 말씀드린 것과 비슷하게 짜릿짜릿한 순간이에요. 작가님뿐만 아니라 환자분들도 이제 좀 공부를 하시고 오세요. 그러다 보니 치료가 옛날보다 훨씬 수월한 경우가 많아졌죠. 타임셰어링은 치료 과정 중에 아주 작은 준비 단계, 그 정도에서 하는 일입니다.

지 그 단계를 넘어가면 서로 성감대를 알아가는 과정도 있겠네요.

강 성감 초점 훈련이라는 게 있습니다.

지 섹스리스 부부 중에서 관계가 소원해진 지 너무 오래돼서 어떻게 시작해야 할지 모르는 분들도 많죠. 그런 환자 중에 극적인 경우들도 많았을 것 같습니다.

강 조금 전 소개한 분들도 극적인데요, 이분들 말고도 대부분이 이혼의 끝자락에서 와요. 요즘은 이혼이 일반화되어 있으니까 옛날보다는 덜할지 몰라도 어쨌거나 남의 눈도 있고 쉬운 일이 아니잖아요. 이혼 전에 마지막으로 한번 가보자는 마음으로 오시는 경우가 많아요. 인상적인 케이스는 남편이 아예 바람을 피우고 있었어요. 우리 마누라한테 아예 감정이 안 생긴다, 이미 나는 다른 여자가 있다고 했죠. 과장인지 모르겠지만 이분 말로는, 상대 여자분은 그 당시 아주 훌륭한 대학을 나와서 훌륭한 직업을 가지고 있고, 정서적인 동반자도 되고 섹스도 잘 맞는다고 합니다.

아내한테는 관심도 없고, 발기도 안 된대요. 그래서 이미 이혼을 결정하고 온 거죠. 이분 아버지가 유명한 정치인이자 재벌인데, 우리 집안에 이혼은 없다면서 억지로 보낸 거거든요. 처음에 아버님이 먼저 전화하셔서 치료 기간이 어느 정도 되느냐고 물으셔서 6개월 정도 걸리고 몇 번을 와야 한다고 대략 말씀드렸습니다. 아버님도 장남이 설득이 안 되니까, '강박사라는 사람을 서울대병원 원장을 통해서 소개받았으니까 강박사가 오라는 만큼 6개월 플러스, 진도에 따라서 한두 달 정도까지 해서 안 되면 아버지가 너의 이혼을 인정하마' 이렇게 조건을 내세운 거예요. 그렇게 오게 된 거라 남편분이 처음에는 콧방귀도 안 뀌었죠. '강박사가 무슨 큐피드냐, 둘이 마음이 떠났는데 그걸 어떻게 다시 만드냐'고 했는데요, 결론은 좋아지셨어요. 치료받고 잘 살게 된 그런 케이스입니다. 지금은 치료를 잘한다고 소문이 나서 치료에 성공해도 별로 감동을 안 하세요. 제가 귀국하고 5~7년, 15년 중에 전반기는 이래저래 알려지고 있고 방송에서 보고 하니까 오긴 오면서도 완전히 신뢰하진 않으셨어요. 여러 병원을 전전했다가 오는 분들이 많았단 말이에요. 의사 사회를 잘 모르니까, 다른 의사한테 치료가 안 됐는데 유명한 의사한테 받으면 치료가 될까, 반신반의하면서 오시는 분들이 많았습니다. 그때는 치료에 성공하면 따로 어느 누가 더 대단하다 할 정도의 구분이 안 될 정도로 다들 감동했습니다. 저도 감동적이었고요, 환자들도 많이 감동했죠.

: 한국 사회의 변화와 변화 없음

지 15년 동안 계속 병원을 해오셨어요. 그동안 극적으로 변한 부분도 있고, 변하지 않은 부분도 있을 것 같습니다. 한국의 성문화나 성의학에 관한 인식들이요.

강 변한 부분은 예전보다 치료할 때 환자분들의 이해가 빨라졌다는 거예요. 상식도 늘었고, 병원과 저 자신이 알려져서 신뢰도가 높아진 것도 있죠.(웃음) 그러니까 이해를 빨리 하시게 된 겁니다. 그렇지만 일개 의사 한 명이 우리나라 문화를 어떻게 다 바꾸겠어요? 상당수 바뀌고 있는 것 같은 흐름은 분명히 있지만, 일부 의사들의 노력만으로는 문화적으로 큰 변화를 일으키기에 한계가 있습니다. 그래서 성을 이중적으로 보는 문화는 아직 많이 변해야 할 것 같아요. 그러니까 저는 우리나라의 미래에 당분간은 성중독이나 성범죄 이슈가 극단적으로 반복될 거라고 보거든요. 외도도 비슷한데요, 그런 사람들이 하는 말이, 내 주변에도 깔렸다, 성매매 업소 안 가는 사람이 어디 있냐, 불법촬영 할 수도 있지, 대학교수건 사회 지도층이건 N번방 볼 수도 있지, 애들이 그럴 수 있는 거 아냐, 이런 거예요. 이렇게 생각하는 문화가 아직도 일부 남아 있습니다. 그게 아쉽고, 하나 더 추가하자면, 안 좋은 소식인데요, 옛날만큼은 감동을 안 해요.(웃음) 이제는 고쳐진다는 것을 알고 오시는 분이 더 많으니까, 옛날만큼 감동은 안 하죠.

지 N번방이든, 불법촬영이든, 관음증 같은 문제들이 계속 뉴스에 나오는데요, 그런 것은 어떻게 치료해야 되나요?

강 저는 성기능 장애하고 섹스리스 문제를 핵심적으로 보는 사람입니다. 요즘 그 비율이 계속 올라가고 있어요. 성중독 안에 성도착도 있거든요. 성도착 문제. 아주 쉬운 얘기로 불법촬영 같은 케이스를 말합니다. 그게 늘 수밖에 없는 이유가 아까 얘기한 문화적인 흐름과 아주 유사성이 있습니다. 성도착이라는 개념도 그렇고, 불법촬영도 그래요. 제주 지검장이었던 그분이 어두컴컴한 길거리에서 성기를 꺼냈던 이유도 그런 거고요. 그야말로 이중성이거든요. 사회 지도층이잖아요. 딱 지킬 박사와 하이드예요. 성의 영역에 있어서 발달 즉 정신적인 성장이 안 된 건데요, 공부만 했던 아이인 거죠. 섹스는 인간관계라고 했잖아요. 친밀 관계고. 사람과 교감하고, 그 사람에게 친밀감을 표현하고, 행동적으로 그 감정을 꺼내고 다양성을 확보하고 이런 것을 할 줄 모르는 거예요. 심지어 결혼 후에도 부부가 섹스리스고, 재미없고, 색다른 뭔가를 원하게 되죠. 색다른 무엇을 원할 때 당사자가 지치고 사회적으로 힘들고, 스트레스가 많거나 굉장히 정서적으로 피폐해지면 일어나는 현상이 극단적인 퇴폐성이거든요. 그쪽으로 흘러갈 수밖에 없는 그런 모습이 지금 한국에서 보입니다. 혼술, 혼밥 문제도 마찬가지인데요, 관계 형성을 귀찮아하고 힘들어하는 거거든요. 특히 우리 문화가 요즘 어떻게든 바꾸려고 하지만 출산율도 떨어지고, 관계가 줄어드는 모습이잖아요. 사실은 교육이 전인교육이든 어떤 식의 교육이든 외국에서는 또래 교육을 더 많이 시킨단 말이에요. 요즘은 좀 바뀌었는데, 미국은 유치원부터 초등학생, 중학생 대부분이 라운드 테이블이에요. 같이 토의하면서 또래하고 팀을 만들어서 스터디를 하는 거죠. 우리나라도 일부 하고는 있지만, 미국은 우리보다 훨씬 강력하게 시행해요. 우리나라는 또래 관계에 대한 교육이 안 되어 있기 때문에 경쟁적인 교육 위주죠. 쟤를 이겨야 하고 좋은 대학을 가야 하는 거예요. 교육이 이런 생존 수단 위주가 되었잖아요. 대학 입학이 최우선이다, 최고 대학만 들어가면 된다, 이런 패턴들 때문에 상대방의 마음에 공감하고 교감하고 이런 부분이 굉장히 약해요. 그게 아까 말한 섹스리스의 이유도 됩니다. 마찬가지로 이 문화에서 그야말로 큰 문제인 것은, 혼밥, 혼술, 스마트폰 등으로 관계를 대신하는 일들이 점점 많아져서 관계 형성에 대해서는 더욱더 공허해질 거라는 점입니다. 이러면 일어나는 현상이 야동이든 자위 중독이든 또는 성도착이든 상대방에게 자기를 제대로 드러내지 못하고 몰래 숨어서 표출하고 촬영하는 것이 끊임없이 반복되는 겁니다. 섬뜩할 정도로 계속 늘어나고 있잖아요. 옛날에는 그런 것이 범죄인지 몰랐는데 이제야 범죄라는 게 드러나 자꾸 잡힌다고 하는데요, 그게 아니에요. 정신적인 피폐감 혹은 물질적, 산업적인 발전에 비해 부족한 관계 형성 교육 때문에 앞으로도 당분간은 꽤 늘 거라고 저는 보고 있습니다.

지 SNS 같은 경우 사용자를 그에 중독시키기 위해서 계속 연구를 하잖아요. 그 개발자 중 하나가 '이걸 사용하는 아이들이 10~20년 후에 어떻게 될지는 나조차 모르겠다'고 했는데, 굉장히 무서운 얘기거든요. 선생님 말씀처럼 관계 형성을 하는 법을 잘 모르다 보니까 이런 일들이 계속 발생하는 것 같아요.

강 SNS뿐만 아니라 돌아가신 애플의 스티브 잡스를 굉장히 미워합니다.(웃음) 정신과 의사로서 미워해요. 극단적인 예가 이런 겁니다. 진료 때도 반드시 물어보는데요, 침대에서 자기 전에 스마트폰을 보고 자는지 물어봅니다. 사실은 스마트폰이 없던 시절에는 '오늘 회사에서 사장이 나한테 이런 소리를 해서 내가 더러워서 때려치우고 싶다. 우리 통닭집이라도 차릴래?' 이렇게 부부사이에 대화를 한마디라도 더 했단 말입니다. 물론 TV를 켜놓고 자는 경우도 있습니다만, 어쨌거나 스마트폰이 관계 형성의 기회를 높은 확률로 차단하는 것은 분명하거든요. 물론 사람들이 단톡방에 내 이름이 있네, 나도 가끔 한마디씩 올리네, 재미있는 동영상을 카톡을 통해서 받았네, 이런 걸 느끼는 것도 관계라고 생각은 해요. 편리하고, 친구한테 떨떠름하게 오랜만에 전화해서 잘 있냐고 말할 필요 없이 이모티콘 딱 하나 날리는 게 편하죠. 하지만 편의성은 커졌는데 깊이는 얕아지고, 양에 비해서 질은 떨어졌다고 생각하거든요. 그런 의미에서 한편으로는 수월하게 우리를 바꿔가는 스마트폰의 문화가 우리의 불행이나 정신적인 고갈을 자초할 것 같습니다. 이건 정신과 의사로서 말하는 건데요, 식당에서도 저는 섬뜩합니다. 아이가 밥을 먹는 순간이 아주 중요한 시간이에요. 먹방이란 것도 있지만, 먹는 욕구라는 것은 그 사람의 생존과 관련된 가장 근원적인 쾌락이잖아요. 먹으면서 엄마 아빠하고 시간을 같이 공유하고, 먹으면서 좋은 감정을 나누는 기회가 되는 거죠. 그런데 애가 이래저래 떠든다고 식당에 가도 스마트폰을 틀어줍니다. 그러면 애는 거기에 정신이 팔려서 밥은 엄마가 주는 대로 받아먹기만 하거든요. 그걸 보면 많이 서글퍼요. 밥도 먹고 키도 크겠죠. 그런데 키는 이전보다 평균이 높아져 우량아가 됐지만, 정신적으로는 괴물들이 굉장히 많이 탄생할 것 같은 두려움이 많이 들어요.

: 속궁합은 정해져 있지 않다

지 선생님은 '속궁합은 정해져 있지 않다'라고 하셨어요. 속궁합이라고 하면 뭔가 결정이 된 것 같은 느낌을 주거든요. 딱 맞는 사람이 정해져 있는 것 같고요. 그런데 '속궁합은 두 사람이 만들어가는 작품이자 팀워크의 문제'라고도 하셨죠. 관계에 대해서 강조를 많이 하셨는데, 성관계에서도 성에 방점을 둬서 '오래 해서 만족을 줘야겠다, 크기로 만족을 줘야겠다'는 게 아니라, 관계에 방점을 둬서 대화나 상대방에 대한 관심을 통해서 상대를 만족시켜줘야 한다고 그러셨습니다.

강 앞서 얘기한 그 내용들이죠. 공감을 하고, 그 사람의 감정을 읽어야 합니다. 애초에 노력한다는 것도 약간 어폐가 있어요. 미안한 이야기지만, 애초에 우리 문화가 또래 교육을 안 시켰단 말이에요. 그러다 보니까 쌍방의 감정을 읽는 것을 잘 못해요. 자기의 존재 이유도 모르고요. 어떻게 보면 그렇죠. 솔직히 말해서 우리나라가 옛날보다 경제적으로는 잘살고 있잖아요. 이제 거리에서 벤츠는 시시한 정도예요. 전 세계 어느 대도시를 가봐도 벤츠 e클래스도 아니고 s클래스가 이렇게 많은 나라는 우리나라 말고는 거의 없을 겁니다. 저는 여행을 정말 좋아하거든요. 이 나라 저 나라 다 가봐도 이런 곳이 없어요. 벤츠도 동네 차가 됐고, 이제 슈퍼카를 찾는다고 하죠. 브랜드를 좋아하는 문화도 그렇고, 결국에는 우리가 못 살던 시절의 목표 지향적인 모습에서 출발하다 보니 개인적인 감정은 차단하고 포기해야 하고, 무조건 결론, 결과만 따지게 된 겁니다. 섹스를 할 때도 '느꼈냐? 좋았냐?'고 물어요. '너 좋았냐?' 이런 말을 외국 사람들은 안 묻거든요. 그런데 우리는 '오늘 느꼈어? 좋았어?' 이런 것을 따진다는 말이에요. 결과론적이죠. 환자들을 보면 같이 즐기는 것이 아니라 발표할 때처럼 잘해야 한다는 부담감을 느끼고, 또 잘 못할까 봐 굉장히 두려워합니다. 그러다 보니 조금이라도 안 된다 싶으면 쫓기고 그러는 거죠. 이야기가 재미있게 흘러가는데요, 이중성으로 한번 풀어볼까요? 아내와의 성행위, 여자 친구와의 성행위가 상대방을 즐겁게 해줘야 할 의무 방어 비슷하게 되어버리는 겁니다. 그리고 이런 생각을 하죠. '내가 돈 좀 벌기 시작했는데, 성매매를 하게 되면 돈만 있으면 나를 왕으로 대접해주고 많은 걸 할 수 있네. 이렇게 즐겁고 훨씬 재미있고 짜릿짜릿한데, 마누라는 웬 변태냐고 하겠지.'(웃음) 그런데 사실은 본인도 찔린단 말이에요. 그래서 공범화를 하는 거죠. '너도 그렇지? 나도 그렇다'고. 원래 다 그런 거야, 라고.

지 '나 혼자 그런 게 아니야.'

강 이 문화가 한계에 접어들고 있는 상황입니다. 물론 반대로 아주 보람된 때도 있습니다. 발기가 잘되기 위해서 오더라도, 어쨌거나 두 사람을 적응하게 해주는 과정에서 방금 이야기했던 것들을 겪게 해요. 성관계도 알게 되고, 서로 감정을 느끼고, 같이 있게 만드는 과정을 겪거든요. 그러면 그동안 섹스는 그냥 섹스인 줄 알았는데, 이렇게 질에서 차이가 나는 섹스가 있는지 몰랐다는 말을 많이 합니다. 발기부전 때문에 오든, 섹스리스 때문에 오든 처음에는 본인들에게 불행이었는데, 지금은 오히려 전화위복이 됐다는 말씀들을 많이 하세요. 저한테는 그게 기쁨이기도 하고요. 어쨌거나 전문가로서 안타까운 것은 여전히 있어요. 아까 얘기한 대로 저희한테서 들었건 어디서 들었건 지식이 많이 늘어나서 상식이 된 것은 좋습니다. 예를 들어 성기능에 남성 호르몬이 중요하다, 탈모약을 먹으면 발기가 안 되니까 조심해야 된다, 이런 상식은 늘었단 말입니다. 그러나 과연 사람들이 진정 그 상식의 지수, 정보의 양이 늘어난 만큼 친밀감을 베이스로 하면서 다양한 성을 제대로 나누는지에 대해서는 전문가 입장에서는 부정적입니다. 그렇지 않다는 말이죠. 그래도 조금씩 조금씩 이것도 상식으로 더 알려지겠죠. 제대로 성을 경험하게 되면 성매매와 같은 그런 성관계가 얼마나 허무한지 알게 될 겁니다. 성중독이었던 남편들도 있었는데, 우리 마누라와는 안 맞고 마누라가 가슴이 크지 않다고 얘기하거든요. 막상 아내의 성과 감정을 잘 찾다 보면 '어라, 성매매 업소와 달리 아내는 내가 뭘 좋아하고 어떤 면이 있는지 착착 알고, 나도 받는 것뿐만 아니라 나로 인해서 성감을 느끼는 아내의 모습을 보니 기분이 좋네' 하게 돼요. 그걸 느끼게 하는 것이 치료입니다. 단순히 성기를 크게 해주는 것이 아니고요. 그걸 느끼게 해서 성매매, 불륜 이런 것들이 얼마나 허무한지를 저절로 깨닫게 하는 겁니다. 아무리 '성매매하지 마라' 얘기를 한들 누가 알아듣겠어요? 저희는 반대급부를 강조해요. 실제로 올바른 성을 조금씩 경험시키면 치료가 되는 거죠. 섹스리스도 마찬가지입니다. 어설프게 사는 것보다 경험을 해보니까 훨씬 낫다는 사실을 느끼게 하는 겁니다.

: 킨제이연구소에서 받은 문화 충격

지   처음 킨제이연구소에 가셨을 때는 문화적 충격도 크셨을 것 같습니다.

여기보다 훨씬 더 많은 연구들이 이루어져 있고요.

강   그럼요. 당연히 그랬죠. 조루 수술이란 게 있는데요, 신경을 마비시켜버리는 거예요. 처음에 저는 멋도 모르고 '한국에서는 그 수술을 제법 합니다'라고 그냥 얘기했죠. 그 말을 했다가 스승한테 호되게 혼이 났습니다.(웃음) 킨제이연구소 다니는 놈이 한국 의사들이 다 그 짓 한다고 하더니 진짜 너도 그러고 왔냐고. '스승님 제가 관심이 있는 게아니라 수술하는 의사들 중에는 그런 의사도 있다는 얘기입니다'라고 답했죠. 제가 치료에 있어서 굉장히 보수적인 태도를 취하게 된 이유가 당시의 그 상황 때문이었어요. 책에는 없고, 부작용은 있고, 어리석은 짓이라고 혼쭐이 났거든요. 그 전까지도 문제는 있다고 생각했지만, 인생만사 무조건 의사만 있나, 침을 맞을 수도 있고, 민간요법을 쓸 수도 있는 거지, 그렇게 생각했어요. 저는 약간 용납을 해줄 수도 있다는 거였는데요, 우리 스승은 한국 욕을 바가지로 하는 거예요. 한국은 6. 25전쟁 후에 많이 발전했고 삼성도 있는데 어떻게 그런 수술을 하느냐고요. 그 당시에 벌써 삼성도 아셨거든요. 그렇게 스승에게 어떻게 너는 논문은 잘 쓰더니만 책에도 안 나오는 이상한 시술을 하니, 그 얘기를 들은 게 첫 충격이었어요. 두 번째는 환자를 보다가 느끼게 됐습니다. 할리데이비슨 오토바이를 타다가 교통사고가 나서 팔다리가 다 잘려나간 남편을 아내가 안고 왔어요. 팔다리 잘려나갈 정도로 중상을 입었으니 성기능이 있겠어요? 그런데 진료 의자에 앉히니까 남편이 '우리 옛날처럼 섹스하게 해주세요'라고 하는 거예요. 그때는 황당했죠. 아무리 의사고, 최선은 다해볼 수 있다지만 황당했습니다. 너무 죄송한 표현인데요, '아니 저런 장애인이 섹스를 원하는 것은 과한 것 아닌가' 하는 생각을 첫 번째로 했었어요. 그런데 부인도 역시 '섹스하게 해달라'고 남편하고 같이 울어요. 아니 남편이 저렇게 교통사고가 나서 심각한 장애인이 됐는데, 거기서 자꾸 섹스를 옛날처럼 하고 싶다고 하면 남편은 얼마나 부담이 될까, 처음에는 이렇게 생각했었습니다. 속으로 남편도 과욕이라고 생각했고, 아내도 '성에 미친 게 아닌가?' 하고 욕을 했었죠. 그런데 그게 아니었어요. 과거에 나눴던 진정한 사랑 관계의 경험을 할 수 있다면 다시 하고 싶었던 거예요. 더 좋고 싶었던 것이 아니고요. 당연히 그분은 몸이 망가질 대로 망가졌으니까 자연 발기로는 못 고치고, 어찌어찌 발기 주사와 발기약까지 써서 인공적으로라도 성행위를 하게 해드렸죠. 그랬더니 너무너무 기뻐하는 겁니다. 그때 제가 완전히 문화 충격을 받았습니다. 아, 나 역시도 성을 편협하게 생각했구나, 맞아 진짜 성은 오르가슴에 오르고 하는 문제가 아니라 두 사람이 진정으로 나누는 일종의 교감 행위지 하고요. 그래서 오히려 그런 사건을 통해서 교과서적인 개념을 깨우치게 됐습니다. 그래서 그런 개념에 기반을 두지 않은 접근이나 시술에 대해 많이 혐오하게 된 거죠. 그게 저한테는 큰 충격이었고, 동시에 좋은 경험이었어요. 그리고 치료할 때 한국과 미국이 다른 점이 있어요. 미국은 치료받을 때 부부가 같이 오는 경우가 많아요. 섹스는 같이 하는 거니까요. 저희도 가능하면 결혼했으면 부부가 같이 오라고 하는데요, 오는 사람도 꽤 있지만, 여전히 '네 문제니 네가 고쳐라, 다른 것도 아니고 성 문제인데 부끄럽게 병원을 왜 따라가느냐?' 이런 식으로 생각하는 부부들이 있습니다. 반대로 부끄러워서가 아니라 흔히들 소박맞는다고 표현하는 것처럼, 남편이 발기가 안 되는 것은 전부 아내가 매력이 없어서라고 하는 경우도 있습니다. 이것도 재미있는 케이스인데요, 본인이 발기력이 안 좋은 성기능 장애인데, 아내분이 가슴이 작아서 그렇다는 핑계를 대는 환자가 있었습니다. 아내가 가슴 수술을 하고 나면 쌍꺼풀 수술을 시키고, 거의 전신 성형을 시켰어요.

지 고문이네요.

강 고문이죠. 결국에는 아내의 매력 문제가 아니라 자기 발기가 불안정하다는 것을 뒤늦게나마 깨우쳐서 치료받고 잘 살고 있습니다만, 그런 모습들을 볼 때 안타까워요. 마음 아픈 일들이 많습니다. 전혀 그쪽 원인이 아닌데, 우리나라의 잘못된 성 인식들로 인해서 성매매, 성중독을 있을 수 있는 일처럼 여기기도 하고요. 남자들은 다 바람피우는 거라고 하고 외도를 당연하게 생각하기도 하죠. 부부가 결혼하면 섹스를 안 한다고 하는데요, 저희는 50대 넘어서면서 조금 줄었지만 40대까지만 해도 주 한두 번씩 했어요. 요즘은 몸이 안 좋은데, 양심껏 얘기하자면 한 달에 두어 번 정도는 하거든요. 제가 40대에만 해도 주에 한두 번 한다고 하면 제 친구들조차 성 전문가라고 괜히 과장한다고 생각들을 많이 했단 말이에요. 섹스를 하고 있는 부부도 많습니다. 이전에 라이나생명과 함께 2016년도에 조사한 것이 있어요. 외도를 하는 사람도 있다고 나오기는 했어요. 성매매, 불륜으로 가는 쪽은 절반이 안 되고 40~50%인데요, 반반이에요. 결혼 내내로 따지면 반을 조금 넘어가고 현재로 따지면 반이 안 됩니다. 다들 그렇다고 하는데, 반대로 얘기하면 반이든, 반밖에 안 되든 불륜을 저지르고 성매매를 하는 사람들도 있지만, 또 반은 섹스리스도 아니고 행복하게 잘 사는 사람들입니다. 그런 사람들은 사실 직접적으로

'나 하고 있네' 그런 표현을 안 하거든요.(웃음) 그래서 그렇지, 내 주변에 성매매든 불륜이든 외도하고 있는 사람들이 많다고 모든 대한민국 남자가 다 그런 것은 아니거든요.

지　그동안 배워오신 것을 가지고 진료하면서 목표 같은 것도 생기셨을 것 같습니다. 이 분야에서 어떤 것을 만들어보겠다는 것 같은 목표요.

강　저희가 학회를 만들어서 큰 역할을 하려고 했죠. 그런데 포기한 이유가 저처럼 여러 분야를 동시에 보는 의사가 없어서입니다. 그러니까 후배가 나오기도 힘들고요. 아까 저희가 팀 어프로치를 했다고 말씀드렸는데, 제 스승과 여러 명이 했던 것처럼 팀으로라도 학회를 만들어야 해요. 그런데 워낙 격차가 있다 보니까 제가 노력하던 중 잠깐 쉬고 있습니다. 그래도 배운 학문이니까 한국의 지식을 위해서 언젠가는 싹 다 풀어야죠. 엄밀히 말하면 지금은 치료의 세밀한 분야는 저도 노하우기 때문에 못 풀지만, 어느 정도 지식이나 상식 수준에서 한국이 모자랐던 부분은 풀고 있거든요. 제 스승처럼 앞으로는 후배 의사나 후손들에게 적어도 한국이 외국에 비해서 떨어지는 분야는 정보를 많이 풀어놓고 갈 거예요. 앞서 얘기한 대로 기회가 된다면 그런 노력이 매스미디어든, 책이든, 칼럼이든, 유튜브든 대중매체를 통해서 한국 문화를 발전시켰으면 좋겠습니다. 제가 소설가이기도 하잖아요. 문학작품 같은 경우 제가 준비하고 있는 것 중에 동성애와 관련된 내용, 그리고 성의 다양성이나 배우자의 소중함과 관련된 내용이 있어요. 그런 부분을 '교육'이 아니라 이야기를 통해 자연스럽게 소설적으로 풀어내려는 거죠. 그렇게 보이지 않게 계몽을 하는 그런 역할을 하고 싶습니다. 작가이자 의사로서 양쪽을 오버랩하는 그런 소설을 남기고 갈 것 같아요.

: 동성애와 동성애 경향은 다르다

지　동성애에 대해서는 어떤 견해를 가지고 계시나요?

강　1973년 미국정신의학회에서 동성애가 정신 질환 즉 고쳐야 하는 병이냐, 아니면 이미 결정된 것이어서 그대로 받아들여야 하느냐에 대해 투표를 했는데, 표차가 아주 크지는 않았어요. 결국 58%의 찬성표를 얻어 동성애는 질환에서 제외가 되었죠. 여기서 말하는 동성애는 진정한 동성애입니다. 진정한 동성애는 누가 판단해야 되느냐, 전문가가 판단을 해야 해요. 그런데 보통 당사자가 판단하죠. 사실은 진짜 동성애가 아니고 여러 가지 이유 때문에 동성애처럼 보이는 경우도 있습니다.

지　후천적인 이유 때문에 자기가 그렇다고 생각하는 경우가 있다는 건가요?

강　그걸 동성애 경향이라고 이야기합니다. 근거로 삼는 연구로 아주 유명한 로만 스터디라는 게 있어요. 사춘기 때 동성애 성향을 보였던 아이들을 성인기 이후까지 쭉 관찰을 해봤더니 2/3는 동성애자가 아니었다는 거죠. 치료를 받고 하는 문제가 아니에요. 스스로 동성애자라고 생각했던 사람들의 2/3는 나중에 그 성향이 없어지더란 말입니다. 방금 말씀하신 대로 어떤 특이한 상황에서 특이한 이유로 동성애자처럼 생각하는 건데요, 그런 동성애 경향은 치료를 통해서 바꿔야 합니다. 이걸 전환 치료라고 해요. 그런데 동성애자를 완전히 이성애자로 치료해준다는 사기꾼도 있습니다. 유튜브에 보면 있더라고요. 제 아내도 그걸 보고 깜짝 놀랐는데요, 그건 잘못된 겁니다. 또 군대를 면제받을 수 있도록 한 시간 동안 의사를 만나면 동성애자로 진단서를 써주는 곳도 있어요. 그것도 사기죠. 저희가 동성애 분야도 전문가지만, 그 사람이 동성애자인지 판단하는 데는 6개월이 걸립니다. 한 시간 만에 판단하고 진단서를 써준다니, 말이 안 되는 얘기예요. 그분은 어디서 뭘 배워왔는지 아무런 배경이 없는데도 본인이 신이라도 되는지, 열심히 배운 사람조차 몇 개월 걸릴 문제를 한 시간 상담하고 진단서를 써주는 겁니다. 그리로 환자가 가는데, 그런 게 문제가 되죠.

: 성의학을 전공하고 싶은 후배들에게

지 마지막으로 성의학을 전공하고 싶은 후배들에게 해주실 말씀이 있다면요?

강 정말 좋은 분야입니다. 특히 욕심이 많은 의사에게요. 내과 한 가지, 정신과 한 가지로는 답답하고, 공부에 욕심이 많은 분들, 인간관계에 호기심이 많은 분들에게 대단히 잘 맞는 분야예요. 그리고 한 사람의 마음의 건강, 몸의 건강, 인간관계의 안정성, 이 세 가지 주요 분야를 모두 다룰 수 있다는 점에서 또 참 좋은 분야입니다. 다만 그렇게 제대로 치료를 하려면 많이 배워야 하기 때문에 개인적으로 고통스러워요.(웃음) 많이 배울 각오가 되어 있고, 욕심이 많은 사람이라면 충분히 할 만한 가치가 있는 분야예요.

그걸 통해서 한 사람의 인생을 바꿀 수 있는 기회가 되고 보람이 있으니 얼마든지 대환영입니다. 다만 인내심과 끈기를 가지고 많이 파헤쳐야 된다는 것을 강조하고 싶습니다.

12.

동의 없는 수술은
악질적인
범죄행위

김선웅

천안성형메디외과 원장, 의료범죄척결 시민단체 '닥터벤데타' 대표

생업을 포기하고 성형외과 유령 수술 문제를 세상에 알리고 있는 닥터벤데타를 만나 그와 관련한 충격적인 이야기를 들어보았다. "저는 의사라 수술실에서 벌어지는 일이 눈앞에 그려져요. 그 사람들이 어떻게 죽어갔는지가. 그런데 너무 힘들어서 그만둬야지 싶을 때 누군가가 죽었다는 기사가 납니다. 그래서 그만둘 수가 없었어요."

2014년부터 싸워온 성과가 이제 하나둘씩 나타나고 있다. 소송을 당하고 제기하는 과정에서 의사들의 일부 혐의를 입증하기도 했고, 세 번에 걸쳐 국정감사장에 서서 증언을 하기도 했다. 돈에 눈이 멀어 환자를 죽여도 괜찮다고 생각하는 사이코패스 의사들로 인해 한국의 수술장은 이미 도살장이 되어버렸다고 그는 한탄했다. 그런데도 우리는 성형수술 강국이니 K-뷰티니 하는 의료 관광으로 돈을 벌고 있다고, 그런 현실을 외면하고 있다는 것이다.

: 지금 한국의 성형수술장은 총체적 난국

지승호
(이하 지)
유튜브 방송과 인터뷰 내용을 듣고 굉장히 큰 충격을 받았습니다. 직접 한국의 수술장이 정상화될 때까지는 성형수술을 하지 말라는 말씀까지 하셨잖아요.

닥터
벤데타
(이하 벤)
지금은 당연히 하면 안 되죠.

지 저도 잘 모르고 있었습니다. 한국이 성형수술을 워낙 잘하는 나라라서 관광까지 온다는 것에 대해서 자부심을 가진 사람들도 있고요. 그런데 말씀을 들어보니 총체적 난국이고, 생명 존중 면에서 생각을 잘못하고 있는 상황이 아닌가 싶습니다.

벤 한국이 성형수술을 잘하는 나라라고 하는데 성형수술을 잘하는 나라가 지구상에 어디 있습니까? 성형수술 잘하는 의사는 있을 수 있지만, 어떻게 나라 전체가 성형을 잘할 수 있겠습니까? 다 쇼라는 거죠. 광고를 하고 사람들에게 허깨비를 씌워서 자꾸 끌어들이는 겁니다.

지 자기가 상담하지 않은 의사가 들어와서 수술을 하고, 누가 수술을 하는지도 모른다는 것은 상상도 할 수 없는 일인 것 같습니다.

벤 상담이라는 표현보다는 진찰이라는 말이 맞겠죠. 컨설테이션 (consultation)이라는 영어는 같아도 일반인이 하면 상담이 되지만 수술을 하는 의사가 하는 것은 진찰이 됩니다. 진찰이 왜 중요하냐 하면 진찰을 하면서 수술의 목표를 세우고, 환자분이 원하는 것을 다 듣게 되기 때문이에요. 그래서 성형수술은 우리가 흔히 그렇게 말하지 않습니까? 수술 방법이 수억 가지다. 사람에 따라서 수술 방법이 다 달라지거든요. 그런데 진찰을 안 한 사람이 수술대에 누워 있는 환자를 처음 대면하고 그 몸에 칼을 댄다? 사이코패스가 아니면 그런 짓을 할 수가 없죠. 한국에서는 구조적으로 그게 돈벌이가 되게끔 해놓은 겁니다. 그 환자 수요를 발생시키기 위해서 자꾸 거짓말을 하는 거죠. 여기가 아주 성형수술을 잘하는 나라다, 그런 말로 끌어들여서는 뒤쪽으로 유령 수술 공장을 돌리는 것입니다.

: 유령 수술 공장은 조직적 범죄

지　수술 자체가 굉장히 위험한 행위라 전문가가 계속 지켜봐야 하는데, 선생님이 말씀하신 수술 공장이라는 것처럼 한 사람이 동시에 여러 사람을 수술하는 경우도 있고, 그러다가 문제가 발생하죠.

벤　수술하기로 한 의사가 다 하면 문제가 없겠죠. 환자 한 사람 하고 끝내고 또 한 사람 하고 끝내고. 자기가 체력이 되는 한에서는 '나는 많은 사람들을 살려야겠다. 예쁘게 만들어야겠다'고 하면 하루에 몇백 명을 할 수도 있는 거죠. 그런데 그런 시스템이 아니고, 한 사람을 눕혀놓고 여러 사람이 돌아가면서 수술을 하는 거예요. 일종의 분업화, 공장화 시스템이라고 하죠. 수술하기로 약정된 의사가 없는 상태에서 환자 몸이 난도질당한다는 겁니다. 굉장히 심각한 문제죠. 수술이라는 것은 사람 몸에 칼이 들어가는 순간부터 변수를 만나게 됩니다. 해부학 책에 있는 그림과 똑같은 사람이 지구상에 어디 있습니까? 다 다르죠. 열고 들어가면서 계속 그 상황을 팔로업하고 추적하고, 상황 상황에서 계속 변수가 발생하는 와중에 환자를 수술하는 거예요. 그런데 애초에 진찰도 안 하고 그냥 누워 있는 사람 몸에 칼을 갖다 대서 전기톱으로 자르고 하다가 동맥 자르고, 정맥 자르고, 신경 다 잘라먹고, 인대 자르는 사고가 생겨요. 이래놓고 모양을 만든다고 되겠어요? 안 되죠. 수술이 어떤 작업인데요.

지 수술실에 투입되는 사람들 중에 간호조무사, 의료기 영업사원, 정육점 직원 등도 있다고 하셨잖아요.

벤 정육점 직원이 들어간다는 말까지 들었습니다. 최근 채널에 신고 들어온 것은 미술 전공하는 사람들이 인체에 관심이 많으니까 들어간다는 거예요. 물론 누구든지 수술실에 들어갈 수는 있습니다. 간호조무사도 들어갈 수 있죠. 간호조무사한테 다 떠넘기고 나가버리니까 문제인 겁니다. 집도 의사가 수술을 하는데 의료기 영업상이 들어와서 어시스트를 한다, 당연히 있을 수 있는 일이 잖아요. 새로 나온 전기톱을 집도 의사보다 영업사원이 더 잘 다룬다, 당연히 그럴 때는 환자를 위해서 하는 일입니다. 그런데 그 영업사원한테 떠맡기고 집도 의사는 나가버리면 이미 법적으로 환자는 죽은 거나 마찬가지라는 거죠. 그게 최근에 들어오는 제보들이에요. 그러면 환자는 뭐가 되겠습니까? 사람이 아니죠. 그러니까 의료 기관으로 사업자 신고를 내놓고는 정육점을 운영하는 것과 똑같은 일을 한다고 보면 되는 거예요.

지 그래도 병원을 운영하는 사람인데, 의사가 되기 전에 생명에 대해서 많은 관심을 가지고 배웠을 텐데요.

벤 그건 상식을 가진 사람들이 하는 생각입니다. 동의 없는 수술은 두 종류가 있어요. 뭐냐 하면 유령 수술, 집도할 의사를 바꿔치기 하는 방법이 있고, 그다음은 무단 장기 적출 수술이 있습니다. 원래는 충수염 수술을 하기로 했는데, 들어가니까 옆에 아주 예쁘장하게 생긴 콩팥이 있어요. 이거 하나 떼서 팔면 1억 2000만 원이 남아요. 뗄 수 있다는 거예요. 지금 한국에서는 그런 일이 아마 이루어지고 있을 겁니다. 장기를 매매할 수 있는 루트만 확보되면요. 사실은 무단 장기 적출보다 유령 수술이 더 해서는 안 되는 일입니다. 예를 들어서 우리가 아무리 예쁘고, 내가 사랑하는 여성이 있다고 하더라도 그 여성의 허락을 받지 않으면 몸을 만지지 못합니다. 그 사람이 손을 만지게 했는데 엉덩이를 만질 수는 없어요. 그런데 신체 부위를 바꾸는 것과, 사람을 완전히 바꿔치기하는 것 중 후자가 훨씬 더 어려운 거예요. 신체 부위는 한번 해볼까 하는 생각을 할 수 있어요. 미국 뉴저지 대법원 판사가 정확하게 이야기를 해놨어요. 신체 부위를 바꾸는 것보다 사람을 바꿔치기하는 것이 훨씬 더 위험한 상황을 초래할 수 있다는 거죠. 수술 과정을 가만히 생각해보면요, 무단 장기 적출을 하면 그 과정에 사람은 안 죽어요. 살리려고 노력을 하겠죠. 이 사람이 죽어버리면 장기 적출을 한 범죄까지 걸릴 수 있으니까요. 그런데 유령 수술은 응급 상황이 되면 오히려 죽입니다. 이 사람이 살아나면 유령 수술을 들킬 수가 있으니까요. 충분히 아시겠죠? 뉴저지 대법원 판사의 판단이 정확한 거예요. 고故 신해철 씨 같은 경우는 지금 무단 장기 적출의 일종으로 보여요. 그런데 그것도 범죄로 처벌을 안 해버리니까, 이게 도대체 뭐 하자는 건지 모르겠습니다. 정상적인 의사 생활을 못 하겠어요. 겁이 나서.

: 신해철 '살인 사건'

지　신해철 씨의 경우에는 살인 사건이라고 하셨잖아요.

벤　상해치사 내지는 살인이죠. 이런 범죄들은 일단 처음부터 죽이려는 의도는 아니죠. 당연히요. 그렇지만 범죄 행위 과정에서 충분히 사람이 죽을 수 있다는 것을 인식하지 못하는 사람이 어디 있습니까? 양악 수술을 하다가 죽을 수 있다는 것을 모르는 사람이 어디 있어요? 알고 저지른다는 거죠. 그러니까 미필적고의에 의한 살인이라고 보는 건데요, 그건 명백한 법 상식입니다. 그것을 모르고 있다는 것이 더 이상하죠. 유령 수술이 살인이라는 것을 사람들이 모른다는 것을 제가 처음에는 이해를 못 했습니다. 2014년도에 기자들 150명을 모아놓고 이야기를 했는데, 아는 사람이 하나도 없었어요. 의료법을 뒤져봐야 한다고 하는 거예요. 살인이 무슨 의료법을 뒤져봐야 할 일입니까?(웃음)

지　살렸을 때보다 죽었을 때 더 적은 비용이 든다고 판단되면 적극적인 구명 활동을 포기하는 경우도 있다고 하셨습니다.

벤　죽였을 때 비용이 적게 들죠. 사람이 어중간하게 살면 비용이 더 많이 들어요. 설명하자면 이런 겁니다. 환자한테 동의를 얻고 합의했던 의사는 절대 환자를 못 죽입니다. 돈이 얼마나 들든지 간에 그 환자를 진찰하고 했던 과정들이 있어서 절대 못 죽여요. 유령 수술 공장이 밝혀진 계기는 어떤 여고생이 죽은 사건이었어요. 그 여고생을 살리려고 최선을 다했던 의사가 양심선언을 하게 되죠. 전형적인 유령 수술은 아니었어요. 중간에 의사가 바뀌치기된 것은 맞는데요, 아이가 응급 상황을 거쳐 회복되는 상황에서 의사가 바뀌치기된 거거든요. 이것도 사실은 넓은 의미로 보면 유령 수술이 맞기는 하죠. 애매모호한 상황이에요. 그런데 아이를 이송하지 않은 거예요. 집도 의사는 '이송을 하자. 심폐소생술을 해서 살리게 되는 경우 혹시라도 뇌에 손상이 오거나 적극적인 치료가 필요할 수 있으니까 빨리 옮기자'라고 했어요. 그런데 한 시간 넘게 일부러 지체를 시킨 거죠. 왜냐하면 나머지 사람들은 애를 반드시 살려야 할 필요성을 못 느낀 거예요. 가만히 생각해보면 당연한 이치 아니겠습니까? 세상을 사는 데 있어서 아무런 법적, 도덕적 책임이 없는 사람들로만 둘러싸인 가운데 수술대에 사람이 누워 있다. 어느 누가 누우려고 하겠어요? 전기톱, 칼, 가위, 망치, 절단기 같은 것이 주변에 있는데요. 그런 일로 돈벌이를 해왔다는 사실이 믿어지십니까? 온 국가가 성형수술 관광이니 어쩌니 저쩌니 하면서 전 세계 사람들을 상대로 돈을 벌어요. 특정 국가라고는 이야기 안 하겠는데, 그 나라 돈을 빼먹으려고 의료법까지 바꿨잖아요. 지구상에 수술 브로커라는 말이 어디 있습니까? 세상에 다른 법도 아니고, 상법도 아니고, 의료법에서 수술 브로커를 승인하는 나라가 어디 있습니까? 사람들이 와서 직접 알아보고 수술을 받아야 맞잖아요. 그 사람이 통역관을 데리고 여러 군데 진찰을 받으면서 결정하고 수술을 받아야죠. 성형수술 사업이라는 것이 보편적인 상식에 맞게끔 성장을 해가야 하는데 이것을 돈을 주고 사람을 데려오라고 하면……〈호스텔〉이라는 영화를 보면 살인 공장을 돌리잖아요. 그 영화에서 브로커들더러 사람을 데리고 오라는 것과 똑같은 상황인 거죠. 지금 도대체 몇 명이 죽었는지 빨리 밝혀야 합니다. 시간이 지날수록 계속 터져나올 텐데, 어떻게 하려는지 모르겠어요.

지 　어떤 방법으로 파악할 수가 있나요?

벤 　충분히 가능하죠. 처음에는 저도 그 사람들이 피해자들의 입을 어떻게 틀어막는지 몰랐어요. 조그마한 부작용 하나 생겨도 환자한테 미안해서 의사 생활을 하면서 한평생을 살아왔으니까요. 환자를 죽이고 세상에 어떻게 입을 막을까 싶었죠. 자기 아이가 죽고 이러면 나와서 다 이야기를 하는 줄 알았어요. 그런데 이 사이코패스들이 죽은 아이 부모와 '당신 나가서 얘기하면 10배 역배상한다'는 조항을 넣고 합의서를 쓴다는 거죠. 그리고 보험 처리를 해버리는 거예요. 3억 5000만 원을 쥐여줬다고요. 공제 보험인가 있어요. 하도 많이 죽이니까 그것도 올라갔다는 말도 있고요. 그러면 그게 한도 금액이라고 치면, 딱 3억 5000만 원을 주는 거예요. 보호자 입장에서는 방법이 없죠. 의료사고를 법원에서도 인정을 안 하고, 검찰은 신경 쓰기도 귀찮고 해서 대부분 다 형사처벌로는 가지도 않을뿐더러, 형사소송에서 처벌이 안 되면 민사소송에서도 99% 패소 아닙니까? 그러니까 보호자는 울며 겨자 먹기로 받는 거예요. 10배 역배상 조항이 있어서, 어차피 우리 아이는 죽었는데, 그러면서요. 그리고 주변 사람들한테는 성형수술 받다가 죽었다고 안 하고 애가 갑자기 교통사고가 나서 죽었다고 대부분 이야기를 합니다. 그래서 나가서 이야기할 일이 없을 것이라고 생각하지만, 실제로 합의서 쓰고 2~3년 살다 보면 아이가 얼마나 보고 싶겠어요. 그런 때에 연락이 오는 거예요. 그렇게 저희 협회로 연락이 와서, 이 사이코패스들이 보호자와 너무나 짐승 같은 요구 사항을 넣어서 합의를 보는 줄 그때 알았습니다. 범죄라는 것이 확실히 밝혀지면 그 사람들이 나와서 다 이야기할 수 있어요. 어차피 합의 조항 자체가 무효라는 거죠. 그중에 제일 조작하기 쉬운 것이 마취 사고입니다. 차트에 '환자가 혈압이 200까지 올라가고 심박수가 300까지 올라가다가 돌면 눈이 뒤집히면서 사망했다'라고만 쓰면 마취 사고예요. 그러면서 체온이 42도까지 올라갔다, 그렇게 30초 이상 지속되더라, 그러면 악성 고열 증후군이 되는 것입니다. 그것보다 쉬운 일이 어디 있겠습니까? 부검에서도 나타나지 않으니까 나중에 악성 고열 증후군으로 죽었다고 하겠죠. 유령 수술 하다 죽였다고 말하겠어요? 안 하죠. 다른 나라에서는 1년에 한두 건 발생하는 일인데, 지금 우리나라를 보면 노상 악성 고열 증후군이에요. 악성 고열 증후군은 의사 과실이 없는 것이거든요. 손해 배상 보험금도 많이 나오지 않겠어요? 과실이 많으면 많을수록 보험금은 적게 나오죠. 그렇게 해서 죽이고 있는 겁니다. 그 사실을 알았는데 어떻게 지금 잠이 오겠어요. 제가 자꾸 이야기하니까, 검찰은 명예훼손죄니 해서 기소를 하고, 판사는 명예훼손이 아니라고 하고 있으니, 이게 무슨 상황이냐고요. 범죄나 살인이 벌어진 것을 발견했으면 제일 먼저 팔을 걷어붙이고 나서야 할 곳이 검찰과 경찰 아닙니까? 이래서야 되겠습니까? 자기 아이들 죽은 게 아니라고.

지   본인들이 과거에 그런 부분을 제대로 수사 못 했거나 눈감아준 적이 있기 때문에 그렇겠죠.

벤   지금 명백하게 증거 자료가 있으니까 제 입을 막고 싶어 하는 거예요. 전혀 법리적이지 않은 불기소 결정서가 있으니 그것으로 전 국민이 소송을 해야 합니다. 충분히 소송 건이 되거든요. 제가 방송통신대학교에서 법학도 전공했어요. 굉장히 인상 깊게 들은 과목이 많아요. 특히 형법의 정당행위론이라고 있습니다. 의사라는 직업이 사회에서 혜택을 많이 받고 있잖아요. 의사라는 직분에 대해서 공공의 자산이라고 생각해요. 왜 그런 혜택을 주는지 형법의 정당행위론에 정확히 나옵니다. 다른 사람의 몸을 칼로 긋거나, 가위로 자르거나, 전기톱으로 잘라도 직업상의 정당행위이기 때문에 기소하지 않는다는 거예요. 그런 직업은 지구상에 의사밖에 없습니다. 그런데 그 점을 악용한 거죠. 그래서 정당행위로 기소가 안 되는 거였습니다. 그런데 사실 이 사람들은 동의를 안 받고 해버려서 정당행위 적용이 안 돼요. 그래서 이번 1심 판결문이 의미가 있습니다. 사기죄의 1심 판결문이었죠.

: 상해와 살인미수 내용을 판시하다

지   2020년 8월 20일 모 성형외과 전 원장이 사기죄로 1년을 선고받은 것을 말씀하시는 거죠? 그런데 왜 사기죄인가요?

벤   사기죄로만 기소했으니까요. 그런데 판사가 보기에도 이상한 거예요. 물론 사기는 맞긴 하죠. 수술비를 편취한 것이 맞긴 하지만, 사기보다 남의 몸을 동의를 안 받고 자른 게 더 큰 문제잖아요. 그래서 판결문을 보면 사기죄 판결문인데, 사기죄가 아닌 상해나 살인미수에 해당하는 판시 내용이 적혀 있습니다. 이것은 의사의 직무상 범위를 벗어난 범죄다, 우리가 일상적으로 예상할 수 있는 범죄가 아니라 대단히 엽기적인 범죄다, 그런 취지의 판결문이 나왔습니다. 이것은 업무상 발생한 상해나 치사가 아니라는 거죠. 그건 무슨 말이겠습니까? 바로 살인미수나 살인죄를 적용해도 된다는 판시 내용이에요. 몇 년 동안 재판관에게 '이건 명백하게 알고 있어야 된다. 당신이 재판하고 있는 재판이 사기죄로만 기소된 사건이지만, 그게 아니다'라고 계속 의견서를 냈습니다. 재판관이 재판을 진행하면서 보니까 진짜 그렇거든요. 이 사람들이 지금 뭐 하는 짓인가, 하는 생각을 한 거죠. 사기죄 판결문에 살인죄 판결문에 해당하는 판결 내용이 들어가 있다고 보시면 됩니다. 이제부터는 살인죄로 고소를 시작할 거예요. '동의도 받지 않고 마음대로 들어가서 사람 몸을 자르는 것은 지구상 모든 나라에서 살인죄로 처벌을 하고 있다'라고요. 검사들이 이제는 제대로 하겠죠. 이미 한 분이 살인미수죄로 고소장을 냈습니다. 그 분은 다행스럽게도 살았지만, '나는 살인미수를 당했다'고 주장을 하는 거죠.

: 세계대전 이후 최악의 수술실 범죄

지 법무부 장관, 청와대, 전 세계 모든 언론과 국제기구에 1000개의 USB를 보낼 계획이라고 하셨어요.

벤 한국에 일부 보냈고, 전 세계에 다 보내야죠. 지금 한국에서 유령 수술이 돈벌이처럼 만개하고, 그것이 여러분들이 알고 있는 성형 수술 산업의 강국이라고 그렇게 광고해대고 있는 나라의 실체라고요. 유령 수술 공장은 제2차세계대전 이후 최악의 수술실 범죄라고 보거든요. 세상에 아이들을 상대로 수술 체험단을 모집하는 나라가 어디 있습니까? 체험단을 모집해서는 유령 수술 공장에서 생체 실습하게 던져주는 것이 정상적인 상행위가 된 거예요. 그렇게 돌아가는 곳이 어디 있습니까? 이건 생지옥입니다. 그런 사실을 다 말해줘야 합니다.

지　외국에서도 문제를 삼을 것 같은데요.

벤　문제 삼아야죠. 아우슈비츠에서와 비슷한 일이 돈벌이가 되고 있
는데요. 이런 것을 말을 안 하면 아우슈비츠와 다를 게 뭐예요?
독일이 굉장히 합리적이고 지성적인 나라였지만 과거 이상한 집
단주의에 매몰되면서 대단히 반인륜적인 쪽으로 의사 결정이 일
어나지 않았습니까? 그런 일이 한국에서 벌어지지 않도록 제가
유령 수술 공장에 대한 증거 자료를 가지고 해야 할 일이 있다고
생각했어요. 의료법은 사람의 건강권을 위해서 만들어진 사회적
법이거든요. 개인적 법익이 아니에요. 그런데 의료법에 개인적
인 모든 기본권을 다 침해해도 되는 조항이 들어가게 만들어놓은
거예요. 저는 '그걸 절대로 통과시켜서는 안 된다, 수술실을 도살
장으로 만들 수 있다'고 주장을 했었습니다. 의사 면허증은 사람
을 진료하고 진찰을 하고, 의료 행위를 해서 생계를 유지하라고
주는 것이지, 사람을 끌어들여서 자기 이름으로 열 명, 스무 명을
눕혀놓고, 사람 몸을 가지고 수술 장사를 해도 된다고 주는 게 아
니거든요. 그건 사람의 신체권, 생명권이라고 하는 굉장히 근원
적인 인권을 박탈하는 겁니다. 옛날에 아우슈비츠는 그냥 끌고
간 건데, 지금은 더 질이 나쁜 것이 정상적인 의료 기관인 척하면
서 아우슈비츠를, 731부대를 만들어버렸어요. 스타 의사 한 명이
서른 명의 유령 의사를 고용하면 한 해 700억을 번대요. 우리 사
이에서는 다 알려져 있는 이야기입니다.

지　이런 심각한 문제에 대해서 사회적인 반응이 뜨겁지는 않은 것 같아요.

우리도 꽤 인권을 챙기는 나라가 되지 않았나요?

벤 저만 할 것이 아니라 여론을 주도하는 사람들이 해줘야죠. 그런데 여론을 주도하는 사람들이 한다고 하더라도 살짝 눌러버리면 문제가 해결되기 쉽지 않아요. 제가 TV나 언론을 통해서 알린 것만 해도 오십여 차례가 넘습니다. 그렇지만 사람들이 '저런 일이 일부에서 벌어지고 있구나' 하고 생각하기 쉽거든요. 자기가 직접 당해보지 않으면 피부로 느끼지 못하고, '조심해야겠네' 이 정도로만 생각합니다. 근원적인 권리라는 것은 법적인 보호를 전제로 하거든요. 법적인 보호는 나와 있는 현행법을 사법부에서 먼저 해석을 해서 사법 처리를 하는 과정을 거치면 정상적으로 작용하고, 선순환으로 돌아오게 되는 겁니다. 사람들이 '어, 이게 범죄였구나' 하는 거죠. 강간이나 살인을 범죄라고 생각하지 않고 저지르는 사람들도 있어요. 그러면 '나이트클럽에서는 당해도 되는구나' 이렇게 생각하는 사람들이 생길 수 있는 거죠. 그런데 아니다, 나이트클럽이든 수술실이든 저런 짓을 하면 살인이다 하고 결론을 내려줘야 할 곳에서 자꾸 빼줘버려요. 일반 사람들은 저렇게 언론에서 언급했으니까 처벌이 됐을 것이라고 생각을 합니다. 그러면서 이렇게 저렇게 묻혀서 뒤죽박죽 엉망진창이 되어버린 거죠. 그래서 이번 1심 판결문이 중요한 겁니다. 검찰이 빼주려고 빼주려고 시도를 하다가 일단 사기죄로라도 넣어라, 하는 고발장 때문에 사기죄가 성립이 됐는데요, 수술실 내의 행위가 의사 면허가 있고 없고를 떠나서 과실범이 아니라 고의범으로 처벌될 수 있다는 선례를 남긴 거죠. 그런데 놀라운 것은 이미 유령 수술 공장을 운영해 떼돈을 번 사람들 사이에서는 벌써 매뉴얼이 나왔다는 겁니다. 사기죄 피하는 방법이요. 어떻게 피하느냐,

말 잘하는 삐끼 의사, 브로커, 스타 의사 한 명을 만들어놓고, 이 의사가 하면 수술비 400만 원, 유령 의사들이 하면 500만 원, 그런 방식으로 해버리는 거죠. 그런 것부터 시작해서 완전한 유령 수술 대신으로 동시 공장형 수술까지 나왔습니다. 그러니까 스타 의사 한 사람이 열 명의 환자를 눕혀놓고, 뒷짐 지고 다니는 거예요. '거기 잘라' 이렇게 말만 해도 이게 집도한 것처럼 되는 거죠. 그러니 사기죄만으로는 절대 이 살인을 막을 수 없습니다. 도덕적으로든 뭐든 완전히 바닥으로 갔는데, 짐승이 된 사람들이 사기죄를 겁내겠어요? 절대 겁 안 내요. 이제까지 이렇게 해서 먹고 살고, 엄청나게 돈을 벌었잖아요. 대부분 우리나라 최고 명문대라는 곳 출신 아닙니까? 그 사람들이 '저 사람은 재수 없이 닥터 벤데타한테 걸려서 그렇지, 안 걸리기만 하면 돼' 그러고 있는 거예요. 생명권이고 뭐고 신경을 안 쓰죠. 인간의 생명 윤리를 그런 사람늘한테 어떻게 요구를 하고 기대를 하겠습니까?

: 이제는 검찰이 나서야 할 시간

지   지금도 계속 이런 일이 벌어지고 있겠죠. 마음이 급하시겠습니다.

벤   이제까지는 많이 급했습니다. 아이들이 병원에 갔다고 하면 '큰일 났다. 전기톱으로 잘려 죽을 텐데, 비명횡사할 텐데' 하면서 옆집에 살인마가 사는 것 같은 느낌으로 7년을 살아왔죠. 너무 놀랐거든요. 그래도 이제는 그런 문제를 인식하는 사람들이 생겼고, 법원의 판사들도 사태의 심각성을 깨닫기 시작했습니다. 판결문을 보면 그래요. 이제는 검찰이 느껴야 할 차례죠. 수사권과

기소권을 다 가지고 있잖아요. 우리가 기소권 하면 사람들이 기소독점권만 생각하는데, 소송 조건이 충족되는 범죄인데도 검사가 자기 재량으로 기소하지 않을 수 있는 기소편의주의가 있습니다. 불기소도 마음대로 할 수 있다는 말입니다. 기소독점은 기소를 검찰만 하라는 거고요. 검찰이 빨리 정신을 차려야 해요. 지금 유령 수술 공장은 공공의 적이거든요. 자꾸 공공의 적 편을 들면 검찰청 전체가 공공의 적이 되는 겁니다. 그러면 사람들이 가만히 있겠습니까? 이런 사실이 알려지고, 터무니없는 불기소 결정서가 사람들에게 알려지면 말이에요.

지 MBC 〈PD수첩〉에서 '검사와 의사 친구', '검사와 의료사고' 두 편이 방송되었죠.

벤 그건 일부만 밝혀진 거죠. 유령 수술 공장이 돌아가는 시스템 전체에 비하면 조족지혈입니다. 유령 수술 공장은 초거대 공장을 가지고 수천억을 벌어들인 것인데 방송에 나온 곳은 어찌 보면 동네 점방 수준으로 소형 유령 수술을 하는 그런 곳이거든요. 그런 곳이라도 걸리니까 그나마 밝혀진 거죠. 초거대 공장들은 일단 무슨 일이 발생하면 초호화 전관 변호사 군단을 꾸려요. 제가 지금까지 당하고 있었잖아요. 열여섯 명인가 열일곱 명인데, 그중에 전 대법원 재판 연구관인가도 있어요.(웃음) 그런 사람들이 총동원되어서 피해자를 공격해대면 못 버티죠. 그러면 다 덮이는 거예요. 그것 때문에 제가 유튜브 채널을 만들었습니다. 저 사람들이 계속 공격을 해대니까 '이거 안 되겠다. 검찰이 완전히 저쪽으로 갔구나. 공공의 적이 되려고 마음먹었구나' 싶어서 빨리 알리기 위해서 만든 겁니다. 제가 교도소에 가더라도 이런 일을 하다 들어갔다는 걸 알려야 하니까요. 제가 가지고 있는 자료들을 업로드해서 알리고요. 그걸 많은 사람들이 봐주셔서 많이 살렸다고 생각해요. 우리가 사람 하나 살리면 수천억을 번 것이나 다름 없거든요. 저는 많이 살렸다고 생각합니다. 돈으로 치면 엄청나게 벌었죠. 그게 제 눈앞에 현금으로 주어진 것은 아니지만요.(웃음) 어쨌든 서둘러 중단시켜야 합니다. 성형수술 왕국 같은 터무니없는 말을 만들고, 수술을 공장화시키고 산업화시켜서 돈을 벌겠다는 그런 발상을 빨리 없애야 해요. 산업화를 다른 말로 하면 분업화 아닙니까? 경영학 공부한 사람들은 대충 알잖아요. 그런데 절대로 분업을 시켜서는 안 되는 것이 수술이거든요. 협업은 가능합니다. 집도 의사가 있으면서 어시스트 여러 명을 두고 협업하거나, 자신보다 조금 더 경험이 많은 그 분야의 전문가와 협업하는 것은 가능하죠. 그걸 협진이라고 해요. 그런데 동의한 의사가 나가버린 상태, 권리와 의무가 완전히 무시되는 법적 진공 상태를 만들어놓고 분업을 한다? 그건 안 되는 거죠. 그런데 지금은 그런 일로 돈벌이를 해서 한 해 수천억을 벌었다고 떳떳하게 뉴스 같은 곳에서 이야기를 하고 있다는 겁니다.

지   한국 사회 전체가 그런 방향으로 가고 있기 때문인가요?

벤   다른 분야는 잘 모르겠지만, 수술은 그렇게 해서는 안 됩니다. 우리나라 법전에 다 나와 있어요. 의료 행위는 상업화 대상이 안 된다는 말이 나와 있습니다. 형법만 한 사람은 형사법만 보니까 상법 조항에 그런 것이 있는지도 모르고 있는데요, 의사 행위, 의료 관련된 행위가 사적인 상업화의 대상이 안 된다는 취지의 상법 조항이 있습니다. 의사의 행위를 상업화시킬 수는 없기 때문에 수술 방법은 특허를 낼 수가 없습니다. 어리석다고밖에 표현을 못 하겠는데요, 하루는 특허청 사무관에게서 전화가 왔어요. 2007년도부터인가 수술명에다가 상품명을 등록시켜줬다는 겁니다. 그 전에는 안 해주던 것이었고 그게 맞아요. 왜냐하면 수술명은 수술 임상 기술의 지식재산권의 일부거든요. 몇 건이냐고 하니 꽤 많이 해줬대요. 상법 좀 읽어보고, 지식재산권만 공부하셔도 알 수 있는 건데, 지식재산권은 상법이거든요. 상업의 한 분야입니다. 지식재산권만 보고 있으니까, 지식재산권의 보호 대상이 되는 기술인지 아닌지를 모르는 겁니다. 제가 대한성형외과협회의 법제이사로 있으면서 그분한테 몇 번인가 안내문을 보냈습니다. 당신이 이렇게 하면 이런 일이 벌어진다고요. 예를 들어서 이상한 수술명을 개발합니다. 아이들 듣기 좋게, 늘 해오던 수술인데 듣기 좋게 '신데렐라 수술'이라고 이름만 붙여요. 그걸 가지고 광고를 하면 사람들은 새로 나온 수술이라고 생각해서 훨씬 비싼 돈을 주고 수술을 받는 거죠. 그렇게 2~3억 들여서 터무니없는 것을 광고해놓고 100억을 버는 겁니다. 그런데 문제는 신데렐라 수술 자체가 애초에 없다는 거예요. 그런 기술이 없다는 거예요. 있을 수가 없는 거죠. 없는 것을 이렇게 해놓으면 분쟁이 생기고, 분쟁을 해결하려고 쭉 들어가다 보면 터무니없이 수술명에다가 상표권을 줘놓은 사람들 때문인 거예요. 그러니까 이 사람 상대로 소송이 가능하겠죠. 특허청을 상대로. 제가 그래서 몇 번 위험을 경고했습니다. 이게 대단히 큰 소송에 걸릴 수 있는 일이라고요. 그래서 2018년부터인가 싹 다 없앴습니다. 절대로 상업화시켜서는 안 되는 것을 상업화해서 돈을 벌겠다는 터무니없는 발상에서 시작한 거거든요. 그런데 거슬러 올라가다 보면 또 있습니다. 성형수술 왕국, 강국을 만들기 위해 아주 오랜 기간 동안 굉장히 조직적으로 움직였어요. 각 분야에 있는 사람들이 자기 일을 제대로 안 하고, 그냥 쉽게 생각하고, 그러면서 성형수술을 상업화시킨 거죠. 급기야 성형수술 체험단 모집을 하는 상황까지 되었죠. 한국 여성들이 어릴 때부터 십수 년에 걸쳐서 이런 일이 정상인 줄 알고 살아왔기 때문에 지금 대단히 심각한 상황이에요. 아이들이 어릴 때부터 성형 좀비화되는 거죠. 아무것도 모르고, 터무니없는 수술명 하나 듣고, 카페나 블로그 같은 데 올라와 있는 호객꾼들의 글만 믿고, 겁도 없이 수술대에 올라가서 눕고 있어요. 일선에서 진료를 해보면 무서울 정도입니다. 아무것도 모르고 옵니다. 그것만 하면 좋아지는 줄 알고. 이상한 조작 사진, 수술 전후 사진만 보고요. 세상에 그것을 광고로 인정하는 나라가 어디 있습니까? 그 결과는 그 사람한테만 해당하는 겁니다. 그걸 처벌을 안 하고 있으니 문제가 생기죠. 다들 좀비화가 되어서 자기 외모에 만족하는 사람이 없어요. 그것을 다 수요층으로 만들어서 성형수술 강국을 만들고 있죠. 대단히 심각한 상황인데, 더 심각한 것은 애초에 성형외과 전문의도 아닌 사람이 성형외과 간판을 달고 개원하고 의료 행위를 하는 겁니다. 그런 일이 가능하게끔 되어버린 거죠. 다른 나라 사람들은 이 나라가 성형외과 전문의만 성형외과 의사라고 하는 나라라고 생각해서 오겠죠. 내과 의사가 갑자기 성형외과 의사가 되는 그런 나라인 줄 모르고 올 거 아닙니까? 정형외과 의사가 갑자기 성형외과라고 간판을 달고 수술을 해대는 그런 나라인지 모르고요. 사실 그것도 명백한 사기입니다. 성형수술 분야에만 한평생을 쏟아부어도 자기가 원하는 완성도를 못 이루는 경우가 많아요. 진찰도 안 한 사람을 무작정 수술대에 눕혀놓고, 이리저리 막 자르면서 도대체 어떤 임상 경험이 생기나요?

：수술 코디네이터가 있는 유일한 나라

지 보건산업진흥원에서 그런 정책을 만들고, 성형 코디네이터 같은 직업까지 생겼어요. 그게 너무 오래되어서 사람들이 당연하게 생각하는 게 문제일 것 같습니다.

밴 그래서 큰 문제죠. 수술 코디네이터라는 직업이 따로 있는 나라가 있나요? 당연히 없죠. 왜냐하면 진찰은 의사가 하는 거니까요. 수술할 의사가 진찰하는 거예요. 이렇게 만져보고 피부 한번 당겨보면 어마어마한 정보가 쏟아져나오거든요. 수술할 때 여기는 칼이 들어가면 안 되겠다, 이럴 때 조심해야 되겠구나, 이런 거요. 눈을 뜨세요, 감으세요, 어금니 깨물어보세요, 입을 벌려보세요, 그러면서요. 모든 수술 계획 정보가 진찰하는 의사의 눈과 손끝에서 99% 결정됩니다. 해부학 책이나 성형외과 책에는 1%밖에 안 나와요. 그런데 수술 코디네이터라는 사람들이 갑자기 등장해서, 한 명 한 명 수술대로 유인해주고 수당을 받는 겁니다.

지 사실 양악 수술 같은 것은 굉장히 위험하잖아요. 뼈를 깎아내는 수술인데도, 면접 볼 때 인상을 좋게 하고 싶다든가 좀 더 예뻐지고 싶다는 이유로 쉽게 선택을 하는 면도 있는 것 같습니다. 매스컴이 그걸 부추기기도 하고요.

밴 조작되는 거죠. 세뇌되는 거고요. 광고를 풀어주고 분업화를 해도 되는 일처럼 슬그머니 인정을 해줘버리니까 말도 안 되는 직업이 생기죠. 이를테면 성형 브로커들, 호객꾼들 있잖습니까? 자기 자신은 수술에 대해서 전혀 몰라요. 저기 누워서 뭐 하는지도 모르고, 병원에 돌팔이가 숨어 있는지도 모르죠. 그런 사람이 인터넷 게시판 같은 곳에서 '거기 가면 수술 잘해. 가서 내 이름을 대면 할인도 해줄 거야'라고 올려요. 할인이라는 것도 100만 원짜리 수술을 300만 원 불러놓고, 그 친구 소개로 왔다니까 깎아주는 척하는 거죠. 또 쌍꺼풀 정도만 하면 될 것을 병원에 가기도 전에 그 호객꾼이 약을 다 쳐놔서 앞트임, 뒤트임, 위트임 다 하게 해요. 이런 수술이 400만 원이에요. 가보면 그렇게 되거든요. 결국에는 사기꾼한테 속아서 수술대 위에 올라가는데, 그러다 유령의사한테 걸려 죽기도 하는 황당한 산업구조를 만들어놓은 거죠. 경제 활성화는 많이 됐습니다. 매년 1조를 벌었느니 2조를 벌었느니 하고 있으니까요. 세상에 성형수술 코디네이터과도 만들어요.(웃음) 그런 내용들이 다 기록으로 나올 텐데 이게 무슨 망신인지 모르겠습니다만 어쨌든 그걸 전 세계 사람들한테 전하고 알려야 합니다.

지 홍콩 재벌 3세가 한국에 와서 성형수술을 받다가 사망한 경우도 있었잖아요. 그러면 외교 문제가 되지 않나요?

벤 이 상황을 정확하게 모르고 있죠. 우리나라에서 이런 짓까지 하고 있는지 모르기 때문에 외교 문제로 비화될 수가 없습니다. 핵심적인 내용이 나오면 문제가 될 수 있겠죠. 사실 전 세계 사람들이 한국의 검찰청과 보건복지부를 상대로 소송을 해야 합니다. 이때까지 너희가 벌었던 돈을 다 뱉어내라고요. 10년 동안 15조

벌었다고 하면 그걸 다 뱉어내게 해야 합니다. 미국 판결문은 한 건만 벌어져도 징벌적 손해배상 대상이 된다고 나와 있죠. 사람이 죽었느냐 살았느냐, 부작용이 있느냐 없느냐를 떠나서 한 건이라도 동의를 받지 않고 사람 몸에 칼을 댄 것이 밝혀지면 재산을 몰수해야 한다고 판결문에 나와 있습니다. 그런데 지금 한국은 온 나라가 그런 짓을 하고 있잖아요. 전 세계를 상대로 사람들을 유인해서요. 〈호스텔〉이라는 영화 내용이 실제로 일어나고 있다니까요? 잔인한 영화지만, 거기에 보면 똑같은 상황이 벌어집니다. 광고를 하죠. 관광산업이 발달해 있고, 아주 평온하게 쉬다가 갈 수 있는 곳이라고요. 인터넷을 통해 광고를 뿌리고, 곳곳에서 브로커들이 활동하면서 사람들을 데리고 와서 수술대에 눕힙니다. 그리고 한쪽으로는 '20대 미국인 여성을 눕혀놓았다. 잘라보고 싶은 사람은 와라' 이런 광고를 내서 경매에 붙이죠. 3000만 원에 잘라보고 싶다는 사람이 있고, 5000만 원에 잘라보고 싶다는 사람이 있다면 후자에 낙찰이 되는 겁니다. 지금 한국의 유령수술 공장이 그렇게 되어 있어요. 돈을 받아서 나눠주는 거죠. 예전에는 유령 의사들에게 5~7%를 줬습니다. 그래서 건물 올리고 다 했어요. 그런데 그게 2%까지 떨어졌어요. 나중에는 어디까지 가냐 하면, 돈을 주고 수술하는 의사가 생길 정도까지 갈 거예요. 영화처럼요. 실제로 잘라보고 싶은 사람이 있을 테니 전 세계를 대상으로 하는 국제적인 사업이 되겠죠. 한국 여성 가슴 수술 해보고 싶은 사람, 대략 1000만 원 정도면 해볼 수 있다, 그러면 비행기 타고 오겠죠. 한 사람은 유령 수술을 하러 넘어오고, 한 사람은 광고 보고 유령 수술을 당하러 멋도 모르고 오는 거예요. 그렇게 되면 환자한테는 돈을 안 받아도 됩니다. 앞으로는 돈 안 받는 유령 수술이 나올 수도 있겠죠. 한국의 성형수술실이 생체 실험장이 되는 겁니다. 그렇게 해서 돈을 많이 벌었다, 매년 2조, 3조 벌었다는 이야기들을 하겠죠. 제가 보건산업진흥원인가, 보건산업정책과인가에 몇 번이나 이야기를 했습니다. 이걸 바꾸지 않으면 안 된다, 너무 낯 뜨거우니 그런 발표 좀 하지 마라, 어떻게 수술 관광산업이라고 해서 보건복지부에서 그런 자료를 발표하냐, 이렇게요. 보건산업진흥원이 제대로 나아가려고 하면 좋은 의료기를 개발하고, 좋은 약품을 개발하는 것을 보조해야 하는데, 자리에 앉아서는 수술대에 사람을 많이 끌어들여서 눕히는 것만 생각하고, 그걸 해서 몇조를 벌었느니 하고 있는 거죠. 다 불법입니다. 전 세계 사람들이 다 금지하고 있는 수술 브로커 사업이 한국에서도 원래는 불법이었어요. 그게 어디에 쓰여 있냐면, 의료법 36조에 있습니다. 무면허 의료 행위 금지, 제목이 그렇게 되어 있고 거기에 브로커는 안 된다는 내용이 있어요. 그게 무슨 말이냐 하면요, 환자를 수술대에 데리고 올 때 기본적으로 이미 진료 행위를 한다는 거죠. 당신은 쌍꺼풀을 해야겠다, 코를 해야겠다, 그렇게 말하는 게 브로커가 진료를 하고 데려오는 거란 말이에요. 그렇기 때문에 무면허 의료 행위 조항에 해당합니다. 그래놓고는 그 밑에 단서 조항에다가 2008년인가, 2009년에 뭘 넣었냐 하면 외국인 상대로는 해도 된다는 내용을 넣었어요.(웃음) 이 사실이 실제로 유엔이나 다른 나라에 알려지면 어떻게 되겠습니까? 외국인들은 무면허 의료 행위를 당해도 된다는 조항이 되는 건데요. 정말 부끄러운 일이죠. 아무리 그래도 법원이나 보건복지부 공무원들이 자기들이 하는 일이 뭔지는 제대로 알아야죠. 이건 인체 팔이를 하는 거예요. 외관상으로는 마치 의료 행위처럼 보이죠. 병원에서 했고, 사업자 등록증이 나와 있고, 의사 면허가 있으니까요. 하지만 그 뒤로 가보면 완전히 쓰레기장입니다. 도살장으로 사람 유인하는 그런 시스템을 갖춰놓은 거예요. 한 명이라도 죽으면 진상 조사를 제대로 해야 하는 것 아닙니까? 도대체 몇 명이 죽었을지 짐작이 가세요? 저희끼리는 대충 알죠. 40명을 죽인 곳이 있는데요, 거기가 지금 건물을 올려서 일부 의사들의 신이 되어 있어요. '저렇게 해야 해. 병원 사업은 저렇게 해야 해' 이렇게 얘기되고 있습니다.

: 몸에 칼을 댄다는 것의 엄중한 의미

지 살인 공장 사업이 10년 이상 지속되면서 정상적인 의료, 자기 책임하에 환자를 수술하는 것이 뭔지 모르는 자들이 전국에 깔려 있다고 하셨습니다. 처음에는 죄책감을 느끼곤 했던 사람들도 조금 지나면서 '이거 해도 괜찮네' 한다는 거잖아요. 요즘 돈 많은 사람들이 존경까지 받으니까요. 거기에 대해서 문제의식을 못 느끼는 상황이 됐을 것 같습니다.

벤 그게 불감증이라는 거죠. 처음에는 안 된다고 깜짝 놀라는 일들을 지금은 서슴없이 하고 있어요. 저에게 들어오는 제보들이 다 비슷한 내용입니다. 해서는 안 되는 일들을 병원 조직원들이 하고 있다는 거예요. 자기는 도저히 적응을 못 해서 나왔고, 너무 놀랐다는 거죠. 눕혀놓고 온갖 행위를 저지르면서 '너도 해도 돼' 그러니까 깜짝 놀라서 한두 달 만에 나왔다는 사람이 많아요. 그 병원에 있는 사람들이 불감증이죠. 굉장히 심각한 일입니다. 보건산업진흥원에서 진심으로 올바른 보건 산업을 진흥시키고 싶다면 전 국민들에게 수술을 위임하는 계약서의 의미가 뭔지, 동의서의 의미가 뭔지 알려줘야 해요. 동의서의 부작용 설명 의무도요. 정상적인 수술 동의 과정을 다 거치고 정상적으로 동의받은 신체 장기를 적출할 때 발생하는 부작용 설명 의무가 있고, 동의 자체가 없는 무용화되는 상황이 있거든요. 그 둘 사이의 법적 차이가 뭔지까지 설명해야 합니다. 몸에 칼을 댄다는 것의 의미를 알려줘야 한다는 거예요. 쌍꺼풀 수술을 하다가 눈동자를 칼로 그어 실명시키는 경우가 한두 건이 아니거든요. 분업이니까 누가 칼로 그었는지도 모릅니다. 왜 그런 일이 벌어지느냐, 환자들을 속여야 하니까, 환자에게 계속해서 프로포폴을 줘버리니까요. 듣고 있으면 다 공포 영화입니다. 뉴스 한 건 한 건이 다요. 그런데 그냥 의료사고인 것처럼 생각한다는 거죠.

지 젊은 사람들이 취직에 조금이라도 도움을 받기 위해 성형수술을 하는 경우가 많죠. 그런데 사망에까지 이르고, 굉장한 부작용에 시달리고 있습니다.

벤 외모가 다른 사람에게 호감형이 아니면 취직하기가 어렵다, 마치 그런 말에 사회적 공감대가 형성된 것처럼 '한국 사회는 원래 그런 사회야' 하고 많이 조장을 해왔죠. 성형수술 광고 어플에 연예인이 나오잖아요. 그 연예인을 믿고 수술을 받으러 갔다가 죽은 아이 부모들은 그 사람을 가만두면 안 됩니다. 책임감 없이 그런 광고를 하는 일 자체를 사람들이 용서를 하면 안 되겠죠. 사실 제가 사리사욕이 있으면 당장 여기 있는 누구도 수술대에 눕힐 수 있습니다. 넌지시 한마디만 던져놓으면 그 사람은 한평생 '성형외과 의사의 말이다' 하고 되새기게 되거든요. 그러니까 성형외과 의사가 나쁜 짓을 제일 많이 할 수 있는 상황인 겁니다. 사회적 감시가 없는 상태고, 의사라는 직분을 악용하기 제일 쉽죠. 마약도 마음대로 쓸 수 있고요. 멀쩡한 사람들이 오잖아요. 아픈 사람들이 오면 나쁜 짓을 하고 싶은 생각을 덜 할 수 있는데, 그게 아니니까 이 사람들을 상대로 뭘 하나 해볼까 이러는 거예요. 마취제를 놓으면 코끼리도 잠드는데 무슨 짓을 못 하겠어요? 그리고 모든 직원들을 일사분란하게 갑을 관계로 만들어놓고, 나가서 함부로 행동하면 바로 전관 변호사를 동원해서 공격해요. 의사 면허증 하나를 가지고 40명, 50명씩 고용해서 병원을 운영하는 나라는 한국밖에 없습니다. 왜냐하면 의사 면허증은 그 의사 한 사람한테 준 거거든요. 면허의 활용도 환자를 진료하고 진찰하거나 수술을 하는 자기 능력에 맞게끔 적당한 선으로만 허용이 되어야죠. 경영학에서 레몬 시장이라고 하는데요, 굉장히 맛없는 것을 맛있는 것처럼 포장을 할 수 있다고 해서 그렇게 표현해요. 레몬은 굉장히 먹음직스러워 보이지만 사실 맛이 없죠. 반면에 포장을 잘하기 힘든 시장을 오렌지 시장이라고 하잖아요. 투박하고 맛이 없어 보이는데 실제로 먹어보면 맛있습니다. 극단적인 레몬 시장이 바로 성형수술 시장입니다. 수술 시장은 수요층은 전혀 몰라요. 그런데 굉장히 그럴싸하게 포장이 가능합니다. 알고 보면 그 수술실에서 벌어지는 행위는 굉장히 처참하죠. 전기톱으로 잘라내고, 장기를 빼내고 그런 건데, 그런 행위를 연예인을 이용해서 아주 호화스러운 것으로 포장해버리는 거예요. 그렇게 사기 공장이 돌아가는 거죠.

지 예전에 〈렛미인〉이라는 프로그램에 문제를 제기해 폐지시키셨죠.

벤 제가 법제이사로 있으면서 두 번이나 안내문을 보냈습니다. 그래서인지 결국 폐지가 됐죠. 사회가 조금 밝아지면 반드시 밝혀야 되는 일이에요. 소위 말하기로 '렛미인 패밀리'라고 해서 자기들만의 일종의 내부 거래로 만들어버렸죠. 환자를 도와줄 수 있는 것처럼 말하면서요. 그런 홍보가 위험한 것이 뭐냐면요, 거기 나와서 장갑 끼고 손 씻고 자기가 수술하는 것처럼 굴던 사람은 수술을 한 건도 안 한 사람이라는 겁니다. 15년간 그 사람이 수술을 한 것을 본 사람이 없습니다. 누가 했는지를 몰라요. 실제로 출연자가 수술이 잘됐는지 안 됐는지도 몰라요. 화장을 짙게 해서 나오니까 외모는 개선이 되었다고 생각할 수는 있죠. 그런데 예를 들어서 근육이 제대로 움직이는지, 아래턱에 감각이 있는지는 몰라요. 부작용에 대해서 한마디도 못 하게 피해자들의 입은 다 틀어막고, 사진상으로 조작된 작품 하나를 홍보 수단으로 쓸 수 있게 만들었다는 거죠. 수술 공장을 외관만 굉장한 초호화 호텔처럼 만들어놓은 것에 지나지 않아요. 아무것도 모르는 사람들이 그 광고를 보고 찾아와서는 수술대에 눕게 되는 거죠. 〈PD수첩〉에서도 방송한 권대희 군 역시 얼마나 처참하게 사망했을지, 죽어가는 과정이 눈앞에 보이는 것처럼 생생해서 저는 잠을 못 잤습니다. 검찰이 써놓은 어처구니없는 불기소 결정서를 보고 너무나 놀랐고요.

지 제가 신해철 씨 팬이다 보니까 그분의 사망 사고에 대해 방송하신 세 편을 보면서 그 과정이 느껴져 저도 너무 고통스러웠습니다.

벤 네. 다만 신해철 씨는 영상이 없지만, 권대희 군은 영상이 있습니다. 사람들은 그게 정상적인 수술 과정에서 벌어지는 일인가 보다 생각하고 그냥 의료사고인가 여기죠. 그게 아니에요. 스너프 필름snuff film입니다. 바로 옆방에 두 명 내지 세 명이 마취가 되어 누워 있다는 거예요. 그런 의료 행위가 어디 있습니까? 그런데 신해철 씨의 사망 과정도 저는 눈앞에 보여요. 그분의 일지, 매니저가 진술했던 내용, 그리고 진료 기록부를 보면 눈에 훤하게 그려지죠. 진료 기록부에 a, b, c, d, e 이렇게 적혀 있으면 사람들은 그런가 보다 생각하지만, 저는 위를 절제하는 과정을 알잖아요. 동의를 안 받고 저 행위를 했다는 건 절대로 넘어서는 안 되는 선을 넘은 거거든요. 환자가 동의한 범위 내에서만 수술을 해야 하는데, 유명인을 상대로 그런 수술을 했다는 것은 이미 비슷한 행위를 어마어마하게 많이 했다는 겁니다. 몇 명이 죽었는지 다 밝혀진 것도 아니에요. 어느 기자분이 열심히 쫓아다녀서 그나마 다섯 명까지는 밝혀냈는데, 그 다섯 분이 똑같이 사망한 것이 아닙니다. 그중에서 진짜 의료사고로 죽은 경우가 두세 케이스로 보이고, 한 케이스는 굉장히 미심쩍죠. 그건 무단 장기 적출로 봐야 합니다. 그 네 분의 뉴스가 나왔죠. 네 분 중에 적어도 한 명 이상은 신해철 씨와 비슷한 과정이었다고 봅니다. 그러니까 동의를 받지 않고 잘라내다가 사망한 거예요. 미필적고의에 의한 살인이 맞죠. 그것을 처벌하지 않으면 계속됩니다.

지   일단 CCTV가 약간의 보완책은 되겠지만, 그것만으로는 안 된다고 하셨잖아요.

벤   처벌을 안 하면 아무 의미가 없는 거죠. 살인이 벌어지는 것을 방지하기 위해서 CCTV를 달았는데 살인마를 처벌을 안 한다면 그 CCTV가 무슨 의미가 있나요? '우리 아이가 살해당했다' 알고는 끝이면 CCTV가 필요 없죠. 차라리 모르는 게 낫습니다. 지금 권대희 군 어머니가 CCTV 확보를 다 해놓고, 동시 수술이 벌어졌다는 것을 다 알고 계세요. 그 사람이 왜 나갔느냐, 옆에 수술대에 사람이 누워 있기 때문에 나간 거예요. 안 그랬으면 대희 군이 살았겠죠. 당연히요. 의사가 불법 행위 때문에 수술을 하다 나간 것입니다. 동의하지 않은 동시 수술대라고 하는 엽기적인 범죄를 저지르느라 대희 군이 죽건 말건 내버려두고 집도 의사가 나가버렸습니다. 다른 사람한테 전체를 떠넘겨놓고 나간 것 아닙니까? 그런데 동시 수술이라는 행위는 처벌을 안 하고, 과실을 찾아내려고 하는 거예요. 과실이 뭐가 나옵니까? 안 나오죠. 피가 나도 나갈 수 있는 거다, 그래버리면 할 말이 없잖아요. 그러면 간호조무사가 한 게 문제다? 피가 났는데 간호조무사라도 누르고 있어야지, 이렇게 말하면 할 말이 없는 겁니다. 이래저래 말도 안 되는 행위가 벌어지고 있어요. 그래서 제가 법무부 장관 앞으로 보낸 것이 있습니다. '핵심적인 쟁점을 재판하는 것이 아니라, 이상하게 쟁점이 아닌 행위를 가지고 자꾸 재판을 하고 있다. 법정이 귀신한테 홀린 것 같다'고 했어요. 예를 들어 남의 집에 밤늦게 칼을 들고 들어갔다가 나오면서 도자기를 깼어요. 그런데 '도자기를 과실로 깼잖아, 밤에 남의 집에 들어가더라도 눈을 똑바로 뜨고 갔어야지, 도자기는 안 깼어야지' 그걸로 다투고 있는 것입니다. 그러면 강도 입장에서는 도자기 깬 부분만 가지고 '내 과실 아니다. 저 사람들이 밤늦게 불을 다 꺼놓고 있어서다'라고 하면 피해자가 가해자가 되는 거죠. 강도님이 도망을 가셔야 되는데, 당신이 불을 끄고 어둡게 해놓아서 도자기가 떨어졌고 강도가 발등을 다쳤으니 손해배상하라, 이러고 있는 거예요. 그래서 법무부 장관에게 이런 재판이 어디 있냐고 했습니다. 진짜 놀랐다, 살인마를 잡아줬는데 살인은 놔두고 재물 손괴죄를 가지고 재판을 하려고 한다는 내용의 의견서가 들어갔었죠. 박상기 장관 시절에 법무부 장관실에 넣었습니다.

지 권대희 군 사망 사고 때만 해도 그 사람들이 순진해서 CCTV 영상을 내줬기 때문에 그나마 밝힐 수 있었다고 하셨잖아요.

벤 그렇죠. 지금은 그런 짓을 하고도 안 내줘요. CCTV 달았다고 광고하는 병원들이 있거든요. 달건 안 달건 나쁜 짓은 하면 안 되는 거잖아요. 우리 집에 CCTV 달았습니다 하고 말하는 것만 믿고 가면 안 돼요. 도살장들이 널려 있고, 방치되고 있는 사회에 여러분들이 살고 있다고 생각하시면 됩니다. 허우대만 의료 기관이고 실제로는 도살장이에요. 의료 기관은 다른 것이 필요 없어요. 진짜 의사가 있으면 그 장소가 의료 기관이 되는 거죠. 거기가 조금 누추한 곳이라고 하더라도 진짜 의사의 본분을 지닌 사람이 있으면 절대로 해코지를 안 합니다. 할 수가 없어요. 그런데 밖은 휘황찬란하게 해놓고 안에는 공장을 차려놨어요. 그러면 CCTV를 달았느냐 안 달았느냐는 아무 의미가 없습니다. CCTV를 달아놓은 도살장이라고 생각하시면 됩니다.

: 범죄 수술 척결을 위한 소송

지 2014년도에 국회 국정감사 증인으로 나가셨어요. 그때부터 국회에서도 문제가 있다고 파악해서 선생님께 증언을 받은 거겠죠. 2019년에도 증언을 하셨고요.

벤 제일 답답하죠. 곧 국정감사를 또 나가게 됐는데요, 세상에 한 이
슈를 가지고 국정감사를 세 번이나 나가는 나라가 어디 있습니
까? 그게 무슨 의미인가 하면 입법부의 잘못도 있지만, 검찰이 이
제까지 부패했다는 겁니다. 앞으로는 정신을 좀 차려야겠죠. 불
기소 결정서 하나 가지고 전 국민의 인권을 말살시켰다는 소송을
할 거거든요.

지 범죄 수술 척결을 위한 전 국민 소송이 닥터벤데타 프로젝트의 맨 마지
막 단계잖아요.

벤 그게 프로젝트의 마지막 단추죠. 준비는 끝났습니다. 5~6년 전
부터 준비를 해서 소송 요건은 다 갖췄어요. 그럼 이제 이 불기소
결정서에 의해서 누구의 권리를 침해했느냐, 즉 소송인단을 구
해야 하잖아요. 소송의 당사자. 그런데 이건 아무리 봐도 전 국민
이에요. 언젠가는 수술대에 눕게 될지 모르는 전 국민들이죠. 저
도 당사자고요. 저는 직업이 의사잖아요. 그 불기소 결정서가 또
누구의 권리를 침해하느냐 하면, 선량하게 의사 생활을 해온 사
람들이죠. 2016년도에 정확하게 '동의를 얻지 않은 사람의 몸을
전기톱 등의 기구로 자르면 이건 살인미수다' 이렇게 이슈가 됐
을 때 사인을 확실히 줬다면 누구도 안 했겠죠. '야, 이거 살인이
야'라고 생각해서 절대로 안 했을 거예요. 그것을 어중간하게 기
소도 안 하고, 엉뚱한 사기 같은 것으로 해버리니까 '사기죄 피할
수 있어' 하고 소문이 다 나버린 거예요. 면죄부를 받은 거죠. 그
런데 그 병원에 고용됐던 의사 한 분이 자살을 해버렸습니다. 자
기는 못 하겠는데 자꾸 시키는 거예요. 삶의 의욕도 없고, 더 이

상 다른 갈 곳도 없고, 힘들고, 더더군다나 몸도 불편하고, 그래서 유서를 남기고 자살한 사건이 있었습니다. 유족들은 이 불기소 결정서를 보고 충분히 소송을 할 수 있어요. 소송의 당사자가 될 수 있다는 거죠. 선량한 의사 측에서는 일종의 의료업, 의업을 실행하는 데 있어서 대단히 흉흉한 상황이 되어버렸다는 사실로 기소가 가능하고요. 그다음에 환자들인데요, 굉장히 아름다운 소송이 될 수 있겠죠. 의사와 환자들이 하나의 공공의 적을 두고 대화합을 할 수 있으니까요. 제발 검찰이 공공의 적에서 벗어났으면 합니다. 자꾸 제 뒤나 쫓지 말고요. 이번 판결문이 그런 내용이었습니다. 제가 명예훼손죄로 고소당했던 판결문에 '검찰은 저 사람 더 이상 쫓아다니지 마라'라고 하는 내용이 다소 간접적으로 적혀 있습니다. 그나마 검찰들이 이해를 했는지 대법원에 항소는 안 했죠.

지 선생님께서 계속 재판을 받고 언론에 문제를 제기하면서 검찰의 태도가 변한 부분이 있다고 보시나요?

벤 조금은 좋아진 것 같습니다. 이제는 검찰이 국민의 쪽으로 돌아오는 것 같고요. 제가 과장되게 표현하는 것이 아닙니다. 제가 검찰 욕을 하더라도 검찰 전체를 욕하는 것이 아니에요. 부패에 관련된 검사들은 검찰한테도 적입니다. 불기소 결정서를 꺼내놓고 법리 판단을 받아보면 명백하게 형법 위반, 법률 위반이에요. 과실 부분을 다투고 정당행위를 다툰 게 아닙니다. 기소할 때 구성 요건을 다퉈버리면 안 되거든요. 원래 기소편의주의나 기소독점주의에 의해서 검사가 판단할 수 있는 재량권이 정도가 있어요. 정당행위냐 아니냐는 조금 융통성 있게 판단할 수가 있습니다. 그런데 검사가 구성 요건을 건드려버리면 문제가 생겨요. 검사의 기소편의주의나 기소독점주의가 자칫 잘못하면 중세 시대 황제 권력처럼 되어버린다는 거죠. 절대 건드려서는 안 됩니다. 사람을 죽였으면 살인에서 시작하는 겁니다. 다만 고의성이 있느냐 없느냐를 따져서 상해치사로 가야 되느냐 아니냐로 보는 거죠. 그런데 살인도 아니고 상해치사도 아니다, 이렇게 해버리면 '이 사람은 죽일 권능이 있는 사람이야' 하는 말이 되고, '저 사람은 죽어도 되는 사람이야' 하는 뜻이 되어버리는 겁니다. 그러니까 절대 건드리면 안 되죠. 그런데 그런 구성 요건을 건드렸고, 그 때문에 굉장히 심각한 문제가 됐습니다. 제가 의견서 등을 통해 이의제기를 할 때 그 문장을 계속 넣으니까 이 사람들이 굉장히 긴장하면서 '요놈을 조져야겠다'라고 했는데, 그게 의견서에다 적혀 있습니다. 제가 의견서 원문을 조만간에 공개할 텐데요, 법을 조금 알고 보면 이게 터무니없는 불기소 결정서라는 것을 알 수 있습니다. 인류 보편적인 상식을 뒤엎는 불기소 결정서를 써놓은 거예요. 사람을 아우슈비츠에 들어가도 되는 사람, 안 되는 사람으로 분류를 해서는 안 되죠. 절대로요. 모든 사람들은 아우슈비츠에 넣어서는 안 됩니다. 거기 들어가서 생체 실험을 해도 되는 사람, 해서는 안 되는 사람으로 나눌 수는 없습니다. 그건 의사 면허증에 의해서 주어지는 것이 아니거든요.

: 의료 광고의 문제와 해악

지 병원이 의료 광고를 할 수 있게 한 것부터 문제인 것 같습니다.

벤 살인 공장을 만들어놨으니 계속 사람들을 끌어들여야 하니까요.

지 비포 앤드 애프터 광고 같은 것들이 많아요.

벤 절대로 해서는 안 되죠. 그게 현행 의료법 위반입니다. 현행 의료법에 나와요. 수술 경험 광고로 쓰면 안 되는데요, 수술 전후 사진은 경험이잖아요. 어떤 식으로 쓰냐 하면, 나는 광고 목적으로 쓴 것이 아니라 환자가 자기 경험을 이야기한 거라고 말하는 겁니다. 물론 그것도 하면 안 됩니다. 그러니까 지금 젊은 사람들이 굉장히 위험해요. 30년 전에는 신문에 '나이 30세인 사람이 이 약을 먹고 좋아졌습니다' 그런 광고를 했어요. 그러다 할 수 없게끔 했죠. 약품이라는 것은 사람마다 효과가 다르게 나타날 수 있고, 부작용이 나타날 수 있기 때문이에요. 약을 100명한테 써서 세 명이 좋아진 것을 다 좋아질 것처럼 광고해대면 97명은 멋도 모르고 효과 없는 약을 먹거나, 잘못하면 죽는다는 거죠. 그래서 광고를 못 하게 되어 있었어요. 비포, 애프터도 똑같습니다. 그 사진들이 옛날에 약장사들이 하는 광고 수단과 똑같은 거거든요. 그걸 지금은 하게끔 놔뒀다는 거죠. 실제로는 현행 의료법에 수술 경험을 이용한 광고는 할 수 없게 되어 있어요. 그리고 수술 전후 사진은 원래 학술적인 목적으로만 쓰여야 합니다. 인체가 대상이기 때문에, 의료인들이 자신의 임상 기술을 서로 공유하고 자신의 기술에서 어떤 부분이 문제가 있는지를 발견해나가는 목적으로 쓰이게끔 나온 것이 수술 전후 사진이에요. 학회나 논문 같은 책자에 싣기 위한 거죠. 그런데 그것을 일반인들에게 광고하는 데 쓴다니 사실 호객꾼들 아닙니까? 불특정 다수에게 뿌려대는 것이 다 호객꾼이거든요. 그것도 조작된 사진으로요. 99%가 조작이지, 조작 아닌 것이 어디 있겠습니까? 잘된 것 하나 쓰고, 어떻게 해서 작품을 그럴싸하게 만든 것 하나 쓰고요. 그게 어떤 수술법에 의해서 바뀐 건지도 전혀 몰라요. 그런 사진은 정체가 없어요. '그 사진이 있다' 그것 하나 외에는 아무것도, 누구도 보장을 해주지 않고, 보증이 되지도 않는 그런 정체불명의 사진을 이용해서 사람들을 살인 공장으로 끌어들이는 겁니다. 그러니까 빨리 보건복지부가 사태의 심각성을 깨달아야 합니다. 보건복지부가 그런데 왜 안 움직이느냐, 국민건강보험 급여를 갉아먹는 분야가 아니잖아요. 그러니까 놓아두는 거예요.(웃음) 국민건강보험 수술은 필수 의료라고 하잖아요. 필수 의료는 조여서 국민들이 '이렇게 초저수가로 해도 수술하는 의사들이 있어' 이렇게 생각하게 만들어놓고, 이쪽은 열어둔 겁니다. 그러면 어떤 일이 벌어지냐 하면 필수 의료 수술을 받으러 갔던 사람들을 수술대에 눕혀놓고 비급여 수술을 해버리는 일이 생깁니다. 그리고 환자에게 청구를 하는데, 보건복지부는 이걸 정상화시키려고 하지도 않고, 관심도 없어요. 성형수술 쪽은 뒤죽박죽이 되건, 살인 공장으로 변하건, 마약을 몇 톤을 갖다 썼건 관심이 없어요. 그리고는 매년 연말에 성형 관광으로 올해는 9천억을 벌었다, 올해는 1조를 벌었다, 그래요. 그 사람들한테 가서 '유령 수술을 당해서 몇 명이 죽었는지 아십니까?'라고 물어보면 '그건 우리 일이 아니다' 이러고 있어요.

지 성형 모델들이 노예 계약과도 같은 계약서로 원하지 않아도 계속 끌려다닐 수밖에 없다고 하셨잖아요.

벤 대단히 심각한 인권침해죠. 성형 모델 계약서가 있을 거 아니에요? 그걸 달라고 해도 안 준대요. 숨기는 거죠. 달라고 하면 '그냥 하지 마세요' 이러고요.

지 2005년부터 의료 광고 금지가 위헌 판결이 나면서 상황이 이렇게 됐다고 하셨죠.

벤 그 헌재 판결문이 열어서는 안 되는 지옥의 판도라 상자라고 할 수 있죠. 원래 판도라의 상자는 좋은 의미도 있거든요. 맨 아래에 희망이라는 것이 있지 않습니까? 그런데 이것은 절대로 열어서는 안 되는 지옥의 상자였죠. 살인마들, 의사 중에 사이코패스 성향을 가진 사람들에게 뭔가 면죄부를 주는 거거든요. 의사가 사이코패스가 되면 대단히 위험합니다. 의료는 상행위가 되어서는 절대로 안 되는데, 상행위가 될 수 있다는 사인을 준 거죠. 그러면 보건복지부는 어떻게 했어야 하느냐, 빨리 대체 입법을 만들어서 상행위처럼은 안 되게끔 만들었어야죠. 그런데 살판이 나버렸어요. 오히려 광고하는 것 쫓아다니면서 안 막아도 된다고 살판이 난 거예요. 그 판결이 이루어지는 과정에서 원래는 보건복지부가 그것이 위헌이 아니라는 것을 증거 자료를 내서 입증하고, 의료 행위의 위험성에 대해서도 얘기하고, 현행 상법상에서도 의료는 상행위가 아니라는 것을 적극적으로 소명을 했었어야 합니다. 그런데 안 했죠. 심지어 해야 할 일을 안 하면서 헌법재판소에 '그냥 상행위인 것처럼, 위헌으로 해주십시오'라고 한 정황도 조금은 있습니다. 그러니 착착 진행되는 거죠. 판도라의 뚜껑이 열린 거니까요. 지옥문이 열렸으니까 거기서 사이코패스들을 불러내고 그 사이코패스들이 나와서 생체 매매 같은 범죄를 마음대로 할 수 있게 해주고 있어요. 브로커들의 조항을 넣어주

고 하는 거죠. 외국인만 브로커가 있습니까? 지금 한국사람한테
도 다 하지 않습니까? '수술대에 사람 올려주고 소개료 받는 거
뭐 어때' 그렇게 되어 있잖아요. 의료법에는 외국인만 가능하다
고 되어 있지만, 외국인만 되고 우리 영업은 왜 보장 안 해줘, 이
렇게 나오죠.(웃음) 그 조항은 빨리 알려져야 합니다.

: 법이 아닌 법을 다루는 사람들의 문제

지   말씀하신 것처럼 워낙 오래됐고, 체계적이고, 조직적인 시스템을 갖추
고 있기 때문에 파악하기 힘들겠네요. 어느 정도 파악한다고 해도 다 처
벌하기는 어려울 것 같아요.

벤   다 처벌해야죠. 현행 형법도 있고, 특정범죄가중처벌법도 있습니
다. 보건 범죄가 거기 들어가요. 적용을 안 할뿐이죠. 그렇게 살인
마를 키우고 있다니까요. 적용하면 깔끔하게 해결이 됩니다. 내
부 제보자들 있지 않습니까? 정확한 정보를 가지고 와서 제보를
하는 사람들에게 포상금을 주는 거예요. 그러면 아주 건강한 사
회로 가게 될 겁니다. 사실 대한민국의 법은 30~40년 전부터 선
진국 법이었습니다. 법이 아니라 법을 다루는 사람들이 잘못된
겁니다. 그래놓고 법이 잘못됐다고 법을 개정하자고 하는데요,
멀쩡한 법을 자꾸 바꾸다 보면 멀쩡한 사람을 잡는 법을 만들게
될 수가 있습니다. 법을 바꿀 게 아니라 특정범죄가중처벌법 위반
에 적용해야죠. 그리고 공익 제보자 보호에 관한 법률에 공익 제
보자 포상금 제도가 있습니다. 그 둘을 더하면 문제가 저절로 정
리가 됩니다. 하라고 해도 안 하죠. 한 건만 걸려도 바로 재산 몰

수인데요. 그러니까 1심 판결문이 중요한 거죠. 반사회적 범죄, 5200만 원짜리 사기 판결에 그런 판시 내용이 있어요. 카르텔만 제외하고는 전 국민과 전 인류가 쌍수를 들고 환영할 일이죠. 한국 사람들이 믿고 들어갈 수 있는 수술실을 만들었다고 생각해보세요. 진찰하는 의사가 '이건 수술해서는 안 될 경우다' 하면 당연히 수술대에 안 눕히겠죠. 그런데 지금은 눕히기만 하면 3% 주고 하니까 눕히는 거예요. 해서는 안 되는 일인데도요. '여기 자르면 됩니다. 저기 자르면 됩니다. 광대뼈 우리가 하면 다 좋아집니다' 그러죠. 뭐가 다 좋아집니까? 좋아지는 사람은 100명 중 열 명도 안 됩니다. 나머지는 했는지 안 했는지도 모르고 칼자국, 톱자국만 나 있어요. 그래서 주변에 보면 광대뼈 수술을 했는데 '수술 안 한 것 같다'는 반응이 제일 많아요.(웃음) 들어가서 톱질을 당한 거죠. 그래서 입 안은 엉망진창입니다. 자국을 보면 너덜너덜, 얼기설기 꿰매져 있고요. 그러면서도 무슨 일을 당했는지 모르고 사는 거예요. 그런데도 보건복지부라는 곳은 가만히 있고, 검찰도 가만히 있죠. 사실은 검찰이 더 문제죠. 보건복지부가 사법권이 있는 조직은 아니니까요.

지 일부 몇몇 케이스를 가지고 침소봉대하는 게 아니냐, 이렇게 말하는 분들도 있습니다.

벤 이번 판결문에 나와 있습니다. 직업적, 지능적, 조직적, 반복적으로 벌어져온 범죄라고요. 그게 서른세 건만 가지고 그러겠어요? 우리가 똥통에 면봉으로 한 번 찍었다가 꺼내면 그게 똥의 다인가요? 그 안이 다 똥이죠. 통계학에 랜덤 샘플링이라는 말도 있어요. 여러 명이 흉흉하게 죽어나간 곳이 있어요. 그곳을 샘플링해서 조사를 했더니 완전히 똥통이에요. 사실 훨씬 더 많이 죽인 곳도 있고요. 저희 사이에 알려져 있기로는 15년 동안 수술을 한 번도 안 한 의사도 있어요. 그런데 그 사람 손에서 네댓 명 아이들이 저승으로 갔어요. 수술을 받다가. 계속 죽였는데, 어느 순간 스타 의사가 되어 있네요. 그게 뭐겠어요? 유령 수술이고 유령 수술 공장이죠. 거기서 수술받고 나온 사람들이 다 같은 이야기를 해요. 외관의 허우대는 멀쩡한데, 안에 들어가니까 작업대가 쭉 놓여 있더라는 겁니다. 영화 〈호스텔〉처럼요. 그래서 들어갈 때 고개를 숙이고 들어가라고 한다는 거예요. 옆을 보면 안 돼요. 수술하는 장면을 보면서 가게 되는 거니까.

: 닥터벤데타 프로젝트의 마지막 목표

지   개인으로서 앞날은 끝난 지 오래됐다, 일상을 포기했다고 하셨어요.

벤   당연히 포기했죠. 포기를 할 수밖에 없었고요. 이제는 슬슬 돌아가고 싶어요. 딱 한 명이라도 살인이나 살인미수로 걸려서 처벌이 되면 그 전에 사망했던 아이도 다 살인을 당한 것이 되겠죠. 그러면 특별법이 만들어진다는 겁니다. 그 뒤로는 제가 관여할 필요가 없죠. 그땐 사회가 제정신으로 돌아갈 거고, 그러면 저는 일상으로 돌아가야죠. 그게 점점 다가오는 것 같아요. 굉장히 중요한 첫 번째 단추가 1심 판결문인데 그것 때문에 굉장히 노심초사했어요. 엉뚱한 결과가 나오는 거 아닌가 하고요. 판사까지 엉뚱한 판단을 해버리면 대책이 없거든요. 그런데 1심 판결문이 잘 나왔어요. 사기로 기소가 된 사건이었기 때문에 사기죄로 넣

은 것이지, 살인미수로 기소했으면 그 판사님은 분명 살인미수죄
로 교도소에 넣었을 겁니다. 이해가 되시죠? 그 판결문에 살인미
수죄에 해당한다는 판시 내용이 있거든요. 재판관의 판시 내용
은 일종의 판례가 됩니다. 사람들은 사기죄로 몇 년 징역을 받았
나만 생각하는데요, 그것만 판례가 아니라 판시 내용도 판례가
돼요.

지 지금도 유령 수술을 하고 있는 사람들이나, 선생님을 명예훼손으로 고
발한 사람들에게 해주실 말씀이 있으신가요?

벤 정신 좀 차리라고 해줘야죠. 저한테 백날 떠들어봐야 안 된다고
했는데, 되고 있거든요. 김앤장, 태평양, 하우, 그 사람들이 처음
에 초대형 전관 변호사를 선임하면 제가 못 버틸 거라고 확신했
죠. 그런데 전승했잖아요. 열 번 붙었는데, 한 아홉 번 이겼어요.
심지어 공정거래법으로 걸었는데요. 제가 방통대 졸업하면서 공
정거래법으로 논문을 썼거든요.(웃음) 그게 소비자를 위한 법이
지, 범죄 사업자를 위한 법이 아니에요. 공정거래위원회에서 조
사하러 나왔기에 '당신들이 공정거래법 위반으로 저 사람들을 처
넣어야 되는데, 여기 와서 뭐 하냐?'고 했어요. 명백한 불공정 거
래거든요. 수술 약관 같은 것이 있지 않습니까? 계약서에 대단히
불공정한 조항을 요구하고, 밖에서 절대로 말할 수 없게 피해자
들한테도 대단히 불공정하게 합의서를 요구하죠. 이런 것을 가
지고 장사를 하고, 죽여도 된다는 식으로 성형 모델들을 뽑고 있
는데 그걸 빨리 잡으러 가야지 뭐 하냐고 했죠. 그러니까 두 번
을 공격하더라고요. 김앤장을 통해서요. 김앤장이 수백 페이지
에 걸쳐서 제가 위반했느니 뭐니 써놓았겠죠. 공정거래위원회 사

람들도 나오기 싫은데, 자꾸 말을 하니까 조사를 나온 거죠. 그런 데 이건 말이 안 되거든요. 제가 다 이겼죠. 그 뒤로 가처분이 어쩌고저쩌고 이런 소송들을 걸었는데, 100% 다 제가 이겼어요. 한 번은 가처분 신청에서 저보고 '연쇄살인마라는 말을 하지 마라'라고 나왔어요. 'G성형외과는 연쇄살인마다'라는 말을 하지 말라는 거죠. 그런데 저는 그런 말을 한 적은 없거든요. 유령 수술 행위를 저지르는 사람들은 연쇄살인마나 똑같다고 써놓았죠. 그런데 그 판결이 나왔다고 해서 가처분 신청에서 이겼다고 얘기하더라고요. 사실 95대 5면 진 거죠. 50대 50일 때는 비긴 거고요. 55대 45가 되면 55인 사람이 일부 승소잖아요. 95대 5인데, 5가지고 이겼다고 신문 기사에 냈더라고요.(웃음)

지 인터뷰를 마치면서 마지막으로 하실 말씀이 있으신가요? 당부하고 싶은 이야기라든지.

벤 부작용이 있는지 없는지를 떠나서 유령 수술을 한다? 유령 수술이라는 그 자체로 동의를 받지 않은, 승낙을 얻지 않은 사람의 신체를 칼이나 전기톱으로 자르는 행위를 하는 것입니다. 그런 행위를 하는 의사는 사실 의사도 아니죠. 의사 면허증만 있을 뿐입니다. 그런 사람은 그냥 사이코패스고, 그런 행위는 명백하게 살인미수죄나 상해치사죄, 중상해죄로 처벌해야 한다고 현행 형법전에 나와 있습니다. 그리고 국민들은 이제까지 공공기관의 방치 탓에 이 범죄에 노출되어 살아온 것입니다. 이제 뚜렷하게 자기 주장을 하실 수 있어야 해요. 그렇게 해야지만 선량한 의사가 하는 행위에서 경과실에 해당하는 부분에 대해서는 이해를 해주실 수가 있는 겁니다. 그래서 의사나 환자는 원수지간이나 적이 아니고, 서로를 보완하고 모자라는 면을 보충해주는 사이라는 거예요. 또 그러면서 이 사회가 유지가 되는 것입니다. 의사는 신도 아니고 노예도 아닙니다. 그런 부분을 알아주셔야 합니다. 신이라고 생각하셔도 안 되고, 내가 뭘 요구하면 반드시 따라야 하는 노예라고 생각하셔도 안 돼요. 정확하게 절차를 거쳐서 의료 행위가 이루어져야 하고, 여러분은 그런 의료 서비스를 받으셔야 합니다. 그리고 꼭 기억하세요. 여러분 동의 없이 마취를 시켜놓고 여러분이 허용하지 않은 장기를 적출한다든지, 여러분이 동의하지 않은 수술 행위를 한다든지, 동의받지 않은 사람이 들어와서 여러분들의 몸을 칼로 찢거나 자르면, 그것은 명백하게 대단히 심각한 범죄행위, 범죄행위 중에서도 아주 악질적인 범죄행위입니다.

지 늦었지만 이 부분을 잘 해결하면 의사와 환자 간에 신뢰를 회복할 수 있는 좋은 기회가 될 수 있겠네요.

벤 저는 검찰이 공공의 적이 안 되었으면 좋겠습니다. 그런데 검찰이 관여를 해버렸어요. 그러니 공공의 적을 둘 이번 기회를 잡아야죠. 환자와 의사처럼 사이가 좋아야 할 사람들이 반대로 살아오다가 하나의 공공의 적을 궤멸시킴으로써 무너졌던 신뢰를 회복하는 계기가 될 수 있도록 하는 것이 닥터벤테타 프로젝트의 가장 마지막 퍼즐 조각입니다.

13.

잘 자고
잘 일어난다면,
인생 잘 살고 있는
것입니다

조동찬

SBS 의학 전문 기자

SBS 조동찬 의학 전문 기자를 만났다. 한양대 의과대학을 졸업하고 모교 병원에서 신경외과 전문의와 의학 박사 과정을 마친 그는 주변의 반대에도 불구하고 방송사 의학 담당 기자를 선택했다. 가습기 살균제 사건 최초 보도, 고故 백남기 농민 사망진단서에 관한 보도, 세월호 및 국정 농단 사태에 관한 보도, 인보사 사태 등 수많은 특종 기사를 낳은 그는 2014년 한국방송대상, 2016년 민주언론상 및 방송기자클럽상, 2017년 보건복지부 장관상을 수상했다. 또한 2020년에는 한국의 퓰리처상이라고 불리는 한국기자상 취재보도부문 상을 받는 등 의학 전문 기자로서 받을 수 있는 거의 모든 상을 수상하기도 했다.

'마음이 따뜻한 기자'라는 평가를 받는 그는 강단 있고 자신만만할 것 같다는 선입견과 달리 햄릿형 인간이었다. 자신의 보도로 인해 고통 받은 사람들과 그로 인해 고통을 받는 자신의 주변 사람들에 대한 생각들로 고민이 많은 듯했다.

: 졸릴 때 잠을 자야 하는 이유

지승호 의학 기자 생활을 오래 하셨잖아요. 콘텐츠가 많아서 책을 많이 쓰셨을
(이하 지) 것 같은데 한 권밖에 안 내셨더라고요. 『지금 잘 자고 있습니까?』라는
책을 쓰게 된 계기는 무엇인가요? 의학적인 주제가 많을 텐데, 그중에
서도 잠을 선택한 이유도 궁금하네요.

조동찬 제가 신경외과를 선택했던 이유이자 신경외과 하면서 가장 재미
(이하 조) 있게 공부했던 부분이 뇌예요. 그래서 제가 뭔가 일이 잘 안 풀
리고, 슬럼프에 빠졌지만 일은 해야 할 때 잡는 주제가 뇌입니다.
뇌를 공부하는 것이 그만큼 재미있었어요. 그렇다고 책까지 쓰겠
다는 생각은 못 했죠. 그런데 뇌를 공부하고 잠이 얼마나 중요한
가를 배우면서 연속 보도를 한 적이 있습니다. 그 연속 보도를 보
고 한 출판사에서 내용을 확장해서 책으로 만들어보는 것이 어떻
겠느냐고 했어요. 시기가 좋았죠. 제가 계속 일을 하고 있었으면
책까지 완성할 수 없었을 텐데 다행히 그때 연수의 기회가 주어
져서 충분한 시간이 있어서 쓸 수 있었습니다. 물론 그때 최선을
다해서 쓰긴 했지만, 지금 다시 그 책을 보면 좀 더 쉽게 쓸걸, 좀
더 재밌게 쓸걸, 하는 아쉬움은 들어요. 그래도 나름대로 많이 공
부가 됐습니다. 그리고 제가 나중에 어떤 삶을 살지는 모르겠지
만 뇌를 위한 잠, 그런 부분에서 일하고 싶다는 생각을 막연하게
하고 있습니다.

지 책을 보고 잠이 무척 중요하다는 것을 알았습니다. 보통 성공하려면 잠
을 줄여야 한다고 하죠. 세 시간만 자야 성공한다는 말도 있잖아요. 그
런데 잠을 잘 자야 오히려 성공할 가능성이 높다는 말씀이시죠?

조 뇌에서는 우리가 깨어 있을 때보다 잠을 잘 때 훨씬 더 중요한 일이 벌어집니다. 숨을 쉴 때 뇌에서 신경세포가 숨을 쉬라고 명령을 내려요. 그런데 내가 저산소증에 빠지면 숨을 쉬는 게 죽느냐 사느냐의 문제죠. 그때는 뇌를 지지하는 지지세포들이 명령을 내립니다. 예전에는 그 세포들이 단순히 신경세포에 달라붙어서 영양이나 공급하고 신경세포의 위치를 잡아주는 역할만 하는 줄 알았는데요, 현대 의학이 뇌의 세포 개별의 특성을 점점 더 파악해보니까 그런 게 아니었어요. 예비군, 특공대의 역할이 있어요. 평상시에는 신경세포가 하지만, 신경세포가 위기에 빠졌을 때는 신경을 지지하는 세포들이 직접 신호를 보내서 생명 유지 활동을 하는 거예요. '너 자야 돼. 조동찬 자야 돼' 그런 잠을 자라는 명령은 신경 지지세포가 내리는 거거든요. 잠을 잔다는 것은, 졸리다는 것은 우리 몸이 하루 최대의 위기라는 것을 감지한 지지세포들이 하는 명령입니다. 이것을 따르지 않는 것, 잠을 거부한다는 것은 어마어마한 위기 상태를 방치하는 일과 같은 거죠.

지 최근에 택배 노동자가 잠을 자지 못해서 과로사하는 경우가 있었어요. 또 음주 운전보다 더 위험한 것은 졸음운전이라고 하셨죠. 그런 경각심이 우리에게 좀 부족한 것이 아닌가 싶습니다. 실제로 의학 분야와도 관련되어 있어서 관심이 많으실 것 같아요.

조 우리가 음주 운전을 경계해야 하는 것만큼 졸린 상태에서 뭔가 하는 것도 경계해야 한다는 뜻입니다. 방금 말씀드렸지만 잠을 참는다는 것은 저산소증에 빠진 것과 같은 위기이기 때문에 이성적인 판단을 할 수가 없습니다. 역사적으로 여러 사례가 있습니다. 체르노빌 원전 사건도 그렇고, 아폴로 우주선이 폭발했던 것도 그렇고요. 계속 시뮬레이션을 돌려보면 결정적인 순간에 왜 세계에서 가장 유명한 석학들이 실수를 했느냐, 잠을 못 잔 상태가 누적됐기 때문이거든요. 그런 면에서 우리가 잠자는 환경은 반드시 보호해야 하는 거죠. 그런데 그게 쉽지 않습니다. 택배 노동자분들도 마찬가지지만, 야간에 근무할 수밖에 없는 3교대 근무자들이 있잖아요. 대표적으로 의료진들, 간호사 선생님들, 경계를 서야 하는 군인분들이 있는데요, 이런 부분을 어떻게 해결해야 할 것인가가 사실은 현대 의학이 가진 숙제입니다. 아직은 그에 대한 해결책이 없습니다. 밤에 잠을 못 자는 분들이 낮에 일정하게 주무시는 것이 아예 수면 시간을 보장하지 않는 것보다는 낫겠지만, 그래도 밤잠을 규칙적으로 자는 것만큼은 못하다는 것이 확인됐어요. 제 책에서 소개하고 싶었던 것은 인간도 동물이더라, 아침에 해가 뜨고 저녁에 해가 지는 것을 거스를 수가 없더라는 겁니다. 해바라기가 아침에 해가 뜨는 것을 보고 햇빛을 향해 하루 종일 움직이거든요. 그리고 밤이 되면 반대로 동쪽에서 바로 햇빛을 받을 수 있도록 움직여요. 밤에도 활발하게 움직이는 거죠. 그런 자연법칙이 있어요. 식물에서부터 동물까지 모두 그 수위에 따라서, 내 몸이 거기 맞춰서 생활해야 건강합니다. 사람만 반대로 할 수 없다, 인공 불빛을 받는다고 하더라도 그렇게 정상적으로 될 수는 없다, 그런 부분을 말씀드리고 싶었던 거죠.

지   의료진에 대해 말씀하셨는데요, 수련의 과정에서 잠을 못 자는 일이 잦죠. 잠이 부족한 상태에서 판단을 잘못하게 될 경우에 생명과 연관된 문제가 생기잖아요. 실제로 기자님도 그런 경험을 책에 쓰셨어요. 피곤해서 봐야 될 것을 놓친 경우가 있다고요.

조 제가 책에 쓴 것은 제가 기억하는 것뿐이겠지요. 기억하지 못하는 졸린 상태에서의 실수는 훨씬 많을 겁니다. 저의 실수가 발각되고, 그것을 환자 보호자가 저희 지도 교수님께 통보하고, 지도 교수님이 제가 졸았을 때 어처구니없이 판단했던 부분을 아주 따끔하게 혼내셨기 때문에 기억하는 거죠. 그런 과정이 없어서 기억나지 않을 뿐, 졸린 상태에서 환자에게 잘못된 처치를 했던 순간은 훨씬 더 많았을 거라고 생각해요. 그런 면에서 '잠을 자지 말고 공부해라, 언제 잠잘 것 다 자고 일하냐' 이런 말은 대단히 비과학적이고, 반드시 사라져야 될 것이라고 생각합니다. 예를 들면 어린이한테 우유 안 먹고도 얼마든지 클 수 있어, 네가 정신력으로 얼마든지 클 수 있어, 이런 말을 하는 것과 똑같은 거라고 생각합니다. 먹어야 크는 거죠. 열심히 잘 먹고, 운동해야 크는 거예요. 자지 말고 공부하고 일하라는 말은 아무것도 먹지 않아도 정신만 똑바로 차리면 얼마든지 키 클 수 있어, 이런 것과 같은 개념의 문장이라고 생각합니다.

: 잠을 잘 못 잔다면 내 삶을 들여다봐야

지 선의로 진단하려 했을 텐데도 피곤한 상태에서는 잘못된 결과가 올 수 있기 때문에 잠의 중요성을 강조하셨죠. 책에서도 수면 부족이 여러 질환을 유발한다고, 잠을 잘 못 자는 것에 대해 당뇨병, 고혈압, 골다공증보다 더 경계심을 갖자고 하셨습니다.

조 그렇죠. 우리 몸에는 여러 가지 호르몬이 있는데요, 햇빛을 받으면서 낮 동안에 활발하게 분비되는 것이 세로토닌이죠. 행복 호르몬이라고도 하고요. 낮에는 세로토닌이 다른 호르몬들을 더 보조하고 활성화시킵니다. 갑상선 호르몬, 전립선 호르몬 같은 전반적인 것들을요. 그것이 해가 지면 패턴이 바뀝니다. 멜라토닌이 올라가거든요. 옛날에는 멜라토닌이 단순히 수면을 유도하는 생체 시계의 역할만 하는 줄 알았는데, 아니었어요. 멜라토닌은 밤에 다른 모든 호르몬을 안정화시키고 균형을 맞춰줍니다. 그러니까 지휘자죠. 각각의 악기가 있다면 낮에는 세로토닌이 지휘 역할을 하고, 밤에는 멜라토닌이 지휘 역할을 하는데요, 그 전에는 멜라토닌이 지휘하는 것을 몰랐어요. 그러니까 바이올린이 망가지면 바이올린만 고치면 되지, 드럼이 망가지면 드럼만 고치면 되지, 이렇게 생각한 거죠. 사실은 멜라토닌이 제대로 작동을 안 하면 전반적인 조화가 이뤄지지 않기 때문에 제대로 된 곡이 안 나오는 건데요. 그렇기 때문에 잠을 못 잔다는 것은 그것 자체로 모든 병이 올 수밖에 없는 그런 기전이 있어요. 내가 잠을 못 자도 병은 아니라고 생각하는 것이 잘못이라는 겁니다. 잠을 잘 못 자는 것은 병이 맞아요. 또 하나 중요한 것이 우리 몸은 대부분 네거티브 피드백이 되어 있다는 겁니다. 예를 들어 내 몸에 칼슘 농도가 높으면 높은 것을 낮추기 위한 기전이 발휘됩니다. 대부분 그래요. 그래야 안정된 상태를 유지하기 때문에 네거티브 피드백을 유지하는데요, 잠에 드는 기전은 포지티브 피드백입니다. 네거티브 피드백이라면 졸음이 깨겠죠. 반대 신호가 가야 네거티브 피드백인데, 졸린 신호가 가면 또 졸리게 만들고 또 졸리게 만들고 하거든요. 우리 몸은 잠이 오면 무조건 잠에 들 수 있도록 장치가 되어 있는 겁니다. 그런데 그렇게 강력한 장치가 있는데도 불구하고 잠을 못 자는 것은 이미 오랜 시간에 걸쳐 망가졌다는 뜻이죠. 그래서 수면 부족을 단순하게 내가 어제, 그제 못 잤으니까 오늘 마음먹고 잘 자야지, 수면제 한 알 먹고 자야지, 이렇게 해결할 수 없다는 겁니다. 수면이 깨진다는 것은 오랫동 안 나의 어떤 전반적인 생활이 잘못되었고 그것들이 쌓여서 일어 난 거지, 단시간에 무엇 때문에 일어나는 것이 아니거든요. 그래 서 이것을 해결하는 데도 대단히 오랜 시간이 필요하다는 것입니 다. 암 역시 세포가 조금씩 변성이 되면서 형성되고, 그것이 교정 되지 않고 계속 쌓이다가 덩어리가 됐을 때 발견되는 거예요. 그 러니까 암이 갑자기 발견되긴 하지만, 갑자기 생긴 것은 아니라 는 거죠. 그래서 이것을 치유하는 과정도 갑자기 되는 것이 아닙 니다. 물론 수술로 먼저 제거하고 항암 치료를 하죠. 수면도 똑같 은 겁니다. 내가 잠을 못 자는 것이 어디서부터 시작되었는지는 몰라도, 수면 부족이 오기 훨씬 이전부터 내 생활은 뭔가가 잘못 되어 있었다는 거죠. 그게 건강상의 문제든 직업적인 문제든, 가 족 관계의 문제든 무엇이든 간에요. 그래서 수면 장애를 수면제 몇 알이나 어떤 것으로 단번에 해결하려는 것이 실은 맞지 않다 는 거예요. 수면 장애가 생겼던 원리를 생각하면 그렇습니다. 상 당히 오랫동안 지속된 나쁜 습관들이 쌓인 것이기 때문에, 이것 을 해결하는 데도 좀 시간을 가져야 하고, 나의 전반적인 생활을 다 들여다봐야 해요. 그래야 수면 장애를 해결할 수 있습니다. 다 만 구조적인 문제는 있어요. 코골이나 해부학적인 문제 때문에 잠을 못 잔다면 해부학적인 문제만 해결하면 되죠. 그런 게 아니 라면 삶 전체를 정말 잘 들여다봐야 하는 거고요. 그리고 제가 단 정적으로 이야기할 수 있는 것이 '당신 정말 잘 자고, 잘 일어납 니까?' 하고 물었을 때 그렇다고 대답한다면 그 사람은 생활을 정말 잘하는 거예요. 인생을 잘 살고 있는 거죠.

지 수면제는 일시적인 처방일 뿐이고 생활 자체를 돌아봐야 한다는 거네요. 밤잠을 대신할 수 있는 의학적 방법은 발견되지 않았고요.

조 저는 그렇게 생각합니다. 수면제가 수면 장애의 해결책이 될 수 없다고요. 현대 의학이 수면제가 해결책이라고 생각했던 적도 있지만, 그렇지는 않더라는 거예요. 물론 내일 중요한 일이 있어요, 오늘은 자야 합니다, 그런 얘기를 한다면 좀 다르죠. 잠을 못 자면 너무나 고통스러울 테니까요. 그런 목적으로 오늘 하루 수면제를 처방받아서 먹는다면 그것에는 동의를 합니다. 단기간의 목적으로요. 그런데 내가 가진 수면 장애 패턴 즉 어떤 직장 관계나 가족 관계나 아니면 음주 문제나 약물 문제 등으로 발생한 수면 장애를 수면제로 해결할 수 있다? 그렇게 생각하지는 않습니다.

지 수면제를 복용할 때 주의할 사항이 있을까요? 일부 수면제는 자살 충동을 일으킨다는 이야기도 있잖아요.

조 안전하다고 했던 것이 사실은 자살 충동 위험성이 있다, 그런 사례들이 보고가 됐어요. 지금은 그것을 제조하는 제약 회사도 설명서에 써놨습니다. 그런 부작용을 부정하는 것은 대단히 비과학적이라고 생각합니다. 제가 처음 이 내용을 보도할 때 수면제를 쓰시는 선생님들과 디베이트도 했고요, 미국 FDA에서 나온 문서도 공개했습니다. 졸피뎀이라고, 가장 안전하다고 하는 수면제도 미국 FDA에서 '자살 충동의 위험성이 있다'고 정식으로 문서화했습니다. 물론 아주 높지는 않아요. 하지만 그 약을 자주 복용하는 환경이라면, 그리고 복용했던 사람의 기저에 우울증이 깔려 있다면 위험성이 커지죠. 가득 찬 컵에서 물을 넘치게 하는 것은 사실 한 방울이잖아요. 그런 방울 역할을 한다면 몹시 위험할 수 있으니 약을 처방할 때는, 그리고 복용할 때는 그런 위험성이 있는지 없는지 아주 냉철하게 봐야 할 필요가 있는 거죠.

: 질 좋은 수면의 효능

지 수면이 장기 기억을 만든다고 하셨어요. 그래서 중요하다고요. 예전에 공부 잘하는 친구들이 잠을 충분히 잤다고 하면 사람들은 거짓말이라고 생각했지만 그 말이 맞는다는 거네요.

조 제가 쓴 것은 아니고 다른 분이 쓴 논문을 제 책에 소개한 거예요. 기억이라고 하는 것은 대단히 신비로운 과정을 거칩니다. 우리가 지금 보고 듣고 느끼는 이 오감각, 공감각을 생각해보세요. 영상은 고화질이지 않습니까? 이것을 뇌의 작은 공간에 저장한다는 것은 무척 기적적인 일이죠. 지금 생각해보면 그래요. 영상을 찍어서 데이터를 저장하려면 공간이 어마어마하게 많이 필요해요. 그런데 그걸 우리 뇌는 이렇게 처리해요. 받아들이는 모든 자극을 일단 전두엽에서 인지를 합니다. 그리고 그것을 해마라는 곳에 보내는데, 해마에만 보내는지는 모르겠어요. 해마가 너무 작아서 과연 전두엽에 있는 것들이 정말로 다 들어갈 수 있을까 하는 의문이 있어요. 어떤 현대 뇌 과학자는 해마에 저장되는 방식이 블랙홀과 비슷할 수 있다고 봤습니다. 그게 아니면 설명이 안 되니까요. 그런데 인지한 자극이 해마에만 있으면 기억을 할 수 없습니다. 저장고이긴 하지만, 영상화할 수는 없는 거죠. 해마에 있는 것이 다시 전두엽으로 와야 우리가 기억이라고 할 수 있거든요. 그런데 이 해마에서 전두엽으로 보내는 신호는 우리가 잘 때, 깊은 수면을 취할 때 강해집니다. 그러니까 내가 보고 들었던 것을 인지하는 과정은 수동적이든 능동적이든 전두엽에 전달되어 이뤄지는 것이고, 그것이 해마로 가는 과정은 우리의 의지로 되는 것이 아니라는 거죠. 해마에서 전두엽으로 가는 것도 우리의 의지대로 되는 것은 아닙니다. 그런데 잠을 자야 해마가 전두엽으로 신호를 잘 보내더라는 겁니다. 그러니까 잠을 자야 우리가 외웠던 것을, 내 해마에 저장되어 있던 것을 기억해내서 쓸 수가 있는 겁니다.

지 잠을 잘 자는 것이 텔로미어*를 길게 하고 노화를 늦추는 가장 중요한 요소라고 하시면서 수면이 장수 유전자를 깨운다고도 하셨어요.

조 텔로미어에 대해서는 사실 논란이 있습니다. 텔로미어가 길면 수명이 길다고 하죠. 그런데 아주 드물게 어떤 암세포에서는 텔로미어가 짧은 것이 오히려 수명이 긴 그런 현상도 나타나요. 텔로미어가 정말로 정답인지 아닌지는 모르겠으나, 텔로미어가 긴 것이 노화를 줄이고, 조금 더 긴 수명을 유지하게 한다는 그런 지지 기반에 있는 연구들이 많습니다. 이렇게 텔로미어가 길어지면 우세하다는 학설이 더 많기는 하지만, 텔로미어 논쟁에서 논란이 완벽하게 정리된 것은 아니에요. 중요한 것은 텔로미어를 지지하는 연구들에서 수면은 다 함께 한다는 겁니다.

---

*　말단 소립으로 세포 시계의 역할을 담당하는 DNA의 조각을 말한다.

: 행복에 대한 새로운 호기심

지 어느 인터뷰에서 다음 책은 행복에 관해서 쓰고 싶다고 하셨습니다.

조 행복에 대해서 공부를 해보니까 재미있더라고요. 2000년대 초반에 미국 하버드대학에서 수십 년간 어떤 사람들이 가장 행복한가에 대해 장기 연구를 한 결과를 발표했어요. 65세를 기준으로 어떤 사람이 가장 행복할지 여러 조건들을 쭉쭉 봤더니 47세 무렵까지 형성된 인간관계가 변수라는 결과가 나왔습니다. 상당히 신기했어요. 그때까지 그 사람이 쌓아온 가족 관계든 친구 관계든, 인간관계가 65세 때의 행복을 결정한다는 것이 이렇게 입증이 되는구나, 이런 식으로 증명이 되는구나 생각했죠. 그런데 거기서 돌아와서 행복은 뭘까, 우리가 느끼는 행복감이라는 것은 무엇이고, 그때 어떤 심경이 작용하고, 어떤 뇌 부위가 움직이며, 어떤 호르몬이 활발하게 분비가 될까 하는 부분이 궁금했습니다. 또 우리가 그것을 인위적으로 작동시킬 수 있느냐, 혹은 내가 결정할 수 있는 것이냐, 그리고 행복도 사실은 모든 호르몬이 그렇듯이 기복이 있을 텐데 그러면 사람들은 어떤 수준 밑으로 가면 불행하다고 하고 어떤 수준 이상으로 가면 행복하다고 할지 호기심이 생겼어요. 제가 관련 책을 읽다가 보니까 그런 부분에 대해서 정리를 해보고 싶은 마음이 있는데요, 실은 아직 팟캐스트도 못했어요. 공부를 하긴 했는데, 정리가 안 됐어요. 그건 제가 행복하다고 느낄 때 비로소 할 수 있는 것 같습니다. 제가 제 인생을 봤을 때 '조동찬 너, 정말 행복하냐?' 그러면 그렇다고 할 자신이 없거든요. 물론 공부하는 것은 재미있고 놀랍고 그런데요, 아직은 할 때가 아닌 것 같아요. 그래도 언젠가 도전해보고 싶긴 합니다.

그것에 편안하게 도전할 수 있도록 제 인생이 지금보다는 행복했으면 좋겠고요.

지 행복하냐는 질문에 자신이 없는 이유가 있으신가요?(웃음)

조 기본적으로 제가 그런 소인이 좀 있습니다. 어렸을 때부터요. 그리고 작년에 어떤 보도를 하면서 큰 트라우마가 생겼어요. 지금도 제가 보도했던 그 주제가 등장하기만 해도 깜짝깜짝 놀라거든요. 물론 시간이 참 좋은 약이긴 해요. 시간이 지나니까 점점 무뎌지고, 너무 힘드니까 '이렇게 힘들게는 못 살겠다. 죽거나 말거나 어떻게 되겠지' 하고 자포자기하니까 훨씬 낫긴 한데요, 그럼에도 완전히 회복됐다고 이야기할 수 없을 것 같아요. 내가 주변 사람들에게 행복감을 주는지에 대해 자신이 없어서요.

지 기자님께서 그동안 보도했던 사건들이 입장에 따라서 다르게 해석되는 면이 있고, 한국 사회를 흔들었던 내용이 많기 때문에 마음의 짐이 된 부분도 있는 것 같습니다.

조 다시 한번 느끼는데 세상에 공짜는 없습니다. 예를 들어 제가 어떤 진실을 보도했어요. 팩트를 가지고 있는 사람들이 있고, 그리고 이 팩트를 누르려고 하는 사람들이 있겠죠. 당연히 팩트를 갖고 있는 사람들이 옳다고 생각해서 저는 그렇게 보도했어요. 그런데 이 팩트를 가지고 있는 사람, 보도를 한 사람들이 절대적으로 옳은 것도 아니고, 이 팩트를 덮으려고 하는 사람들이 절대적인 악은 아니더라는 겁니다. 절대선과 절대악이 사실상 존재하지 않고, 제 입장에서도 그렇습니다. 그런데 그의 입장에서는 제가 절대악인 것이죠. 그는 본인이 선이라고 믿었기 때문에 그렇게 한 거거든요. 그런 사람들이 제 보도로 무너지면 그 진심어린 원망, 진심어린 증오를 느껴요. '내가 잘못했는데, 너한테 잘못 걸렸네' 이게 아니라요. '조동찬 너는 정말로 네가 잘했다고 생각해? 아니야. 나는 확신해. 나는 잘못이 없고, 네가 잘못했어'라는, 전혀 흔들림 없는 그런 증오들을 경험하다 보니까, 너무 혼란스러웠습니다. 그 트라우마에서 아직 완벽하게 벗어나지 못했고요.

지 인보사 사태만 해도 그 보도로 인해서 상을 받으셨지만, 그 때문에 손해를 본 분들은 음모론까지 내세우고 그랬죠.

조 지금도 제게 메일을 보내세요. 그리고 제 모든 기사에 그에 대한 댓글이 달려요. 제가 어떤 기사를 써도 달립니다.

: 세 번의 팬데믹 경험

지 2008년도에 의학 전문 기자가 되셨고, 그 이후로 세 번의 큰 팬데믹이 있었는데요, 신종플루, 메르스, 코로나를 겪으셨어요. 세 가지 상황에 대해 보도를 많이 하셨잖아요. 겪으시면서 느낀 바로는 언론의 태도가 변한 부분이 있다고 생각하십니까?

조 제가 2008년도에 입사했는데요, 2009년도에 신종플루가 왔습니다. 취재를 하는 것이 많이 무서웠어요. 특히 그 당시에 아주 두려움을 느꼈던 것이, 유명한 탤런트의 아들이 신종플루로 사망한 사건이 있었거든요. 안 좋은 일이었죠. 타미플루라는 약이 있어서 의사가 처방을 했는데요, 타미플루가 자살 충동을 일으키고 발작을 일으킨다는 소문이 돌면서 실제로 투약되지 않았어요. 그게 결정적인 사망 원인으로 추정이 됐죠. 당시에 제가 다니는 현장이 병원이었는데 가장 위험한 곳이잖아요. 집에 들어가도 아이를 안 봤습니다. 저 혼자 방에 들어가서 자고 그런 상황이었어요. 그리고 2015년에 메르스가 있었습니다. 그것도 상당히 무서웠어요. 그리고 이번에 코로나가 왔고요. 코로나는 신종플루, 메르스보다는 훨씬 더 큰 세계적인 팬데믹이지만, 개인적으로는 코로나를 그때보다는 덜 두려워하는 것 같아요. 그리고 '기자의 태도가 어떠냐?' 하면 사실 좀 아쉬워요. 그 셋을 경험했던 분들은 아세요. 첫 번째 신종플루 때도 무조건 방역 당국과 전문가들의 의견을 그대로 받아쓰는 것은 정답이 아니다, 끊임없이 방역 당국의 의견이 맞는지, 전문가가 맞는지, 끊임없이 계속 취재해야 된다, 그랬어요. 메르스 때도 마찬가지였고요. 방역 당국과 전문가들도 덮으려고 하는 것이 있습니다. 이번 코로나도 그런 점이 저는 너무 답답했어요. 그런데 신종플루를 취재한 기자와 메르스를 취재한 기자와 코로나를 취재한 기자가 다 달라요. 신종플루 당시 처음 취재하는 기자들이 가장 많았고, 메르스 때도 그걸 처음 취재하는 기자들이 가장 많았어요. 코로나를 취재하는 기자들도 처음이 가장 많고요. 그래서 커다란 세 번의 사태가 있었지만, 언론 보도가 크게 달라지지 않는 거죠. 방역 당국과 전문가들이 이해관계 없이 최선을 다해서 브리핑을 한다면, 그걸 받아쓴다는 것이 큰 문제는 안 되겠죠. 그런데 대부분은 그렇게 과학적이고 진실로 하시는데요, 가끔 가다 약간 이상한 포인트들이 있어요. 분명히. 그리고 그것들을 파보면 이해관계가 좀 얽혀 있습니다. 그런 부분을 언론이 조정해야 하는데 그게 안 되는 거죠. 코로나를 취재하면서 가장 어려웠던 게 이거예요. 제가 어떤 보도를 했는데 정부가 SBS 조동찬 기자의 보도가 잘못됐다고 하면 다른 기자들은 취재도 하지 않고 그것을 받아쓰는 예가 몇 번 있었거든요. 그래서 제가 단독 취재한 것을 보도하지 않고 기자실에 공유했습니다. 그리고 질문을 던졌죠. 왜냐하면 제가 취재한 것을 보도하면 똑같이 흘러갈 거 아니에요. 'SBS 조동찬이 보도한 것이 사실이 아니고, 이러이러합니다'라고 하면 다른 언론 매체에서도 그대로 전달될 가능성이 있어 보였죠. 그래도 우리 기자님들이 시간이 지나니까, 그리고 이것에 대한 지식이 쌓이니까 심도 있어지고, 잘못된 점을 즉각 알아내는 방향으로 변하는 것이 보였어요. 그것은 긍정적인 변화라고 생각합니다. 코로나가 장기화된 것이 기자들에게는 장점인 것 같습니다. 한두 달 내에 끝났으면 취재하는 기자들의 실력이 두 달 상태로 멈추고, 또 다음이 오면 다시 처음부터 시작하는 그런 일이 일어났을지 모르죠. 그런데 장기화되니까, 지금은 실력 있고, 내용을 간파하는 기자들이 많이 보여요. 그것은 정말 좋은 점이에요. 방금 말씀드렸던 것처럼 처음에는 아주 많이 답답했습니다.

지 　역설적으로 코로나가 오래가서 심층, 장기 취재를 하게 된 부분이 있는 거네요.(웃음)

조 　그렇죠. 또 저도 코로나에 관해 정말 많이 실수를 했었고요.

지 　어떤 분은 코로나 같은 사태를 파시즘적으로 극복하느냐, 민주주의적인 방식으로 극복하느냐에 따라서 그 사회가 파시즘적인 사회로 가느냐, 민주적인 사회로 가느냐의 갈림길이 될 수도 있다고 말씀하셨어요.

조 　저는 '당연히 사생활이 어디 있어? 감염병은 무조건 막아야지'

그렇게 보도해왔어요. 그런데 다른 시각에서 '감염병을 막기 위해서 개인을 어디까지 희생해야 하느냐. 정말 이렇게 해야 되는 거냐' 하는 것을 고민할 필요가 있을 것 같습니다. 미국 CDC도 그랬잖아요. '핸드폰의 위치 기반 서비스를 통해서 개인 정보를 얻어내는 것, 동선을 파악하는 것이 감염병을 억제하는 데 더 효율적이라는 것을 알고 있지만, 우리는 그렇게 하지 않겠다'고요. 감염병을 막는 것과 개인의 사생활을 침해하는 것은 사실은 어떻게 다뤄봐야 되는 요소도 있는 거예요. 저와 반대되는 말씀을 들으니까 '아, 그렇구나' 하는 생각이 들었습니다. 유럽이나 미국은 환자가 많을지언정 개인정보를 우선시했어요. 사실 미국이 20만 명이 감염되고, 누적 사망자가 3만 명이 넘었을 때도 개인 정보 관리를 국가가 안 했단 말이에요. 저들에게는 그렇게 많이 죽고 희생되는데도 지키는 가치인 겁니다. 그게 그 정도의 가치가 있다는 말이죠. 그런데 우리는 그 정도의 피해는 아니에요. 우리도 한번쯤 생각해볼 필요는 있을 것 같아요. 말씀드렸지만 저도 한쪽으로만 무비판적으로 보도했거든요. 그런데 저도 바뀌게 됐습니다.

지 코로나로 인한 현상 때문에 처음 겪는 일들이 계속되는 것 같습니다.

조 어떠한 것도 사실 정치와 경제, 특히 경제로부터 자유로울 수는 없다는 생각이 들더라고요. 사실 어떤 회사와 그 회사의 지분, 주식 같은 것들을 정치권력이 가지고 있는 등의 상황들이 서로 얽히면서 실체보다 좀 더 과장되게 부풀려 발표되고, 이런 현상이 전 세계적으로 곳곳에서 벌어졌어요. 특히 미국에서조차 그런 조짐이, 그런 냄새가 나는 것을 보면서 '아, 그렇구나' 하는 생각이 조금 들었습니다. 그래서 우리도 그런 일을 방지하는 시스템을 갖춰야 된다고 생각합니다. 정부 관계자들이 잘하고 계시지만, 그럼에도 분명히 이해관계가 있단 말이에요. 정부의 정책에 따라서요. 실은 우리 언론에, 제게도 제보가 많이 들어와요. 정부가 어떤 정책을 시행하면서 특정 회사들만 납품을 하게 되면 이 정책에서 배제된 다른 회사들은 '우리도 똑같이 이런 효과가 있고 효능이 있는데, 왜 우리 것은 안 쓰냐?'고 하겠죠. 좀 들여다보려고 했는데, 우리나라는 정보가 투명하게 공개되지 않는다는 맹점이 있어요. 잘못됐다는 것이 아니라, 왜 이 업체를 선정했고, 왜 저 업체는 배제했는지 그 근거 기준을 제시하고, 누가 판단했는지를 투명하게 공개하는 시스템이 필요할 것 같습니다. 또 하나는 전문가 위원입니다. 얼마 전에 논의되었는데요, 미국 FDA는 정책을 시행할 때 전문가 위원이 되려면 그와 관련된 주식을 본인은 물론 가족들도 가지고 있지 않은 것이 확인돼야 하거든요. 우리나라는 그게 없어요. 그래서 굉장히 말이 많습니다. 지금 전문가들 사이에서 이것이 논쟁의 소지가 된다면 우리는 이것을 빨리 만들어야 합니다. 예를 들면 줄기세포에 관해 국가 정책의 자문을 하는 위원회인데 줄기세포 회사의 주식을 가지고 있으면 안 되잖아요. 왜냐하면 본인의 결정에 따라서 회사의 이해관계가 엄청나게 달라지니까요. 그런 부분들은 우리나라가 수정이 필요하지 않을까 하는 생각이 들었습니다. 실제로 전문가들 회의에서 나왔던 내용이고요. 그 자리에서 들었던 것인데, 듣고 나니까 고개가 끄덕여지더라고요.

: 가습기 살균제 사건 보도

지 의혹이 있다면 그런 사람들은 정책을 만드는 데서 배제하는 것이 좋지 않을까 하는 생각이 드네요. 그리고 2011년 가습기 살균제 피해에 대해서 새로운 질환이라 역학조사를 해야 한다는 사실을 최초로 보도하셨는데요, 상당히 오랜 기간 논란이 되어왔지만 몇 년 전에야 가닥이 잡히기 시작했습니다.

조 실은 최근에 환경부가 폐 외 질환도 인정한다, 모두 인정하겠다고 했는데요, 제가 2년 전에 보도했던 것입니다. 그때는 환경부가 다 부인을 했죠. 제 후배인 환경부 출입 기자가 '찾아보니까 선배가 다 하셨던데, 그때는 환경부가 부인했던 거더라고요'라고 했어요. 보통 기자가 큰일을 한다고 생각하지 않습니까? 제 보도는 그것을 연구했던 분들이 먼저 저에게 '보도해줘'라고 해주셔서 한 겁니다. 저는 보도한 것뿐입니다. 제가 연구한 것이 아니고, 가습기 살균제 피해자들이 폐의 섬유화 말고도 폐 외의 질환 등 여러 가지 각양각색의 질환들이 나타난다는 연구 결과를 제게 가지고 오셔서 보도했을 뿐이에요. 물론 밖으로 알려진 것은 제 보도를 통해서겠지만, 사실은 그분들이 학회 같은 곳에서 이야기해도 정부가 안 들어주니까 저에게 부탁하신 거죠. '동찬아, 네가 보도 좀 해줘' 그래서 보도한 거예요. 지금은 환경부 담당관이 바뀌었지만, 당시 환경부는 보도 자료를 통해서 부인하셨거든요. 지금은 보도 자료를 통해서 인정한다고 하시더라고요. 느리긴 하지만 시간이 지나면 해결이 되는구나, 이런 생각이 들었죠. 그런데 문제는 가습기 살균제 피해자들의 상처가 회복될 수 없을 만큼 크다는 거예요. 상처가 이미 어떤 선을 넘어서서 그분들에게 크게 위안이 된 것 같지 않아서 그게 안타깝습니다. 그래서 어떤 문제는 피해자들의 상처가 불가역적으로 악화하기 전에, 가역적일 수 있을 때 빨리 잘못을 교정하는 것이 중요하구나, 그런 생각도 했습니다. 저는 가습기 살균제에 대해서 어떤 생각이 드냐 하면요, 그 주제를 감히 못 다루겠다는 거예요. 피해자분들에게 너무 죄송한 부분도 있고요. 사실 2011년도의 보도도 제가 한 것이 아니에요. 그때 정부는 일반적인 폐섬유화라고 했습니다. 그래서 저는 일반적인 폐섬유화란 무엇인가, 하는 취재를 갔어요. 한양대에 계신 제 스승님이 인터뷰를 해주셨는데, '아산병원에 이런 환자가 있는데, 일반적인 폐섬유 환자인지 물어보자'고 해서 주치의에게 전화를 하셨죠. 그 주치의 선생님이 '일반적인 폐섬유화가 아닙니다. 우리가 모든 문헌을 다 검토해봤는데, 이건 전혀 새로운 질환입니다'라고 하셔서 역학조사가 필요하다는 것을 알게 된 겁니다. 사실은 제가 한 게 아니죠. 현장에 계신 분들이 현장의 목소리를 저를 통해서 전달하게 한 것이죠.

지 겸손하게 말씀하셨지만 기자님이 보도를 안 하셨다면 그 사안이 사람들에게 알려지지 않았거나, 상당히 늦게 알려졌을 수도 있겠습니다. 지속적으로 취재하지 못한 것에 대한 아쉬움을 표하기도 하셨잖아요. 다른 이슈들도 다루어야 되니까요.

조 제가 지금 처음으로 가습기 살균제 사건을 접했다면 어땠을까 생각합니다. 2011년의 조동찬과 지금의 조동찬은 많이 다르죠. 아는 정부 관계자도, 아는 학자도, 아는 시민 단체 사람도, 아는 정치인도 다 달라요. 만약 지금 알았으면 훨씬 더 빠르게 역학조사가 이뤄지게 하고, 해당 기업들이 해야 하는 피해자에 대한 사과와 구제책을 빨리 이끌어낼 수 있지 않았을까 싶어요. 또 지금이면 '가습기 살균제 이슈를 계속 다뤄야 합니다'라고 할 수 있는데, 그때는 가습기 살균제를 다루다가 다른 이슈가 터지면 또 그걸 다룰 수밖에 없었습니다. 지금의 조동찬이면 '아닙니다. 다른 이슈 전에 이것 먼저 해결해야 합니다. 이것으로 몰아붙입시다' 이렇게 할 수 있었을 텐데요. 저는 그 문제가 저한테 너무 빨리 찾아온 것 같아요. 가습기 살균제 문제를 충분히 다룰 능력이 안 될 때 저에게 찾아온 이슈가 아니었나 생각합니다. 그걸로 저는 성장을 했지만, 피해자분들께도, 이 사태가 해결되는 데 있어서도 아주 큰 도움이 못 된 것 같은 죄송함이 있어요. 그래서 2018년에 연수차 미국에 갔다가 2019년에 와서 가장 먼저 보도했던 것이 가습기 살균제 뉴스였습니다. 그때도 정부는 다 부인을 했습니다만, 그 당시 부인하던 것을 지금은 다 인정하더라고요. SK가 만들고 애경이 판매한 것이 인체에 해가 없다고 했는데요, 연구가 잘못됐고, 문서가 잘못됐고, 형식이 잘못됐고, 공정위의 판단이 잘못됐다고 제가 기사화했고, 취재 파일도 썼어요. 그 당시 부인했던 말들을 지금은 맞는다고 보도 자료를 내는 것을 보면서 시간이라는 것이 어쨌든 해결해주는구나 하는 느낌을 계속 받고 있습니다.

: 국정 농단 사태를 쫓게 만든 세월호

지　가습기 살균제 사건을 항간에서는 '안방의 세월호'라고 많이 표현하지 않았습니까? 어느 인터뷰에서 국정 농단 사태를 집요하게 쫓았던 이유가 세월호 때문이라고 하셨는데요, 그 사건이 기자님에게는 어떤 의미가 있었나요?

조 세월호는 누구에게나 트라우마죠. 전원 구조됐다고 생각했잖아요. 그런데 전 국민이 생방송으로 보는 가운데, 갑자기 배가 가라앉고 뒤집어진 영상이 그대로 방송됐죠. 수백 명의 학생들이 타고 있다는 사실도 다 알고 있었고요. 그 배가 가라앉으면 다 죽는 건데, 그야말로 죽는 현장을 보고 있었던 거죠. 저도 대단히 아팠어요. 그리고 석연치 않은 부분들이 있잖아요. 왜 선장은 빠져나왔는데 애들에게는 아무도 나오란 말을 안 했는지, 거기에 얽힌 수많은 의혹들이 있었죠. 저도 어른으로서 죄송한 마음이 있었거든요. 세월호 때 제가 할 수 있는 거라곤 하나뿐이었습니다. 배가 뒤집어졌을 때 에어포켓이 만들어져서 살 수 있는 확률을 보도하라고 했는데 안 하겠다고 했습니다. 천안함이 침몰했을 때 거기에 에어포켓이 형성되어서 살 확률이 있습니다, 하고 제가 보도를 했는데요, 천안함 사건 유가족분이 메일을 보내셨더라고요. 자기 가족이 살아 있을 확률을 의학 기자가 하는 말이라 믿었대요. 그런데 나중에 사망 시간을 추정해보니까 이미 배가 가라앉자마자 즉사하신 거죠. 그래서 에어포켓이 언제 만들어지는지 직접 공부하신 거예요. '조동찬 기자님. 공부 좀 똑바로 하시고 보도하세요. 가족들에게 치명적인 상처를 남겼습니다'라고 적힌 메일을 받고 에어포켓에 대해서 다시 공부했어요. 그렇게 해서 서서히 뒤집어지고 서서히 가라앉는 경우에는 에어포켓이 만들어지지 않는다는 사실을 알게 되었습니다. 그래서 제가 '이런 경우에는 에어포켓이 만들어지지 않는다고 알고 있습니다. 그래서 저는 그 보도를 하지 않겠습니다'라고 했어요. 그다음은 아이들의 트라우마죠. 단원고에 소아정신과 전문의들이 갔을 때 저도 가서 아이들에게 '우리 어른들에게 뭘 원하느냐, 어떤 메시지를 원하느냐?'고 물었는데요, '잊지 말아달라, 기억해달라'는 거였죠. 그리고 '미안하다고 사과해달라' 그 메시지를 전했던 기억이 있어요. 제가 할 수 있는 것이 그 정도였죠. 그러다가 태블릿 PC 사건이 터지면서, 이것이 세월호 일곱 시간으로 언론사의 보도 경쟁이 붙었습니다. 그런데 청와대에 의약품과 관련된 논란이 많았어요. 시술이나 이런 것. 그러니까 제가 달려들어야죠. 의학과 관련된 것이니까. 달려들어서 보니까 여러 유착 관계들이 포착이 됐고, 그 유착 관계들을 포착하다 보니까 숨기는 사람들이 보이고, 숨기는 사람들 중에는 어떤 의료인들이 등장하더라고요. 그때는 그랬죠. 내가 이런 것까지 해야 하나 싶기도 했는데요, 그날의 진실을 조금이라도 밝히는 데 도움이 된다면 해야지, 그런 마음으로 했던 것 같습니다. 실제로 제 보도가 어느 만큼 도움이 됐는지 자신이 없었어요. 그러다 박주민 의원께서 세월호 일곱 시간에 관해 보도했던 사람……

지　『대통령의 7시간 추적자들』이라는 책에도 참여하셨죠.

조　네, 저를 거기다 넣으셨더라고요. 영광스럽게 참여했습니다. 그때 인터뷰하면서 제가 드렸던 말씀인 것 같아요. 어린아이들이 죽어가는 현장을 손 놓고 봤던 어른으로서의 책임감으로 했어요. 그 취재는 하기 싫었어요. 너무나 추잡하고 그래서 싫었는데요, 아니야, 조금이라도 도움이 될지 모르니까 한번 해보자, 그런 마음이었죠. 다시 생각해도 아쉬운 점이 상당히 많아요. 어떠한 권력기관도 확인해주지 않는 정보가 많았거든요. 누구의 출입국 기록이라든가, 누구의 계좌 목록 이런 것들이 조금만 주어지면 확단서를 잡아서 끌고 왔을 텐데, 그런 것들이 안 돼서 저 역시도 묻을 수밖에 없는 상황이었죠. 그때 특별검사 팀장님, 검사님과도 통화를 한 적이 있어요. 아무튼 그랬습니다.

지 감시를 하기 위해서 CCTV를 달자는 얘기가 많지만 효과가 없죠. 이를테면 병원도 그렇고 검찰이나 경찰이 수사할 때 고문을 하지 않게 CCTV를 달아놓아도 실효성이 없잖아요. 그날 갑자기 고장이 났다고 해도 단죄할 수 있는 방법이 없고요. 하필이면 그날 고장이 났느냐고 입증을 요구할 수 있어야 하는데, 입증을 못 해도 별 책임을 묻지 않거나 못 하는 사회다 보니까 그런 점이 좀 답답하셨을 것 같습니다. 자료 요청에 대해서 협조도 잘 안 되고요.

조 많이 답답해요. 그때는 이루 말할 수 없이 답답합니다. 그리고 지금은 식약처를 떠나셨지만 한때 식약처의 아주 높은 직급에 계시던 분이 있어요. 그분이 계실 때 '왜 기자들이 자료를 달라고 하면 자료를 안 주고 국회의원들이 달라고 하면 주느냐'고 따졌어요. 또 '기자들이 매번 국회의원실로 가서 인터뷰를 실어줄 테니 자료 좀 달라고 하고 이상하지 않느냐. 왜 정상적인 취재를 공무원들이 방해를 하느냐'고 했죠. 그런데 그때 그분이 그러시더라고요. '알았어. 다른 사람은 모르겠는데, 조동찬 네가 달라고 하면 우리가 공개할 수 있는 것은 다 줄게'라고요. 그리고 정말 다 주셨어요. 그런데 그게 마지막이었어요. 다른 분으로 바뀌니까 안 되더라고요. 사실 정부가 정책을 결정하면, 그것에 대해 어떤 근거가 마련되어 있는지는 국가 이익에 반하지 않고 사기업의 이익을 침범하지 않는 한에서 공개하는 것이 맞는다고 생각합니다.

지금도 국회 보좌관분들에게 가서 달라고 하면 자료가 오긴 와요. 그런데 기자들이 전부 다 국회로 쫓아가는 이상한 시스템이잖아요. 기자들이 해당 부처가 아니라 국회의원실 보좌관에게 취재를 하러 갑니다. 어디 어디 자료 좀 주세요, 하고요. 누가 기자인지 누가 정치인인지 모를 만큼 이상한 상황인 거죠.

지 국회의원들은 어쩔 수 없이 자기 정당의 이익에 맞춰서 유리하면 내보내고, 불리하면 숨길 수밖에 없는 상황이겠네요.

조 늘 그렇지는 않겠지만, 그럴 위험성이 늘 있는 거죠. 정치인이라는 것은 특정 이해 정당의 소속이니까요.

: 너는 어느 쪽이냐고 묻는 사람들

지 기자님께서는 국민들의 알 권리를 위한 보도들을 많이 하셨어요. 세월호든 천안함이든 백남기 농민 사안이든 생명에 관한 문제지, 정치적으로 입장에 따라 달려져야 될 문제가 아니죠. 그런데 우리나라에서는 그래왔고요. 기자님에 대해서도 좌파적인 시각으로 보도한다고 의심하는 분들도 꽤 있었잖아요.

조 꽤 많았죠. 예전에 백남기 농민 사망진단서가 잘못되었다는 제 보도를 철저하게 지지하셨던 분들이 지금 조동찬의 보도를 가장 많이 욕하십니다. 정부의 방역 정책을 비판했으니까요. 그런데 저뿐만 아니라 모든 기자들은 사안에 집중하거든요. 어떤 사람에, 어떤 정치적 집단에 집중하는 것이 아니라 벌어진 사안을 쫓아다니는 것이 기자예요. 그런데 보시는 분들이…… 어쨌든 다행이에요. 제게 좌파적인 성향이 있다고 하다가 2020년에 싹 씻었어요.(웃음) 그건 좋은데 공격도 엄청납니다. 예를 들어 정부의 방역 대책, 특히나 처음에 조기 종식을 선언하고 음식점을 가고 자유롭게 활동해도 된다고 한 것들을 비판하는 보도가 나갔을 때, 포털 사이트에 한 시간에 만 개의 댓글이 달리더라고요. 제 보도 중 실시간으로 가장 많은 악플이 달린 일이 2020년에 있었습니다. 2019년 인보사 때보다 더 많은 악플이 달렸죠. 인보사 사태 때는 구조적이고 조직적인 댓글이 많이 달렸고요.

지   이해관계가 확실하니까요.

조   이번에는 무차별적인 악플을 경험했는데요, 괜찮습니다. 화나시면 제게 그렇게 댓글로라도 푸셔야죠.

지   의학 기사기도 하면서 정치적인 기사가 될 수밖에 없는 것들이 있죠. 백남기 농민에 관련한 기사가 그렇고요. 국민들이 그 사안으로 인해서 외인사와 병사의 의미에 대해 정확하게 알게 됐습니다. 그런 사건을 취재할 때 가장 염두에 두시는 부분은 무엇인가요?

조   그냥 있는 대로 가는 거죠. 취재된 대로 가는 거예요. 그러니까 딱 하나예요. 내가 이것을 피할 수 있나, 하는 겁니다. 제 후배 기자가 '선배는 신경외과 전문의 아니에요?'라고 할 때 저는 백남기 농민이 누군지도 몰랐고요. 나름 바쁘게 살아서 제 관심에 안 들어왔습니다. 그런데 후배가 '아니, 지금 백남기 농민의 사망진단서를 두고 신경외과 영역에서 논란이 되고 있는데, 선배가 정리하셔야 하는 거 아니에요?' 하고 저를 질타하는 거죠. 기분이 상당히 나빴어요. 그렇지만 그 후배는 저를 아끼니까 말한 거잖아요. 후배의 그런 지적은 피하면 안 되겠다고 생각해서 들여다 보니까 잘못됐다는 느낌이 왔습니다. 이것을 어떻게 풀어갈 것이냐, 나의 잘못된 느낌을 어떤 식으로 풀어갈 것이냐 하고 고민했어요. 어쩔 수 없이 국내 최고의 전문가들에게 물어봤죠. 대답해주세요, 대답해주세요, 하고요. 지금 국시원장님이 되신 이윤성 교수님이 인턴들에게 다시 시험 기회를 줘야 된다고 말씀하신 것 때문에 어마어마하게 많은 비판을 받으셨는데요, 그분이 당시에 서울대학교 법과대학 법의학과 교수님이었고 저에게 답해주셨던 분입니다. 백남기 농민의 사망진단서는 잘못됐다, 원칙에 어긋났다고 말씀해주셨어요. 사실 역사의 한 페이지에 계신 분이에요. 그분은 다소 우파적인 성향이신데요, 제가 그때 '교수님. 익명으로 할까요?' 물었더니 '야, 나도 정치적 성향은 있어, 그럼에도 불구하고 일은 전문성으로 하는 거야, 네가 알아서 해' 그러셨어요. 그래서 제가 실명으로 보도한 거죠. 저도 정말 많이 배웠습니다. 정말로 그래야 하는구나, 이 걱정 저 걱정 하는 것이 아니라 취재된 대로 하는 거구나, 그냥 가는 거구나.(웃음) 전문가들에게 물어서 따진 다음에 이게 따져서 맞는 거면 이대로 가는 거야, 그렇게 단순하게 생각하고 보도한 거죠. 그런데 그렇게 파장이 크고, 그렇게 많이 욕을 하실 줄은 몰랐어요. 그것까지는 예상하지 못했습니다.(웃음)

: 개인 의료 정보 판매 문제의 보도

지   그 사안에 따라서 정치적 이득을 보는 사람도 있고 상처를 받는 사람도 있으니까요. 개인 의료 정보 300만 건을 제약 회사에 판 사건도 보도하셨는데요, 기자님께서는 굉장히 중요한 기사라고 생각하셨죠.

조 아직도 해결이 안 되고 있어요. 그것도 제보를 통해 취재한 겁니다. 제보자를 다 밝힐 수는 없죠. 그때 제보자가 약학정보원에서 개인 의료 정보, 처방 내역 기록을 백도어 시스템으로 컴퓨터에 저장한 다음에 이것을 약간 가공해서 IMS헬스코리아라고 하는 다국적 정보기관 회사에 판다고 하는 거예요. 가지고 있는 의료 정보를 공개하는데 그게 환자 이름, 주민번호, 의사 이름, 병원 번호, 처방 내역, 어떤 질환에 어떤 처방을 했다는 것까지 쭉 나와 있는, 그야말로 개인 의료 정보였죠. 그걸 주민번호 암호화해서 개인을 알아볼 수 없게 넘긴다고 하는데 그것을 역으로 추적해보면 다 알 수 있다는 내용의 제보였습니다. 그때 제가 판단하기에 그냥 보도를 하면 '이미 우리는 없다. 저건 저 사람의 일탈일 뿐이다' 이렇게 대응할 것이 분명했어요. 또 컴퓨터를 포맷시키고 없다고 할 수도 있고요. 그래서 회사 선배와 어떻게 할까를 상의했는데, 그 제보자의 물증이 검찰의 압수 수색 물증으로 나와야 의미가 있을 것 같다고 생각했죠. 제보자를 설득해서 행정기관에 고발하게끔 하는 것이 맞는다고요. 제보자를 어렵게 설득했어요. 보도하는 것은 보도하는 건데 자칫 논란만 되고 말 수 있으니. 그냥 신고를 하시는 게 나을 것 같다고 했습니다. 그래서 제보자가 어렵게 신고를 했고, 그 신고 과정에서 검찰이 압수 수색을 했고, 압수 수색을 하는 과정에서 제보와 일치하는 내용이 나와서 보도될 수 있었습니다. 그런데 문제가 있어요. 개인 정보가 있었고, 또 이것을 이용하는 측면에서는 '빅데이터다. 이런 것들을 활용해야지 뭐 하는 거냐?'라고 주장했거든요. 그 때문에 몇 년째 해결이 안 나고 있습니다. 그런데 이 사안을 보는 외국의 시각은 명확해요. 이것을 정말로 예의주시했던 것이 하버드대학교거든요. 2015년도에 실제로 논문도 냈습니다. '한국에서 IMS헬스코리아가 개인 정보를 누구의 것인지 특정하지 못하게 암호화했다고 하지만, 역으로 풀었더니 정보가 그대로 나온다. 이건 명백한 불법이다'라고 하는 논문이에요. 하버드대학에서 나온 논문이죠. 그리고 저에게 취재도 왔어요. 하버드대학은 IMS를 개인 정보를 악용하는 기업이라고 여겼죠. 전 세계에서 이런 일이 만연하게 벌어지는데 관련한 것이 한국에서만 나오니 한국에서 그것을 취재한 기자를 연결해달라고 한국기자협회에 요청을 했습니다. 그래서 그쪽 연구원이 와서 저를 만나고, 제보자를 만나고, 수사했던 검찰을 만나고 해서 책을 썼는데요, 영문판에 제 이야기가 2~3페이지 나오더라고요. 그런 일이 있었죠. 그런데 지금은 결과가 안 나오는, 뭔가가 덮인 이상한 상태로 진행이 되고 있습니다. 제 생각은 합법적으로 활용하는 것까지는 좋다고 해도, 제도 이전에 불법으로 개인 정보를 활용했던 사람들에게 벌은 줘야 한다는 거예요. 또 국민들에게 어떤 동의를 얻을 것이며 제공자에게 어떤 것을 줄 것인지도 고민해야죠. 의료 정보는 준 사람도 그에 기여를 한 것이거든요. 분명히 국민의 몫이 있습니다. 그래서 가공한 사람들만 이득을 취할 것이 아니라, 원천 데이터를 준 사람들에게도 분명히 뭔가를 줘야 하니 그런 부분도 고민해야 된다고 생각합니다.

： 공공 병원에 대한 더 많은 고민의 필요

지　최근에 의사 파업이 있었죠. 코로나가 장기화되면서 의료 관련된 자원들을 어떻게 효율적으로 쓸 것인가, 보건 의료 시스템을 어떻게 만들어야 될 것인가 하는 논쟁도 있는데요, 어떤 방향으로 논쟁이 진행되어야 한다고 생각하세요?

조　공공 의료에 대해서는 반드시 생각해야 할 부분이 있습니다. 코로나가 주는 교훈인데요, 코로나 성적표와 공공 의료 병상을 따져보면 공공 병상을 줄여야 한다는 결론이 나옵니다. OECD 국가 중에서 공공 병상 비율이 높은 영국 등의 유럽 국가들을 생각해보세요. 코로나에서 다 성적이 좋지 않습니다. 우리나라는 끝에서 두 번째로 성적이 엄청나게 좋죠. 그러니까 근거를 확실히 해야 합니다. 왜 공공 병상을 늘려야 되는지 마땅한 근거를 안 대고 있어요. 그러면 뭐냐 하면, 우리나라는 공공 병상이 이렇게 부족한데도 코로나에 어떻게 잘 대응했느냐, 그것을 고민하는 게 답이거든요. 이것은 제가 실제로 발표했던 내용인데요, 모 공공 의료원에서 환자가 경증으로 입원했는데 갑자기 위중증으로 변했습니다. 에크모 치료가 필요했어요. 그런데 우리나라 공공 의료원 대부분이 서울대병원, 아산병원, 삼성병원 같은 대학 병원들과 달리 평소에 중증 환자를 다룰 수 있는 기회가 많지 않잖아요. 모든 의료원의 특징입니다. 외국 의료원도 마찬가지고요. 이 공공 의료원에도 에크모를 능숙하게 다룰 의료진이 없었어요. 그래서 이 환자를 인근 대학 병원으로 빨리 후송했고, 대학 병원에서 에크모를 하고 이분이 예후가 좋아졌거든요. 그러니까 여기서 공공 병원, 평소에 심각한 위중증 환자를 다루지 않는 공공 기관을 더 많이 늘리는 것이 과연 정답인가를 생각해봐야 한다는 겁니다. 기존에 있는 대학 병원 즉 민간 병원을 공공 기능 병원과 어떻게 긴밀하게 협조를 시켜서 시너지를 낼 것인가, 있는 자원을 어떻게 먼저 잘 활용을 하느냐가 중요한 거거든요. 우리를 보니까 중환자들의 사망이 줄었던 이유가 이런 시스템이 잘 발휘된 덕이었단 말이에요. 그런 부분을 먼저 생각해야죠. 그리고 이런 것도 있어요. 예전에 1970년, 80년대는 병원이 없던 시절입니다. 그때는 병원이 있는 것 자체가 공공성입니다. 그런데 지금은 웬만한 곳에는 다 병원이 있어서 있는 것만으로는 안 되는 거죠. 예를 들어 태백에 공공 분만 병원이 있는데 일반 병원에 비해 병원비가 1/5 수준입니다. 아예 병실료는 안 받고요. 자연분만을 하면 5만원, 제왕절개를 하면 딱 30만 원만 냅니다. 다른 곳과 비교하면 어마어마하게 차이가 나죠. 그러면 태백 시민들이 대부분 거기서 출산을 했을 것 같잖아요. 그런데 10%가 채 안 됩니다. 하나밖에 없는 공공 분만 병원인데요. 시민들에게 물어봤더니 멀더라도 규모가 더 큰 병원으로 간다는 겁니다. 단순히 '나라에서 하는 공공 병원이 있어요. 이리 오세요' 하는 시대는 지났고, 공공 병원도 국민의 눈높이에 맞게 해야 된다는 거죠. 단순히 병상 숫자로만 이야기하는 시대는 지났으니 어떤 숫자만 늘리는 개념으로 이 제도를 밀어붙여서는 안 됩니다. 일단 있는 것들을 잘 활용해야죠. 예를 들어서 기피 과도 의사가 부족해서 있는 것이 아닙니다. 산부인과 의사들, 비뇨기과 의사들, 다른 필수 진료과 의사들이 얼마나 많이 피부과, 성형외과로 진출합니까? 일단 있는 필수 의사들이 필수 과에서 진료할 수 있는 환경부터 만들어줘야 합니다. 그래도 모자라면 그때 더 뽑거나 해야죠. 그것도 안 해놓고 무조건 일단 숫자부터 늘린다고 하려면 근거가 있어야죠. 제가 의학 전문 기자로 단언컨대요, 공공 병원을 늘려야 하고, 의대 정원을 늘려야 한다면서 제가 고개를 끄덕일 만큼 합리적인 근거까지 대신 분이 한 분도 안 계십니다. 한 번도 못 봤습니다. 제가 의학 기자로서 단도직입적으로 이야기할 수 있는데요, 어떠한 증거도 없습니다. 그게 있으면 저도 그렇게 하겠어요. 본인의 정치적 논리로 억지를 부리는 사람들이 너무 많은 것 같습니다.

: 병원에서 배운 기법으로 따낸 첫 리포트

지 기자가 되어서 했던 첫 리포트가 아내 토막 살인범의 멘트였어요. 범인의 멘트를 다른 기자는 못 땄는데, 기자님만 따셨다면서요. 의사 일을 하며 배운 기법을 활용하셨다고요.

조 정신건강의학과 돌 때 배우거든요. 저는 트레이닝을 안 받았지만, 한 달 정도 실습을 할 때 보고 배웠어요. 스몰토크라고, 정신과 선생님들이 '식사 어떻게 하셨어요?' 하고 물어요. 잽처럼 가볍게 들리지만, 실제로 가볍게 묻는 것은 아니에요. 식사를 어떻게 했느냐는 대단히 중요한 이야기거든요. 잘 주무셨어요, 지난번에 어머님하고 만나셨어요, 이런 식의 스몰토크지만 그분의 상태를 알 수 있는 가벼운 이야기들로 접근하는 거죠. 신경외과는 노골적으로 질문하는 과라 저는 아는 게 없었지만, 그래도 같은 방식으로 물었습니다. '어떠셨어요?' 이런 질문을 했죠. 지금 정확한 문장은 기억이 안 납니다만, 그분이 '차라리 이렇게 된 게 나은 것 같아요' 이렇게 이야기를 하고, 제가 '그런데 보니까 술 기운에 그러셨던 것 같은데요' '아, 네. 술 먹고 싸우다가 그랬어요' '칼을 쓴 것은 우발적인 것 같긴 하네요' 하고 대화를 주고받다가 물어본 거죠. '왜 토막을 내셨나요?' 하니까 '한꺼번에 움직이려고 하는데, 도저히 무거워서 안 되겠더라고요. 그래서 그런 거죠'라고 해요. 묘사가 너무나 잔인해서 방송에는 하나도 못 썼는데요, 그 모습을 옆에서 지켜보던 형사님이 그러시는 거예요. 다른 기자들은 와서 한마디도 못 따고 갔는데, 저 친구는 초짜가 와서 다 따간다고요. 그 형사님이 이후에 많이 도와주셨어요. 첫 리포트니까 아침 리포트긴 하지만, 아직도 대단히 기억에 많이 남죠.

지 성동 경찰서였죠? 저도 취재를 나간 적이 있었어요. 그런 식으로 다른 사안에서도 의사 생활을 하셨던 점이 많이 도움이 되시겠네요.

조 저희 보도국에 230명의 기자가 있는데 그중에 제가 유일한 의사 출신이거든요. 의사 아닌 기자의 시각은 229개가 있으니 의학 전문 기자는 철저하게 의사의 시각으로 세상을 봐야 한다고 생각해요. 그래야 우리 방송국의 다양성이 더 풍부해진다고 생각하고요.

: 의학 전문 기자로서의 저널리즘

지 의학 저널리즘에 있어서 가장 중요하다고 생각하는 것은 무엇인가요?

조 너무 어렵네요. 의학 저널리즘이 일반 저널리즘과 다르다고 생각하지는 않습니다. 저널리즘에서 중요한 것이 의학 분야를 취재할 때도 똑같이 중요한 거죠. 어쨌거나 근거 중심이어야 한다는 겁니다. 그리고 그 근거들이 지향하고 있는 모습은 상상력이 좀 필요한데, 그게 논문과 기사의 다른 점인 것 같아요. 논문은 근거를 대고 여기까지가 근거다로 끝인데요, 기사는 이 근거들이 지향하는 것이 어떤 모습인가를 내가 상상해야 하죠. 아무 근거 없이 상상하는 것을 뇌피셜이라고 하잖아요. 그것을 대단히 경계해야 하고, 철저하게 근거 중심으로 상상하는 것이 중요해 보입니다.

지 앞으로 다루고 싶은 의학 이슈가 있으신가요? 최근에 관심을 가지게 된 이슈가 있다면요?

조 저는 제가 논란의 중심에 서는 보도는 이번 생에는 더 이상 하고 싶지 않습니다.(웃음) 정말 계속 기도합니다. 그런 주제를 제게 더는 던지지 마세요, 저는 정말 피하고 싶습니다, 하고요. 그런데 피할 수 없다면 하긴 해야죠.(웃음) 피할 수 없으면 한다는 생각은 변함이 없습니다. 피할 수 없더라도 나는 안 하겠다고 하면 저는 기자를 그만둬야 되겠죠. 그때가 되면, 제가 안쓰러워지면 분명히 그만둘 겁니다. 그리고 앞으로는 제가 감동을 받고 제가 새롭게 느낄 수 있는 뉴스를 하고 싶습니다. 예를 들면 '이런 것이 화제가 되더라' 하는 것 말고 '나는 이게 정말 재밌는데, 이게 정말 새로웠는데, 아, 이 사람 인터뷰를 하고 싶은데' 하는 것을 해보고 싶어요. 그중에 하나가 행복이고요. 행복이라고 하면 뜬구름 잡는 소리라고 하잖아요. 이것을 어떻게 구조적으로 한눈에 보여줄까, 행복이 뭔지를, 행복이 가지고 있는 현대 의학적 관점을 어떻게 맛있게 보여드릴까, 그리고 행복하다는 것과 행복하지 않다는 것의 차이를 어떻게 보여드릴 수 있을까, 행복은 우리가 노력해서 쟁취할 수 있는 것인가 아니면 팔자인가, 그런 것들을 고민하고 보여드리고 싶어요.

지 아무래도 방송 리포트는 특집이나 다큐멘터리가 아닐 경우 시간이 한정되어 있어서 지면에 비해 심층 보도를 하기에 답답한 부분이 있지 않나요?

조 답답한 부분이 있죠. 그럼에도 불구하고 제가 가진 팟캐스트 채널이 있고, 라디오가 있고, 길게 쓸 수 있는 취재 파일이라는 것이 있습니다. 그런데 제가 그렇게 말씀드리면 윗분들은 '우리가 채널이 얼마나 많은데 답답해?' 하고 말씀을 하시죠. 방송기자의 취재 과정은 10을 취재하면 8을 버리는 거거든요. 짧게 압축하고 요약하고 함축하는 것이 필요한데요, 소설을 쓰느냐, 시를 쓰느냐와 비슷할 것 같습니다. 시가 소설에 비해서 짧지만 가볍다고 할 수 없는 것처럼요. 심층성을 발휘할 수 있는 부분이 부족하다고는 생각하지 않습니다.

지 의학 전문 기자가 되고 싶어 하는 분들도 많을 텐데요, 그분들에게 해주실 말씀이 있으신가요? 어떤 준비를 해야 한다든지, 웬만하면 하지 말라든지.(웃음)

조 직업을 바꾸는 것은 당신이 생각하는 것보다 훨씬 당신의 팔자가 바뀔 수 있는 일이니 함부로 생각하시지는 말라는 말을 하겠죠. 다만 저처럼 피할 수 없는 분이라면 피하지 말고, 정면으로 마주해도 걸어갈 만한 한 판의 인생이기는 하다라고도요. 그리고 분명한 것은 상당히 역동적이라는 겁니다.(웃음) 그러니까 역동적인 삶이나 역마살 팔자를 즐기는 분이라면 아주 흥미진진하게 하실 수 있을 것 같습니다.

지 위험을 감수하는 것을 좋아하는 분이라면요.

조 담장 넘어가듯이 왔다 갔다 하고, 이게 뭔지 나도 모르겠는데 보도를 해야 하고, 사람들이 내 눈만 쳐다보는 상황이 많이 있죠.(웃음)

지 최근 기사에 달리는 악플들이 많아졌죠. 예전에 비해서 기자가 욕을 더 많이 먹는 직업이 됐잖아요. 억울한 면이 있는 것 같아요. 이제는 기레기라는 말이 등장할 정도로 인식이 나쁜 직업 중 하나가 됐습니다. 최근에 의사라는 직군도 이미지가 좋아지다가 다시 파업 문제로 많은 국민들에게 안 좋은 이미지가 되기도 했죠. 두 가지 정체성을 다 가지고 계신데, 어떠세요?

조 그동안 기자가 너무 위에 있었잖아요. 위에 있다가 내려가는 건데요, 내려갈 때는 어쩔 수 없이 더 많이 내려가는 것이라고 생각해요. 모든 사회 현상이 그런 것 같습니다. 주식이 원래 올라갈 만한 가치보다 더 올라가면 훅 떨어지는 것처럼요. 지금이 기자들에게 그런 시기가 아닐까, 조금 더 과도하게 감정적인, 소위 욕받이 역할을 하는 시기가 아닌가 싶어요. 권위적이고 정보를 독점하고 그렇게 부당한 이득을 얻었던 시기가 있었던 만큼 부당한 욕받이가 되는 시기도 감당해야 한다고 생각합니다. 댓글이 만 개씩 달리는 것도 속상하긴 하지만, 오래가지는 않습니다. 다만 의사 파업 문제는 정말 외로웠습니다. 기자로서 외로웠어요. 일부 나쁜 짓을 하는 의사도 있지만, 기본적으로 의사의 트레이닝은 그 사람이 평범하기만 하더라도 생명을 존중하는 쪽으로 향합니다. 의사는 내가 수술한 사람, 내 손을 거친 사람이 정말 낫기를 바랍니다. 내가 여기를 꿰매면 이 상처가 정말 예쁘게 낫기를 바라게 만드는 것이 의사의 트레이닝이거든요. 저는 기본적으로 의사를 좋게 봅니다. 좋게 보는데, 이 좋게 보는 사람들이 생명을 볼모로 해서 자기 주장을 하러 나왔단 말이에요. 이것을 어떻게 판단하느냐가 문제인데요, 의사가 아닌 일반 기자들은 '저런 나쁜 놈, 생명을 볼모로 잡고 나오네' 이렇게 생각하죠. 설명할 수 없는 일들을 겪으면서 정말 외로웠어요. 의사 파업 기사를 취재하고 보도하는 일들이요. 그래도 정말로 최대한 중립적으로 썼어요. 제가 설득하고자 한 건 이거예요. 의사의 파업이 이렇게 사회적 이슈가 된다면 의사들이 어떤 말을 하는지 들어줘야 사람들이 알잖아요. 이 사람들 나쁜 놈이라고 말을 안 들어주면 무슨 의미가 있냐는 거죠. 그런데 저희 시청자 위원한테 비판받았어요. 'SBS는 의사 파업 보도를 정부와 의사 사이에서 중립적으로 다뤘다, 그래서 잘못된 것이다'라고 모 언론정보학과 교수님이 말씀하셨습니다. 물론 제가 봤을 때는 그게 왜 잘못이냐 싶죠. 저는 절대 잘못이라고 생각하지 않는데, 그렇게 말씀하시는 분도 계시더라고요. 아무튼 취재 과정은 외로웠지만 그렇게라도 할 수 있어서 저는 다행이었어요. 그 과정에서는 힘들었지만, 돌이켜보니 다행이라는 생각이 듭니다.

지 레거시 미디어가 예전에 비해서 힘이 떨어졌지만 여전히 영향력이 크죠.

조 저는 그런 것 같아요. 예전에 제가 처음에 들어왔을 때 SBS 시청률을 보면 8시 뉴스가 10%대를 넘었거든요. 지금은 7%대고요. 점점 떨어지는 거죠. 유튜브 조회 수는 웬만한 유튜버들은 조금만 하면 몇십만, 백만씩 나오잖아요. 지극히 당연한 현상이에요.

조회 수나 시청률이 떨어진 것을 우리의 뭔가가 떨어졌다고 생각하지 않아요. 유튜브 같은 것은 흥미 위주로는 무엇인가를 볼 수 있어요. 아주 신속한 뉴스를 보고 싶어 하시는 분들도 있잖아요. SBS는 이 상황에서 어떻게 이야기하는지 궁금해하는 분들도 있는데요, 저희는 그런 부분에 강점을 가져야 한다고 생각해요. 벌어진 현상에 대해서 우리는 이렇게 취재를 했고, 이렇게 판단을 한다를 보여드려야죠. 시청자분들은 어떤 사안이 벌어졌을 때 수많은 뉴스를 낮에 다 보잖아요. 트위터나 페이스북이나 아니면 다른 매체를 통해서요. 그런데 이런 사안이 우리 사회에서 어떤 맥락을 갖고 있지, 이걸 어느 정도 믿어야 하지, 그리고 이것의 뒷이야기는 어떤 것들이 있지, 이런 궁금증을 해결할 수 있는 것은 여전히 그런 취재력, 분석력, 실력을 갖추고 있는 미디어라고 생각합니다. 1인 미디어가 도저히 할 수 없는 것을 SBS 같은 미디어가 해야죠. 우리가 1인 미디어의 적이라고는 생각하지 않습니다. 취재력과 분석하는 일 등은 도저히 저 혼자 할 수 없거든요. 제가 다른 곳을 가도 SBS에 있을 때처럼은 할 수 없는 거죠. 그런 부분들은 조회 수로 판단할 수 있는 문제가 아니라고 생각해서요. 저는 여전히 SBS에 다니는 것이 좋습니다.(웃음)

지 파업이나 시위 현장에서 노동자들을 보시니까 그 전에 기사로 볼 때와 느낌이 다르다고 말씀을 하셨어요. 아이티 지진 현장을 취재하고 나서도 많은 것을 느끼셨을 듯합니다. 요즘 많은 기자들이 현장 취재를 안 하려고 하죠. 심지어 페이스북을 보고도 기사를 쓰지 않습니까? 점점 더 현장 취재를 등한시하는 경향이 생기는 것 같습니다. 기자님은 현장 취재를 중시하시는데요, 그게 왜 중요한지 말씀해주세요.

조 그것인 것 같아요. 꽃을 사진으로 보느냐와 직접 가서 보느냐의 차이요.

지 정확한 표현인 것 같네요.(웃음)

조 사진을 보고도 기사를 쓸 수 있지만 직접 가서 보면 다르겠죠. 더군다나 사람인데요. 사람을 사진으로만 보느냐, 직접 가서 보느냐의 차이가 있을 거예요. 그리고 사람을 진료하는 과정을 사진으로 보느냐, 직접 가서 보느냐는 완전히 다르죠. 저는 지금도 현장에 가는 것이 너무 좋습니다. 현장에는 사람들이 있잖아요. 어쨌든 카메라가 가면 다 의식하기는 하지만, 조금만 지나면 본인들의 절박함이 있어서 카메라가 사라져요.(웃음) 상당히 재미있어요. 처음에는 카메라 때문에 조심조심하는데 금방 돌아가요. 제가 제일 선호하는 방식이 진료 현장에서 따로 인터뷰를 하지 않고, '평상시대로 해주세요, 저희는 관찰자입니다, 카메라를 안 보셔도 되고요, 저희가 없다고 생각하시는 편이 가장 좋습니다' 라고 하는 것입니다. 처음에는 카메라를 의식하시다가 조금 지나면 평상시 모습이 나와요. 그런 것이 재미있고, 그런 모습을 전달하는 것이 정말 좋습니다.

지 의학 전문 기자로서 목표가 있다면 어떤 것이 있으신가요? 어떤 사람으로 기억되고 싶다든지.

조 제가 후배들에게 자주 하는 말이 있습니다. 조동찬은 평균 이하의 인간이다, 그런데 조동찬이 쓰는 기사는 평균 이상이다, 이 정도 차이를 SBS가 만들어줘서 나는 아주 감사하다, 인간 조동찬은 평균 이하의 삶을 살았지만, 각각의 기사들은 오류가 있고, 불만스럽게 느껴지는 것이 있지만 전반적으로 조동찬의 기사는 더불어 평균 이상을 했다, 그런 기자로 남고 싶다고요. 그리고 앞으로는 기사화하면서 내가 행복할 수 있고 그 기사를 보는 시청자들도 행복할 수 있는 기사를 쓰고 싶습니다.

의사라는 세계

© 지승호 2022

1판 1쇄 인쇄 2022년 9월 1일
1판 1쇄 발행 2022년 9월 20일

지은이 지승호
펴낸이 황상욱

편집 임선영 박성미 | **디자인** this-cover
마케팅 윤해승 장동철 윤두열 | **경영지원** 황지욱
제작처 삼조인쇄

펴낸곳 ㈜휴먼큐브 | **출판등록** 2015년 7월 24일 제406-2015-000096호
주소 03997 서울시 마포구 월드컵로14길 61 2층
문의전화 02-2039-9462(편집) 02-2039-9463(마케팅) 02-2039-9460(팩스)
전자우편 yun@humancube.kr

ISBN 979-11-6538-331-2 03300

인스타그램 @humancube_books 페이스북 fb.com/humancube44